高等学校教材
教师教育专业·教育学科类课程系列教材

班级工作与心理辅导

鲍谧清　　主　编
宋春蕾　贾凤芹　副主编

化学工业出版社
·北京·

内 容 提 要

全书共分十二章，第一章～第四章主要介绍班主任与班级管理工作的理论与技术；第五章主要对中学生的心理发展做了全面的介绍；第六章～第八章分别介绍中学生的心理健康与心理辅导的相关理论与技术；第九章～第十二章主要介绍中学生的学习、人际交往、休闲与消费、职业生涯等方面心理辅导的理论和技术。为了便于学习和开展研究，各章均增加了资料卡、拓展性阅读书目和研究性课题等，在附录部分将国家的相关指导性文件一并提供给学习者，有利于当下的学习和将来的应用参考。

本书可作为教师教育专业学生的教材，也可作为中学教师、中学班主任的参考用书。

图书在版编目（CIP）数据

班级工作与心理辅导/鲍谧清主编. —北京：化学工业出版社，2011.2（2024.7重印）
高等学校教材．教师教育专业·教育学科类课程系列教材
ISBN 978-7-122-10370-3

Ⅰ.班⋯　Ⅱ.鲍⋯　Ⅲ.班主任-工作-高等学校-教材　Ⅳ.G451

中国版本图书馆 CIP 数据核字（2011）第 003884 号

责任编辑：杨　菁　金玉连　杨　宇　　　　装帧设计：韩　飞
责任校对：陶燕华

出版发行：化学工业出版社（北京市东城区青年湖南街13号　邮政编码100011）
印　　装：北京科印技术咨询服务有限公司数码印刷分部
787mm×1092mm　1/16　印张14¼　字数362千字　2024年7月北京第1版第8次印刷

购书咨询：010-64518888　　　　　　　　　售后服务：010-64518899
网　　址：http://www.cip.com.cn
凡购买本书，如有缺损质量问题，本社销售中心负责调换。

定　　价：42.00元　　　　　　　　　　　　　　　　　　　版权所有　违者必究

教师教育专业·教育学科类课程系列教材编写委员会

主　　任：韦洪涛
副 主 任：鲍谧清　艾振刚
编　　委：（按姓氏笔画为序）
　　　　　丁　敏　韦洪涛　卞春麒　艾振刚　牟艳杰
　　　　　李　锐　杨翠蓉　宋春蕾　张　轶　邵爱国
　　　　　贾凤芹　彭杜宏　鲍谧清

总　序

教育学、心理学是高校为教师教育各专业学生开设的有关教育教学理论、方法、技能等方面的职业基础与训练的专业课程，是体现"师范性"特征的课程。这类课程的课程设置与教学安排是教师专业化程度的反映，不仅影响着教师职前教育的专业化程度与水平，而且对他们走向教育工作岗位后的教育意识、教育能力、教育水平也有着深远的影响。

1966年联合国教科文组织和国际劳工组织提出《关于教师地位的建议》，首次以官方文件形式对教师专业化作出了明确说明，提出"应把教育工作视为专门的职业，这种职业要求教师经过严格的、持续的学习，获得并保持专门的知识和特别的技术"。几十年来，在国外的师资培训中，加大这类课程的比重，增加学科门类，改善培训体系，强化教学技能培训。但是我国高等师范院校在这方面与国外有着较大差距，也与基础教育的要求不相适应。仍然主要延续新中国成立初期的"3+1"课程模式，即公共心理学、教育学、分科教学法加教育实习等，已不能适应现实需要。在教师教育面向基础教育的办学方向指引下，高等师范课程建设中教育类课程问题，一直是教育界讨论的热门话题，改革公共教育学、心理学、分科教学法和教育实习的呼声很高。有关的改革探讨文章很多，但付诸实施的却较少。

1991年3月，国家教委师范司在北京召开"全国师范院校公共教育学教材改革研讨会"。会议一致认为：在课程安排上，教育类课程的地位在实践中未能解决，致使教育类课程没有被放在应有的重要位置。课程门类单一（教育类课程俗称"老三篇"），教育职业技能训练课程少，课时有限（约占总课时的5%～6%），课时比例严重失调；在教材方面，基本理论框架无重大突破，教材的教学法功能不足；在教育内容上，脱离基础教育实际；在为社会服务上，反映时代特色不够，对改革开放以来我国教育改革中的新情况、新问题、新经验总结不够；对当代国际可供借鉴的教育理论和经验研究和总结不够。

针对上述问题，苏州科技学院承担教师教育专业教育学科类课程教学的老师们，从1991年起，对教育类课程进行了一系列的创新性改革和实践。其中最为核心的是针对教师各专业的特点、中学教育教学改革发展的需要和教育理论体系的整体结构，取消了教育学、心理学课程，代之以教育概论、学习心理学、教学原理与设计、班级工作与心理辅导、教育科研方法等多门课程，加强了学习心理学、教学原理与设计、心理健康与心理辅导的教学内容。2001年开始由韦洪涛老师策划并主持的系列课程改革与教材建设正式启动，先后出版了《学习心理学》和《班级工作与心理辅导》两本教材，并在教学中成功使用近八年的时间。2007年，苏州科技学院教务处和有关部门在全面考核的基础上，将已经建设了16年的教师教育专业教育学科类课程系列教材，列为学校精品教材项目加以扶持，由鲍谧清老师负责进行系列教材整体建设。经过苏州科技学院教育与公共管理学院心理学系专任教师的共同努力，在学校教务处的大力支持下，得以出版。

改编后的系列教材，参照了我国多省份教师资格证书考试、教育硕士入学考试的相关文件，充分体现了适合于中学教育教学需要的教育理论结构体系的完整性、教育教学应用知识的实用性、教师教育专业的师范性和教育教学改革的时代性。《学习心理学》将心理学一般原理与学习心理学理论有机结合，加深了教育，教育各专业学生对中学教育教学中学习过程的心理活动的理解程度；《教育原理》全面体现了教育学最基本的理论体系和实用性知识，融入了当代教育教学改革的最新理论；《教学原理与设计》旨在指导学生职前教育阶段能够了解教学设计的基本理论，掌握进行教学设计的基本原理与技能；《班主任工作与心理辅导》以班主任工作为主线，将中学生心理发展、心理健康教育、个体与团体心理辅导的理论与技术、中学生心理发展的主题中学生常见心理问题的表现与辅导策略等进行了全面的介绍。本系列教材在编写过程中，力求体现如下特点：

一是专业性。各部教材都是针对教师教育各专业的专业化要求，选择最为基本的教育学和心理学基础理论知识和专业技能性知识，力求涵盖中学教育教学实践对教育理论的基本要求，本系列教材包含了普通心理学、发展心理学、教育心理学、学习心理学、社会心理学、咨询心理学、教育学基本原理、教学论、课程论、班主任工作等多方面的知识，充分体现了教师专业化建设的基本需要。帮助学生树立具有时代性、前瞻性的教育观、学生观、教师观、课程与教学观、自我发展观，培育美好和教育理想和尊重教育现实的态度，养成对学生负责、对社会负责、对自己负责的专业责任感；在专业上不断进取、不断创新，为人师表。在各本书每一章的最后都列出了"拓展性阅读资料"，设计了相关的"研究性课题"，用于促进读者对教育理论的深入学习和开展相关问题的教育科学研究。

二是实用性。本系列教材在选题上，紧扣中学教育教学实际，围绕教育教学和班主任工作，选编了大量的实用性知识，包括学习策略与指导、教学原理与设计、班主任工作、中学生常见的心理问题与指导对策、中学生个体与团体心理辅导等多种实用的教育理论技能，加入了资料阅读、案例分析等通俗易懂的资料。

三是时代性。本次教材改编，特别增加了与当代中学生心理发展、中学教育教学改革相关的新知识，特别是素质教育理论、中小学课程改革、当代班主任工作要求、当代教学设计原理与技能等新知识，力求提升教育理论的时代感和与时俱进的态势。

四是综合性。本系列教材，力求体现中学教育教学所需的教育理论的基本面貌，同时反映当代教育理论的前沿性知识，各本教材都力求在有限的篇幅中体现本门课程最为全面的知识体系，虽然有详略之分，但总体视野开阔，反映了本领域的较为全面的教育理论与技能常识。所以本系列教材的使用对象比较广泛，不仅适用于我国高校教师教育各专业的学生，也适合准备参加教师资格证书考试的学生参考，适用于在职教师全面提升教育理论水平。可以说，有一套教材在手，即可对当代教育理论的基础知识和较为常用的应用性知识有个全面和实用的掌握。

本书在编写中，得到了苏州科技学院教学质量工程的专项经费扶持，同时得到了苏州科技学院教务处、教材科的大力支持，特别要感谢教材科的杨晓燕老师的全方位的支持。

本系列教材在编写过程中，全体专任教师殚精竭虑，将多年的教学和科研体会融入教材编写之中，召开多次编写工作会议，共同商议选题、讨论编写结构体例，汇聚了集体的智慧。尽管如此，由于编写水平的限制，难免会有所疏忽，请各位读者提出宝贵意见，以促进本系列教材的完善与发展，也为我国高校教师教育专业教育学科类课程改革与教材建设作出一些创新性的尝试和努力。

编写委员会
2010 年 7 月

前　言

如果从1862年，京师同文馆创立，首次采用班级授课制的教学组织形式，并内设"正提调"与"帮提调"管理职务开始，班级管理制度在我国已有近一个半世纪的历史；如果从1942年中共绥德专署教育科编制的《小学训导纲要》，首次提出"班主任"这一岗位开始，班主任管理制度作为我国教育管理制度的一部分，也已经走过了六十多年的历程。新中国成立以来，班主任作为中国教育的一个成功的管理岗位和制度，得到了政府、教育行政管理部门的高度重视。2009年教育部明确规定"学校在教育管理工作中应充分发挥班主任的骨干作用，注重听取班主任意见。""班主任工作量按当地教师标准课时工作量的一半计入教师基本工作量。"无论在地位还是待遇方面都得到了进一步的确认和提高。

2006年《教育部关于进一步加强中小学班主任工作的意见》中明确指出，"中小学班主任是中小学教师队伍的重要组成部分，是班级工作的组织者、班集体建设的指导者、中小学生健康成长的引领者，是中小学思想道德教育的骨干，是沟通家长和社区的桥梁，是实施素质教育的重要力量。中小学班主任工作是学校教育中极其重要的育人工作，既是一门科学、也是一门艺术。"如何提升班主任与班级管理的科学性与艺术性相融的工作，一直是全体教育理论工作者和一线教师不断追求的目标。2009年教育部颁发了《中小学班主任工作规定》指出"班主任是中小学日常思想道德教育和学生管理工作的主要实施者，是中小学生健康成长的引领者，班主任要努力成为中小学生的人生导师。"

本教材旨在促进班主任和班级管理工作专业化，实现科学与艺术统一，特别是在彰显"中小学生健康成长的引领者和人生导师"等教育角色的作用，从宏观的视角对班主任工作和班级管理进行了系统的梳理，在编写中，将传统的班级管理工作，扩展为班级整体教育管理的视角，以班级工作为主线，以班级心理辅导的理论与技术为重点，将班主任与班级工作、中学生心理发展与健康、个体与团体心理辅导内容融为一体。全书共分十二章，第一章～第四章主要介绍班主任与班级管理工作的理论与技术；第五章主要对中学生的心理发展做了全面的介绍；第六章～第八章分别介绍中学生的心理健康与心理辅导的相关理论与技术；第九章～第十二章主要介绍中学生的学习、人际交往、休闲与消费、职业生涯等方面心理辅导的理论和技术。为了便于学习和开展研究，各章均增加了资料卡、拓展性阅读书目和研究性课题等，在附录部分将国家的相关指导性文件一并提供给学习者，有利于当下的学习和将来的应用参考。

全书体系是在参照原讲义结构的基础上，由编委会集体讨论而定。具体编写分工如下：第一章、第二章由鲍谧清编写；第三章、第七章由宋春蕾编写；第四章、第五章由贾凤芹编写；第六章和第十二章由贾凤芹和宋春蕾共同编写；第八章由鲍谧清和李锐共同编写；第九章由杨翠蓉编写；第十章由艾振刚编写；第十一章由韦洪涛编写。本书初稿由鲍谧清、宋春蕾、贾凤芹共同审阅并提出修改意见，最后由鲍谧清统校定稿。

本教材能够与大家见面，首先应感谢苏州科技学院领导和教务处的大力支持，感谢苏州科技学院教材科杨晓燕老师的热情扶持，特别要感谢韦洪涛、张轶、艾振刚等人编写的《班级工作与心理辅导》讲义的奠基性工作，感谢苏州科技学院教育与公共管理学院心理系全体同仁的大力支持，还要感谢殷雪梅在资料检索方面的支持。

　　由于水平所限，编写经验不足，书中存在不足之处在所难免，我们热诚地欢迎各位专家、同仁和学习者提出宝贵意见，以利于今后改进。

鲍谧清

2010 年 11 月

目 录

第一章 班级工作概述

第一节 班级的产生与发展 ……………………………………………………… 1
  一、班级的产生 …………………………………………………………… 1
  二、班级的发展与改革 …………………………………………………… 2
第二节 班级的含义与功能 ……………………………………………………… 5
  一、班级的含义 …………………………………………………………… 5
  二、班级的功能 …………………………………………………………… 6
【拓展性阅读】 …………………………………………………………………… 8
【研究性课题】 …………………………………………………………………… 9

第二章 班主任的职责与素质要求

第一节 我国班主任管理制度的产生与发展 …………………………………… 10
  一、我国班主任管理制度的产生 ………………………………………… 10
  二、我国班主任管理制度的发展与完善 ………………………………… 11
第二节 班主任职责与工作特点 ………………………………………………… 12
  一、班主任的基本职责 …………………………………………………… 12
  二、班主任的工作特点 …………………………………………………… 13
第三节 班主任的专业化与素质要求 …………………………………………… 15
  一、班主任的专业化 ……………………………………………………… 15
  二、班主任的素质要求 …………………………………………………… 16
第四节 班主任工作与心理辅导 ………………………………………………… 17
  一、班主任开展心理辅导的优势 ………………………………………… 18
  二、提升班主任心理辅导能力 …………………………………………… 18
  三、关注班主任群体的心理健康 ………………………………………… 18
  四、提高班主任教师心理健康水平的策略 ……………………………… 19
【拓展性阅读】 …………………………………………………………………… 23
【研究性课题】 …………………………………………………………………… 23

第三章 班集体的组织与建设

第一节 班集体建设目标的确立 ………………………………………………… 24
  一、班集体的特征 ………………………………………………………… 24
  二、班集体的心理功能 …………………………………………………… 25
  三、班集体的形成过程 …………………………………………………… 26

四、班集体目标建设的方法 ·· 27
第二节　班集体组织机构的建立 ·· 28
　　一、班集体组织机构的要素及作用 ··· 28
　　二、班集体组织机构的特点 ·· 29
　　三、班集体组织机构的形式 ·· 29
　　四、班集体组织机构的形成 ·· 30
第三节　班集体活动的组织和实施 ··· 31
　　一、班集体活动的种类 ··· 31
　　二、班集体活动的要求 ··· 31
　　三、班集体活动的设计和组织过程 ··· 32
【拓展性阅读】 ··· 36
【研究性课题】 ··· 37

第四章　中学班级常规管理与评价

第一节　中学班级常规管理 ·· 38
　　一、中学班级常规管理概述 ·· 38
　　二、中学班级常规的制定与实施 ·· 39
第二节　中学班级工作评价 ·· 43
　　一、中学班级工作评价概述 ·· 43
　　二、学生评价 ··· 45
【拓展性阅读】 ··· 52
【研究性课题】 ··· 53

第五章　中学生心理发展

第一节　心理发展概述 ··· 54
　　一、心理发展的主要特点 ·· 54
　　二、心理发展的基本问题 ·· 56
　　三、青春期生理的剧变 ··· 58
第二节　中学生的认知与情绪发展 ··· 60
　　一、中学生认知发展理论 ·· 60
　　二、中学生认知发展的特点 ·· 61
　　三、中学生情绪发展的特点 ·· 65
第三节　中学生社会性发展 ·· 67
　　一、中学生人格发展 ·· 67
　　二、中学生自我意识发展 ·· 69
　　三、中学生人际关系发展 ·· 73
　　四、中学生性别角色发展 ·· 74
【拓展性阅读】 ··· 77
【研究性课题】 ··· 78

第六章　中学生心理健康与心理辅导概述

第一节　心理健康概述 ··· 79

一、心理健康的含义 …………………………………………………………… 79
　　二、心理健康的判断标准 ……………………………………………………… 81
第二节　中学生心理健康 ………………………………………………………… 83
　　一、中学生心理健康标准 ……………………………………………………… 83
　　二、当代中学生心理健康现状 ………………………………………………… 85
第三节　中学班级心理辅导概述 ………………………………………………… 86
　　一、学校心理辅导概述 ………………………………………………………… 86
　　二、中学心理辅导的目标 ……………………………………………………… 88
　　三、中学心理辅导的内容 ……………………………………………………… 89
第四节　中学班级心理辅导的原则与实施途径 ………………………………… 90
　　一、学校心理辅导的基本原则 ………………………………………………… 90
　　二、学校心理辅导的途径 ……………………………………………………… 90
　　三、班主任实施心理辅导的形式 ……………………………………………… 91
　　四、中学心理辅导存在的问题及解决策略 …………………………………… 92
【拓展性阅读】 …………………………………………………………………… 96
【研究性课题】 …………………………………………………………………… 96

第七章　中学生个体心理辅导

第一节　中学生个体心理辅导的条件和任务 …………………………………… 97
　　一、中学生个体心理辅导的条件 ……………………………………………… 97
　　二、中学生个体心理辅导的任务 ……………………………………………… 99
　　三、中学生个体心理辅导的一般程序 ………………………………………… 100
第二节　中学生个体心理辅导的理论与技术 …………………………………… 100
　　一、精神分析心理治疗的理论与技术 ………………………………………… 100
　　二、以人为中心疗法的理论与技术 …………………………………………… 102
　　三、行为治疗的理论与技术 …………………………………………………… 103
　　四、认知治疗的理论与技术 …………………………………………………… 105
第三节　中学生常见心理障碍和心理问题的评估诊断与辅导 ………………… 106
　　一、中学生个体心理辅导中的评估诊断 ……………………………………… 107
　　二、中学生个体心理辅导中的心理测验 ……………………………………… 109
　　三、中学生常见心理障碍和心理问题的辅导 ………………………………… 109
【拓展性阅读】 …………………………………………………………………… 118
【研究性课题】 …………………………………………………………………… 118

第八章　中学班级团体心理辅导的理论与实践

第一节　班级团体心理辅导理论 ………………………………………………… 119
　　一、团体心理辅导的基本含义 ………………………………………………… 119
　　二、班级团体心理辅导的性质 ………………………………………………… 120
　　三、班级团体心理辅导的理论分析 …………………………………………… 121
第二节　班级团体心理辅导实务 ………………………………………………… 125
　　一、班级团体心理辅导的目标与原则 ………………………………………… 125
　　二、班级团体心理辅导的内容 ………………………………………………… 127

三、班级团体心理辅导的团体活动的设计 ……………………………………… 128
【拓展性阅读】 …………………………………………………………………………… 133
【研究性课题】 …………………………………………………………………………… 133

第九章　中学生学习心理辅导

第一节　中学生的学习概述 …………………………………………………………… 134
　　一、中学生学习的一般特点 ……………………………………………………… 134
　　二、中学生学科学习的特点 ……………………………………………………… 135
第二节　中学生学习动机的培养与激发 ……………………………………………… 136
　　一、学习动机的分类 ……………………………………………………………… 136
　　二、与学习相关的动机理论 ……………………………………………………… 137
　　三、学习动机的激发和培养 ……………………………………………………… 139
第三节　中学生的学习策略指导与训练 ……………………………………………… 141
　　一、学习策略概述 ………………………………………………………………… 141
　　二、学习策略的训练模式 ………………………………………………………… 142
　　三、学习策略的训练 ……………………………………………………………… 142
第四节　中学生考试焦虑应对策略指导 ……………………………………………… 144
　　一、考试焦虑对学习的影响 ……………………………………………………… 145
　　二、考试焦虑的成因 ……………………………………………………………… 146
　　三、考试焦虑应对策略指导 ……………………………………………………… 147
【拓展性阅读】 …………………………………………………………………………… 152
【研究性课题】 …………………………………………………………………………… 152

第十章　中学生的人际交往辅导

第一节　人际交往辅导概述 …………………………………………………………… 153
　　一、人际交往的内涵及意义 ……………………………………………………… 153
　　二、影响人际交往的因素 ………………………………………………………… 154
第二节　中学生的人际交往辅导 ……………………………………………………… 156
　　一、当代中学生人际交往的特点 ………………………………………………… 156
　　二、中学生人际交往辅导的内容 ………………………………………………… 158
　　二、中学生交往中的心理问题与辅导对策 ……………………………………… 161
【拓展性阅读】 …………………………………………………………………………… 164
【研究性课题】 …………………………………………………………………………… 164

第十一章　中学生的生活辅导

第一节　中学生的休闲心理辅导 ……………………………………………………… 165
　　一、正确认识休闲 ………………………………………………………………… 165
　　二、中学生休闲心理辅导的含义和特点 ………………………………………… 167
　　三、中学生休闲生活的现状与问题 ……………………………………………… 169
　　四、中学生休闲心理辅导的基本内容和形式 …………………………………… 170
第二节　中学生的消费心理辅导 ……………………………………………………… 173
　　一、消费心理行为的一般特点 …………………………………………………… 173

二、中学生消费行为的问题及原因 ·· 174
　三、中学生消费心理辅导的策略 ·· 176
【拓展性阅读】 ··· 182
【研究性课题】 ··· 182

第十二章　中学生的职业生涯心理辅导

第一节　职业生涯心理辅导理论概述 ·· 183
　一、生涯与职业生涯的相关概念 ·· 184
　二、中外职业生涯心理辅导的思想与理论 ·································· 186
第二节　中学生职业生涯心理辅导策略 ·· 190
　一、中学生职业生涯心理辅导及其意义 ···································· 190
　二、职业生涯发展阶段 ·· 192
　三、中学生职业生涯设计的特点 ·· 193
　四、中学生职业生涯心理辅导内容与策略 ·································· 194
第三节　中学生的气质与职业选择 ·· 197
　一、气质类型与职业 ·· 197
　二、气质类型的测评与职业选择 ·· 198
【拓展性阅读】 ··· 201
【研究性课题】 ··· 201

附录1　教育部关于进一步加强中小学班主任工作的意见 ························ 202

附录2　教育部关于加强中小学心理健康教育的若干意见 ······················· 205

附录3　中小学心理健康教育指导纲要 ··· 208

附录4　中小学班主任工作规定 ··· 212

参考文献 ··· 214

第一章　班级工作概述

【学习目标】
- 能够说明班级产生与发展的基本历史线索。
- 能够解释班级的含义。
- 掌握班级的功能。

班级是学校教育教学的基本组织单位，是学生共同学习、劳动、生活的场所，是他们健康成长的摇篮。班级是教师影响学生、培养学生的有效教育环境，是学校各项工作计划的实施、各种活动的组织开展的基本单位。班级的发展水平，班级工作的成效，与学校教育目标的实现密切相关。班级也是每一个中学生难以忘怀的成长空间，学生在班主任的指导下，通过参加班级的教育教学活动、与师生的人际交往与互动，实现着社会化与个性化的成长过程，这是教育史上不争的事实。那么，如何科学地理解班级的历史与发展，从教育学、心理学等多学科视角解读班级的含义和功能，则是开展班级工作最基础的问题。

第一节　班级的产生与发展

学校教育中的班级制度，是以大工业生产作为其产生、发展的社会背景的，班级制度的发展经历了一个漫长的历史过程。

一、班级的产生

（一）班级的萌芽

班级授课的教学组织形式，在古代的东西方都有了萌芽和初步的探索。中国《学记》中就记载了九年的年级制萌芽，汉代产生了大班授课和高年级学生辅导低年级学生的教学形式。宋代，胡瑗（993～1059）创立了"苏湖教学法"，采用"分斋教学"，实行文理分科教学，在世界上是一种创举。南宋王安石创立了"三舍法"，实行升留级制。可见，在中国古代教育史中，为了提高教学效率，已经有了班级授课制的萌芽形式。但是中国直到近代，在1862年才有了始于京师同文馆的班级教学，这是直接学习西方教学组织形式的产物。到1901年清政府废科举、兴学堂，班级授课制在我国的学校普遍开始采用。

（二）班级的产生

从14世纪开始，伴随着欧洲工商业的发展，资本主义生产关系孕育产生，哥白尼日心说的冲击、近代自然科学的发展、文艺复兴的推动、人本主义思想的确立，扩大教育规模、普及教育成为一种基本的社会基本需求。为适应社会发展的这种需求，欧洲的许多国家纷纷扩大办学规模，在西欧的一些学校出现了年级的划分和学制的规定。在尼德兰（相当于现在的荷兰、比利时、卢森堡和法国东北的一部分）的"平民生活兄弟会"创办的学校中40多所新学校中，学生人数多的有2000多，将学生分为8个年级进行教学。1534年法国波尔多市政府决定以人文主义思想重组居也纳学院（College de Guyenne），该校分为10个年级，附设大学预科班。1537年德国教育家斯图谟（John Sturm，1507～1589）创办的斯图拉斯堡市文科中学，也将学生分成10个年级，一年级最高，每一年级由一位老师管理。

1684年，法国天主教神甫拉萨尔（Jean Baptiste de LaSalle，1651～1719）创立基督教兄弟会[1]，在他们创办的学校中根据儿童的能力高低编组教学，除了人数多以外，与现代的班级教学制基本相同。因此"拉萨尔分组"被视作是班级教学制的初步形态。

图1-1 夸美纽斯

在教育史上，捷克教育家夸美纽斯（Johann Amos Comenius，1592～1670，图1-1）是第一个从理论上确认和证明班级教学制的人。根据教育适应自然的原则，夸美纽斯将人从出生到成年分成四个时期，即婴儿期、儿童期、少年期和青年期。相应的，儿童应接受四种学校的教育，即母语学校、国语学校、拉丁文学校和大学。它们形成了一个统一的学校制度。这种前后衔接的全民教育体系是夸美纽斯对世界教育发展的一大贡献。夸美纽斯认为，所有的儿童不分贫富、性别都可以教育成人。夸美纽斯要求学校实行学年制，每年招生一次，每年在同一时间开学、放假，年终实行考试，同年级学生同时升级，学校应制定工作计划，按年、月、日、时安排工作。6岁的入学的适宜年龄，秋季是入学的适宜季节。根据这种制度，学生被组织成班级，每个班又分成几个小组；一名教师向全班授课，一个教师可同时教几百个学生；学生组长协助教师维持课堂纪律。夸美纽斯认为，班级授课的好处在于，学生可以互相帮助，互相激励；教师易于产生热情，并感染学生。班级授课制的实施，极大地提高了教学效率，对教育的发展和普及产生了重大影响。

二、班级的发展与改革

（一）班级的确立

德国著名的教育家和心理学家赫尔巴特（J. F. Herbart，1776～1841，图1-2）对班级授课制进行了系统的研究，他对班级授课制的主要贡献有两方面。一是对如何处理传授知识和道德培养关系问题上提出了"教育性教学"的概念，认为教育的最高目的是形成道德。二是运用心理学理论研究教学过程，提出了"形式阶段理论"，即①"明了"，清楚、明确地感知教材；②"联合"，在感知的基础上，在个别概念间建立联系，形成各种概念；③"系统"，让各种新旧概念建立更大范围的联系，使知识系统化；④"方法"，通过一定的练习和应用，熟练而牢固地掌握知识。其后，其他学者将第一阶段分为分析、综合两个阶段，赫尔巴特的理论被发展成了著名的"五段论"。这一理论为课的划分和安排，班级稳定地成为学校教育的基本单位奠定了一定的理论基础。三是提出了班级的管理理论，要求建立稳定的规章制度，强调"管理"和

图1-2 赫尔巴特

---

[1] 吴式颖主编. 外国教育史教程. 北京：人民教育出版社，1999：228-229.

"训育",强调都是教学要接近儿童的感情,训育要让儿童感受到是一种陶冶。有管理方法过激的倾向,如在强调爱、权威的同时提出了威胁、惩罚等方法。四是,主张根据心理学原理组织班级教学过程,根据儿童的个性特点进行管理,认为教师微不足道的赞许会使儿童悔过自新。

(二)班级的变化与改革

19世纪70年代以后,人们看到了班级授课制忽视学生个别差异等方面的问题,开始了一系列的改革,出现了否定班级授课制的倾向。欧美等地为了适应社会自由竞争的需要,一些教育家针对班级授课制不能适应个别差异弊端,提出按照能力和智力等标准分班或分组,以弥补班级授课制的不足,其中影响较大的有:圣路易编制法、文纳卡特制、特朗普制、道尔顿制、设计教学法等。德国的"作业共同体"和"生活共同体"在这些改革中,主要集中在学生组织方式、教学方式等,但是在这个改革的过程中,人们过于极端地否定班级授课制,使班级授课制出现了弱化的现象。

(三)班级制度的稳定与成熟

进入20世纪70年代开始,教育界对历史上的教育改革进行总结和反思,1972年联合国教科文组织发表的《学会生存——教育世界的今天和明天》,强调教育发展的目标是人的完整实现(the complete fulfillment of man),是人作为个体、家庭成员、社区成员、国家公民、生产者、发明者、创造的梦想者等具有丰富内涵的修改的完整实现。美国的"零点项目研究"对美国60年代及其以前的教育改革进行研究,提出了所谓的"多元智力"理论。加之人们对先前在班级授课制问题上所走弯路的反思,更加注重保留班级的编制,注重全面的教学目标,对班级的研究超出教育学学科的视野范围,从社会学、心理学、教育社会学、教育文化学、社会心理学等多学科的角度进行广泛的、深入的研究与探讨,人们更加注重班级作为一种特殊社会环境对儿童和青少年学生成长的主导作用和积极影响,人们不再就班级的形态进行大的改革了,而是更加注重班级内涵与效益的建设。

美国在20世纪70年代以后,受人本主义心理学的影响,不再更多地强调班级形态的变化,而是强调独特的个体存在,以学生个人的心理发展和自我充分实现为教育的根本出发点,由学校的咨询工作者负责大量的学生教育工作。在公立学校中也设有Homeroom制,由同年级学生组成,每班不超过35人,由一个教师(Homeroom teacher)负责管理。在美国的班级管理中,强调关怀、合作、责任,强调管理为培育学生的品格服务的理念。七八十年代,强调立足于行为主义的方式,维持班级的秩序和纪律。20世纪80年代以来,美国的班级管理主要呈现着各种教育理念的整合的趋势,强调建立班级规则和秩序、鼓励学生合适的行为、培养积极的人际关系,注意处理学生的问题性行为。同时探讨缩小班级规模,实行小班制教学与管理。在20世纪80年代以来,世界各国不再关注班级规模。

日本学者从狭义和广义两个角度研究班级问题。狭义的班级研究主要是基于班级是教学的组织形式,研究如何提高学生能力。广义的理解是综合考虑班级建设和影响学生成长的多种因素,综合设计、统一管理,使学生在课内外的各种活动中,在学生的相互接触中,促进成长。在这种理念指导下,主要强调班级要注重道德教育、创造轻松愉快和内容充实的班级生活、创造掌握基础学习和发展个性能力的条件、改善人际关系、加强学校和家庭及社会的联系。在以色列班级建设的中心是以团体价值和规范为基础,把个体培养成社会成员。

德国几乎每位专职教师都可能承担班级管理工作,班主任是班级的行政管理者,负责班级的全面管理工作。班主任和其他教师工作量一样,每周授课28个课时,得到的报酬也相同，不享受班主任津贴。和所有的国家公务员一样，班主任每周工作37.5小时[1]。德国基础教育的管理权主要在各州，德国16个州的教育制度不尽相同。但是，各州对班主任的工作权限都有明确的规定。例如，《巴伐利亚州教师职业条例》[2]第6条就对班主任的工作有如下规定：

（1）班主任由学校领导指定。国民学校的班主任由学校领导推荐，市教育局指定。在国民学校和特殊国民学校，班主任一般带一个班，任期为2年，一般来讲，不超过4年。根据其能力，小学的班主任要担任所在班全部课程的教学任务。

（2）班主任负责向本班学生介绍学校的事务。班主任负责建议本班学生，参与学校的活动，并支持班长的工作。班主任要不断地了解学生的成绩及学生的表现。如果学校没有其他规定，则由班主任负责检查学生出勤情况。

（3）班主任和学生家长共议教育学生问题，遇到学生学习成绩明显下降，以及其他重大事件时，在征得校长同意后，班主任负责尽快书面通知学生家长。如果是职业学校学生，班主任还要通知培训负责人或雇主。

（4）班主任和其他任课教师合作，共同评定学生成绩册和学生档案。

在联邦德国，每个班级都拥有一班级记录册。上面记载着本班使用的教材，学生情况介绍学生学习成绩，以及本班发生的特殊事件。班级记录册由班主任负责填写，并将其呈至校长处。

纵观中外教育史，自近代以来，班级这种教育组织形式在经历了众多的改革甚至否定后，之所以得以保留和传承，主要得益于班级的社会本质恰好适应了人作为社会存在的本质属性。

1. 班级具有高度的组织性

共同的学习、共同的集体生活要求成员在其中遵守共同生活的基本准则，维持其基本秩序，承担在共同生活中必须承担的义务和责任。正如马卡连柯所说，"那些组织起来的、拥有集体机构、以责任关系彼此联结在一起的个人有目的的综合体。"[3]

2. 班级具有高度的社会倾向

班级成员的交流、共同的学习与生活本身就是一种社会成员相互影响的过程，他们将各自的价值观、道德、行为习惯、情感体验等带入群体生活，相互交流、共同探讨、相互影响和促进，在教育与社会资源共享与相互之间构成的社会关系中共同成长。

3. 班级具有高度的社会主体性

按照人本主义心理学家马斯洛的主张，人人都有自发的求成长、求发展的动机的，而在班级的社会群体生活中，每个成员都在积极地寻求着成长与发展，并在寻求着老师、集体及成员的接纳中获得自我成长的反馈和确认，同时各自不同的文化背景、个性特点、兴趣爱好等又使得每个人表现出不同的成长风格，构建着与社会相融、与班级集体相适应的独立自主的个体成长与身心发展。所以世界各国对班级这种教育组织形式的态度已经不再是简单的改造与改革，而是努力的厘定班级的基本规模，既保障班级组织的社会倾向与社会主体性，也要尽可能的照顾学生的个体差异，促进每个学生身心健康发展。

从20世纪末开始，世界主要经济发达国家对班级管理制度的改革进入的质量与内涵建设阶段，在确定了30～35人的班级规模的基础上，强调特色学校、特色班级建设，注重学

---

[1] 刘国莉. 联邦德国班主任的权利和义务. 外国中小学教育，1992（1）：38-39.
[2] 刘国莉. 联邦德国班主任的权利和义务. 外国中小学教育，1992（1）：38-39.
[3] 鲁杰主编. 教育社会学. 北京：人民教育出版社，2001：388.

生的创造力和个性化培养。例如，英国推出了专门特色学校（specialist school）和灯塔学校（beacon school），前者是英国为推行教育革新，提高中等教育质量而专门发展的一种特殊的中学，注重建立良好的教育伙伴关系和具有创新的文化理念；后者则加强了学校的伙伴关系，且在课程开发、学生管理、优质教育、特殊教育需求、欺凌行为防止教育、改善家长参与方面有突出的表现。

美国联邦教育部于 1982 年提出了"蓝带学校计划"（Blue Ribbon Schools Program）加强对学校和班级的教学质量建设与评估。该计划主要有三个目的：①确立和认可全国杰出的公私立学校；②提供以研究为基础的效能标准，作为各校自我评估和改进参考；③激励各校将办学成功经验与他校分享。蓝带学校是以"卓越"（excellence）和"均等"（equity）为核心。即凡是膺选为蓝带学校，必须是该所学校在追求所有学生卓越成就，具有强烈的使命感，类似国内所倡导的"带好每一位学生"，2002 年联邦教育部又推出了"不让一位学生掉队"（No Child Left Behind）的计划，更加注重学校的整体教育教学质量提高和每一位学生个性的充分发展。

第二节　班级的含义与功能

自从班级授课这种教学组织形式产生以来，伴随着社会教育理论与实践的深入发展，经历的教育史上的研究与改革，人们对班级的含义及其功能的认识也在不断丰富和深化。

一、班级的含义

对班级的含义的确定，最为经典的看法是以夸美纽斯、赫尔巴特等为代表的教育家，把班级作为教学的基本组织形式。对中国教育影响最大的莫过于 20 世纪 20 年代前苏联的教育学家克鲁普斯卡娅等人的班级集体理论。该理论认为班级集体是群体的高级形式，它是一种有"共同价值、共同的活动目标与任务，并具有凝聚力的高度组织起来的群体"。马卡连科则把班级集体确定为："那些组织起来的，拥有集体机构，以责任关系彼此联结在一起的个人有目的的综合体。"他认为，这种集体具有高度的社会倾向性、组织性和社会主体性。20 世纪 50 年代苏霍姆林斯基等人的教育实践和科学研究使这一理论有了较大的发展。进入 80 年代后，前苏联学者也进行了社会学领域的班级理论研究，1984 年孔尼科娃的《集体教育学》就是一个代表。

20 世纪 50 年代后，随着社会学，特别是教育社会学的发展，人们更多地将班级作为社会群体来研究和看待。1959 年，美国著名社会学家帕森斯（T. Parsons）在《哈佛大学教学评论》上发表《班级是一种社会体系》的文章，运用社会学的观点论述了班级社会系统的概念、特征、条件、功能，认为班级是一种小型的社会体系。日本当代教育社会学家片岗德雄把班级规定为"学习集体"，即在课堂里进行学习的人的群体组织，它以持续的学习为目标，包括了两个以上的人，在成员之中存在指导与学习的分工，一般需要有一定的物理环境条件。

我国学者班华教授提出了构建"发展性班级教育系统"的观点。北京师范大学谢维和教授[1]，认为班级应作为社会初期群体来看待。鲁杰、吴康宁等人[2]也从教育社会学的角度，将班级看做是一个社会系统（组织）。杨昌勇、郑准等人[3]将班级看做是"一种特殊的社会

---

[1] 谢维和. 班级：社会组织还是初级. 1998（11）：19-24.
[2] 鲁杰, 吴康宁. 教育社会学. 北京：人民教育出版社，2001：384.
[3] 杨昌勇, 郑准. 教育社会学. 北京：人民教育出版社，2005：286.

群体。"

上述各种观点从不同侧面对班级的本质属性进行了比较深入的探讨。基于各种有关班级的理论与现实问题，班级的本质是促进学生身心全面和谐发展和实现社会化的特殊社会群体，教育教学是体现这一本质的途径、方法、手段。所以，班级可以定义为：**班级是由年龄、知识水平、生理发育水平比较接近的学生组成的，在学校教育教学和人际交往环境影响下，促进身心全面和谐发展与实现个体社会化的特殊社会群体。**

可以从如下几个方面理解班级的定义。

（一）班级是社会为培养和教育青少年一代而特设的教育性组织机构

学校是按照一定社会对人才成长与发展的要求，有目的、有计划、有组织地对青少年进行培养指导的场所，班级是学校开展教育教学、组织学生活动的基层组织和基本单位。班级不是由学生自发地组成的，而是由学校根据有关规定和学生的心理、生理发展水平统一编制的，班级学生不能自由选择群体。班级成员一旦编制成班，就不能随意更换或脱离。班级一般都有一系列规范化的规章制度和严格的组织纪律，以保证班级教学、教育活动的顺利进行和培养人才的质量规格。这些规章制度是开展班级活动的依据，是处理问题、判断是非的标准。不管是否成文，它都要求班级成员严格遵守。

（二）班主任在班级建设及学生成长中起主导作用

班级是教师经营和培养的对象，班主任教师承担着国家、社会、家长乃至学生本人的委托，对班级学生实施着教育和管理工作，班主任是负责一个班及班级全体学生进行教育和是班级的组织者和指导者的任务，与班级学生朝夕相伴，对学生及班级的影响是巨大而深刻的。中学生总体上是向上的，有着成长与发展的强烈动机，渴望得到群体的接纳与承认，但同时学生的生活背景、个性特长、社会关系、教育机会都是比较复杂的，这就为班级的组织管理工作提供了较大的灵活性与创造性的工作空间，也要求班级的组织和培养工作要有良好的心理基础，看似简单的班级工作，需要教师用智慧和情感加以悉心培育。它要求班主任教师有开阔的社会视野，较强的社会工作能力，成功地经营一个班级；有着成熟的心智，理解青少年身心发展中表现出来的幼稚性和差异性，并善于启发引导，因材施教；有着科学的教育理念，尊重学生、关爱学生，科学地启迪和全面地培养学生，开展富有针对性的个别教育工作。实践证明，一个优秀的班主任既有独特的教育风格，同时又能够最大限度地促进学生成长。

（三）班级是一个特殊的社会群体，是学生学习与成长的共同体

班级是学校开展教育教学工作的基层组织，又是以青少年为主体，以学习为基础，以实现社会化、个性化为目标的教育社会，更是由来自不同文化背景的学生组成的特殊的社会群体。学生在班级中，上课、交往、参加各种活动，度过了他们的大部分时光，学生借助这个群体，了解社会、探讨人生、交流情感、建立友情，班级成为他们走向社会不可或缺的生活空间。班级的影响奠定着他们未来成长与发展的基础，包括知识、技能、交往、自我效能感、一定的社会支持力量的构建等。所以班级生活的质量对于每一个学生意义重大，是学生学习与成长的共同建构与享用的社会体系，其理想状态是班集体的形成。

二、班级的功能

班级作为一个为实现学生学习与成长而组成的教育性社会群体，主要具有两个功能：即从社会和群体的角度所具有的社会化和选择的功能，从个体成长与发展的角度表现出来的个性化和监护功能。

（一）社会化与选择功能

社会化是个体从自然人向社会人的转变过程，即个体接受所属社会的文化与规范，从自

然人转变为该社会有效成员,并形成独特个性的过程。青少年学生作为一种自然存在,其身心发展都有着特殊的规律,作为社会存在,同处于一个社会共同体——班级中,受到社会制度、生活习俗、民族传统、文化规范、社区家庭、大众传媒、同伴群体的影响,班级在教育情境、教育内容、教学活动方式和成员相互影响等方面都有着丰富的社会化资源,通过班级这一社会与儿童的特殊中介,学习与积累社会经验、确立生活目标、掌握社会规范,最终获得参加社会生活的能力、品质与资格。选择功能就是依据成人社会的结构,特别是角色结构的需要,依据青少年个性特点,通过一定的开发、引导、潜能开发,使青少年有选择性地接受社会影响、形成一定的人格体系,最终在社会上扮演一定的角色,找到自己合适的位置。

班级的社会化功能与选择功能主要表现在:对影响青少年的各种因素进行全面的研究和系统掌控,根据学生的年龄特点,身心发展的需求进行遴选和组织,以使班级教育能够向学生传递社会价值观,指导生活目标;教习社会规范,培养社会行为习惯;培养社会角色,实现角色同一。

(二) 个性化与监护功能

个性化是个体形成独特面貌和独立人格的过程。个性化不是个别化,要求教师依据个体特长与潜能,按照儿童与青少年身心发展的特征、水平和规律,依据儿童与青少年个体身心发展的独特性,按照社会要求,实施有针对性的开发与培养,最终形成个人独特的精神面貌。个性化是社会选择功能的个体化,不能脱离社会化而存在。班级教育工作的个性化是教师发现并依据学生个体的差异与潜能,有方向地培养和指导,使每个人都能有效地实现自主与自立。

班级的监护功能是对青少年的身心发展、人格尊严、个人隐私等的保护,监督影响各种对班级及学生个体的影响因素,防止各种危害性因素的侵害和干扰。班级个性化和监护功能主要表现在:全面了解学生个性,注意尊重和保护学生的个性;不断扩大学生自主性,给学生提供发展个性的空间;引入竞争机制,发展学生的自我教育能力和创新意识;全面监测学生的学习强度,监管活动内容与影响因素,保护学生身心健康。

"蓝带学校"品性教育的特征

蓝带学校是美国激励中小学办学成功的一种积极性做法,起源于1982年美国联邦教育部所提出的蓝带学校计划。

一、强化学生的正确行为,发展内部激励

鼓励合作,重视培养学生的责任感,让学生学会理解他人,培养学生的团队精神。提高学生在同辈群体和家庭中的自我效能感,由此带来学生的自尊,防止其出现反社会行为。

二、强调学生的自主性

由他律到自律是社会化的关键标志。将品性教育渗透到学生的日常学习活动中,激励学生参与各种活动,以培养其良好的行为和工作能力。"蓝带学校"的纪律充满爱与逻辑,它不是建立在奖惩的基础上,教师不能控制学生,要让学生发展内部控制。塞威克利学院(the sewickley academy)城镇中学使用哈特伍德的多元文化课程(Heart wood curriculum),鼓励学生,自己编写班级手册、创作故事和进行写作。

三、教育目标的社会性,价值观影响行为

"蓝带学校"把学生公民意识的发展作为自己的使命和目标,特别注意强化学生的公民意识,培养和发展学生特定的民主素质,如公正、尊重他人、坚持到底等美德。为了培养学生正确的价值观和各种美德,学校致力于在班级活动或社区服务中创设实践机会,使学生在实践中加深对各种要求的理解。

四、培养模式多样化

美国各学校的文化和民族背景十分复杂,为了实现教育教学的目标,不同学校制定了不同的计划。在普莱诺学区(plano school district)的赫德考斯学校(hedcoxe school)任何时候打开学校的计算机,全学区倡导的品性内容都会出现在屏幕上,这是多种纪律计划的基础。

五、培养计划的创造性

每所学校都有自己的传统和特色,学生得到认可的形式是多种多样的。如在塔金顿学校(the tarkington school),得到认可的学生可以得到赞许(paw pats on the back)。学生与奖励标准竞争而不是彼此间竞争其关系不会因得到奖励与否变得敌对。新泽西州东布伦瑞克(east brunswick)郊区的欧文学校(irwin school)设计了独特的课程计划——带有教学目的的木偶游戏(puppet with a purpose)。学生对木偶游戏的主题进行创意,让木偶在自己创设的情境中表演,然后对木偶的表演进行评价。这有助于学生描述其个人在相似环境中的感受和认识,消除语言和文化差异。

六、教育内容的针对性

许多学校每个班每个月重点突出某一种道德观念,鼓励学生讨论实践方法。按激励计划行动的学生会受到奖励,这些奖励显示了应该学习的品性。如月度运动员奖奖励具有运动家精神的学生,不平凡事不平凡人奖(doers of unusual deeds of excellence, DUDE)奖励做出不凡事迹的优秀实干家。另外,各班级还开发了自己的品性发展课程。

七、教育主体的全员性

品性教育关系到整个社会,所以"蓝带学校"的发展得到了全国的关注,全体社会成员都参与到学校的发展战略和社区服务中。各方面人员通力合作,确立学校和社区核心价值观的结构。明确各自在学生品性发展方面的职责。

资料来源:郝俊英,美国"蓝带学校"的品性教育,外国中小学教育,2003(3)P.11—12.

【拓展性阅读】

[1] 鲁杰,吴康宁.教育社会学.北京:人民教育出版社,2001:384.

[2] 杨昌勇,郑准.教育社会学.北京:人民教育出版社,2005:286.

[3] 谢维和.班级:社会组织还是初级群体[J].教育研究,1998(11):19-24.

[4] 谢维和.教育活动的社会学分析[M].北京:教育科学出版社,2000:185.

[5] 吴康宁.教育社会学视野中的班级:事实分析及其价值选择兼与谢维和教授商榷.教育研究,1999(7):42-48,52.

[6] 卫道治,沈煜峰著.国外关于班级——学校的社会学理论.教育研究,1987(11).

[7] Neal Mccluskey, Sizeing up what matters: the importance of small schools. 2003(3).

[8] Bank Street College of Education. "Small schools: great strides". 2002 (6).
[9] 余洁. 透视美国小班化教育改革浪潮. 外国教育研究，2002 (4).
[10] Madonna M. Murphy著. 周玲，张学文译. 美国"蓝带学校"的品性教育——应对挑战的最佳实践. 中国轻工业出版社，2002.

【研究性课题】
1. 分析夸美纽斯和赫尔巴特对班级教学组织形式的历史性贡献。
2. 试分析班级的含义和功能。
3. 试分析"'蓝带学校'品性教育的特征"的教育启发意义。

第二章　班主任的职责与素质要求

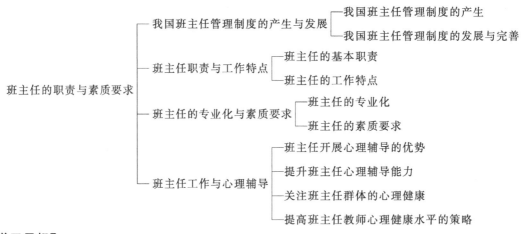

【学习目标】

- 能够陈述班主任管理制度的产生、发展与完善的历史。
- 能够解释班主任的职责和工作特点。
- 能够说明班主任的素质要求。
- 掌握增进班主任的心理健康水平的基本方法。

班主任是班级的组织者、管理者和教育者，是班级各种教育力量的组织者和协调者，是学校教育工作任务和教育制度在班级实施的落实者和贯彻者，是班级学生成长的引路人，更是学生健康成长的维护者，肩负着对全班学生身心发展全面负责的重任。所以，开展班级工作，首先要了解班主任管理制度的产生与发展、班主任职责与工作特点、班主任的专业化和素质要求、班主任开展学生心理辅导工作基本要求，更要关注班主任本人的心理健康。

第一节　我国班主任管理制度的产生与发展

17世纪捷克教育家夸美纽斯的《大教学论》的问世，奠定了班级授课制的理论基础。18世纪德国教育家赫尔巴特"五段教学法"的提出，标志了班级授课制的成熟或定型。

一、我国班主任管理制度的产生

在我国，班主任也是伴随班级授课制这一教学组织形式的引进与发展而产生的。1862年，京师同文馆创立，首次班级授课制的教学组织形式，并内设"正提调"与"帮提调"，履行对生员的管理职能。"帮提调"❶的管理对象是同文馆的全体学生，"轮班在馆管理一切"，所履行的职能与今天的班主任岗位职责已有一些交叉之处。"帮提调"是我国"班主任"岗位的设置开始，也是现代学生管理机制创立的重要标志之一。

---

❶ 王立华，李增兰. 我国中小学班主任工作的历史考察与当代发展. 当代教育科学，2007（5/6）：74-77.

1878年，张焕伦在上海创办的正蒙书院采用班级授课制，把学生分为数班，每班设一班长，每斋设一斋长，斋长上有学长。"学长、斋长、班长"呈金字塔形垂直监督并统一于教员，今天的班主任工作制在工作流程上与这种学生组织管理体制基本相似。

1904年清政府颁行的《奏定学堂章程》规定小学"各学校置本科正教员一人"、"任教授学生的功课，且掌所属之职务"。同年颁布的《各学堂管理通则》规定各校设"监学"或"舍监"，专门负责学生管理。其中的"正教员"、"监学"、"舍监"的职责范围有些就与今日的"班主任"有些相似，但其职能不如今日的班主任明确、细致。

1932年国民政府颁布的《中学法》明确规定中学实行级任制。级任教师负责一个学级的主要课程的教学和组织管理工作。当时的学校规模较小，一个学级往往只有一个班。因此，级任教师与今天的班主任在岗位职责上交叉更多了。1938年，国民政府又将级任制改为导师制。后来出台的《中等学校导师制实施办法》规定："各校应于每级设导师一人，由校长聘请专任教员充任之"，"训导方式除个别训导外，导师应充分利用课余及例假时间，集合本级学生谈话会、讨论会、远足会、交谊会以及其他有关团体生活之训导。"导师负责班级学生管理的具体工作，这与今天的班主任的岗位设置更为接近了。

1942年中共绥德专署教育科编制的《小学训导纲要》首次提到了"班主任"这一岗位："实行教导合一制，必须加强班主任的责任"。

1949年7月公布的《陕甘宁边区政府关于新区目前国民政府改革的指示》规定：在学校组织上（适用于完小❶）校长下设教育主任。取消级任导师，班设主任教员。❷这里的"主任教员"，其职责范围与今天的班主任已大体相当，只不过名称不同罢了。

二、我国班主任管理制度的发展与完善

我国班主任管理制度的建立和完善，主要是在新中国成立后。新中国成立之初，曾一度在中小学设级任主任，后又撤销级任主任，设班主任。1952年3月18日，中华人民共和国教育部颁发《小学暂行规程（草案）》和《中学暂行规程（草案）》，其中规定："小学各班采取教师责任制，各设班主任一人"。"中学以班为教学单位……每班设班主任一人，由校长从各班教员中选聘。"❸这不仅明确规定了班主任的合法地位，也标志着我国中小学已从级任制转向班主任制，自此以后，班主任工作制在我国中小学教育中普遍施行。1960年，我国召开了第一次全国文教群英会，不少班主任受到表彰。

1966~1976年的十年动乱间，学校教育秩序受到冲击，但仍然保留着班主任工作制度，许多班主任教师受到冲击，但是广大的班主任教师担负起管理班级和教育学生的责任，使得学校教育最基本的秩序得以维持。党和国家对班主任所付出的艰苦劳动，给予了崇高的评价，并在实践中逐步形成了对优秀班主任的评价体系。

考虑到班主任工作的特殊性和艰巨性，1978年正式实行了班主任津贴制度。1979年，教育部、财政部、国家劳动总局颁布了《关于在全国普通中学和小学公办教师中试行班主任津贴的通知》。1980年，教育部公布了《关于在中等专业学校、盲聋哑学校班主任中试行津贴的通知》。1981年，国家劳动总局颁发了《关于技工学校试行班主任津贴的通知》。至此，班主任津贴制度得以全面建立。

---

❶ 完全小学，民国时期学制之一。
❷ 黄正平.专业化视野中的中学班主任[M].长春：东北师范大学出版社，2005，6.
❸ 中华人民共和国教育部组织编纂.中国教育年鉴1949-1981[M].北京：中国大百科全书出版社，1984：727-731.

1984年又专门召开了全国优秀班主任表彰大会,有2914名优秀班主任受到表彰。1988年,原国家教委相继颁布了《小学班主任工作暂行规定》和《中学班主任工作暂行规定》。这些规定明确了班主任的地位、作用、任务、职责、方法、任免的条件、待遇与奖励、管理等内容。这表明班主任工作制将进一步得到巩固和完善。自此,我国班主任工作制的建设稳定下来后走上了健全完善的发展道路。

进入20世纪90年代后期,伴随着"科教兴国"战略的实施,班主任管理制度完善的步伐加快。1997年11月,教育部、财政部、国家劳动总局发出的《关于在普通中学和小学公办教师中试行班主任津贴的通知》,不仅体现了党和政府对班主任专业性很强的复杂劳动的肯定,也标志着班主任专业地位的进一步提高和专业职责的进一步明确。

1998年原国家教委颁布的《中(小)学德育工作规程》规定:"中小学校要建立、健全中小学班主任的聘任、培训、考核、评优制度。各级教育行政部门对长期从事班主任工作的教师应当给予奖励。"1998年7月,原国家教委又制定了《中(小)学班主任工作的暂行条例》,提出了中学班主任的8条职责,小学班主任的7条职责。总的精神是要求班主任应对他们所辖的一个班的学生的生活、学习、工作以及学生的素质和班集体形成与发展承担重要责任,要对学生和班集体进行教育和管理。

2006年8月,教育部制定的《全国中小学班主任培训计划》规定:"从2006年12月起,建立中小学班主任岗位培训制度。今后凡担任中小学班主任的教师,在上岗前或上岗后半年时间内均需接受不少于30学时的专题培训。"这份计划赋予了"班主任"这一岗位以专业形象,标志着我国中小学班主任工作制度在历经多年的发展后基本完善起来了。

伴随着国家意志的落实,各级地方教育行政部门也加强了班主任工作制度的建构力度,一些地方性的规定、措施也相应出台,从中观层面上完善了班主任工作制度。从微观上看,各学校都制定了切合本校实际的可操作性强的班主任工作制度,而一些学校还设立了班主任节,如山东临淄实验中学、上海七宝中学、河北唐山七中等。

第二节 班主任职责与工作特点

一、班主任的基本职责

在我国,班主任是负责一个班全面教育与管理工作的教师。2006年6月4日教育部《关于进一步加强中小学班主任工作的意见》[1](以下简称《意见》)中明确指出:"中小学班主任是中小学教师队伍的重要组成部分,是班级工作的组织者、班集体建设的指导者、中小学生健康成长的引领者,是中小学思想道德教育的骨干,是沟通家长和社区的桥梁,是实施素质教育的重要力量。"由此可知,班主任工作职责与任务是多方面的,承担着班级集体建设的责任,要对全体学生的身心发展全面负责。

具体职责主要有以下几点。

(一)做学生的导师和朋友

学生有自己的思想和需求,他们要成长,而中学阶段正是学生的身心发展最关键的时期,班主任不仅要帮助学生学习知识、掌握技能,而且要帮助他们树立科学的世界观、人生观和价值观。作为导师,要引导学生积极地掌握知识和与技能、认识自己和社会、学

---

[1] 黄正平. 班主任专业化:应然取向和现实诉求——解读教育部《关于进一步加强中小学班主任工作的意见》. 人民教育,2006(10):19-21.

会关心他人、懂得如何经营自己的人生，培养他们做为社会公民、家庭成员、社会主人的意识和情感。做为朋友，班主任要关心他们的成长、关注他们的精神需求、了解他们的内心世界，看到每个学生的成长前景、发展潜力，运用有针对性的教育手段引导和激励学生，开发他们的潜能，使每个学生都获得最佳的发展。同时，面对当代社会，青少年获得信息途径的多样性、自主性，加之青少年也加入了知识创新的行列、文化影响多元性等情况，班主任和教师再不是单纯的知识与教育的权威，更多的是学生成长的引路人和陪伴者，需要接受孩子们带入班级的积极信息，与学生平等对话，才能更好地实现促进成长的目标。

（二）做班级的组织者和管理者

班级既是学校这一教育机构的基层的正规而有序的组织机构，也是一个拥有独特性、多样性成员的、变化多端的无序的学生个体成长空间。作为一个单位要正常运作，班级作为一个集体要正常运作，必然要求作为学校成员的班级和作为班级成员的学生遵守一定的规章制度，并按照一定的秩序进行活动。这就要求班主任通过班级管理使学生有所为有所不为，使学生能够按照中学生守则和中学生一日常规等进行活动。学校和班级得以井然有序地运作，也就为学生的正常学习和生活，健康地发展创造了良好的环境。班主任要关心学生的身体健康，组织和指导学生开展体育、文娱、卫生等活动，注意心理卫生，养成良好的锻炼和卫生习惯，组织和指导学生参加社会实践活动、生产劳动和公益劳动、配合有关教师组织、开展课外活动，培养学生的兴趣爱好，发展个性特长。

（三）做班级各种教育力量的协调者与沟通者

影响学生成长的因素很多。班主任在其工作中，要注意调动各种教育力量的积极性，调控各种影响班级工作和学生成长的教育因素。首先，班主任要经常与任课教师联系，了解和研究学生思想情况和学习情况，协调进行教育的要求与步调。其次，进行家访、召开家长会，建立家长委员会，采取多种形式加强与家长的联系，共同研究学生教育问题。最后，发挥社会环境的积极作用，争取社会团体和单位支持，运用社区的教育力量，加强学生的思想政治教育。

（四）做学生身心健康的保护者与促进者

班主任基本工作职责是对全班每个学生的身心发展全面负责。这就要求他们在工作中，要着眼于学生身心的全面发展，规范学生的行为，培养健康的学习与生活习惯；组织学生参加体育锻炼，开展健康的休闲娱乐；引导学生团结合作，参与社会；关注学生的心理健康。针对学生个体，班主任要体察学生的发展状况，开展有针对性的个别辅导；掌握常见疾病和心理问题的识别技术，发现问题及时解决，保护学生身心健康。

（五）做自我发展的终身学习者和专业成长者

无论是为了提升个人生活，还是为了适应教育对象与工作任务的要求，班主任都要进行终身学习，以防止知识老化、心态惰化、教育理念陈旧、教育方法过时，防止由工作压力过大而引发的职业倦怠。班主任要保持一个开放的心态，向社会学、向大众媒体学、向学生学、向其他教师学，提高自己的阅历与能力，在社会、人生、专业等方面保持不断成长与发展的状态，适应社会与学生发展的需要。

二、班主任的工作特点

在学校教育中班主任的工作与学科教学和教育管理工作不同，不是教学任务和简单完成，更不是教学秩序的一般维持，其主要有以下几个方面的特点。

（一）工作目标的育人性

培养人，让学生学会做人是班主任工作的主导目标。1972年联合国教科文组织在著名的"富尔"报告《Learning To Be: The World of Education》[中译本《学会生存》]❶ 的立论基础就是教育发展的目标是人的完整实现（the complete fulfillment of men），将人作为个体、家庭成员、社区成员、国家公民、生产者、发明才、创造者的梦想者等丰富内涵的个性的完整实现。所在班主任要看到社会对人才的基本要求、看到学生成长的最终目标，在胸怀国家和社会教育目标、了解学生个性特点和基本素质的基础上，对班级建设、学生个人的成长进行规划和设计，开展丰富多彩的教育活动，促进学生德智体美和谐发展。

（二）工作关系的情感性

班主任作为班级的组织者、管理者，各种教育工作都是建立在师生的情感关系基础上的。这不仅因为"教育的一个特定目标是培养感情方面的品质，特别是人与人之间的情感品质。"（《学会生存》）同时情感也是重要的教育手段。从这个意义上说，班级教育目标的设计是为了培养有感情的人，班级教育活动的组织也要出于对学生深刻的教育之爱，只有用爱的情感才能培养有爱心的人。为此班主任要做到：深刻地理解学生、充分地尊重学生、高度地信任学生、严格地要求学生。用教育之爱，在培养学生良好的品质和习惯。

（三）教育方法的灵活性

学生是成长中的青少年，他们的个性是独特的、家庭和社会影响各不相同、想法也变化多端。班主任在教育中，不能一蹴而就，更不能简单划一。要针对不同的学生、不同的教育动机灵活施教。在总体教育方向、对学生成长负责的前提下，可以有策略地、创造性地开展教育工作。在内容上，要从学生的实际出发，贴近学生思想实际，进行多方面的教育；在时间安排上，可以根据实际情况进行灵活安排。对于难度较大、时间较长的，可能要进行长远规划、分步实施，对于简单的问题，可以在课间、散步、谈天中随时随地地处理和解决。在形式上，也可以灵活多变。要更多地安排体验式、娱乐式的教育活动，也要更多地采取渗透性的方式方法，使教育目标有效地融合在日常的教育教学活动之中。

（四）教育风格的独特性

风格就是人的风度品格。在班级的组织与建设中，由于学生的个性差异的独特性、来源的多样性、影响的复杂性，使得不同的班级有着不同的教育资源和情况。这也恰恰给班主任工作带来了巨大的创造性空间。在实际的教育工作中，很难找到两个完全相同的班级，也很难形成整齐划一的教育模式。有的工作充满着激情，富有感染力；有的工作常常有条不紊，见微知著；有的思路开阔，活跃机敏；有的严谨缜密，条理性强；有的长于人际交往，组织能力强。法国博物学家，作家布丰（1707～1788）曾说过"风格既其人"。班主任教育风格的独特性恰恰反映了班主任个人工作的创造性和独特性，是其整体精神面貌在班主任工作中的艺术性表达。

（五）教育过程的示范性

学高为师，身正为范。班主任是学生成长的引路人，更是学生做人的楷模。班杜拉等人有关人的社会行为的研究证实，人的行为特别是人的复杂行为主要是后天习得的，是通过观察示范者的行为而习得，示范者行动本身的特征、观察者本人的认知特征以及观察者和示范者之间的关系等诸多因素影响着学习的效果。在班级工作中，班主任对于未成年人中小学生的影响是直接的，其示范作用是明确而突出的。所以，要求班主任要培养良好的个人品质，做学生的楷模。

---

❶ 联合国教科文组织国际教育发展委员会著. 联合国教科文组织教育丛书：学会生存——教育世界的今天与明天. 北京：教育科学出版社，1996：192-198.

第三节 班主任的专业化与素质要求

一、班主任的专业化

(一) 教师专业化的含义

20世纪二三十年代，一些发达国家提出了"专业化"这个在当时充满时代气息和希望的概念，形成了专门职业的专业化浪潮，此时，教师专业化问题也被提了出来。但是由于世界经济危机和"二战"的影响，教师专业化并未得到真正的实施。1966年10月国际劳工组织和联合国教科文组织在法国巴黎召开了一次关于教师地位的各国政府间特别会议，会议通过了一项题为《关于教师地位的建议》的文件，首次以官方文件的形式对教师专业化作出了明确说明，提出"应把教育工作视为专门的职业，这种职业要求教师经过严格地、持续地学习，获得并保持专门的知识和特别的技术。"[1] 明确地描述了教师专业的特点："教师工作应被视为一种专门职业。它要求具备经过严格而持续不断地研究才能获得并维持专业知识与专业技能的公共业务；它要求对所辖学生的教育和福利拥有个人的及共同的责任感。"

随着时代的发展和对教师专业水平的要求不断提高，特别是在教育教学实践过程中，人们对教师劳动的复杂性、艰巨性、自律性、典范性、全面性、创造性和不可替代性等特点的充分认识，以及教师的专业知识、专业能力和专业理想在教育教学工作中的重大作用的凸现，人们对教师专门职业有了新的看法。

1997年我国学者王受荣先生在提出了教育工作日趋专业化的事实的同时，也提出了教师角色应具有四个特点：以学生利益为前提；强调专业知识和技术；信守教育理想，献身教育工作；参与专业决定，负起专业责任。从此，对教师专业化的研究也就更加深入，教师专业化的内涵也开始逐渐明确。

我国教育部师范教育司在《教师专业化的理论与实践》[2] 一书中明确指出："教师专业化是指教师专业具有自己独特的职业条件和培养体制，有相应的管理制度和措施。教师专业化的基本含义是：国家规定的学历标准，必要的教育知识、教育能力和职业道德，教师资格的管理制度等。"据此，教师专业化是指教师在获得国家规定的学历标准的基础上，建立现代教育理念，修炼崇高的职业道德，并经过教师职业培训而获得必要的专业知识、专业能力和教师资格，确保专业地位的过程。教师专业化是一个不断发展的动态过程，既包括教师个人逐步成为真正的专业工作者的成长过程，也包括其获得教师资格，确保专业地位等。

(二) 班主任专业化的内涵

班主任专业化的内涵教师专业化的内涵相近，因为"一个优秀的班主任，首先应该是一个优秀的教师"。然而，班主任的专业角色与教师的专业角色是有所不同的，他们除了和任课教师一样要完成好教学工作之外，还要履行班主任的职责。我国学者[3]认为班主任专业化的内涵可以表述为"以教师专业化标准为基础，逐步掌握德育与班主任工作的理论知识，经过长期培养训练形成班级德育和班集体建设与管理的能力和技巧，提高自身的学术地位和社会地位，全面有效地履行班主任职责。"一般来说，班主任专业化，就是视班主任工作为专业性的育人与管理工作，确定班主任工作的内在规律及本质特征，建构完整的班主任专业理

---

[1] 万勇译. 关于教师地位的建议. 全球教育展望，1984 (04)：1-5.
[2] 教育部师范教育司编. 教师专业化的理论与实践. 北京：人民教育出版社，2001.
[3] 杨连山. 班主任专业化刍议. 天津教育，2003 (12)：32-34.

论知识和实践操作体系，探究班主任工作的途径和艺术，从而使班主任工作在自身专业发展规律的指引下有章可循，高质量运行。主要包括以下几方面的内涵。

1. 具有终身学习的理念

专业理论与知识满足班主任专业工作的基本要求。不仅学历要达标，还要根据班主任工作的需要，根据社会需求与青少年身心发展的要求不断提高自身的科学文化知识素养、全面掌握教育理论和相关的专业知识。能广泛地吸纳班主任工作的最新理论，并运用到实践中。

2. 具有多方面的专业能力

这不仅包括课堂教学能力，还包括学习能力、获取信息能力、研究学生家庭和社会的能力、交往能力、班集体的组织管理能力、组织班集体活动的能力和教育科研能力等。能够对教育工作手段与对学生团体和个体的教育影响进行专业性反思和研究。

3. 具有专业所需的人格风范和职业操守

深刻理解并掌握教师的职业道德规范，负起班主任应该负起的班主任职责。具有崇高的人格，把职业道德规范真正变成自觉的行动。

班主任专业化是我国班主任队伍建设的总趋势，也是一个长期的过程，对其内涵、特点、内容等方面认识还需要更多的理论探讨和实践研究，需要改善班主任工作的内部和外部环境，加强岗位培训，完善继续教育体系，更需要班主任自身的不断努力。

二、班主任的素质要求

有关素质的概念很多，研究的角度也各不相同，班主任素质是从班主任工作的社会角色期待的角度，从工作要求出发进行论述的。可以概括为班主任的素质是班主任个体在完成班级工作中必备的身心发展方面的基本条件，主要包括身体素质、思想素质、职业道德素质、知识与能力素质、心理素质等。

（一）身体素质

班主任的工作基本职责是对全体学生全面负责，还要担任教学任务，进行自身的专业成长，这就决定了他的工作的复杂性与繁重性。要求班主任要有一个健康的身体、充沛的精力、饱满的工作热情。著名教育家魏书生在做班主任工作的过程中，十几年坚持每天带学生跑5000米，正是有了好的身体，才有了丰硕的教育成果和工作中的享受。在我国人们往往说教师是"照亮别人，燃烧自己"，班主任本身也需要保障自己身体健康。带病工作的精神固然可贵，但不应该是班主任的应然状态。在承担繁重的工作任务中，班主任应当有积极的身体保健意识，学会有节奏地工作与生活，积极的锻炼身体，保持良好的工作状态，享受工作乐趣，提升个人生活质量。

（二）思想素质

班主任的思想素质包括：坚定的政治立场、科学的思想方法、先进的教育理论。政治立场是一个历史的范畴，在我国社会主义初级阶段，为了培养社会主义事业的建设者和接班人，班主任要有坚持四项基本原则、坚持改革开放、全面贯彻党的教育方针，全面领会和谐社会建设的基本内涵，引导学生爱家爱国、爱父母师长、爱校爱同伴，树立为国家发展而学、为社会进步而努力的思想。

科学的思想方法是做好班主任工作所必需的，它能够保证班主任正确地引导学生认识世界，探求科学奥秘，实现人生价值的基本方法。班主任应该掌握的科学的思想方法包括：按教育规律办事、全面的发展的看问题、把握事物的本质、在生态的系统中和动态的发展中认识学生的成长等。

教育理念就是人们对一定社会和时代的教育现象、教育规律、教育问题的认识或看法，表现在有关"为谁培养人"、"培养什么样的人"、"怎样培养人"等方面的观念和理论。先进的教育理念，就是要求班主任，要在了解社会发展状况与趋势，站在社会发展的高度，把握社会对人才的基本要求，对班级学生培养目标的确立。不断地更新教育观念，研究教育问题，把握教育与学生发展的客观规律。立足于班主任工作，进行教育思想、教育观念、教育制度、教学内容、方法的创新，树立学生自主发展、以学生发展为本、培养学生的创新精神和实践能力、为培养能力而教、为学生可持续发展而教等教育理念。摆正学生既是教育的客体，又是学习和发展的主体的关系，具有正确的学生观，能全面贯彻教育方针，努力实现学校的培养目标，具有全面的教育质量观。

（三）职业道德素质

班主任的职业道德是指班主任在其职业生活中必须遵守的基本行为规范和准则，它规定了班主任用怎样的思想、情感、态度和作风去影响和教育学生、改造职责。"经师易得"，"人师难求"，班主任是全面关心学生身心发展的人，既要传授知识，更要培育心灵。所以班主任的职业道德素质是其工作的基本素质之一。班主任工作要求班主任要具备：忠诚于人民的教育事业、热爱学生教书育人、对学生怀有热忱的期望、关心集体真诚团结、尊重家长友好合作、严于律己作风正派等职业道德素质要求。

（四）知识与能力素质

合理的文化知识结构是班主任获得最佳教育效果的重要条件。班主任首先要精通所教学科的专业知识，在课堂教学中树立良好的专业教师形象。其次要有先进的教育理论修养，掌握教育规律，把握学生身心发展的基本规律，了解教育理论发展的动态，在科学的教育理念指导下，全面提高教育的艺术性和实效性。第三，班主任还要具备广博的文化知识，对历史、天文、地理、社会、文学等要有一般的了解，以适应青少年思想活跃、兴趣广泛、信息来源多样化的要求。

班主任的能力素质在班主任顺利完成班主任工作必备的心理条件。复杂多样的班主任工作对班主任的能力要求较高，也比较复杂。主要有：组织教学工作的能力、创建班集体的能力、了解学生和因材施教的能力、组织班级活动的能力、语言表达与有效沟通的能力、独立的教育创造力、适应教育与社会发展要求的能力、协调各种教育力量的能力等。

（五）心理素质

班主任的心理素质内容非常广泛，包括前面所讲的知识与能力素质，还包含班主任的个性品质修养等。此外，班主任的心理素质主要表现在：具有正确的工作动机，广泛的兴趣，奋发向上的热情；具有健康的心理，健全的人格，开朗的性格；面对挫折，情绪稳定，善于自控，意志坚强。班主任具备了良好的心理素质，才能对学生进行有效的心理健康教育，才能促进全班学生全面和谐的发展。

第四节 班主任工作与心理辅导

班主任的基本职责是对促进全班学生德智体全面发展，班主任工作的基本内容是全面关心教育和管理学生。"全面"自然包括学生心理健康的关心，班主任应承担起心理健康教育的职责，这是新世纪班主任工作职责的新要求。"未成年人的身体和心理能否健康发展，关系到国民素质的提高和国家、民族的前途。保护和教育未成年人是全社会共同责任，教育系统更是责无旁贷。"当前，规模较大的学校已经有"心理辅导教师"，但数目太少，精力有限，不可能顾全每位学生的心理。而大量的班级管理工作是需要建立在心理辅导的基础上的，心理辅导也会促进班级工作质量与效率的提高。所以班主任对自己负责管理的班级学生开展心理辅导就成为其工作的重要内容。

一、班主任开展心理辅导的优势

（一）班主任与学生交往密切，对学生了解全面

了解学生是班主任工作的基本前提，班主任在管理班级的过程中与学生交往是多方面的，班主任与学生朝夕相处，对学生的了解也比较全面，从学习情况到个性心理，从现在的状况到以前的表现，有心的班主任都会作详尽地了解，辅导会更有针对性。

（二）班主任与班级各种教育力量联系紧密

班主任与学生家长有着密切的联系。在心理辅导中，如果能取得家长的配合，效果会更好。班主任对学生的家庭环境和家长都比较了解，通过电话、家长会、家访等途径与家长保持联系的习惯也由来已久，一般的家长都是对班主任比较熟悉，更便于沟通。

班主任容易与各任课教师协调。了解学生在其他学习、生活中的情况，有利于发现问题、分析问题及矫正问题。班主任在学期的每个阶段都会向任课老师了解情况，介绍班级的总体情况，提出一定的要求；任课老师发现班级中存在什么问题也会向班主任及时反馈，这样班主任能够更全面地了解情况，找到问题的根本原因，还可团结各任课老师齐心协力解决某些突发事件，省时省力，且更有效果。

班主任对学校周边的环境有着全面的了解，对于掌控影响学生身心发展的社会因素更加的主动和全面。

在班主任工作中他们更能重视良好的班级心理环境班级是学生生活的重要环境，它对学生的认知、情感、意志和行为产生广泛深刻的影响。良好的班级集体具有独特的心理效应，有经验的班主任都很重视班级的凝聚力，懂得利用群体约束力，这是班级群体健康成长的共同心理环境。心理学研究证明，心境对青年学生的学习和成才都是有很大影响的，良好的心境能促进认知的积极性、创造性的发挥，提高学习和工作的效率。不良的心境则会降低人的工作和学习效率，阻碍人才的成长。一个班级有良好的心理环境，班主任的工作会更加得心应手。

二、提升班主任心理辅导能力

（一）进行专业素质培训和加强自学

心理辅导是一项专业性极强的工作，班主任要想开展规范的心理辅导，就要学习心理辅导的专业理论，掌握心理辅导的专业技能，对发展心理学、教育心理学、心理咨询、社会心理学等方面的专业理论和技能有比较全面的掌握。这就要求学校教育机构要对班主任进行开展心理辅导的专项培养，也要求班主任教师要坚持学习和研究，不断提升自己的心理洞察能力、调控能力和开展辅导的专业素质。

（二）提高自身的心理素质

班主任的心理健康是开展心理辅导的基本条件。当代社会生活日益紧张和繁忙，给人们带来许多心理变化，面对激烈的升学竞争及来自社会各方面的压力，使一些教师（特别是班主任）产生心理冲突和压抑感。班主任不健康的心理状态，必然导致不适当的教育行为，对学生产生不良影响。学校要重视自身的心理健康，教师的职业特征要求教师要有极强的自我调节情绪的能力。班主任要自觉地学习心理健康知识，用科学知识调整自己的心态，使自己始终处于积极乐观、平和稳定、健康的状态，以旺盛的精力、丰富的情感、健康的情绪投入到教育教学工作中去。

三、关注班主任群体的心理健康

（一）班主任心理健康现状

班主任的心理健康现状不容乐观。据调查[1]，有65.5％的班主任存在不同程度的心理障

---

[1] 蒋春雷. 班主任心理健康问题研究. 教学与管理，2009（11）.

碍，强迫症、躯体化、焦虑和不安是主要的心理问题；41%的班主任对个人健康和工作效率感到极度忧虑，39%的人在角色转换和人际交往方面难以适应（刚参加工作的年轻教师感觉更明显）；79%的人常感到身心疲惫，但又回想不出自己干了什么具体事情；47.2%的人甚至有调整工作的想法。值得注意的是，在英年早逝的班主任中，75.3%的同志生前曾有比较明显的心理疾病。同一调查还显示，经常表现出心情郁闷、自卑气馁、怨天尤人、冷漠无情、讨厌学生等症状，精神抑郁不振，焦虑程度偏高，人际关系紧张，不能以积极的心态对待生活和工作中遇到的困难，经常将负面情绪带入课堂或平时与学生的相处之中，在工作中缺乏独创性，较难适应新的教育环境。当这些心理问题严重时经常会引起偏头痛、睡眠障碍、神经官能症、消化性溃疡等疾病。

(二) 影响班主任心理健康的主要因素

1. 表率引发过多的心理压抑

班主任在学生面前需要以榜样的姿态出现，这种角色期待使得班主任过分注重自己在学生心目中的完美形象，刻意限制自己并关心各种细节，不敢随意表达自己的情感和思想，在学生面前尽力保持积极、乐观、平静和耐心的心态。另外，当前日益严峻的就业形势又强化了家长望子成龙的愿望，社会对班主任的要求不断攀升，认为班主任应该是学识渊博、品行高尚的人生导师，这种过高的期望使得许多班主任感到不应当让学生看到自己的脆弱和缺点。其实，班主任也有普通人的喜怒哀乐，更有对工作安排甚至职业规范想不通的时候，在工作中遇到诸如学生违纪犯规、调皮捣蛋、恩将仇报、逆反对抗等使人烦躁、气愤的突发事件时，不得不克制自己的情绪。长期处于这种紧张和矛盾的精神状态之中，就容易变得情绪压抑，甚至诱发躯体化、强迫症等心理问题。

2. 工作负荷过大导致的心理压力

班主任被赋予太多的使命和责任，要对全班学生全面负责，还要承担教学任务和提升班级整体成绩的重任；既是学生群体的领导者又是学校管理的执行者；既要与领导、同事、家长打交道又要应付现实生活中的多种人际关系。这些工作都需要班主任细心体验学生的情绪变化，培养随时进行角色转换的能力，而这种高度的自我调控能力又是常人难以具备的，由此而引起的内心冲突是班主任产生心理健康问题的根本原因。在师资力量相对不足的情况下，班主任只能长时间超负荷工作，他们除了做好常规工作以外，还要面临普通话考核、教育学培训、心理学考试、职称英语考试、计算机应用能力考查、班主任工作考核、撰写论文、科研项目和经费的落实等种种压力，他们因为长期超负荷地工作无暇顾及家人，很容易产生负疚感。

3. 个人能力有限、进修机会较少引发耗竭感

随着素质教育的推行，新的教育理念不断挑战传统思想观念，这就要求班主任必须付出数倍于以往的精力才能紧跟发展的形势，当个人能力一时难以适应职业素质的矛盾产生后，就容易导致职业认同感降低，出现自卑、压抑和焦虑的情绪。工作的求全、精力与能力的有限性，特别是当代班主任在职进修学习提高的机会较少，面对与时俱进的中学生和教学任务，自然会产生自卑心理和耗竭感，进而诱发心理问题产生。

四、提高班主任教师心理健康水平的策略

(一) 从学校管理的视角看，要加强制度建设，优化班主任工作环境

目前，整个社会存在一面推行素质教育，一面保留应试评估体系的矛盾现象。为了素质教育，学校开展各种活动和竞赛，使班主任疲于应付；为了中考角逐，又把分数作为班主任带班的评估标准。这既加重了班主任的工作负担，又使班主任处于左右为难的尴尬境地。因此，学校应改革教育评估体系，同时深入教师实际，针对教师的不同需求，采用不同激励方

式，减少不必要的书面材料和表格，精简德育活动，提高教师心理满意度，使之保持良好的心态。学校要把教师心理素质塑造纳入班主任队伍建设的内容，关心班主任的生活，优化校园人际关系，营造一个融洽、和谐、民主的心理氛围，创造积极向上的工作环境。教育主管部门可在有关宣传媒体上开辟班主任心理健康教育专栏，学校要成立班主任心理健康咨询机构，建立健全心理档案制度，准确及时地判断班主任心理健康现状，以便采取相应的预防策略和治疗措施。

（二）从社会与家庭的视角看，要树立尊重和理解班主任工作的良好风气

社会各界应大力宣传班主任工作的特殊性和复杂性，给予班主任更多的宽容和理解，尤其是每个学生家庭，都要与学校共同承担起学生教育的责任。获得别人的尊重、得到别人的理解是人类基本的社会性需要之一。对广大的班主任来说，他们背负着社会和家庭的重托，任劳任怨、兢兢业业地工作，他们同样希望能得到社会及家长的认可。班主任教师不是圣人，不能一味苛刻地要求他们做"人梯"、"春蚕"，更不能把教育孩子的责任完全推给他们。当教师在努力履行自己的责任和义务时，如果家长或社会只是作为旁观者，一味地批评指责，会使班主任感到孤立无援，内心委屈，诱发倦怠和无助感。不仅影响班主任教师的身心健康，也不利于学生的健康成长。所以，从家长与社会的层面营造一个对班主任工作理解、支持和尊重的社会氛围，使班主任安心工作，是确保其身心健康和良好工作状态的基本条件之一。

（三）从班主任自身的视角看，要重视自身心理健康的保健工作

1. 班主任要树立正确的人生观、价值观

班主任要培养热爱少年儿童和热爱工作的情感，培养积极乐观的生活态度，学会在工作中发现自我的价值，学会进行客观的自我评价，接纳自我，保持平和的心态，同时要正确认识自我，形成健全的人格。要努力建立良好的人际关系，理解领导工作，同事间经常沟通，尊重家长与学生，善于接纳自己与别人；还要关心、爱护家人，与家人同乐，共同承担家庭责任，建立幸福美满的家庭。

2. 学会调适自己的生活、工作、学习与休闲

学会科学用脑，提高心理活动的效能；同时，特别值得一提的是，要积极参加丰富多彩的文体与社会活动，要注意劳逸结合，养成健康的生活习惯，不断扩大生活圈子，培养多方面的兴趣爱好，生活圈子狭窄，不去开拓社交渠道，固步自封，孤陋寡闻，容易产生压抑、自卑、自负、守旧等不良心理，遇事要乐观，学会调节自己的情绪，生了病，要有战胜疾病的信念；受挫折，能沉着自控，保持心态平衡；被误解，能胸怀坦荡，克制、容忍。

3. 掌握心理放松的技术

在生活和工作中要学会利用尽可能多的机会进行自我放松。如课余时间喝喝茶、与人聊聊天、说个笑话，在行走中学会放松心情，利用课间时间进行深呼吸，经常听听舒缓的音乐，工作之余做做瑜伽。在日常工作中也可将工作与家务变成健身与休闲的活动方式，如做饭时对饭菜的欣赏、打扫卫生时的健身与舞蹈动作等。也要学会在工作取得成就时，给自己以庆贺；在工作不利时给自己以鼓励；在工作之余给自己放假（10分钟～2小时均可），在放假期间放下一切工作，清空头脑里的一切想法，专心地休息与放松。音乐、舞蹈、体育、散步等都可以达到放松身心的目的。

4. 掌握自我心理调适方法

在当代心理咨询与治疗的理论中，形成了丰富的心理治疗的方法与技术。如，精神分析中的倾诉与自由联想，行为疗法中的放松与系统脱敏，认知疗法中的与不合理的信念进行辩驳的方法等，都可以用于班主任自我心理调适的基本方法。

5. 坚持锻炼身体，提高承受繁重工作的能力

身体健康是心理健康的前提，班主任教师要坚持经常地锻炼身体，不要以工作忙为理由忽视了身体的保健与锻炼。班主任要照亮别人，首先自己要有能量。身体的健康，也会给学生树立良好的榜样，更会使自己有更加充沛的精力投入到工作与生活之中，给自己和新人带来幸福和快乐。那种"燃烧自己，照亮他人"的说法是不科学的，而许多教师也常常因身体的原因，诱发情绪不良和心态不佳。著名教育家魏书生经常讲自己在工作中占了国家的最大的好处是用工作时间锻炼自己的身体。

他们是怎样创造奇迹的——魏书生和孙维刚教育教学思想的共同点

魏书生，辽宁省盘锦中学语文特级教师。他用民主和科学的方法教育和管理学生，所教学生德智体全面发展，升学考试成绩每届都名列全市前茅，并最终使一个生源较差的学校改变了面貌。1984年辽宁省委、省政府决定在教育战线开展向魏书生同志学习的活动，并誉为"教育改革家"。

孙维刚，北京22中数学特级教师、全国十佳师德标兵、北京市首批有突出贡献的专家。他从1980年起从初一至高三进行了三届教育教学实验，皆取得了优异的成果。(1997年全班40人全体升入大学，38人上了重点线，22人考入北京大学和清华大学，1996年阎珺同学获国际数学奥林匹克数学竞赛金牌，国内数学比赛全班有13人获奖，全天保证睡眠9小时左右，德智体全面，全班都是共青团员，班长是共产党员。)1997年北京市教委作出在教育系统开展向孙维刚同志学习的决定。这两位名师的成绩令人瞩目，虽然他们在不同地区、不同学段、不同学科教学中的做法各有不同，但也存在着许多共同的地方，其教育教学思想和实践为我们当前开展素质教育提供了很多有益的启示。

1. 注重班集体的建设，建立正确的师生关系

对于班集体的建设，这两位老师都给予了十分的重视。魏书生注意把班级管理纳入自我管理的轨道，以法治代替人治，制定了一套管理制度，做到人人有事做，事事有人做，培养了学生自我教育的能力，造就了一个团结互助、自我管理、积极向上的班集体，为大面积提高教育教学质量提供了可靠的保障。

孙维刚当班主任的第一件事就是和同学们相约共同建设一个优秀的集体，要求学生做到的，他自己首先做到。用自己人格的力量感召学生，把制定的建班方针深入每个学生的心田，并化作他们自觉的行动。他把40多位同学的才华和智慧汇聚起来，武装每个学生的头脑，造就了成批的高才生。没有爱就没有教育，他们拥有一种爱学生、全心全意服务于学生、一切为了培养学生在德、智、体诸方面健康成长而无私奉献的精神。

2. 育人为本，培养学生高尚的思想品德

魏书生讲："那些语文教得好、成绩高的教师，实际上都很善于育人。所以，我们必须既做经师又做人师。"他在教学改革中，首先是改革学生的思想，让学生明白："人活在世上，能不能幸福，最主要的是能不能有一颗好心。"帮助学生"认识自己的内心世界，用自己积极、乐观、实干、豁达、好学的一面，战胜自己消极、悲观、空谈、狭隘、厌学的另一面"。教育学生"通过自己的努力，干好自己的事，为社会的前进贡献自己的力量，这就实现了一个人的生命价值"。

同样，孙维刚也把学生的德作为教学的第一标准。他的建班方针第一条就是德的标准："诚实、正派、正直；树立远大理想，要为人民多做贡献；做有丰富感情的人，要因为我来到这个世界上而使别人更幸福。"正如他的学生所讲："也许更多的人只知道孙老师书教得好，但不知道孙老师将更多的心血花在了指导学生们的人生方向、完善同学们的健康人格上。"

3. 站在系统的高度教学知识

魏书生认为，教学中首先应当帮助学生解决"学什么"的问题。为此，他与学生多次讨论、商量，画出了语文学科的知识结构图，整理成了支干、小杈、叶子的系统，即所谓"语文知识树"，或叫"知识地图"。这样做就能使学生"当思维的车在知识的原野上奔驰时，有了这张'地图'，目标才能明确，少走冤枉路"。

孙维刚则把站在系统的高度教学知识分成了三层意思：一是每个数学概念、定理、公式等知识的传输，都是在见树木更见森林、见森林才见树木的状况下进行的；二是在教学过程中，对任何细节都鼓励学生追根溯源，凡事都去问为什么，寻找它与其他事物之间的联系，使之逐渐成为学生的一种根深蒂固的习惯；三是在系统中进行教学，濡染学生，使之养成联想总是油然而生的思维习惯。孙维刚认为这种做法所起到的作用是："使学生发现知识之间盘根错节，又浑然一体，而到后来，知识好像在手心里，了如指掌，不再是一堆杂乱无章的瓦砾、一片望而生畏的戈壁滩。"

4. 注重学法指导和能力培养，让学生成为课堂学习的真正主人

魏书生从1978年开始进行教改实验，在培养学生自我教育能力和自主自学能力的过程中取得了显著的成绩。他培养自学能力的做法是：第一，提高学生对培养自学能力的认识；第二，让学生体验到自学的乐趣；第三，教给学生学语文的方法：如怎样读一本语文书，怎样读一篇文章，怎样提高语文学习效率，怎样制定语文学习计划等；第四，引导学生持之以恒地坚持自学计划，并制定了科学的管理系统加以落实。为了进一步提高学生的自学能力，他把传统教学中教师干的一些事也交给了学生去做：教会了学生怎样留作业，怎样批改作业，怎样出考卷。把学生真正放到了学习主人的位置。

孙维刚在介绍他的教学经验时，也讲到他在每届6年的数学教学中，几乎每道例题、每个定理、每个公式都是引导学生自己动手完成的。他主张在课堂上要创造条件，造成学生总是想在老师前面、向老师(包括课本)挑战的氛围，让学生在思维运动中训练思维，真正做课堂的主人。孙维刚在知识上指导学生注意追根究底，寻找知识之间的联系和规律，在比较中学习新知识，站在哲理的高度思考问题，注重联想；在解题中指导学生一题多解，多题归一，多解归一，归纳共性，分离个性，并总结出了一套科学有效的解题规律。为了更好地提高学生的学习能力，从初中开始就提倡和指导学生开展问题研究，练习写论文、写总结。这些做法不仅训练了学生的智力和能力，也极大地提高了教学效率。

5. 重视体育锻炼

造就学生强健的体魄魏书生曾把他的教学和管理经验简单归结为"两大点一小点"，其中"一小点"指的就是带领学生练身体。他的学生每天坚持跑步十几圈，做100多个俯卧撑，风雨无阻、雷打不动。这样做的结果，不仅使学生增强了体质、磨炼了意志，而且还使学生有了吃苦精神，并从中体会到战胜自我的快乐。

孙维刚也明确提出："中学时代需要高层次的体育和艺术修养。"他的学生除学校体育

课安排外,每天放学后,女生跑800米+仰卧起坐,男生跑1500米+引体向上,而且保证每天9小时睡眠。他认为,体育、艺术和科学是从不同的方面塑造一个完美的人。重视体育锻炼,强健身体,不仅是学习的保证,还能造就坚强的意志品质,完善自己的追求,使一个有理想、有抱负的青少年时时充满憧憬和自信。孙维刚说,这一点也是他的教学能取得成功的重要保证。

魏书生、孙维刚两人的教育教学思想和实践给我们的启发还有很多,两人还有很多共同的地方:他们热爱学生,热爱教育事业,愿意当班主任,把教书与育人相结合,乐于奉献、忘我工作;他们都有渊博的知识,都善于把哲学思想运用于自我完善和教学改革中,走出了一条素质教育的光明大道;他们不搞题海战术,不搞应试教育那一套,所教学生负担轻、效率高,在思想品德素质、智力素质、身体素质等方面得到了全面而优异的发展。他们成功的教育教学实践告诉我们,实施素质教育不仅不会影响学生的应试成绩,而且会使每个学生更有竞争力。

资料来源:原玉勇,原玉英等.简论魏书生、孙维刚教育教学思想和实践的共同点.北京教育:普教版,2001(4).

【拓展性阅读】

[1] 郑去洲.班主任工作的理念和实务.暨南大学出版社,2008,1-20,21-35.
[2] 视频:特级教师孙维刚老师的师德讲座《已立立人——提高学生全面素质》.
[3] 视频:魏书生讲座视频《如何当好班主任》.

【研究性课题】

1. 试分析班主任工作的特点。
2. 如何理解班主任的基本职责是对全体学生的全面发展负责。
3. 论述新时期班主任应具备的素质结构。

第三章 班集体的组织与建设

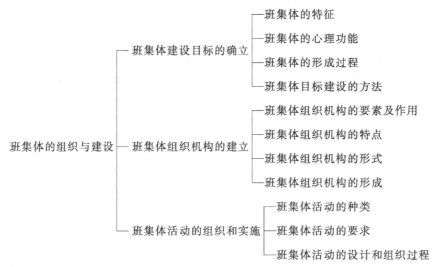

【学习目标】

- 举例说明班级群体和班集体的含义。
- 能够解释班集体的心理功能。
- 能够说明班集体形成的过程。
- 结合实例说明班集体建设的方法。

班级是社会和学校为培养和教育青少年而按一定的规范组织起来的社会群体,但是群体并不一定具有教育意义,大量教育理论研究和社会实践证明,只有将班级建设成为有利于青少年健康成长、自主发展的班集体,才能有效发挥班级在青少年成长中的功能。本章主要介绍班集体的含义、班集体的心理功能、班集体形成的过程和的方法。

第一节 班集体建设目标的确立

一、班集体的特征

班集体是由整个班级所组成,以完成学校教育为共同目标,有一定组织机构、规章制度的学生共同体,具有作为集体有机整体的行为与特征,不是班级个别学生的总和,是班级群体发展的高级形式。

班集体是在班级的基础上,在集体主义价值引导下,在班主任的引领和指导下在共同活动中,通过全体学生和任课老师的共同努力形成的文化心理共同体,班集体既是教育的目标,也是教育的主体。从教育主体论的角度来看,主体是人,班集体中的人包括作为个体的"人"和作为群体的"人"。班集体是在教师引领下形成的特殊的学生群体,是以学习活动为主要活动方式,以促进每个成员个性全面和谐发展为目的的集体。班集体所具有的主体特性，真正揭示了班集体作为青少年学生集体的本质所在。

充满活力的班集体一般应具有以下特征。

1. 具有积极向上的集体共同愿景和价值共识

班级中的每个成员，包括班主任、任课教师、学生等都能达成一个积极一致的集体目标，志愿为集体目标做贡献，具有强烈的集体意识和集体荣誉感、自觉遵守组织纪律，积极向上的集体舆论健康有力。

2. 具有与学生身心发展相适应的自主创新管理机制

班集体的管理首先建立在科学的"法治"基础上，班集体制定出符合学生发展的班集体的制度、计划和规定，并实施管理，重要的是，班级管理的主体是班集体中的每个成员，因此，班集体中的教师、学生都是班规的制定者、执行者、检查监督和反馈者，具有充分的自主性，在创新和变革中不断完善班级管理制度。

3. 具有和谐的人际关系和心理氛围

班集体成员形成了和谐的心理共同体，教师之间、学生之间、教师和学生之间能充分信任，相互关怀，求同存异，和谐共处，获得人际交往和尊重等满足，因此，成员都能以集体为荣，愿意为共同的集体目标努力。

4. 具有丰富的精神生活和心智背景

班集体中具有丰富的学习、娱乐、体育、劳动和各种形式的创造活动，教师成员和学生成员彼此都具有相当的心智水平，这样的群体环境有利于每个成员在共同的活动中相互学习，彼此交流，获得智力、能力和人格的健康发展，这样的精神活动有效地推动了班集体共同目标的实现。

5. 具有积极的个性特质

班集体的管理机制能充分保障集体中成员个性的健康发展，班集体中，每个成员的个性和才能都能得到充分的展示，每个人的正当权利都能得到合理的满足，同时，每个成员也有义务承担应有义务和责任。一方面，它体现了教育是为了每个人的发展的宗旨，另一方面，"人人都是班级主人"的管理机制也可以保障班集体持续保持创新发展的活力。

二、班集体的心理功能

班集体的心理功能，是指班集体对其成员发展所产生的心理作用。班集体的心理功能主要有以下三个方面。

（一）班集体是促进学生社会化的重要机构

班集体是实施教育教学活动的组织，也是学生参与社会生活的主要场所。因而，班集体是学生个体实现社会化的重要机构。班集体具有积极的价值导向、符合社会发展要求的教育目标和内容、组织机构和制度规范，学生要成为班集体中的一员，必然要参与制订和掌握集体规范，依照集体规范行事，并通过承担一定的社会角色和责任，与他人合作，处理人际关系，习得各种社会角色和行为能力，从而养成一个社会公民的基本品质。

（二）班集体是满足学生个体心理需要的场所

每个人都有自己的心理需要，它是人行为动力的源泉。良好的班集体具有相互关爱、相互尊重的人际关系和自由安全的心理氛围。学生不仅可以通过交流满足求知欲，还可以在相互理解中获得心理上的支持，获得安全感，满足爱和归属的需求。在承担集体责任中获得人格上的自尊感和积极的价值追求，引领学生的身心发展，它使学生能感受到来自集体的精神力量，体验到自我的价值和生命的意义。

（三）班集体是促进学生个性和谐发展的平台

学生个性的和谐发展是教育的终极目标。个性和谐，是指一个人认知、情感、意志、兴趣、态度、性格、能力等方面的和谐发展。个性的和谐发展是学生在与他人、自然、社会等周围环境的相互作用中，通过活动和交往逐步形成的。一方面，良好的班集体具有丰富多彩的各项活动和精神生活，班集体的自主管理为学生提供了不同的责任岗位和角色。在集体生活中，每一个学生都要承担一定的集体责任，都有展示自己才能、发挥个性潜力、获得集体成员肯定的机会。在对自我的积极期望和集体的积极评价中，可以形成学生健康的自我意识，唤起积极的自我价值追求。另一方面，在集体生活中，教师和学生之间和谐的人际关系能为学生的个性发展提供丰富的精神内涵，提供相互借鉴、学习的榜样。所以，班集体是学生个性和谐发展的平台。

三、班集体的形成过程

班级从一个社会群体发展到班级集体需要一个过程。一般认为，班集体的形成有三个阶段。

（一）松散的班级群体阶段

刚组成的班级都属于一般的松散社会群体。这时的群体成员彼此缺乏充分的交往，人际关系不是以共同的目的任务为中介；群体还未被大家认同，群体意识差，聚合力弱。

新编的班级一定会有许多积极因素：学生们到一个新的群体中，都有一个重新认识自我，重新承担角色的问题，师生间、同学间虽互不了解，但每个人都在观察别人、表现自己，希望得到群体的接纳。这些情况给教师的班级管理工作带来了契机。在这个阶段，班主任和任课教师要注意进行两个方面的工作：一是细心观察了解每个学生，掌握学生的基本信息，尽快和学生建立起信任的关系；二是适当开展一些有利于同学间互相了解和增强班集体意识的活动。这样就会尽快促进师生间和学生间的了解与合作，使学生充分展露个性和各方面的才能。

（二）合作型班级群体阶段

共同活动使群体不断变化和发展，这时群体出现了新的特点：第一，同学们在彼此了解的基础上出现了非正式结构；第二，群体意识增强，即有了"咱们班"的情感；第三，共同活动的中介作用加强了，群体活动的个人意义和群体共同意义都得到体现，这是群体进一步发展的基础（例如搞好课堂纪律不仅有利于个人学习，而且关系到班级的荣誉）；第四，群体所制定的目标与行为规范已部分地被大家所接受，开始在群体成员中得到内化；第五，班干部开始得到大家的信任和拥护，群体的自我管理结构和水平进一步完善和提高；第六，人际关系在群体内部产生了一定的责任依从关系，群体成员在群体中的角色和地位由参与群体共同活动的程度与贡献及所得到的评价而决定。

当班级群体上升到合作型群体阶段后，产生了一定的积极力量。但应该看到，合作型群体中的这些因素是不稳定的，因为青少年的群体有很大的社会敏感性，社会矛盾很快就会折射到班级群体中来；青少年的交往有很大的互动性，模仿现象很很强，教师如果不能在积极方面帮助学生显示其才能，学生就会用消极行为来表现自己，会对其他学生产生不良影响。这时教师就要及时强化班级集体的目标，培养良好的集体舆论，建立各种有效的管理制度，发动全体学生，组织有针对性的班级活动，给学生更多展示个性、实现自我的机会。

（三）班集体成形阶段

班集体是班级群体发展的最高阶段，是班级工作的奋斗目标。在班集体初步成形阶段，还会存在一种称之为"本位群体"的现象，这种群体最大的特点是群体意识较浓，即为了本群体的利益能够比较一致地、协调地工作，对外表现出相当高的团结水平，但当班级局部利益和学校整体利益矛盾时可能会表现出本位主义的思想。教师可以要通过各种强化手段引导它向班集体的方向发展，强化班集体建设可以从以下几方面进行：第一，通过明确共同的班集体目标强化班集体建设；第二，构建和谐师生关系强化班集体建设；第三，加强常规管理强化班集体建设；第四，在民主管理中强化班集体建设；第五，通过各种有意义的班级活动强化班集体建设；第六，构建班级文化强化班集体建设。通过上述努力，才能构建个人的健康成长和班集体的发展和谐一致的班集体。

四、班集体目标建设的方法

（一）班集体目标建设的内容

班集体的建设可以紧紧围绕班集体目标的建设来进行，就是要班集体成员共同确定班集体建设的目标内容、责任落实、实施办法、考评和奖惩办法等。班集体目标可以整合学校教育中和学生发展有关的所有目标。包括学生德智体美劳等方面的全面素质发展目标、教师教学目标、班级管理目标。

（二）班集体目标建设的原则

1. 目标层次性原则

班集体目标在等级上可以分为班集体目标、小组目标与个人目标等；从时间上可以分为近期目标、中期目标和远期目标；从内容上可以分为综合目标和单项目标等；从性质上可分为个性发展目标、健康水平目标和班级管理目标、教学质量目标等目标系统。所有这些目标都是有机结合的整体。

2. 目标可操作性原则

班集体目标要符合校情、班情和学生的共性和个性，不能成为空洞的符号。班集体目标要体现学生的主体性和教师的指导性，具体规定目标层次、目标种类、目标的详细内容、要求的质量、完成的时间、考评和奖惩的指标和形式、目标责任者、目标考评和奖惩者等。

3. 目标激励性原则

班集体目标必须由班集体成员包括班主任、任课老师和学生等共同制定，这样，班集体的大目标才真正融合了每个班集体成员的个人目标志愿，才会对班集体成员完成个人目标和集体目标有推动和约束作用；班集体的目标要包括班集体不同成员的目标，各种目标要协调发展，有步骤，分清先后次序、轻重缓急。这样才能发挥出班集体目标实现的预期和效价作用；班集体目标要分工负责，落实到小组和个人，并根据指标及时检查督促与总结评比，特别要发挥学生在教师目标实现方面的监督作用。

（三）班集体目标建设的方法

1. 了解班级基本情况

教师刚刚管理一个班级，需要用观察法、谈话法、问卷法等方法对班级各方面情况进行充分的了解，搜集丰富而真实的资料，这些工作能为班集体建设提供科学的客观依据，为班集体建设找到良好的起点。

2. 提出班级建设目标

班集体建设的目标是开展班集体建设活动的依据，是学生期望在一定的环境条件下、在科学预测的基础上、在一定的时间内，所预想达到的成就、结果或效果。班集体建设目标的设计要体现集体和个性的和谐发展，要具有针对性，即针对班级的具体情况，提出不同的建设目标。时效性，就是要讲究目标的长短结合，阶段性重点要突出；长远目标要分阶段实施，逐步达成。激励性，目标要求要讲究适当且有一定超越性，就能对全体学生起到激励作用，使目标成为学生的认识、情感和行为的共同指向的方向。时代性，就是目标要渗透现代意识。

3. 建立班级组织机构

班级的组织机构要健全，班级组织机构的产生和运行要有一定的监督机制；班主任在选择班干部时要充分发挥学生的民主参与精神。为了使更多学生得到锻炼机会，可采用轮值制使用班干部。甚至可以倡导"当一天班主任"活动，让每一个同学机会均等，让每一个同学发挥才能，让每一个同学参与班级管理，让每一个学生在自主管理中自我教育。此外，班级的组织机构的设计和管理要有利于班集体建设。

4. 形成班级制度规范

制度规范是集体与个性交互作用的调节器。一方面，高度整合的制度规范有利于集体目标的实现，维护集体的利益和秩序，另一方面它又是班集体对其成员的社会期待、对个人的权利、义务和行为模式做出规定。这种规定是对个性自由的限定，也是一种保护，因此，在班级的制度规范建设中，既要重视规范在实现集体目标、保护集体利益和秩序中的作用，又要珍视秩序对个性的保护和发展功能、并善于运用规范调节集体与个性的矛盾冲突。

5. 开展班级活动

班级活动水平的高低直接决定班集体发展水平的高低，也决定着学生发展水平的高低。研究表明，当活动的具有社会价值的意义转变为集体成员实际活动的动机时，活动对集体建设和个性发展的影响就能达到最大的成果。这种活动因为学生参与实践，具有较强的教育功能，并使学生在创造的活动环境中不知不觉地完成社会认知，做出选择，学生自主和谐地得到发展。

6. 培养良好班风

班集体的舆论建设和班风建设是班集体建设的重要方面。舆论建设有助于形成学生正确的社会评价，班风作为班级成员共同具有的思想行为作风，一旦形成，就具有一种无形的同化力和约束力，对班级成员的思想、情感、态度和行为方式产生一种潜移默化的影响。班主任和任课老师要注意在班级培养积极健康的舆论，以此引导全体同学形成一致的价值观和集体荣誉感，对于不利于班级发展的不良风气，要运用评估奖惩等手段予以控制。

第二节　班集体组织机构的建立

一、班集体组织机构的要素及作用

（一）班集体组织机构的要素

班集体结构的基本要素之一，是班级学生集体在教育者指导下，为创造性地实施学校教育目标，优化和协调班级内外关系，以促进班集体及每一个成员获得发展而设置的一系列班级管理的职能机构及其运行机制的总和。它是学校对班集体实施教育、教学和管理的必要条件，又是形成班内集体主义关系的决定性因素和促进学生个性社会化的重要手段。班集体建设的过程也正是教师集体和学生集体共同通过班集体的组织机构，实施管理和自我管理相统一的过程。

班级的组织机构由班主任领导下的班委会、学习小组以及校团委会领导下的团支部、校少先队大队部领导下的少先队中队委等所组成。班主任往往通过班委会实施对班级的管理、领导与教育。组织的成员，由班主任、任课老师与全班学生构成。成员中存在隶属关系，分工明确、各司其职、各尽其能、各负其责，以实现组织目标。

（二）班集体组织机构的作用

班集体机构在班集体建设中起着重要作用。它是形成班内集体主义责任依从关系，提高班集体自主性水平的决定性因素。它明确规定了班级公务性活动中成员之间的相互关系及行为准则的集体主义性质。同时，它又是班集体进行自我管理、发挥自主能动性的组织基础它还是促进学生个性社会化的有效手段。在班集体组织机构的实际运行中，学生按照组织规定，行使自己的民主权利，承担集体委托的责任，按照集体主义原则处理个人之间、个人与集体之间的各种关系，参与集体的生活。显然，这是一种社会化学习过程。同时，它把每一个学生置于有利的地位，寄予不同的集体期望，满足其表现、交往、自我认识和肯定的需要。

二、班集体组织机构的特点

班级是学生成长的空间，其最终目标是促进学生健康成长。因此，班集体组织管理机构建设的核心是实现学生的自我管理，具有自我管理特点的班集体组织机构应该体现以下特点。

1. 自主性

自主性是班集体管理机构的本质特点，它体现了维果茨基所说的"学生自己教育自己"的思想，包括决策上的自主、管理上的自主、工作程序上的自主、评价上的自主等。只有自主的班级组织才能使每一个学生得到独立的成长，在实现社会化的过程中促进个性化的形成。

2. 民主性

学生是班级的主人，学生全员参与班集体的管理，在平等、信任与合作的基础上发挥每个人的积极性与创造性。民主平等的班级环境是教育的目标，也是教育的手段，班级学生会有更多的表达意愿、探索问题、平等交流的机会和意愿，也会让学生找到归属感。

3. 科学性

班集体组织机构的构建是建立在科学的管理学、心理学和教育学的理论基础上的，符合组织建设的基本原则和规律。科学的班集体建设改变了传统班级的干部制，做到班上人人有责，分工合理明确，民主选举或定期轮换，使人人都得到锻炼，个个都当家做主，每个人在班上都有稳定的地位和扮演满意的角色。

4. 教育性

班主任在使用干部时，必须着眼于锻炼他们各方面的能力，培养他们全心全意为全班同学服务的品质，克服骄傲、高人一等的思想。也要为班级同学树立各方面的榜样，为学生健康成长提供可供模仿的同伴，更要发现学生的成长，让更多的同学看到因成长所获得的奖励和认同。

三、班集体组织机构的形式

现代班集体可以实行组织机构网络化，一般可以有以下形式。

1. 全校实行学生代表会议制

每班选出学生代表若干人，学生代表会议每学期召开两次，代表任期半年，连选可连任一届，充分发挥学生在学校民主管理中的作用，学校还可以设立代表接待日，每个同学都可向代表反映对学校、班集体以及教师的意见。学校领导和教师应重视学生的意见，对学生的提案要进行认真的讨论和答复。这本身也是一项民主和法制教育。

2. 全班学生大会

全班学生大会是班集体全体成员都参加的，每学期举行两次，学期初制定班集体的目标、选举班委会、通过学期的活动计划等事项，学期末进行评比、总结，平时如果有需要，学生可以提出，经班委会及班主任研究决定随时召开。

3. 班委会建设与班干部任用

班级要依据组织功能与建设的需求，建立班级委员会。班委会成员一般由班长及学习、宣传、劳动、文体、卫生、生活、纪律等委员组成，也可以根据特殊需要设立。例如，魏书生老师做班主任的班级班委会成员就很多，甚至有"法院院长"、"公安局局长"等，这要根据班级职能的需求和班级建设的不同阶段决定，但是要遵循的一个基本原则是班委会委员必须发挥具体的作用。

班干部的任用在原则上要由全体学生选举产生。但年龄较低的班级，班主任要注意在班干部的选拔和使用标准上做具体的指导。高年级的班级在班干部的选拔上可以由学生充分发挥民主，通过竞选产生。轮换制可以全部轮换，也可以部分轮换，使班委会保持"相对稳定"，以"老"带"新"。尽可能使每个学生在中学阶段里，都能有锻炼的机会。

4. 实行岗位责任制

实行岗位责任制，就是把班级工作分解成若干个岗位，专人负责、督促检查、定期轮换。例如班级卫生工作，对全班同学进行排班，每天安排学生轮流值班。这样既有利于班主任从繁琐的事务工作中摆脱出来，也有利于使班级工作群众化、科学化、程序化和具体化，培养学生的工作能力、主动性与责任感。

5. 实行值日班长制

值日班长要负责检查监督各个岗位的工作，处理班集体当天发生的事情，还要进行讲评、小结、记班级日记等。这样，可以让学生在这一天里充分表现出自己的才能，一个学期下来，全班同学一般都可以轮上值日班长。当然，开始的时候，班主任是要花精力辅导的。有些高年级的班集体，还试行值日教师助理制，协助教师处理全校当天的工作，得到更多的锻炼机会。

6. 建立各种类型的小组

包括学习小组、团课学习小组、各种各样的兴趣小组、未来科学家协会、小记者团、合唱队等。学生在小组内各显其能，小组长也采取轮换制。这些小组还可以与其他班集体发生横向联系，共同组织竞技、竞赛等活动。

四、班集体组织机构的形成

班集体组织机构不是自发形成的，他们是教育和培养的结果。在建设班集体过程中，班集体组织机构的形成过程可以分为以下四个阶段。

1. 探索期

这是班级刚组建起来的最初时期，这个时期的特点是，同学之间除了原地区或学校带来的一些友好关系外，都是新伙伴，互相不了解，关系松散，同来新班级后，对暂时的陌生很不习惯，自然地产生要求了解别人，也希望别人能了解自己的心情。同学之间开始了互相观察，互相探索的过程。这个时期，应当为学生相互之间的探索提供机会，在指定临时干部时要非常慎重。

2. 分化期

同学们经过短暂的探索与表现，同学之间的友好关系必然会发生变化，逐渐形成许多组以伙伴关系形式的友好链。显示出班集体中人际关系的分化。班级内人际关系活跃起来，多数同学迅速地被卷入频繁的交往之中。到了分化期的后期，有些友好链会在局部范围内交错起来，在交错点上出现了友好关系的内核。这个时期，要积极引导，创造同学之间健康交往的条件，帮助临时干部做好班级工作，控制不健康的交往，使干部队伍顺利成长。

3. 凝聚期

在分化期的基础上，随着同学之间交往的进一步扩大，友好关系必然会超出个人之间的范围，友好链交错起来，形成友好关系的组合集群。这时同学的友好交往进入了由分散走向集中的凝聚期。出现了班集体中的核心。这种核心，往往就是同学心目中的积极分子，同学心目中的干部。

4. 稳定期

凝聚期结束的时候，友好链基本上覆盖了整个班级，多数同学凝聚到了核心人物的周围。班级干部队伍进入了稳定期。到这个时期，可进入正式选举阶段。在进入选举阶段应注意：要公正理性地进行工作，不要草率从事。要充分发扬民主，尊重同学的民主权利，不要包办代替。要因势利导，打好创建班集体的良好基础。

第三节 班集体活动的组织和实施

一、班集体活动的种类

班集体活动的类型丰富多彩，可归纳为常规班级活动、主题教育活动和社会实践活动等。根据班集体活动的形式，班集体活动既可以是故事会、报告会、演讲会、辩论会、座谈会等，也可以是体育竞赛、智力测验、文艺表演、科技小制作等，还可以通过参观、旅游、教育实践等形式进行。不同的活动组织在程序、原则、方法上有共同之处，也各有独特之处。

1. 常规班级活动

常规班级活动也称日常活动，指的是在相对固定的时间里开展的周期性班级活动。主要包括晨会、课间活动、值日和班级例会等类型。常规班级活动的特点就是时间相对固定，一般以周和日为周期。常规班级活动看似比较零散，每次活动的时间也很短，但是它的意义却是不能忽视的。组织得好，它能促进班级的建设和管理；相反，就会白白浪费很多时间，对班级管理非常不利。

2. 主题教育活动

主题教育活动指的是经过学生和教师精心设计和准备而开展的有明确主题的班级活动。主题教育活动比一般的班级活动更富有教育意义。它最大的特点就是主题鲜明，具有强烈的针对性。根据活动的主题不同，可以把主题教育活动分为德育、智育、文体娱乐、心理健康教育和法制安全教育等类型。

3. 实践性活动

实践性活动主要指的是为培养学生的创新能力和实践能力而开展的班级活动，主要包括科技创新活动、社区服务活动和参观访问。开展实践性活动是提高学生综合素质必不可少的一项措施，也是避免"高分低能"的最佳途径。

二、班集体活动的要求

班集体活动内容丰富，形式多样，活动对象特殊，因而有一定的要求。活动的开展要体现时代精神，根据不同年龄孩子的心理特点开展活动，活动要有计划、有组织、有纪律，这样才能发挥活动在班集体建设中的有效作用。

1. 班级活动要目标明确，主题鲜明，富有教育性

这是组织班级活动的基本出发点。班级活动的内容、形式要充实、健康向上，要符合学校管理工作的要求，做到与学校的教育管理工作同步，积极配合学校各项教育工作的开展。班级活动的主题要贴近时代，联系实际，符合当今中专教育发展趋势的要求。不搞"假、大、空"式的说教，力求寓教于乐，使学生在活动中不知不觉地受到启发和教育。

2. 班级活动要具有时效性和针对性

要班级活动要适合不同年龄层次和学习阶段学生的特点，同时紧密结合学校及班级的实际情况，有目的地开展活动。例如，在新生入学之际，可以开展新生之间相互认识、相互了解方面的班级活动。在学生毕业前夕，可以开展以就业指导和职业道德教育为主要内容的班级活动。要抓住时机并有针对性地开展班级活动，使班级活动起到事半功倍的作用。

3. 班级活动要体现民主性，具有高度的参与性

在班级活动中，不搞教师讲学生听的形式，要积极鼓励全班同学共同参与。班主任在其中只是起一个协调和指导作用。班级活动要充分发挥班干部的作用，不搞班主任承包制。提高同学的参与意识，发挥大家的聪明才智，出点子，想办法，最大限度地调动全班同学的积极性。使每个同学都充分认识到参与班级活动的重要意义，做"参与者"而不做"旁观者"，积极动手、动脑，把班级活动搞好。

4. 班级活动形式要具有多样性、新颖性和创新性

要采取丰富多彩、生动活泼的形式，如，班内 5 分钟演讲，小型辩论会，走出校门进行社会服务活动等。通过变化形式，充实内容，增加吸引力，使同学们产生浓厚兴趣，乐于参加。

三、班集体活动的设计和组织过程

"以学生的成长为本"是班集体建设中的核心价值取向。班集体活动的设计和组织也应当以此为中心。组织班集体活动的设计和组织过程中，要充分发挥班集体活动的独特育人价值，同时注重师生在活动过程中的角色定位，以最大化地促进学生成长与发展。

下面以中学阶段普遍适用的主题教育系列活动"基于班级 QQ 群的讨论式学习活动"[1]为例来说明班集体活动的设计和组织。

（一）班集体活动案例——"基于班级 QQ 群的讨论式学习活动"的问题分析

讨论式学习是实现师生课堂互动的重要手段。它可以培养学生学习的主动性、思维的活跃性、表达的积极性和合作的意识与能力。是师生之间、生生之间集思广益、实现信息交换，以求得解决问题和深化认识的一种方法。传统课堂中开展讨论式学习虽然有很多优点，但也存在一些问题：教师在课堂上主观选择的问题限制了学生自主性的发展；个别学生习惯性防卫心理强，不愿和不敢表达自己的真实观点；活动的开展受到时间和空间的限制；讨论的内容不利于保存等。班级 QQ 群将现实生活中的学生和教师网罗在一个虚拟的团体中，在一定程度上减少了学生的防卫心理，它可以结合语音和文字等形式，参加人数可以是全班或部分，不受时间和空间的限制，这样，将网络教学与传统教学结合起来，在一定程度上解决了现实教学中存在的问题。

（二）"基于班级 QQ 群的讨论式学习活动"的方案设计

利用 QQ 群开展讨论式学习活动，需要事前进行精细的方案设计具体进行讨论时，依据方案可以作一些调整。整体方案设计主要包括以下主要内容：确定讨论主题，确定活动目标，讨论活动的组织管理，应急策略设计等。

1. 确定讨论主题

精心设计并提出富有启发性的问题是成功运用讨论式学习的保证。讨论主题首先必须表述准确，要使学生清楚地意识到所要讨论问题的核心，并且论题要具体、有代表性。其次讨论主题要具有启发性，能给学生一定的思维空间。同时，讨论题必须考虑学生的学习心理特

---

[1] 李潇，刘世清著. 基于班级 QQ 群的讨论式学习活动设计. 中国教育信息化基础教育，2007（9）.

点、接受能力、知识水平等，要选择那些难度适宜，既能激发学生的思维积极性，又能使学生能力得到提高的问题。根据讨论进行的时间和学生的接受程度确定论题的数量，尽量使得整个讨论活动充实而又不给学生造成负担。

2. 确定活动目标

讨论活动的目标是班集体成员个人和集体的发展，主要包括学生个体在讨论活动中的知识和能力的发展、个性的培养、学生之间和老师情感的交流、班集体凝聚力的增强等。

3. 讨论活动的组织管理

基于班级 QQ 群的讨论式学习活动通常由以下几个环节构成，对每个环节的良好组织和管理是讨论活动顺利进行的保证。

（1）前期准备。在前期准备工作中最主要就是告知选题和确定时间。选定的论题最好事先通知给参与者，以便参与者可以提前做准备。同时组织者要将活动开展的时间通知给各位参与者，以确保参与者能合理安排时间，准时参加活动。

（2）在线讨论。首先，确定参与者是否在线。组织者可以要求参与者有秩序地利用文字或语音形式确定其在线状态。其次，提出要讨论的论题。一般来说，论题由组织者明确地提供给参与者，为了使参与者明确选题的意义，组织者要对论题进行一定的解释。论题最好以文字的形式提出，因为文字保持时间长而且也不易产生语言理解的歧义。最后，组织在线讨论。这个环节可以分为两部分来进行，它是整个讨论活动的重点。

① 顺序发言：在讨论刚开始进行的时候，可以采用顺序发言的形式。即参与者按组织者所确定的顺序，有秩序地发表各自的观点。

② 自由讨论：在每位参与者发言结束之后，大家综合所有发言者的内容，通过分析和思考可以自由的提出自己的观点。这个时候就进入了自由讨论阶段。当讨论过于激烈，信息更新过快，活动出现混乱时，组织者要及时提示参与者放慢速度。当然为了不使整个讨论陷入混乱状态，组织者可以要求参与者在想要发言时事先提出请求，组织者根据请求的先后顺序安排发言。

（3）总结讨论结果。在讨论式学习活动中可能有多个论题，当组织者发现讨论的结果已经趋于共识的时候要尽快对此论题进行总结，以便开展下一论题。在整个讨论活动接近尾声时，组织者要对讨论的结论进行总结，并以文字的形式清晰地呈现出来。每次讨论结束后，参与者还要对自己参加这次活动的表现及收获进行的总结，以及组织者对活动的组织情况进行的总结。通过这样的总结可以正确地评价自己在整个活动中的表现，从中吸取经验与教训为下次顺利地开展讨论式学习活动打下良好的基础。

4. 应急策略设计

在基于班级 QQ 群的讨论式学习活动进行的过程中难免会出现一些问题，而这些问题往往会影响整个活动的顺利进行。在众多问题中，参与者积极性不高和参与者脱离讨论组这两个问题最易出现，针对这两个问题提供下列可供参考的解决策略。

（1）如何解决参与者积极性不高的问题。在讨论进行的过程中，组织者要不断地给出指导性建议，不要轻易否定或肯定某个人的观点，要鼓励每个成员积极发表自己的看法。针对一些学生可能是因为对所选的论题不感兴趣或者这些学生本身在现实学校生活中就不合群。可以通过不定期在群上讨论一些学生通常比较感兴趣的话题等方式，吸引绝大部分学生融入到班级团体中，逐渐培养他们对集体活动的参与意识。

（2）如何解决参与者脱离讨论组的问题。参与者在利用 QQ 群开展讨论式学习活动时可能会同时与他人进行聊天。如果组织者没有留意，那么参与者就很容易脱离讨论组。组织者组织者可注意每一位学生发言的次数与频率，适当做一定的统计，及时在群上提示学生发言，把学生带回到讨论中来。同样，在对每次讨论进行评价的时候，也可以将每位学生发言的次数作为评价的参考。

（三）"基于班级QQ群的讨论式学习活动"的思考

"基于班级QQ群的讨论式学习活动"体现了班集体活动设计和组织中的要求：班集体活动的根本目标应突显班集体活动的育人价值，把班集体中每个人的发展和班集体总体的发展作为主要目标。在班集体活动的组织中，要把握师生在活动中的角色定位。教师是活动评价的指导者；教师是活动过程的组织者；教师是活动目标的强化者；教师是活动体验的提升者；教师应该做一个编织者，将对学生有用的所有的教育资源、教育信息编织成一张网，让这张网对学生发展起到综合的影响。教师可以尝试结合学科活动、班队活动、体育活动等各种形式的活动一起进行教育等。这样，就会发挥巨大的效应。

关注班集体中的"边缘人"

班集体是学校教育的功能单位，班集体一旦形成，同学们就获得了一个"内环境"，可以相互学习、相互帮助，有利于他们德智体美劳各个方面的发展。因此，组织建立班集体历来是班主任工作的中心环节。但是，班集体中并非所有成员都自觉地以集体的奋斗目标作为导向，总是会有个别成员游离于集体的边缘，成为班集体中的"边缘人"。据有关资料统计，一般情况下，班集体中的"边缘人"约占6%~10%，他们与整个班集体的发展不相适应，容易受到老师和同学们的漠视和冷淡，成为集体活动的消极因素。如何关照这些"边缘人"，引导和帮助他们自愿地融入到班集体之中，是班主任工作不可或缺的一个重要内容。

一、透视"边缘人"的一般类型

班集体中的"边缘人"虽然表现各不相同，但都有其缘由。班主任要善于剖析，充分关注，并根据情况适当区别。一般较为常见的有以下几种情况。

（1）"自高自大"型。自高自大的学生分"自信、自负"两种。自信原本是一种良好的心理品质，可以展示个人积极向上的精神风貌。但是，有的学生过于自信，孤芳自赏，看不到自己的缺点和不足，从不接受别人的劝告和帮助，久而久之，受到同学们的孤立和指责。自负的学生则认为自己了不起，居高临下，目空一切，甚至领导、老师、父母都不放在眼里。他们夸夸其谈、华而不实、口出狂言、行为偏执，对别人的劝导不屑一顾。这种"自高自大"型的学生多是以"我"为中心，看到别的同学不如自己就幸灾乐祸、冷嘲热讽。看到同学们超过自己就生气、嫉妒，甚至诋毁。所以"自高自大"型的学生令大家都反感，自然将其排斥至集体的边缘。

（2）"性格孤僻"型。学生性格孤僻的原因很多，如属于黏液质、抑郁质的气质类型；对某些群体氛围的不适应；个人受到冷遇、挫折等。他们感情内向，郁郁寡欢，心境阴沉、焦躁、烦闷，不想与别人打交道，离群索居，对什么都没有兴趣，自愿处于集体的边缘。

（3）"脾气急躁"型。学生脾气急躁的原因可能有生理和心理两个方面，如神经类型、遗传影响或者受过惊吓、刺激等。这种人自制能力很差，凡事容易激动，一不好就发怒、发火，同学们难于和他们交流，只能与其保持距离，他们被迫居于集体的边缘。

(4)"遭受挫折"型。学生遭受挫折的原因主要有个人的智力、能力、身材、容貌、疾病、生理缺陷,还有家庭、社会等。这些人往往采取不理智的行为。有的逃避现实,整天沉溺于幻想;有的文过饰非,不断找理由解释遮掩,维护自己;有的攻击别人,发泄个人的愤怒情绪;有的自我开脱,把缺点硬塞给别人,也有的颓废沮丧,不断自我惩罚。他们身处动机冲突之中,周游在集体的边缘。

(5)"犯过错误"型。学生犯错误主要是过失性的,主动性的很少。他们在家里被责骂,受同伴讥讽,遭他人歧视,容易被别人误解。他们常感到自卑、懊丧、悲观、多疑,失去前进的信心,不由自主地遁入集体的边缘。

二、班主任与"边缘人"交往的策略

交往是师生信息交流和感情互动的平台,不能建立这样一个平台就谈不上对"边缘人"的关照和帮助。由于"边缘人"的特殊性,班主任与他们交往要注意有一定的策略,要让他们明确地感受到班主任予以关注的"善意",从而在情感上引起共鸣。

(1)对待"自高自大"的学生,班主任必须有所区别。与"自信"者交往要多聆听,不争辩,不正面驳斥他们,提出疑问要委婉。班主任既要有耐心,显得虚怀若谷,又要有诚心,并适当表现一下自身卓越的才识。一旦"自信"者的心理优势出现动摇,则师生的正常交流开始畅通,进而"自信"的学生也许会口服心服。与"自负"者交往不能轻率,要做充分准备。相互面对时,班主任不能客气,要出重拳给以强大的心理刺激,让其为之一震。不管是讲事实还是谈问题,班主任都寸步不让。"自负"者平时惯于居高临下、自命不凡,在有备而来的班主任面前难免不摸深浅、捉襟见肘、威风扫地。学生只要自认为被"震"住,心平气和了,师生间的往来自然顺利展开。有了交往的基础,班主任要历数"自高自大"的危害,敦促学生谦虚谨慎,早日被集体活动所接纳。

(2)对待"性格孤僻"的学生,班主任要主动热情,要多诱导启发。这类学生沉默寡言、不善言谈,班主任要精心设计,选准话题,找好切入点。一旦他们为之触动,兴奋起来,也会敞开心扉,娓娓道来。师生间有了沟通,班主任就可以针对他们喜欢独处、不愿合群、不想表现的个性,鼓励其参加文娱、体育及校外活动,用集体活动热烈、欢快的氛围来冲击和摧毁他们孤独的心态。同时,班主任要控制好容易引起"性格孤僻"学生敏感和猜疑的一些细枝末节,多用暗示的语语和方法,消除他们的心理障碍,推动他们面向集体的勇气,使之逐步变得开朗起来。

(3)对待"脾气急躁"的学生,班主任首先要保持冷静,要有宽阔的胸怀和大度的气量,不计较学生的态度和言辞,积极与其交往,遇到事情"冷处理"。学生急躁,班主任微笑;学生顶撞,班主任忍让;学生火冒三丈,班主任泰然自若。这样,学生欲进不能、欲退不得,班主任避其锋芒,不为所动,学生自感无趣,火气消减。不用三番五次,学生脾气急不起来了,班主任再和颜悦色、细语慢声与其进行实质性的交流。同时告诫班集体的同学们,要做到他急、你不急,他吵、你不吵,他凶、你不凶,他骂、你不骂,还以一笑了之。有效地消除"发火"的诱因,可以使"脾气急躁"者大脑的兴奋性逐渐降低,久而久之,达到兴奋与抑制的平衡。做到了这一步,彼此的交往基本能够进行了,班主任帮助其锻炼理性思维和自控能力,让他们心平气和地投入到班集体的活动之中。

(4)对"遭受挫折"的学生,班主任要热情接近,尽力帮助,要多注意他们心态的变化,设法减轻其心理压力。对他们受挫折后出现的一些不良行为要给予一定的理解。在相互交流时，班主任可多举逆境奋斗、逆境成功成才的事例，启发他们认识到人生遭受挫折是难免的、暂时的，是可以战胜的，帮助他们树立正确的挫折观，提高其对挫折的容忍性和耐受力。同时，也帮助他们分析挫折的原因，吸取教训，坚定战胜挫折的信念和勇气，引导他们消除与同学们交往的心理障碍。必要时还可以通过交往给他们创造一种能够抑怒、泄愤、消闷、振奋起来的条件，让他们走出挫折的阴影，像强者一样回归班集体。

(5) 对"犯过错误"的学生，班主任要及时给予关心。这类学生最迫切的需要就是老师和同学们的理解和信任。如果他们认为得到了大家的理解和信任，就有信心痛改前非。反之则自卑、沮丧、破罐子破摔。因此，班主任要在学习上、生活上多给他们帮助指导，协助解决他们面临的困难。"犯过错误"的学生转而积极上进，要有一个过程。班主任可以在集体活动中，给他们创造表现能力、表现特长的机会，让他们得到同学们的赞扬，感受自己在集体中存在的价值，获得被尊重的内心体验。班主任要注意的是，学生在弃旧图新的进程之中，发生任何情况，都不能让其他同学翻老账，或投以异样的眼光，要让他们真正觉得只要自己努力，全体师生都欢迎他尽快回到集体中来。

三、对"边缘人"关注的双重含义

班主任关注班集体中的"边缘人"有着双重的意义。

(1) 正常情况下，学生都有一种归属集体的需要，并且希望得到他人的关注和尊重。当学生意识到自身在集体中应有的位置时，便会产生出有尊严的情感。班主任的职责就是促使每一个学生都能在集体中获得良好的发展，如果听凭班集体中的"边缘人"处于若即若离的状态，势必会使他们离集体越来越远。班集体本身是一种无形的教育力量，"边缘人"的离心作用使这种教育力量发生衰减，甚至出现盲区。因此班主任必须主动去关注"边缘人"，积极与他们交往以展开一系列重点的个别教育；帮助他们拆除阻碍与同学、与集体相容的心理藩篱。然后再发挥集体教育的力量，对"边缘地带"进行整合，引导"边缘人"增强对班集体的"向心力"，让他们真正回归到集体活动的规范中来。

(2) 班集体形成后，在宏观上具有一定的稳定性，但在微观上依然是一个动态。由于班集体成员各自个性发展的独特性、家庭文化的自然性、社会影响的多样性以及对学校教育的选择性，学生的各种变化是不相同的。有的"边缘人"会逐步明朗地走近班集体的"中心地带"，而个别学生也会由"中心地带"黯然地隐退至班集体的"边缘"。班主任需要关注"边缘人"角色的双向运动，及时采取措施，既防止个别同学滑向集体的边缘，又要设法把已经遁入边缘的学生"拉"回来，维护好班集体发展的"健康生态"。

班集体中"边缘人"的存在是一个客观现象，不能说是不正常，即使在优秀的班集体里，也会有"边缘人"。关键是班主任要心中有数，时刻关注"边缘人"存在的态势，将其纳入班主任工作的正常范畴。班主任引导师生们对"边缘人"的关注，即是"边缘人"动摇"边缘心态"的开始。只要班主任以个别教育和集体教育相结合的方式为主导，关心、帮助、引导"边缘人"靠近集体，融入集体，最终使他们自觉成为与班集体奋斗目标一致的集体成员，那么，整个班集体的运行机制就会更为平稳、安全、有效。

资料来源：王鹰.关注班集体中的边缘人.思想·理论·教育.2004(5):75-77.

【拓展性阅读】

[1] 胡麟祥.新课程期待充满活力的班集体——现代班集体建设系列讲话之一[J].中国德育，2007.

［2］ 胡麟祥. 班集体的涵义、结构及教育功能——现代班集体建设系列讲话之二［J］. 中国德育，2007.

［3］ 徐爱民. 班集体建设中高中生自我管理模式的研究［D］. 南京师范大学，2005.

【研究性课题】

1. 结合实例，从班集体建设的角度剖析一个班级群体的发展阶段。
2. 结合实例提出建设班集体的有效方法。
3. 根据当前中学生心理发展特点设计一个完整的班集体活动。

第四章　中学班级常规管理与评价

```
                              ┌─ 中学班级常规管理概述
              ┌─ 中学班级常规管理 ┤
              │               └─ 中学班级常规的制定与实施
中学班级常规管理与评价 ┤
              │               ┌─ 中学班级工作评价概述
              └─ 中学班级工作评价 ┤
                              └─ 学生评价
```

【学习目标】

- 能够熟记中学班级常规的制定方法。
- 能够说明中学班级工作评价体系。
- 能够解释并运用学生评价的原则与方法。

班级是学校开展教育活动，传授科学文化知识的基本单位，也是学生成长的平台，是学生身心发展的特殊环境。班级常规管理，一方面可以规范班级团体的公共秩序，确保学生在良好的环境和氛围中学习和成长；另一方面也为学生掌握社会规范，养成良好的行为习惯，发展积极的自我约束能力提供基本的成长条件。所以班级日常管理是班主任工作的一项重要内容。本章主要介绍班级常规管理的含义和特点、班级常规管理的制定和实施、中学班级工作评价和学生评价等内容。

第一节　中学班级常规管理

一、中学班级常规管理概述

（一）班级常规管理的含义

班级常规，简称"班规"，是指由班主任引导、学生参与，根据《学生守则》、《学生行为规范》和本班奋斗目标而制定的，要求全体成员共同遵守的办事规程或行动准则；是为保证班级正常的秩序，根据对班级工作客观规律的认识而制定的在一定条件下保持不变的规矩[1]。班级常规管理包括班级常规制度建设、班级学习、活动、生活等方面的管理。班级常规是班级学生的行动指南，建立一套相对稳定的、为班级学生认同的行为规则，能够使学生知道自己应该如何行为，对学生具有规范行为的作用，也能保持班级秩序，使教学与学生生活正常发展，培养出一种良好的班风。

班级常规管理就是引导学生认识班级常规、了解班级常规，并切实遵守班级常规。班级常规管理是一门"潜在课程"，能够在潜移默化中教育影响学生，帮助学生形成良好的行为习惯。通过常规管理，可以使学生将认知的常规内化成持久的态度，并表现在外部行为上，直至成为习惯化的行为方式与稳定的个性心理特征。班级常规管理的质量和水平，还直接影响到班级的风气、凝聚力和学生学习的质量，同时对学生的心理发展也具有不可忽视的作用。

---

[1] 谌启标. 班级管理与班主任工作［M］. 福州：福建教育出版社，2007（8）.

（二）班级常规管理的特点

班级常规作为班级活动的规范，有些形诸文字，以公约的形式出现，有些虽无文字，却明显地为大家所认同。它的主要特点有以下三点。

1. 养成教育性

在班级常规管理的过程中，班级常规会约束学生在学习和集体生活中的各种行为，并日复一日地得以强化和调整，可以使他们逐渐养成自我调节与自我监督的习惯，从而把集体的规范内化为自身的个性品质和行为习惯。

2. 规范明确性

规范性主要体现在健全的规章制度和具体明确的行为规范方面。它要求班级全体成员的思想品德合乎社会的道德规范，各项工作和学习生活合乎学校的科学管理规范，行为举止合乎社会文明行为规范，言谈措辞合乎健康的言语规范，班级建设合乎育人环境规范等。

3. 相对稳定性

班级常规是具有制度性特征的规则，一旦形成和建立起来，便会在相当一段时间内保持不变。这种相对稳定性有利于保持班级正常的秩序。如果经常地、随意地改变班级常规的内容，不仅会影响班级的正常秩序，而且也会破坏班级常规本身的建设。

（三）班级常规管理的目的

1. 维持秩序

维持秩序是班级常规管理的最基本目的。在学习历程中，有了良好的秩序，教师可以专心教学，学生可以安心学习，班级的各项活动才能有条不紊地进行。

2. 培养习惯

养成良好的行为习惯是班级常规管理的又一目的。学生在认识、了解并遵守班级常规的过程中，经过服从、顺从，最终将班级常规内化为个性品质的一部分；或者由开始的被动遵守变为日后的主动、积极的执行，成为其行为习惯。常规管理的目的之一就是让学生逐渐养成良好的学习与生活习惯。

3. 发展自律

班级常规管理，虽然始于他律，但终极目标则在于引导学生学会自律。班级常规管理制度一旦确定，就会在班级学生的活动中做为基本的行为规范加以贯彻，学生在遵守规范中，通过外部强化、自我体验、相互学习，会逐渐地将这些规范内化为一种自我约束的行为准则，并在班级中自觉地加以遵守。通过班级常规管理，可以培养学生自动自发、自尊自爱，从而达到自律与自我管理的目的。

二、中学班级常规的制定与实施

（一）班级常规制定的原则

1. 共同制定原则

班级常规是确保学生的学习和各项活动顺利完成最为基本的行为规范。常规制定本身就是一种教育过程，学生会因积极地参与，更加深刻地理解班级常规的意义，感受到自己是制度制定的主人，更加珍惜和遵守。因此，班级常规必须经过师生共同参与、讨论，最终达成一致。

2. 可行性原则

班级常规的可行性有两层含义。一是班级常规中提出的要求和规定，应符合班级的实际，以及学生发展的年龄特点，不能提一些虽然合理但难以做到的要求，这样才能使班级常规发挥其应有的效能。二是班级常规不仅提出纪律要求，还应附有相应的执行措施，使学生明确"违反了怎么办",便于监督检查。

3. 教育性原则

学生是班级建设和自我发展的主人。班级常规的制定,既要从管理角度出发,更要从教育需要出发,渗透教育目标,发挥班级常规的教育功能。因此,班级常规执行中以学生的自我教育为主要手段,班主任不能以班级常规去压制学生,而应主动的提醒、督促学生,让他们自己发现问题、解决问题,以他们良好的实际行动维护集体利益。

4. 正强化原则

班级常规执行中,其主要的约束对象是学生,根据行为主义心理学的研究,积极正面的强化比较容易为大家所接纳,而且行为指向明确,容易遵守。实际上,纠正错误行为的最好方法就是告诉学生怎样做才是对的。

5. 公开性原则

主要规则必须公开,必须用大字写在纸上并贴在教室显眼的地方,使学生、教师都能看到,并能定期地提出来检讨。当有违规的行为发生时,教师要能明确地指出学生所违反的是哪一条规则,如有必要时,提出来讨论,可增加学生的记忆。

6. 简洁性原则

班级常规的表述应清晰、简明扼要,突出所要规范的内容,强调应有的行为,切忌冗长的说明,模棱两可的表达,否则容易产生认识上的歧义,导致不良的运行结果。此外,简洁性的班级常规也容易让大家理解和记忆。

总之,通过师生的共同努力,将班级常规管理转化为一种民主参与的班级运行机制。

(二)班级常规实施的过程

班级常规订立之后,最重要的是执行。在开始阶段可以给学生较大的弹性空间与时间,时时提醒示范,让学生尽早熟悉班规,定期检讨,彻底执行并激励学生正向行为,改正缺失行为,在班规养成后,和学生及家长共同分享学习成果。班级常规的实施可以分为三个阶段。

1. 试行阶段

在这个阶段,要充分了解并研讨和制定奖惩标准,做好舆论宣传和思想教育工作;同时对于所制定的规章制度的执行情况的强化要奖励与惩罚并举,重在鼓励学生的成长和提高;要注意观察规约的可行性,必要时加以修正。

2. 切实执行阶段

切实执行阶段是班级常规实施的中心环节。班主任引导班干部和学生定时进行执行行为表现的自我检查;切实记录学生的进步与积极表现,掌握契机,立即回馈,及时鼓励;对制度的执行态度要公正公平合理;肯定与激励学生的正向行为,拒斥与削弱不当行为;注意以正强化为主,重在保障教学秩序和促进学生成长;建立荣誉制度,培养自尊与荣誉感,增强凝聚力。

3. 总结反馈阶段

(1)汇总成果。将个人及小组的行为表现累计,制作图表,可以清晰地呈现学生前后的行为表现,及应加强改进的部分,激发学生超越上一周成绩。

(2)公布结果。公布图表、回馈成果每周或每次定期考查前公布图表,师生共同回顾这段时间的表现,明确指出学生进步及应改进事项,学生从图表中可以和过去的成就比较改进,或与其他组别良性竞争,能够有效刺激增强,提高努力的动机。

(3)肯定与激励学生的正向行为。班主任应该对学生的正向行为进行正强化,对不当行为进行惩罚与削弱。班主任应该肯定与激励学生表现合乎规范的行为,并提示学生如何去做，以改正不当行为。教师如果将主要精力放在指正学生的错误行为，而没有引导学生该如何做，班级秩序反而容易陷入更难掌握的情境。

（4）及时反馈。行为主义心理学的强化理论表明，无论是正向或负面的行为，掌握时效，立即反馈，能使好的行为重复而持续出现，不好的行为也能及时纠正。

（5）提出不良行为的改进期望。小组表现是否良好和小组成员特质有很大的关系。当小组的团体表现不佳时，可让小组成员相互交换意见，提出改进方法，或重新安排座位，使表现差的同学旁边有表现良好的同学给予示范与提示，以便改进；也可以安排时机，让小组间相互讨论，观摩学习。个人表现差的，可挑选2～3名，将未做到的项目及次数列出，制成期望表贴在联络簿，请家长一同配合管理改进。

（6）联系家长，形成教育合力。学生的成就无论正面或负面，教师可透过学生向家长联系，或将成就图表告知家长，或请家长到校分享荣誉，让家长明了学生在校的学习过程及进步情形。

班主任要善于将社会生活内容转化为建设班级的有利资源。例如，年终的学生评优颁奖活动，有的班主任以为无非就是发张奖状，怎么发不行？可以开会发也可以课下发，可以由教师发也可以随便找学生发，但是怎么使发奖状的过程变成一次有教育意义的班级活动，却需要班主任的精心策划。有一位班主任就将每年期终的颁奖活动办得异常热闹、隆重，让学生记忆深刻[1]。这位班主任郑重地把所有家长请到班里就座，在精彩回顾、总结汇报等环节过后，就是学生和家长最兴奋也最紧张的时刻——颁奖仪式。班长洪亮地宣读优秀学生名单，老师庄重地朗诵精彩的颁奖词，获奖学生牵手家长伴随着激情的音乐走上领奖台。学生灿烂的笑容、家长激动的表情、老师真心的祝福交织成一幅感人的画面，常常让学生和家长热泪盈眶。这些意想不到的效果，源于班级常规管理模式的改变。

（三）中学班级常规管理的原则和策略

1. 处理好"管"与"理"的关系，以学生自我教育为主

有学者提出，班级管理既要有管，更要有理，如何处理"管"与"理"的关系，是衡量一个班主任是否优秀的重要标志[2]。"管"就是要求、规范、约束、评判、督促；"理"就是思考、研究、尝试、引导、完善，进而升华为感染、熏陶、激励、唤醒、鼓舞。同时，"理"还包括协调、理顺和理性的意思。协调，是指对不合适的工作制度、措施、方法等进行及时调整，而合适的，则要继续推广、继续深化、发扬光大；理顺，指的是理顺思想，理顺情绪，理顺关系，理顺思路；理性，就是要有科学意识，按教育规律办事，班主任尤其要具有科学的思维。"管"的侧重点在依靠权威推动别人，而"理"的侧重点在依靠思考改变自己。"管"体现着班主任的态度和魄力，决定着工作的广度和宽度；而"理"体现着班主任的智慧和能力，决定着工作的深度和高度。一个优秀的班主任，要追求"管"与"理"的有机融合。缺少了"理"，班主任的工作就失去了魅力和乐趣。

如此看来，在班级管理中，班主任没有必要事无巨细，自始至终地"盯"着学生。学生良好行为习惯的养成，关键还要靠他们自己，因为学生是自我锻炼、自我教育的主体[1]。所以，班级的规章制度，应该让学生自己来制定，如"劳动岗位责任制"的制定，可以让学生根据班级人数设立相应的劳动岗位，每位学生再根据自己的实际情况进行选择，然后对照学生在校《一日常规》等规章要求，让学生自行制定岗位要求。学生参与班级规章制度的制定，参与班级管理，既能表现自己的意愿和聪明才干，锻炼自己的能力，唤起对学校、班级

---

[1] 郑立平. 在成长中享受班主任特有的幸福[J]. 班主任之友，2009（8）：9-13.
[2] 王建富，夏永华. 自我教育，自我发展——初中生良好行为习惯养成教育[J]. 班主任之友，2002（8）：12-14.

的责任感和荣誉感，又能在自我锻炼中有意识地按自己制定的目标、规章要求执行。学生在自我锻炼过程中，自主、自觉、自律等意识得以培养，并促进了爱劳动、爱集体等良好习惯的养成。

2. 在班级活动中突出学生的主体地位

在班级活动中要突出学生的主体地位，使其主体意识进一步强化，自我教育能力进一步增强。比如班会由学生自己组织，班会的主题由班干部结合班级实际情况自己拟定❶。教师节时，班会的主题可以定为"学会与老师交朋友"，指导同学们学会与老师和睦相处，融洽了师生关系。期中或期末考试后，学生成绩不理想、情绪低落、内心苦闷时，将"战胜自我，超越自我"作为班会的主题，指导同学们采取自我鼓励、自我命令、自我暗示、自我释放等手段进行自我教育，使他们逐步养成克服困难、坚定信心、持之以恒、自我调节等良好习惯。

3. 民主管理，让学生做班级管理的主人

学生学习、生活在自己的班级中，对同学和班级事务最有发言权。比如，在班干、课代表、组长等职务的选举上，可以采用自荐与民主选举相结合的形式。首先产生班长，再由班长组织全班同学选取其他班干、各课代表、小组长，每个参加竞选的学生都要先选取自己的职位，再发表演讲，陈述自己竞选该职位的理由和上任后拟采取的措施等，然后由全班学生民主投票选举各职务人员。这样做，培养了他们的民主意识与精神，并充分调动了每个学生的积极性，使班级常规管理健康向前发展。

4. 班级规范要少而精，便于遵守和评价

班级规范不能过多，要依据教学秩序和班集体建设的需要设立，要少而精，符合最优化原则，又得提高工作质量，促进学生成长，也便于学生掌握和遵守。习惯与常规的养成，最怕虎头蛇尾，不但前面努力白费，往后欲矫正不良习惯，得加倍花心力。在常规执行的过程，班主任其中举足轻重的作用，教师的坚持才能给学生明确的指引和习惯的养成。

5. 要以正面的行为引导为主

在班级常规管理过程中，要以疏导和鼓励为主，并明确告知学生应该如何遵守与执行，这样才有利于学生提高遵守的自觉性，养成良好的行为习惯与常规秩序。

班级常规学生最易违反，也是最易被班主任处罚的项目，如果班主任以警察抓小偷的心态来经营它，往往事倍功半，效果不彰，极易引发学生的反抗。如果能"扬善于公堂，归过于私室"，在学生的表现中欣赏其善良、正向的一面，忽略其缺点，并常给予鼓励，必能激发儿童的自信心与荣誉心，需要奖惩交相运用，在鼓励多，惩罚少的原则下，因势利导。

6. 班主任要学会"解放自己"

有研究者认为，在教育管理中学校领导要解放班主任，班主任自己也要有意识的"解放自己"❷。班主任最基本、最主要的任务就是学生思想教育和班级常规管理，但同时要明确自己的使命是塑造灵魂，自己的身份是学生思想的引路人，而非管制学生。因此，班主任不应以日常繁杂事务为主，而应以教育科研为主。班主任随时以科研的态度来对待自己的每一项工作，把自己所带的班级当作自己的教育科研基地。要根据实际情况善于提出科研课题，并紧紧围绕课题去思考与实践，这样才能有更大的收获。班主任在班级常规管理中应该变个人权威为集体意志。有的班主任在工作中事无巨细，只要是班级的事情都要亲自过问，对什么事都不放心，过分注重自己的个人权威。（然而，由于集体意志并未形成，班主任往往感

---

❶ 王建富，夏永华. 自我教育，自我发展——初中生良好行为习惯养成教育 [J]. 班主任之友，2002 (8)：12-14.
❷ 沙春杰. 解放班主任 [J]. 班主任，2004 (12)：45-46.

到力不从心，精神疲惫。班主任只有将个人权威通过班级舆论、班级法规转变为集体的意志，使班级由"我的"（班主任个人）变为"我们的"（学生集体），这样，班级凝聚力才会形成，班主任的工作才容易开展。班主任应该相信学生的自我管理能力，把一个班级的重担让全班同学共同分担，为学生提供自我教育与管理的机会，而不是"手把手地教"。具体地说，在班级常规管理中班主任要分清哪些工作是自己义不容辞的事，哪些则仅仅需要自己当参谋、出主意，明确之后，该减则减，该丢则丢。若班主任一人"兼任"文娱委员、生活保姆、教导主任等，则往往会疲惫不堪，但工作效率不高。另外，即使对属于班主任分内之责的班级常规管理与各种事务，班主任也不应该一手包办，而应放手让学生学会自己管理和处理班级事务。需要注意的是，班级常规管理不能仅仅依靠几个班干部，而是要引导学生制定出班级规范，以制度的形式来保证每一位学生都有参与班级管理的权利与义务，同时每一个人（包括班主任）都受到班集体的监督。最终实现，变以"人"（班主任）治班为以"法"（班级规范）治班，使学生真正成为集体的主人。这样，班主任才能有更多的时间找学生谈心，深入学生心灵，研究学生思想，把学生的思想工作做得更细、更好，并且有充沛的精力结合一个班的教育实践，思考、探索教育改革，进行教育实验。）

班主任与学生的人格特质、价值观是多种多样的，所以没有一套绝对的班级经营模式可遵循。因此，班主任应具备反省思考、批判的能力和习惯，随着环境的变迁，个人的价值观也要随之调整，不要用以前的经验，一成不变的规范学生，要能体会学生的感受，接纳学生的心声，随时作弹性的调整。

第二节　中学班级工作评价

一、中学班级工作评价概述

（一）班级工作评价的含义

班级工作的评价是依据一定的标准和所要完成的目标对班级工作所进行的价值判断。对班级组织和管理进行评估，是衡量整个学校教育、教学工作是否得以顺利完成的关键。建构合理的班级工作评价体系，科学开展班级工作评价，有助于保障班级管理的效果，促进班级组织的有效运行。

（二）中学班级工作评价的功能

1. 导向与激励功能

班级组织要获得理想的发展，就必须要求班主任和班级同学了解班级组织的发展目标，将发展目标反映在班级的管理中，并不断根据目标要求调整班级的发展状态，为达成目标而努力。

2. 诊断与改进功能

班级工作评价的诊断功能主要表现在，通过评价能够有效判断班级组织的发展状态，更重要的是诊断班级管理中存在的问题和不足，在科学诊断的基础上提出改进的措施。班级工作评价能够帮助班主任发现班级组织运行中难点、焦点，为班主任管理好班级，促进班级组织的良性运行，提供可靠的信息，从而达到直接促进班级管理水平提高的目的。

3. 监督与调节功能

家长要了解孩子的发展状况，教育行政领导部门要对学校工作进行指导与管理，学校本身也要对师生的教学活动进行调节和控制，教师要对学生的学习与生活进行监督和帮助，都需要通过一个具有检查监督功能的形式和手段，即班级管理评价。通过检查和监督我们可以全面地掌握班级发展中的各种情况，发现问题并及时解决，从而提高班级管理活动的有效性。通过评价提供调节班级管理所需要的信息，班主任根据对班级工作评价反馈的信息，对班级工作进行必要的、适当的、及时的调整，提高班级管效能。

4. 发展与教育功能

班级常规管理的目标是培养全面发展的人才，实现学生身心全面、健康地成长。班级的管理过程就是教育的实施过程，是班主任帮助班级中的每个成员依托班级这一组织寻求发展的过程。因此，班级工作的评价应是以促进学生的发展为根本目的。

(三) 中学班级工作评价的方式

评价方式方法的选译要注意科学性和可靠性，便于全面准备和客观地收集与处理评价信息。按照不同的标准可以将班级工作评价分成不同的种类。

1. 自我评价和外部评价

从评价者参与主体来看，评价可分为自我评价和外部评价。一是自评，即自我评估。由评价对象通过自我分析，自我评价，提供评价信息。重视自评是对评价对象的尊重和信任，可调动评价对象参与评价的积极性，但客观程度比较低。二是他评，也叫外部评价。主要有同行评估、领导评估、学生评估和社会评估等。即由参与评价的人员通过听取评价对象的自评报告，查阅有关资料，广泛听取任课教师、家长、班干部和学生的课内活动、主题班会、教室布置、公益劳动等，收集评价信息。评价信息收集得越多，评价工作的信度和效度越高。相比于自我评价，他评的准确度及客观程度比较高。

2. 定性评价与定量评价

根据评价是否采用数学的方法，评价分为定性评价和定量评价。定性评价是根据评价者对评价对象平时的表现、现状或文献资料的观察和分析，直接对评价对象作出定性的评价结论的评价方法，如评出等级，作出评定，写出评语都是定性评价。等级评定是一种方便、简单、易行的评价方法，它可以写成上、中、下三级，也可以用甲、乙、丙、丁四级制，或用优秀、良好、合格、不合格等。这种评价的缺点就是比较粗略，受评价人主观态度的影响程度大。

定量评价是指采用数学的方法取得量化的评价结果的一种评价方法，也称量化评价或数量化评价。如通过各种测量表格，通过班主任自评和他评，获得各种数值，最后得出一个总的数量化的资料，并依此资料对班主任工作进行价值判断，就属于定量评价。

由于定性评价和定量评价优缺点的互补性，因此，班主任工作评价中两者结合运用更为科学。

(四) 中学班级工作评价的内容

1. 中学班级目标的评价

班级目标的评价包括：班级目标的制定是否坚持了"面向全体、全面发展"的教育方向；班级目标是否很好地反映了学校的总目标，是否与学校的学年目标相贯通；班级目标的制定程序是否合理，班级的目标是否有特色，是否很好地渗透了班级学生的成长特点和发展需求，成为班级成员的共同愿景；班级目标的实现程度，班级的建设是否具有计划性，计划执行的程度如何。

2. 中学班级建设中人际关系的评价

班级建设中人际关系的评价包括：班级成员是否具有良好的精神面貌，班级是否从一般的组织群体成长为集体；班主任与学生、学生与学生之间是否建立了良好的人际关系；班主任与班级科任教师之间是否建立了良好的人际关系；班级的建设是否得到了班级任课教师、学生家长的理解和支持。

3. 中学班级建设中物质条件的评价

班级建设中物质条件的评价包括：教室的环境布置是否适合学生的成长特点和发展需求，教室的通风、采光、照明、桌椅是否符合卫生标准，教学设备是否能满足教学活动的基本需求，班级的设施是否安全。

4. 中学班级建设中对学生的评价

班主任对学生的评价包括：班主任对每个学生的信息沟通渠道是否通畅，班主任对每个学生的评价资料积累是否能作为全面评价学生的客观依据。

中学班级工作评价涉及面广，体系繁杂，受篇幅所限，接下来将侧重论述班主任如何对学生进行有效评价。

二、学生评价

(一) 学生评价的涵义

学生评价是为了促进学生的发展或将学生进行分等级以便甄别而对学生的表现的评价，是一种事实判断与价值判断的综合[1]。其中的发展既包括认知与智能方面也包括情感与动作技能方面的发展；表现既包括真实情景中的，也包括模拟情景中，既可能是已有的、正在呈现的，也可能是未来有可能出现的。由此可见，学生评价的核心是改善学生的学习和甄别学生。

有学者指出，学会对学生评价是教师的基本功[2]。首先，教师的职业性质和任务决定了必须具备该项素质。教师的工作对象是学生，通过教育教学活动，帮助、引导和教育学生完成教育教学内容，实现教育目标。教师的根本任务是关注每一位学生的成长状况。因此，教师要时刻关注学生是否达到目标以及程度如何。而这部分内容就属于评价的范畴。其次，只有学会对学生进行科学、有效的评价，才能更好地实现教育功能。尽管教师对学生的评价具有管理之意，但更重要的是一种教育活动，是教师实施教育活动的一种有效途径。再次，学会对学生评价是教师职业专业化的基本要求。作为一名中学教师，职业角色对其提出了基本要求，这些要求不仅包括思想品德、专业和身心的素质与水平等，也包括会对学生进行科学的、客观的、有效的评价。尤其是近几年，人们越来越认识到中学教师具备对学生进行有效评价的能力，是教师职业专业化的基本内容之一。最后，学会对学生评价是学生对教师的期望，也是学生发展的需要。学生对教师存有许多心理上的期望，诸如期望教师对自己的关爱、尊重，也包括期望教师对自己的肯定和恰如其分的评价，而这种期望的动机源于学生自身发展的需要。由此可见，对学生进行科学、有效的评价是班主任工作的重要环节。

(二) 学生评价的原则

1. 以人为本原则

班主任对学生的评价应以人为本，体现出对学生的人性的关怀，真正理解学生、爱护学生，尊重学生人权，没有偏见或歧视，保护学生的人格和隐私。苏霍姆林斯基曾深刻地指出："学校的全部生活应当充满人道的精神。""真正的人道精神首先意味着公正，所谓公正，就是尊重与严格要求相结合[3]。"教师在评价学生的态度和行为上应正直无私、公正平等，对于不同智力、不同相貌、不同个性、不同出身、不同亲疏关系的学生，要在人格上一视同仁，给予公平的对待。不能因为学生成绩好、乖巧、有亲缘关系而对学生有意无意地偏袒、庇护，也不因学生表现不佳、成绩差、无靠山、无背景而抱有偏见，失之公允。

---

[1] 柯森，王凯. 学生评价：一种基于新课程改革的探讨 [J]. 当代教育论坛，2004 (08)：30-34.
[2] 王景英. 学会对学生评价是中小学教师的基本功 [J]. 中小学教师培训，2004 (05)：26-29.
[3] [苏] 瓦·阿·苏霍姆林斯基. 和青年校长的谈话 [M]. 上海：上海教育出版社，1983.

2. 民主性原则

评价的民主性要求班主任在对学生进行评价时，不能独断专行，要让群众参与评价，细心倾听来自被评价者本人、班级同学、任课教师、家长乃至社区等各方面的观点和意见，对学生做出全面的评价和富有引导性的建议。建立在民主公开原则上的评价可以调动学生自我评价的积极性，充分发挥学生自我评价的教育作用，有效地促进学生主动发展，积极发展。也可以使各种教育力量都能够关注对学生积极的、正向的、全面的评价，能够关注学生成长中的进步和存在的不足，将关注点引导到对学生思想品德、知识学习、身心健康等多面的培养和指导上，构建一个教育合力，也让学生感受到公平合理的教育氛围，能够客观地看待自己，发现自己的成长，明确努力的方向。

3. 激励性原则

人本主义心理学告诉我们，每个人都有积极向上的内在动力，都是求成长、求发展的。正向的积极的鼓励可以有效地激发人的成长动力，使学生个体更加积极地努力与成长。班主任对学生的评价的过程和结果不是给学生一个"评判"和"告诫"，而是要将评价做为促进成长的重要手段，让学生通过评价和被评价的过程受到激励，更加信心百倍的投入到学习与班级活动中去，更加有效地成长。心理学研究表明，中学生是可塑性较大的成长中的群体，如果教育者对其采取适时、适当的带有一定激励倾向性的评价，往往可以起到导向、强化及定向的作用。有时甚至可能成为他们立志、成才的重要契机。所以，班主任对学生评价中要善于发掘学生身上的"闪光点"，用发展的眼光去看待每一个学生的进步，对他们多采取肯定性、激励性评价，用以增强自尊心与自信心，让学生从中获得进步的源泉。

4. 艺术性原则

一个好的学生评价是科学性与艺术性相结合的产物。科学需要客观和严肃，而艺术则需要教育有教育者的智慧，永远不能记忆教育者的责任——促进发展，将一个个学生认为是失败的表现，视为教育契机，进行正向的思考，同理学生的情感，给予积极的教育建议，将失败者转变为有信心的努力者，唤起一个个沉睡的心灵，打造未来的成功者。这就要求班主任在学生评价中不仅要有科学的态度，更要表现出高超的教育艺术。贯彻学生评价的艺术性原则，要求教育要转变教育观念，确立正向积极的发展观，构建发展多样性的教育理念，能够接受学生的个体差异和文化背景的多元性，以尊重、理解、关注的态度对待学生，基于每位学生的实际情况，给予富有教育性、启发性的评价，让学生在充满教育智慧，富有教育爱心，灵活机智的评价中获得成长的动力和信心。

（三）学生评价体系的构建

促进学生全面发展的评价体系包括学生评价的内容、评价主体、评价方法以及促进学生发展的改进计划等。因此，构建学生评价体系应该包括以下四个环节。

1. 根据课程标准确定具有可操作性的评价内容

国家课程标准是教材编写、教学、评估和考试命题的依据，是国家管理和评价课程的基础[1]。体现了国家对不同阶段的学生在知识与技能、过程与方法、情感态度与价值观等方面的基本要求。课程标准不规定教师的具体教育教学行为，这给教师和学生创设了更广阔的空间，但同时也对教师把握和实现教育教学目标的能力提出了挑战。新的课程标准提出了很多具有时代特点、体现新的人才观、教育观和质量观的评价内容及评价标准。教师要在深刻理解课程标准的基础上，将课程标准与教育教学实际相结合，提出明确的、具有可操作性的评价目标和评价内容，这样才有可能在教育教学中发挥评价目标的导向作用。

---

[1] http://www.edu.cn/20020523/3057107_1.shtml.

《教育部关于积极推进中小学评价与考试制度改革的通知》(教基[2002]26号)中将学生发展目标分为基础性发展目标和学科学习目标。其中,基础性发展目标包括道德品质、公民素养、学习能力、交流与合作能力、运动与健康、审美与表现等;学科学习目标是指各学科课程标准列出的本学科学习的目标和各个学段学生应该达到的目标。

教师应准确理解和把握学科课程标准,根据不同年段学生的年龄特征,将学科评价目标具体化。学科评价既要关注学生的学业发展,也要关注学生的基础性发展和个性特长。学科学习目标和基础性发展目标不能截然分开,在评价实施的过程中应尽量做到两者的有机融合,体现国家课程标准对不同学段的学生在"知识与技能,过程与方法,情感、态度、价值观"三个方面的基本要求。

2. 建构评价共同体

科学的、民主的学生评价应该建立起由学校管理人员、任课教师、学生、家长及其他教师组成的评价共同体。评价共同体是与评价个体相对而言的,在学生评价中具有重要的意义和作用[1]。首先,评价共同体使得校内的教师群体在共同参与的评价活动中,逐渐达成了对教育目标的一致性理解。其次,由于将家长纳入了共同体,使得他们可以真正明了自己子女的实际发展状况,因此可以做出正确的相关教育决策。再次,将学生纳入共同体使得学生意识到自己在评价中的主体地位,改变了以往被动反应以及不能对评价过程提出任何疑问的状况。在评价中,教师应该鼓励学生进行自我评价,而共同体可以使得学生在对自己负责的前提下,对自己的学习和发展状况进行反思。

在构建评价共同体的过程中要注意以下几个方面:①使学生在评价前就明了评价目标、评价方式、评价标准;②让家长明白评价的性质及作用以及学校的教育规划,只有了解了活动目的,他们才能提出合理的意见;③鼓励评价范围扩展到学校以外;④保证评价共同体的成员能够进行开诚布公地交谈;⑤淡化学生之间的相互比较,特别是学生互评中要淡化等级和分数,多强调对"作品"的描述和体察,强调关注同学的优点和长处,强调自我的反思,否则,往往造成同学之间互不服气,只关注对方的缺点和不足,评价变成互相"挑错"。

3. 恰当地运用多种学生评价方法

评价方法是实现评价目的的重要保证之一。从整体上来看,我国中小学评价体系还是以量化为主要特点的。正如狄尔泰所说"自然需要说明,而人需要理解",单纯的量化是无法达到对人的理解的。质性学生评价是以人本主义为认识论基础,主要通过观察、访谈、描述与解释等方式,对学生在真实学习情景中的状态、行为、水平等进行评量,以全面、充分地揭示和描述学生的各种特质,使评价者(教师、学生、家长等)与被评价者(学生)达到共同心理建构的过程[2]。它是对量化学生评价的批判和革新,从本质上并不排斥量化学生评价,而是对量化学生评价的统整,适当地评价内容或场景中仍然可以使用"量化"的方式进行评价。档案袋评价和真实性评价是两种典型的质性评价方法。

学生档案袋评价是一种记录学生成长的评价方法。学生的作品及对作品的说明和反思,学生的学习方式、学习经验,家长的观察、评定记录等,都属于档案袋的内容。有计划地收集学生一段时间内的作业成果和学习过程等相关信息,这些能最有效地展示学生的学业成就,同时,也能展示学生在上述活动中所采取的步骤或经历的过程。档案袋评价的主要意义,在于它为学生提供了一个学习机会,使学生能够学会自己判断自己的进步。它彻底改变了在传统量化评价中,从标准的制定、试题的选择、直到分数的评判,学生完全被隔绝在外

---

[1] 柯森,王凯. 学生评价:一种基于新课程改革的探讨[J]. 当代教育论坛,2004(08):30-34.
[2] 王敏,王后雄. 高中化学新课程课堂内质性学生评价途径的设计[J]. 现代中小学教育,2009(3):37-39.

的状况。对照评价标准，学生能清楚地知道对他们的期望是什么，并以此为依据对作业成果和学习进程进行连续考查。因此，档案袋能够促使学生在经常性的自我反思中向高标准持续不断地提高。学生是成长记录的主要记录者[1]。教师可采取协商的方式，加强对学生成长记录收集过程的指导，使学生明确自我发展目标，制订收集计划。成长记录还应有教师、同学、家长的开放性参与，使记录的情况典型、客观、真实。

学生真实性评价是检验学生综合能力的一种评价方法。它提供给学生真实生活中的种种问题、挑战，要求学生运用自己的知识和技能解决真实性任务。学生在创造性解决问题的过程中提高和发展了自己[2]；学生解决真实性任务就如同在校外真实生活中那样处理现实复杂的生活和工作问题，并从中完成大量的学习建构。与传统量化评价相比，真实性评价更加公众化和开放化，评价者可以是评价共同体，从而使得评价过程更加透明化；真实性评价是鼓励性的，它指导学生如何在复杂的、非结构化的情境中，运用复杂的知识与技能来解决问题。

新课改强调评价的过程性并且关注个体差异。在中学学生综合素质评价实施过程中，既重视观察、访谈、论文式测验等定性评价方法的使用，又不能忽视纸笔测验、评价量表等一些定量评价方法的使用；既重视社会实践、实际操作等评价方法的使用，又不能忽视模拟实践，情景测验等评价方法的使用；既重视使用以等级表示评价结果的方式，也不能忽视用数量表示评价结果的方式；既重视书面评价、口头评价方式的使用，也不能忽视情感的、行为动作评价方式的使用，以取得最佳评价效果。

4. 通过评价反馈发挥评价的激励功能和促进作用

评价中的反馈环节对于发挥评价的激励和促进功能有着重要作用。通过评价反馈，学生能够了解自己目前的学习状态，看到自己的成长和进步以及存在的不足，还有可能得到教师、同学和家长对改进学习所提出的建议，这些都有助于促进学生的发展。只有对学生学习的过程及其发展变化有深刻认识才能发挥评价的激励功能。这要通过确定明确的评价目标、准确地观察和资料收集以及给出恰当的评价结论等途径实现。随意的激励不仅无法对学生起到促进作用，而且还可能造成学生盲目乐观或厌倦的结果。在反馈阶段，不要盲目追求形式化的激励，认为只要学生"快乐"就行了[3]，而要明确提出学生需要改进的方面。

（四）中学生评语的写作要求

评语包括对学生素质发展的综合性评价和学生学科学习过程的质性评价。评语应在对搜集到的学生资料进行分析，并与学生、家长交流、沟通的基础上产生。评语应多采用激励性语言，客观描述学生的进步、潜能及不足，提出明确、简要的改进意见。班主任在给学生写评语的过程中要注意以下几方面。

1. 变结论性评价为形成性评价

终结性评价是指在学期、学年末或学段学习结束时对学生进行的全面评价，终结性评价一般由学校组织实施[4]。形成性评价是在学生日常学习过程中进行的评价，是侧重对过程的评价。形成性评价重在了解学生学习过程中付出的努力、获得的进步以及在发展中存在的问题，适时调整发展目标，改进教学策略，进行有效的指导，提高教学质量。形成性评价是帮

---

[1] http://space.30edu.com/0296929/ReadArticle.aspx?ID=2c4d01c3-10a0-41cc-9432-7107722c9497.

[2] 张向众. 美国的学生评价改革趋向：学生本位评价 [J]. 外国中小学教育，2006 (6)：15-19.

[3] 赵希斌. 关于学生评价改革的几个问题. 国家基础教育课程改革"促进教师成长和学生发展的评价体系的研究"项目组.

[4] http://space.30edu.com/0296929/ReadArticle.aspx?ID=2c4d01c3-10a0-41cc-9432-7107722c9497.

助学生体验成功，形成积极的态度，良好的习惯，科学的探究精神，发展个性的重要手段。班主任要将评价全面贯穿于整个学年的各项活动中去，强化学生的成长与发展。

2. 体现民主

班主任与学生之间的应该是师长与朋友关系，作为师长要为学生成长引好路，作为朋友应该是平等的、友好的。评语的书写要在征求意见和全面了解情况的基础上用第二人称拟定，以融洽气氛，让学生感到亲切、自然，语言要委婉，顾及学生的自尊心，又要提出优缺点，使学生易于接受。把学生当做一个有思想、有个性的朋友来对待。

3. 以情动人

写好评语，发挥评语的激励作用，要先架起感情的桥梁，打开心连心的感情之"门"。生动的、充满感情的语言，不仅能够打动学生的心，更能有效地使学生树立起改正不良行为的决心和愿望，从而用来指导、衡量自己的行为。例如，有一位老师给学生写了这样一条操行评语："你是一位可爱的小男孩，老师喜欢你的礼貌待人，喜欢看你认真做作业的样子，更喜欢你获得成功时兴奋的笑脸，你知道吗教师每时每刻老师都在注视着你，为你的进步而高兴，为你的退步而焦心，你如果能做到认真听讲，积极举手发言，相信你将是一个很棒的孩子。"这位学生把这条操行评语看了又看，读了又读，兴奋得睡不着觉，觉得老师是多么地喜欢他，他在老师的心目中原来是这样受重视。

4. 评定客观

即使是一个全面发展的好学生也有他的不足的一面，学习成绩差得一塌糊涂的学生，也有其思想闪光的一面。因此，在讲述好生的优点的同时，也应提出一些缺点，让他戒躁戒骄，不懈努力。而差生一般会对自己失去信心，喜欢逃避，甚至有封闭的心理。在给差生写操行评语时，尽量挖掘其闪光的一面，夸大他闪光的一面，让他对自己树立信心，扬起希望的风帆，重新投入学习。

5. 突出个性

学生在生活态度、思想基础、觉悟程度、知识水平、性格特征及爱好兴趣、家庭条件等方面都存在差异，宜细心观察、及时记录、斟酌词句，方能写出学生的个性特点。

魏书生：班规班法

我们班级十几年来一直坚持以法治班，全班同学根据本班实际制订了一系列的班规班法，然后在监督检查系统的保证下，说了算，订了干，一个做，一个休，坚定不移地贯彻执行。

班规班法主要分为两大类。一类是以空间为序的，制订的原则是：班级的事，事事有人做；班级的人，人人有事做。另一类是以时间为序的，制订的原则是：时时有事做，事事有时做。历届班规班法中，有些具体的规定，尤其是有些处罚的办法，充满童真，十分幽默风趣，有的甚至幼稚得令人发笑。

现将我们现行的由全班学生讨论制订并已表决通过的班规班法摘要如下。

一、一日常规

1. 清晨入校，向校门口的值周师生问好，并虚心接受值周师生的检查指导。

2. 每节课（包括自习课）前三分钟要坐好，全身心投入课前一支歌的活动。唱歌时坐直，目视黑板中缝的中点，意念想象中点中出现歌词描绘的画面。

3. 每堂语文课前，全心全意地投入口头作文的活动。说文时要解放自我，心无顾忌，声音洪亮，怎么想就怎么说。

4. 语文课一般要经过"定向、自学、讨论、答疑、自测、自结"六个步骤。

5. 每节课的课间按照学校规定，戴班标在走廊、操场活动，不违纪。积极参加"无声日"活动。

6. 第二节下课后，除值日生外，都到操场活动，10分钟后站队做课间操，做到快、静、齐。课间操必须按学校规定着装。

7. 上午第四节课课前做眼保健操，要求放松、入静，全身心沉浸在眼保健操的音乐里，取穴位准确，节奏明快。

8. 中午放学路上，开展背一个单词的活动，不准边走边不停地看书。不背英语，背其他学科知识点亦可，但决不许边骑自行车边看书。

9. 在开展考试前"独往独来"的活动期间，路上自觉约束自己，不与别人往来。

10. 中午两小时要求在家休息，不反对到校来。到校来的同学需要安静自习，12点40分至1点20分之间关校门，为保证愿上自习的同学达到目的，在此期间内不许随意出入教室门，更不许出入校门。

11. 下午第三节为活动课，需在完成男5000米、女3000米的跑步任务之后，再自由进行各种文体活动。

12. 临放学前，服从体育委员指挥，认真做仰卧起坐和俯卧撑，以磨炼意志，增强体质。

13. 每天写一篇命题日记。老师和日记负责人布置题目时，必须完成布置的题目，无统一布置时可自由选题。

14. 按要求完成量化作业：政治0.5页，语文1页，数学2页，英语2页，物理1页，化学1页，生理0.5页，史地每周各3页。学习尖子可不完成老师留的作业，而自选适合于自己的难题。后进同学也可不写老师留的作业，而自选适合于自己的题。语文作业均由每名同学根据自己的实际情况确定。

15. 每天黑板右侧要写一条新格言。由值日班长选择并书写。

16. 每天报夹子上要按时夹上班级日报。班级日报要做到以下10点：①规格统一，长54厘米，宽39厘米；②本班内容占60％以上版面；③写清办报的具体时间、办报单位、办报人姓名；④当天日报在中午12:00之前夹到报夹子上；⑤日报需用碳素墨水或彩笔誊写，以利于长期保存；⑥必须设文章病院专栏；⑦报道昨天班级纪律、卫生、出席、课间操、眼保健操的得分情况；⑧设立昨天值日班长工作分析专栏；⑨每期日报必须有图画点缀；⑩日报上面留3厘米装订线，以利装成合订本。

17. 每天早晨要用5分钟时间规划一下当天共有多少项任务，按轻重缓急确定做事的顺序；每节自习课前先确定学习目标及具体任务量。

18. 做事的时候要定向、定量、定时，开展自我竞赛，不断超越自我，增强效率感。

19. 晚间统计一下一天"三闲"的数量，即大致说了多少句闲话，做了多少件闲事，闲思用了几小时。订出明天减少一点"三闲"的具体措施。

二、一周常规

1. 周一参加学校升旗仪式，按学校要求统一着装。轮到班级值周时，团支部书记写国旗下的献词，并指定护旗人、升旗人及献词朗诵人。

2. 讨论研究学校周报对班级的评价，发扬长处，克服缺点。

3. 单周周二班团活动，由班长主持班会，由团支部书记主持支部组织的活动，研究班级管理和支部工作，民主讨论班规班法。

4. 双周周二开展智力竞赛活动，由张士英同学筹备并主持。

5. 周三下午不上课，参加学校科普委员会、新星文学社、数理化小组、田径队、篮球队、排球队、器乐队、合唱队、舞蹈队、美术小组、书法小组、计算机小组、摄影小组的同学必须遵守所在团、队、组的纪律，服从负责人的指挥，爱护专用教室或活动教室的公物。

6. 周一语文课前为调换座位时间，值日班长主持。南面的16名同学先搬桌椅离开座位，换座争取一分钟内全部完成。

7. 周五语文课为文学欣赏课，教师可选择学生喜欢的作品给学生朗读，可由学生推荐，也可让学生自读喜欢的课外小说、诗歌、剧本、散文等。

8. 每周语文课堂上至少要搞一次竞赛，或看谁读得快、写得快，或看谁背得快。

9. 每周练钢笔书法一次，安排在语文课堂上进行。

10. 每周五下午第三节为教唱歌的时间，由同学们按学号轮流教，歌曲自选，报文娱委员批准。

11. 每周值日生由北面两行同学负责，周一为第一桌两名同学，周二为第二桌，每天两人，依次类推。因星期日休息，第七桌两人协助第六桌两人周末大清扫。

12. 周六班级图书柜橱向同学们开放，大家选书后在班级图书管理员处履行借阅手续。

13. 周六放学前，全班同学选举本周说闲话最多的同学或比上星期有进步的同学，或选举有较明显违纪的同学，或选举最能促进同学们学习的同学。

三、每月常规

1. 每月1日即制订本月的自我教育计划，包括德、智、体、美、劳诸方面要做的实事，计划的可操作性要强。

2. 每月至少进行一次互测。测验题由每名同学出，出试题要按照班级规定的出题大纲，确定试题范围、试题数量、试题难度、试题覆盖面和试题分数比例。每份试卷的几张卷子必须装订在一起。每份试卷的卷头格式必须统一：写清出题人姓名，估计分数，每道小题及总分实得分数；留出答题人姓名空格，供答题人填写。

3. 每次互测，90％的同学要达到80分，不足80分者参加补考，另10％的同学补考分数线由自己确定。

4. 每月末进行一次备品大检查，由生活委员检查各自承包的备品是否清洁，是否完好无损，是否充分利用。

5. 每月最后一天，对照月初的计划，总结任务完成情况。

四、学期常规

1. 将开学典礼上学校布置的任务同自己的实际结合起来，确定本学期自我教育计划。

2. 根据自己的实际确定座右铭是否需要更换。座右铭3项内容必须明确：①最崇敬的人是谁。②本班要追击的目标是哪名同学。③针对自己的心理确定一句鞭策自己的格言。

3. 某某同学负责发放新教材，某某同学负责收学费，某某同学负责收书费。

4. 学习或复习语文知识树。

5. 写出新的语文教材分析。包括7个部分内容,将知识分类、编号、列表,按教材分析进行自学。

6. 研究讨论作文批改的方法,提高互批作文的能力,逐步学会从10个方面批改一篇作文的方法。

7. 用两节语文课了解国外教育动态,讨论从中得到的启示。

8. 用两节语文课学习讨论有关心理学的知识,探求保持心理健康的方法。

9. 召开两次学习方法交流会,选择适合于自己的科学的学习方法,增强学习兴趣,提高学习效率。

10. 每学期第八周、第十六周周二为量化作业检查日。届时,每名同学把开学以来的各种作业全部准备好,先进行自检,写出自检报告,然后进行互检、抽检。

11. 期末放假前一天,将本学期各科量化作业全部分类排队、编号,进行一次大检查,数量不足者需补上。合格者,愿集中统一保管的,可交班级统一保管。

12. 做好本学期自我总结和自我鉴定,将《中学生手册》所列成绩和班主任鉴定交家长过目、签字,开学后上交班级。

13. 某某同学发放假期作业,对书店卖的假期作业可以不做,凭兴趣看看,但必须完成符合自己实际的量化作业。

14. 参加学校结业典礼后,按学校统一要求,制订自己假期的自我教育计划。

五、学年常规

1. 认真落实学雷锋活动月学校各项活动安排。

2. 三八节前后开展"给母亲带来欢乐"系列活动周。要求在活动周里每天帮母亲做一件较大的事,写歌颂母亲的系列作文,召开"为了我们的母亲"主题班会,举办以母亲为题材的诗歌朗诵会。

3. 4月上旬体育委员认真做好参加下旬校田径运动会的准备工作,落实比赛项目,组织运动员刻苦训练。

4. 5月组织到外市爬山或下海的旅游活动。某某同学负责联系旅游车,某某同学安排旅游活动具体方式,某某同学负责旅游期间同学们的安全。

5. 滕育新负责组织班级同学参加七一演唱会比赛。

6. 配合教师节活动。班级参加校舞蹈队、合唱队、器乐队的同学积极参加教师节文娱活动的排练与演出。由学习委员分组,分别给科任老师写慰问信。

7. 国庆节召开歌颂祖国诗歌朗诵会和演唱会。

8. 某某同学组织好全班同学参加10月下旬学校一年一度的队列、体操比赛活动。

9. 某某同学组织一年一度的新年联欢会。

资料来源:魏书生著.班主任工作漫谈——献给青年班主任.漓江出版社,2008,214-224.

【拓展性阅读】

[1] 韦洪涛.班级工作与心理辅导[M].上海:华东理工大学出版社,2001.

[2] 田恒平.班主任理论与实务[M].北京:首都师范大学出版社,2007.

[3] 谌启标.班级管理与班主任工作[M].福州:福建教育出版社,2007.

[4] Thomas Zirpoli.学生行为管理[M].北京:中国轻工业出版社,2004.

[5] 郑立平.在成长中享受班主任特有的幸福[J].班主任之友,2009(08),9-13.

[6] 王建富, 夏永华. 自我教育, 自我发展——初中生良好行为习惯养成教育 [J]. 班主任之友, 2002 (08), 12-14.

[7] 沙春杰. 解放班主任 [J]. 班主任, 2004 (12), 45-46.

[8] 柯森, 王凯. 学生评价: 一种基于新课程改革的探讨 [J]. 当代教育论坛, 2004 (08), 30-34.

[9] 王景英. 学会对学生评价是中小学教师的基本功 [J]. 中小学教师培训, 2004 (05), 26-29.

[10] 王敏, 王后雄. 高中化学新课程课堂内质性学生评价途径的设计 [J]. 现代中小学教育, 2009 (3), 37-39.

[11] 张向众. 美国的学生评价改革趋向: 学生本位评价 [J]. 外国中小学教育, 2006 (6), 15-19.

【研究性课题】

1. 班级常规管理的目的？
2. 班级常规管理的原则。
3. 评析学生档案袋法在学生评价中的优势与不足？
4. 尝试以班主任的角色为你熟悉的一名中学同学写一份操行评语。

第五章　中学生心理发展

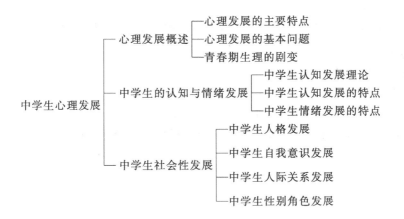

【学习目标】

- 能够解释心理发展的基本问题。
- 能够陈述中学生认知与情绪发展的特点。
- 能够说明中学生社会性发展的特点。

发展是青少年心理成长的核心体现。本章主要探讨与心理发展有关的基本问题，包括心理发展的含义，中学生的认知、情绪与社会性发展。促进青少年心理成长是班主任的主要工作职责。了解中学生心理发展的特点与规律，可以更有效地组织班级工作、进行班级管理。

第一节　心理发展概述

一、心理发展的主要特点

（一）心理发展的含义

发展泛指某种事物的增长、变化和进步。发展强调的是一种持续的系列变化，指有机体在整个生命周期的持续变化。人的发展指的是人类身心的成长与变化，指个体随年龄的增长，在相应环境的作用下，整个反应活动不断地得到改造，日趋完善、复杂化的过程，是一种体现在个体内部的连续而又稳定的变化。发展变化从开始到成熟的标志是：反应活动从未分化向专门化演变；从被动性向主动性演变；从不稳定向稳定性演变；从认识客体的外部现象向内部规律与本质演变。因此，只有那些有顺序的、不可逆的、能保持相当长时间的变化才属于发展。发展使得个体对于环境有更好的适应性，行为更加复杂，效率更高。对于人类来说，发展是从卵子受精开始，直到个体衰亡为止的持续过程。人类个体随着年龄的增长，生理和心理从简单到复杂，由低级到高级不断变化。不同年龄有不同的生理和心理特点，循环往复，遵循一定的变化规律。

个体心理发展大体可以分为两个主要部分：一是个体的认知发展，包括感觉、知觉、记忆、想象、思维、问题解决等；二是社会性发展，包括人格、能力、需要、动机、兴趣、信念、价值观、自我意识等。围绕这两个主要部分，心理发展涉及以下四个问题。一是遗传和环境在心理发展中的作用问题。心理学家认为，先天遗传为心理发展提供了可能性，后天环境与教育决定了发展的方向和水平。两者是相辅相成的关系，在个体心理发展过程中起着交互作用。二是心理发展的外因与内因的问题。人类身心的发展是一个主动的过程，外因要通过内因才起作用。在人类心理发展的过程中，要重视两者之间的关系和作用。三是心理不断发展和发展阶段的关系问题。人类心理的发展一方面表现出不断发展的连续性，但同时又具有阶段性。应该将这两者统一起来，才能科学地解释生命全程的心理持续发展趋势，又能探讨不同年龄阶段心理发展的特征。四是生理发展与心理发展的关系问题。生理发展是心理发展的物质基础，在一定程度上制约着心理发展，但生理发展不是心理发展的惟一决定因素。个体的发展除了依靠生理结构机能外，还受到文化与社会生活条件的制约。

（二）心理发展的主要特点

发展持续于人的一生，其中儿童和青少年的身心发展最为显著，主要表现为以下主要特点。

1. 连续性与阶段性

心理发展既体现出量的累积，又表现出质的飞跃。当某些代表新质量要素成分的量积累到一定程度时，就会导致质的飞跃，即表现为发展的阶段性。也就是说，发展过程既有连续性又有阶段性，表现为若干连续的阶段。而个体的心理发展总是随着年龄的增长而变化，在某一特定的年龄阶段，个体具有一些共同的质的特征。所以，在心理学上也常用"年龄阶段"来表示"发展阶段"，各发展阶段的特征也被称为"年龄特征"。相应地，这种用以标志心理发展程度的年龄被称作"发展年龄"，以区别日常所谓的"实足年龄"。皮亚杰认为发展是连续、渐进的，由一个阶段转变到另一个阶段不是突然的，需要一定时间。阶段性并不是台阶式的，阶段之间存在一定的交叉重叠。

2. 方向性与不可逆性

儿童心理发展表现出一定的方向性和顺序性，既不会逆向发展，也不能逾越某个阶段。比如个体动作的发展，就遵循自上而下、由躯体中心向外围、从粗动作到细动作的发展规律，可以概括为动作发展的头尾律、近远律和大小律；儿童体内各大系统成熟的顺序是神经系统、运动系统、生殖系统；大脑各区成熟的顺序是枕叶、颞叶、顶叶、额叶；脑细胞发育的顺序是轴突、树突、轴突的髓鞘化。

3. 不平衡性

个体从出生到成熟，不同机能系统的发展速度、起始时间、达到的成熟水平是不同的；同一机能系统特性在发展的不同时期（年龄阶段）有不同的发展速率。从总体发展来看，幼儿期出现第一个加速发展期，然后是儿童期的平稳发展，到了青春发育期又出现第二个加速期，然后再是平稳地发展，到了老年期则开始出现下降的趋势。发展的不平衡性可表现为不同系统在发展的速度、发展的起讫时间与到达成熟时期上的不同进程。如智力的发展一般在17、18岁就已达到高峰，但此时的情感发展远未成熟。不平衡性也可表现为同一机能特性在发展的不同时期有不同的发展速度。7、8个月的婴儿开始听懂成人的一些话；大约10～13个月时，开始产生最初的单词，但是多数婴儿最初的词汇发展进程缓慢。约从18个月起，许多儿童的词汇量骤然增长。在以后的几年里，单词学习仍快速进行，到6岁时儿童的词汇量已有约10000个。

4. 个别差异性

尽管正常儿童的发展总是要经历一些共同的基本阶段，但发展的个体差异仍然非常明显，每个人的发展优势（方向）、速度、高度（达到的水平）往往是千差万别的。例如，有的人观察能力强,有的人记性好;有的人喜静,有的人好动;有的人能言善辩,有的人思维敏捷;有的人早慧,有的人则大器晚成。

二、心理发展的基本问题

(一)心理发展的重要时期

1. 关键期及其对于个体发展的意义

关键期是指人或动物的某些行为与能力的发展有一定的时间,如在此时给予适当的良性刺激,会促使其行为与能力得到更好的发展;反之,则会阻碍发展甚至导致行为与能力的缺失。发展关键期的研究是从奥地利动物习性学家劳伦兹对动物行为发展规律的研究开始的。他在研究小鸭和小鹅的习性时发现,它们通常将出生后第一眼看到的对象当做自己的母亲,并对其产生偏好和追随反应,这种现象叫"母亲印刻"。心理学家将"母亲印刻"发生的时期称为动物认母的关键期。关键期的基本特征是,它只发生在生命中一个固定的短暂时期。如小鸭的追随行为典型地出现在出生后的 24 小时内,超过这一时间,"印刻"现象就不再明显。心理学家发现,在人类个体早期发展过程中,也同样存在着获得某些能力或学会某些行为的关键期。在这期间,个体时刻处于一种积极的准备和接受状态。如果这时得到适宜的刺激和帮助,某种能力就迅速发展。心理学家认为 0~2 岁是亲子依恋关键期,1~3 岁是儿童口语学习关键期,4~5 岁是书面语学习关键期,0~4 岁是形象视觉发展的关键期,5 岁左右是掌握数概念的关键期,5 岁以前是学习音乐的关键期,10 岁以前是外语学习的关键期。

对于发展关键期,可以从大脑神经系统的发展进行解释。如果在某一能力发展的关键期进行科学、系统的训练,相应的脑组织就会得到理想的发展,如果错过了,会使一些脑组织造成发育不足与局限,外在表现为人的一些能力和行为发展落后或欠缺。

2. 正确认识发展关键期

对于关键期,发展心理学中一直存在这样的观点:缺失了关键期内的有效刺激,往往会导致认知能力、语言能力、社会交往能力低下,且难以通过教育与训练得到改进。印度发现的"狼孩",就是关键期缺失的典型事例。狼孩卡玛拉由于从小就离开人类社会,在狼群中生活了 8 年,深深打上了狼性的烙印,后来虽然回到人类社会并经过教育与训练,但到 17 岁时她的智力才达到 3 岁儿童的水平,仅知道一些简单的数字概念,学会 50 个词汇,能讲简单的话。

当代发展心理学家认为[1],关键期的缺失对人类发展所造成的负面影响,通常在极端的情况下才难以弥补,对人类大部分心理功能而言,也许用敏感期这样的概念更为合适:各种心理功能、成长与发展的敏感期不同,在敏感期内个体比较容易接受某些刺激的影响,比较容易进行某些形式的学习。在这个时期以后,这种心理功能产生和发展的可能性依然存在,只是可能性比较小,形成和发展比较困难。

(二)心理发展的历程:毕生发展

自 1929 年霍尔的《衰老:人的后半后》一书开始,发展心理学的研究范围由青少年扩展到人的整个生命历程。1930 年何林渥斯的《发展心理学概观》一书标志着毕生发展心理学的诞生。毕生发展心理学观认为个体心理和行为的发展并没有到成年期就结束,而是扩展到了整个生命过程,它是动态、多维度、多功能和非线性的,心理结构与功能在一生中都有获得、保持、转换和衰退的过程。持毕生发展心理学观点的研究者认为,人从胚胎到死亡始终是一个前进的发展过程。人的生命是一个连续过程,生命的每一阶段都受以前时期的影

---

[1] 桑标. 当代儿童发展心理学 [M]. 上海:上海教育出版社,2003.

响，同时也影响着以后的发展阶段。毕生发展心理学的基本思想有以下六个方面。

（1）个体发展是整个一生的过程，发展中的行为变化可以在人生中任一时候发生。人的一生都处在不断的发展变化中，从生命的孕育到生命的晚期，其中的任何一个时期都可能存在发展的起点和终点。没有哪一个年龄阶段在发展过程中居首要地位。这一观点与传统发展心理学主张心理发展从生命之初开始，儿童青少年是发展的主要年龄阶段，到成年期处于稳定，到了老年阶段心理衰退的观点有很大的差异。

（2）发展的形式具有多样性，发展的方向因行为的种类而异。心理和行为发展的各个方面，甚至同一方面的不同成分和特性，其发展的进程与速率是不相同的。比如，智力发展过程中，液态智力与晶态智力发展的进程是不同的。

（3）任何一种行为的发展过程都是复杂的。毕生发展心理学认为发展并不简单地意味着功能上的增加，生命历程中任何时候的发展都是获得与丧失、成长与衰退的整合，任何发展都是新适应能力的获得，同时也包含已有能力的丧失，只是其得与失的强度与速率随年龄的变化而有所不同。

（4）发展是由多重影响系统共同决定的。毕生发展心理学认为，年龄只是对人的心理变化产生影响的一种因素，还有三类影响系统决定个体的发展，分别为年龄阶段的影响、历史阶段的影响和非规范事件的影响。年龄阶段的影响，主要指生物性上的成熟和与年龄有关的社会文化事件，包括接受教育的年龄，如3岁入托、18岁高考，女性更年期、新入职与退休等职业事件。历史阶段的影响，指与历史时期有关的生物和环境因素，如地震、战争、经济大萧条、国有企业改制等。非规范事件的影响，指对某些特定个体发生作用的生物与环境因素，包括早期亲子依恋缺失、疾病、离异、失业等。

（5）发展是生物和文化共同进化的结果。毕生发展心理学认为，按照进化论的观点，人类进化选择的优势随年龄增长而衰退，但是对于文化的需求随年龄增长而增长。因为对个体发展而言，不管是身体还是心理领域，要达到越来越高的功能水平，就必须拥有更丰富的文化资源。另一方面，随着年龄增长，生物功能下降，就需要文化资源来补偿以产生和维持高水平的功能。生物和文化共同进化的观点，揭示了生物和文化，这两大影响个体心理发展的因素之间的动态关系。

（6）发展是带有补偿的选择性最优化的结果。毕生发展心理学提出一个带有补偿的选择性最优化模型（selective optimization with compensation，简称SOC），用以说明发展的动态过程。选择是指根据可供选择的范围来考虑如何使用有限资源的过程，它主要涉及发展的方向、目标和结果问题；最优化是指获取、改进和维持那些能有效达到期望结果，并避免非期望结果的手段或资源，与最优化有关的成分会随着领域、发展状态、年龄的不同而变化；补偿是由资源丧失引起的一种功能反应。SOC描述了选择、补偿和最优化三者是如何协调而产生期望的发展结果，同时使不期望的情况最小化。

（三）心理发展的条件：天性与教养

天性即遗传素质，教养主要指环境和环境影响。影响人的心理发展的条件这一问题上，历史上有许多不同看法。目前关于个体心理发展的实质存在三种不同的观点：遗传决定论、环境决定论和交互作用论。前两种观点不断得受到争议和否定，而人类个体的心理发展同时受到个体遗传和外界环境的影响的观点逐渐为人们所接受。

遗传是指经过受孕时到个体生命开始之初，父母的身心特征传递给子女的一种生理变化历程。环境乃是指个体生命开始之后，其生存空间中所有可能影响个体的一切因素。遗传与生理成熟是个体心理发展的必要物质前提和基础。首先，遗传素质是心理发展的物质前提。例如，无脑畸形儿生来不具有正常脑髓，因而就不能产生思维，最多只能有一些最低级的感觉，如关于饥饿、渴的内脏感觉等。其次，遗传素质的个别差异为个体发展的个别差异提供了最初的可能性，遗传素质的差异决定着心理活动所依据的物质基础——大脑及其活动的差异，从而影响着心理机能的差异。最后，生理成熟在一定程度上制约着个体心理的发展。但是，遗传在心理发展中只是一个必要因素，而不是决定因素。

个体出生以后，遗传与环境两因素在身心两方面的影响之大小有所不同：在身体发展方面遗传的影响大于环境，而在心理的发展方面则恰恰相反。在遗传和生理成熟所提供的可能范围内，环境对个体心理发展的方向和现实水平起着决定作用。首先，环境使遗传所提供的心理发展的可能性变为现实性。心理发展是一个主动学习的过程。行为主义心理学家认为，人类行为的习得是对外界刺激反应，并得到强化的结果。社会学习理论认为人们可以通过对他人的观察和模仿而进行学习。比如，在班都拉所做的关于儿童攻击行为的实验研究中，他将儿童随机分成3组看成年人攻击塑料玩具人的录像，第一组看到的录像中，成年人的攻击行为受到赞扬，为奖励组，第二组看到的录像中，成年人的攻击行为受到指责，为惩罚组，第三组看到的录像中无赞扬或指责，为无强化组。看完录像后，将儿童带到实验室，让儿童在实验室自由玩耍10分钟，实验室中有一些塑料玩具人。结果发现三组儿童都出现模仿成人攻击塑料玩具人的行为，但第一组和第三组发生率较高，说明儿童通过观察和模仿习得了攻击行为。另外，社会生活条件是制约个体心理发展水平和方向的重要因素，比如，对于一个体能正常的儿童，如果没有适当的训练环境或体育教育，就不可能成为一名优秀的体育运动员。

个体心理发展是遗传与环境相互作用的产物。在个体心理的发展中，遗传和环境因素相互制约、相互渗透、相互转化。父母通常既给孩子提供了遗传基因又给他们提供了成长的环境。所以，遗传和环境的影响是混合在一起，难以区分的。

总的说来，遗传与环境对心理发展的相互作用可以理解为发展的可能性与现实性之间的辩证关系。个体的生物遗传因素规定了发展的潜在可能范围，而个体的环境教育条件确定了发展的现实水平。这其中，潜在可能性转化为现实性离不开环境与教育条件。一般情况下，正常健康儿童发展的潜在可能性是相当广阔的，从这个意义上说，环境条件的有利与否对个体发展的现实水平起了更为重要的作用。

（四）外部的要求与个体心理发展水平之间的矛盾

在个体与客观事物相互作用的过程中，社会环境和教育向个体提出的要求与个体已有的心理发展水平之间的矛盾，是个体发展的内因或内部矛盾。这个内因就是儿童心理发展的动力。所谓原有的认知水平，就是指个体通过一定的认知活动已经形成的认知水平，是过去认知活动的结果。它代表了个体认知发展稳定的一面。当原有认知水平与外界要求产生矛盾时，个体就会产生新的学习的需要，从而推动个体的认知活动，促进认知发展。由此看来，教育对个体认知发展的作用表现在能够不断地为学生学习提供动力。为了促进儿童的认知发展，教育应该在儿童原有的认知水平基础上，向其提出新的、适当的要求，以利于儿童将这种外界要求转化为内部学习的需要，激发其学习动机。

三、青春期生理的剧变

青春发育期（简称青春期）是一个生理学概念，即进入性生理发育阶段，中国一般指11～17岁。男孩进入青春期较女孩晚1～2年。青春期年龄段，在世界各地稍有差别，世界卫生组织规定为10～20岁。多数学者认为，12岁前为青春前期，13～18岁为青春中期或性征发育期，19岁之后为青春后期。青春期是人生中最具活力，身心变化最突出的时期。它的最大特点是生理上蓬勃地成长，急剧地变化。心理的发展，必须有生理作为基础。青春发育期生理上的显著变化,为青少年心理的急剧发展创造了重要的条件。中学生年龄跨度为:11、12岁到17、18岁,属于少年期和青年初期,正好处于青春发育期阶段。

青春发育期生理上的变化是多种多样的,又十分显著。在形态方面,身高、体重、胸围、头围、肩宽、骨盆等,都加速增长;在机能方面如神经系统、肌肉力量、肺活量、血压、脉搏、血红蛋白、红细胞等,均有加强;身体素质方面,如速度、耐力、感受性、灵活性等,变化很大;内分泌方面,各种激素相继增量;生殖器官及性功能也迅速成熟等。归结起来表现为三大变化:身体外形改变,内脏机能健全,性的成熟。

(一)身体外形剧变

1. 身体长高

身体迅速地长高,是青春发育期身体外形变化最明显的特征。在青春发育期之前,平均每年长高3~5厘米,但在青春发育期,每年长高少则6~8厘米,多则10~11厘米。男女青少年在身体长高的变化上是不一样的。童年期男女的身高相差不多,男孩稍高于女孩。但到青春发育期的前期发生了明显变化。女孩从9岁开始,进入生长发育的突增阶段,11~12岁时则达到了突增高峰。而男孩到11、12岁起才进入这一阶段。身高长到一定的年龄就不再往上长了。女性一般长到19岁,至多长到23岁;男性一般长到23、24岁,有的甚至于长到26岁。可见,男性和女性既有发育的一般趋势,又有早晚之分。

2. 体重增加

青春发育期,学生的体重也在迅速地增加。在这之前,儿童每年体重增加不超过5公斤。到了青春发育期,体重增加十分明显,突出的可增加8~10公斤。男女青少年体重的增加也有差异。10岁之前,男女生体重相差不大。10岁之后,女生体重增加明显。一般情况下,两年之后男生的体重和女生持平。体重的增加,反映了内脏、肌肉和骨骼的发育情况,它也是一个人发育好坏的标志之一。

(二)性生理发育

青春期生理前期:女孩出现月经初潮,男孩睾丸发育出现首次遗精,是进入青春期的标志。在此以前两年左右,女孩开始出现乳房发育,骨盆开始变宽,臀部变圆,身高及体重增长速度超过平均数;男孩睾丸、阴茎开始发育,身高、体重也迅速增加。

青春期生理中期:又称性征发育期,在身高剧增的同时,生殖器官及第二性征发育成熟,由于内分泌功能活跃,使其产生性骚动。男子第二性征包括长出体毛(胡须、腋毛、阴毛)、变声、阴茎和睾丸发育、精液分泌(射精、泄精)、骨骼变硬、肌肉发达。女子的第二性征包括长出体毛(腋毛、阴毛)、子宫及卵巢发育、月经初潮、乳房发育、骨盆扩大、皮下脂肪增加。由于男女性激素的作用,发育成男女特有体型。女性的脂肪集中分布在肩、乳房、臀部,因而出现胸部隆起、腰细、臀宽,典型的女性体型,给人以丰满的柔美之感。男性四肢、肩部骨骼和肌肉特别发达,相对脂肪有较少分布,身材较高,因而出现肩宽、体高、胸肌发达(注重锻炼者尤明显)体型,给人以强健的阳刚之感。

青春期生理后期:其特征是性器官发育完全成熟,体格形态发展也完全成熟。青春期生理中期,虽然性器官、第二性征已发育成熟,但要到22~25岁才能完全成熟。人体的骨骼系统,经过青春期的突长之后,一般到25岁左右,骺软骨停止生长,全部骨化,至此人体的高度不再增加。

(三)脑与神经系统的发育

心理是脑的机能,也是高级神经活动的机能。脑与神经系统的发育,是心理发展的直接前提和物质基础。进入青春期的中学生,大脑机能显著地发展并逐步趋于成熟。兴奋与抑制过程逐步平衡,特别是内抑制机能逐步发育成熟,到16、17岁后,兴奋和抑制能够协调一致。这些发展奠定了中学生的心理发展,特别是逻辑抽象思维发展的物质基础。

第二节 中学生的认知与情绪发展

一、中学生认知发展理论

(一)认知发展概述

认知指个体通过感觉、知觉、表象、想象、记忆、思维等形式,把握客观事物的性质和规律的认识活动。感觉、知觉、记忆、想象、思维等认知活动按照一定的关系组成一定的功能系统,从而实现对个体认知活动的调节作用。在个体与环境作用的过程中,个体认知的功能系统不断发展,并趋于完善。认知发展是指个体自出生后在适应环境的活动中,对事物的认知及面对问题情境时的思维方式与能力表现,随年龄增长而改变的历程。认知发展主要表现在两个方面。一方面,构成认知功能系统的各种不同心理成分由低级到高级、由简单到复杂、由不完整到完整,不断发展;另一方面,构成认知功能系统的各种心理成分的关系逐渐趋于相互协调。

个体认知发展的基本特点是连续性与阶段性的对立统一,既是一个连续、渐进的积累过程,又表现出质的飞跃。个体认知发展的连续性与阶段性的统一主要表现为个体认知发展的年龄特征。所谓认知发展的年龄特征就是在一定社会和教育条件下,在个体认知发展的各个不同年龄阶段中所形成的一般的、典型的、本质的心理特征。认知发展年龄特征表现为,不同个体间认知发展的各阶段顺序是一致性的,每一阶段经历相似的变化过程。但是,由于个体的生活环境与教育条件的差异,不同个体在认知发展的过程和速度上存在差距。

(二)皮亚杰的认知发展理论

图 5-1 皮亚杰

认知发展的理论由著名心理家学让·皮亚杰(图5-1)提出的。皮亚杰采用对于个别儿童(他自己的孩子)在自然的情境下连续、细密的观察方法,记录他们对于事物处理的智能反应。

1. 心理发展的本质和原因

皮亚杰认为,智力与思维不是起源于先天的成熟或后天的经验,而是起源于主体的动作。这种动作的本质是主体对客体的适应。主体通过动作对客体的适应,乃是心理发展的真正原因。皮亚杰从生物学的观点出发,对适应作了具体的分析。他认为,个体的每一个心理反应,不管是指向于外部的动作,还是内化了的思维动作,都是一种适应。适应本质在于取得机体与环境的平衡。

根据生物学的观点,皮亚杰认为适应是通过同化和顺应两种形式实现的。同化就是主体把刺激整合于自己既有的认知结构之内。当个体面临刺激情境时,第一步适应的方式就是以其原有的认知结构与之核对,力图将新经验纳入到原有经验的框架之内。同化是对刺激输入进行过滤或改造,并将它纳入到原有认知结构的过程。而当主体已有的认知结构不能适应客体,即不能同化新的刺激情境时,便会作出调整和改变以适应客体,这一过程就是顺应。

同化是主体改造客体的过程,而顺应是在客体的作用下主体得到改造的过程,所以同化和顺应这对机能代表了主客体的相互作用。当同化和顺应的交替发生处于一种均势时,主客体间的相互作用便达到某种相对稳定的平衡状态。但这种平衡状态并不是静止状态,同化和顺应的机制会不断地发挥作用,打破现有的平衡并达到新的平衡。随着同化和顺应的平衡到打破平衡，再到平衡的发展，认知结构也不断地更新，由低级逐步向高级发展。儿童的认知发展过程就是从一种平衡状态向另一种更高级的平衡状态过渡的过程。

2. 心理发展的阶段

在皮亚杰看来，智慧的最高表现是逻辑思维，并因此从逻辑学中引进了"运算"的概念作为划分智慧发展阶段的依据。但他所说的运算实质上并不是形式逻辑中的逻辑演算，而是指心理运算，是一种能在心理上进行的、内化了的动作，具有可逆性和守恒性等特点。以运算为划分依据，他将认知发展划分为四个阶段。

第一阶段：感知运动阶段（0～2岁）。此阶段的儿童主要表现为动作的智慧，缺乏表象的和运算的智慧，他们的发展主要是感觉和动作的分化。初生婴儿只有一系列笼统的反射，随后才依靠感觉和动作（口尝、手抓等）去适应外部环境。对于事物的接触，全系混沌的反应，既无联系，亦无辨别。在六个月以前，婴儿对物体的认知是，看不见的东西是不存在的。如将婴儿正在玩耍的玩具娃娃藏起来后，由于看不见，婴儿就认为玩具娃娃不存在了，不会去探寻。到这一阶段的后期，感觉和动作才渐渐分化，思维也开始萌芽。此时的儿童已经知道，刚才玩耍的玩具娃娃仍然存在，只是看不见而已。

第二阶段：前运算阶段（2～7岁）。此阶段出现的标志是儿童开始运用象征符号，各种感知运动图式开始内化为表象或形象图式。特别是语言的出现和发展，使儿童日益频繁地用表象符号来代替外界事物，重视外部活动，这是表象性思维。但他们所使用的语词或其他符号还不能代表抽象的概念，思维仍受具体直觉表象的束缚，难以从知觉中解放出来。例如，儿童在进行计算时，表面上也能算出3+4=7，但实际上他们并不是对抽象的数字进行分析综合，而是靠头脑中的3个苹果和4个苹果或3粒糖和4粒糖等实物表象相加算出来的。此时的儿童具有自我中心主义、刻板性等特点，总是从自己的角度看待世界。

第三阶段：具体运算阶段（7～11岁）。具体运算的最重要特点是它的"具体性"。此时，儿童形成了能应用于具体问题的逻辑思维，当遇到思维与知觉不相符合时，能作出与知觉相反的、逻辑的决定，而不再受知觉的束缚。但此时也只能解决涉及具体的客体和事件的问题，还不能解决纯言语的、假设的或抽象的问题。如面对这样的推理题："小明在图书馆借的书比小红的多，小红借的书又比小琳的多，那么三人中谁借的书最多？"处于具体运算阶段的儿童仍不能回答。但若将三人借的书摆在他们面前，儿童就能很快说出正确答案。

第四阶段：形式运算阶段（11～15岁）。形式运算阶段又称命题运算阶段，它的显著特点之一就是个体能运用抽象的、合乎形式逻辑的推理方式去思考解决问题。此时个体已能摆脱具体事物的束缚，把内容与形式区分开来，具有了形式推理的能力。

摆脱了具体事物的运算方式，也就是以命题形式进行的运算，故称形式运算。形式运算在本质上是假设——演绎的。皮亚杰指出："形式思维的一般特征是它超出与经验事实直接有关的转换的框架之上，并且从属于一个假设——演绎运算，即关于可能的运算的系统。"处于形式运算阶段的中学生抽象思维能力更强，能运用符号进行命题思维，能够理解并运用公式$(A+B)(A-B)=A^2-B^2$来解决问题。

对于认知发展的阶段性及各阶段之间的关系，皮亚杰的主要观点是：儿童思维发展是有阶段性的；各阶段都有独特的结构，标志着一定阶段的年龄特征；各阶段的出现，从低到高是有一定次序的，不能逾越，也不可逆转；前一阶段为后一阶段作准备，前后阶段间有质的差异；两个相邻阶段间有一定的交叉，并非截然分开；由于环境、文化、教育以及主体的动机等各种因素的差异，各阶段可以提前或推迟出现，但先后次序不变。

二、中学生认知发展的特点

从皮亚杰的认知发展阶段理论来看，初中生和高中生都已进入形式运算阶段。初中阶段是个体从童年期向青年期过渡的时期,在认知发展上也表现出从具体运算向形式运算过渡的特点。与高中生相比,初中生的认知发展特点中含有更多的具体运算的成分,还难以完全摆脱具体运算的束缚而进行独立的形式运算。高中阶段,相当于青年初期,这是个体在生理、心理和社会性上向成人全面接近的时期。在认知发展方面,他们的观察力、记忆力等进一步接近成熟,但更重要的是他们在思维能力方面的发展。

(一) 中学生注意发展的特点

注意是一种心理状态,指心理活动对一定对象的指向与集中。它总是伴随着某个心理过程,如注意"看",注意"听"等。注意是心理活动顺利进行的重要条件,人们只有在注意状态下才能清晰地反映周围事物,控制自己的行为。离开注意,人们就无法把握现实。一个人的注意品质主要体现在注意的广度、注意稳定性、注意分配与注意转移四个方面。

与小学生相比,中学生注意的目的性增强,即有意注意日益在学习活动中发挥重要作用。这中学生系统掌握科学文化知识提供了良好的条件。

1. 注意广度发展的特点

注意广度,也叫注意的范围,指在同一时间内一个人能够清楚地觉察或认识客体的数量。注意广度的扩大,有助于一个人在同样的时间内输入更多的信息,提高工作效率。

与小学生相比,中学生注意的广度不断扩大。有研究资料表明[1],小学生在0.1秒内只能看到2~3个客体,初中生就能看4~5个客体,而高中生则已达到成人的水平了,能看到4~6个客体。中学生在阅读自己感兴趣的读物时,可以达到很快的速度。有研究表明,注意广度的发展存在性别差异,其中女生注意广度发展稍晚于男生,发展进程比男生均衡。

2. 注意稳定性发展的特点

注意的稳定性也称注意的持久性,是个体将注意保持在某一活动或对象上的时间的久暂性。有研究者认为,中学生注意稳定性对学习成绩的影响程度比学习能力的影响还大。

学生注意的持续时间随年龄增长而延长,年龄愈小,他们注意在一定对象上的时间也越短。与小学生相比,中学生注意的稳定性不断增强。据有关研究材料统计,5~7岁儿童聚精会神地注意某一事物的时间平均是15分钟;7~10岁是20分钟左右;10~12岁是25分钟左右;12岁以上是30分钟。在中学阶段,随着学生自制力的发展,初中生已经能较长时间稳定地集中注意某项活动或某个内容。但在初中阶段,学生有时会出现较难控制自己的注意的现象。高中生注意稳定性基本趋于成熟。

3. 注意分配能力的发展特点

注意分配是指个体的心理活动同时指向不同的对象的特点,也就是通常所说的"一心二用"。如果同时进行的多项活动中有些已达到"自动化"程度,注意就能较好地分配。

随着年龄增长,中学生注意的分配能力也在不断发展。初中低年级学生在注意分配时有时会出现顾此失彼现象,如在上课时只注意看课本上的内容,而忽略了老师的讲课内容。随着学生神经系统的成熟,知识经验的增加及技能技巧的完善,注意分配能力逐渐向较高水平发展。高中生注意分配能力已日趋成熟。他们在学习过程中能够根据不同活动的性质和任务,较好地分配自己的注意。

4. 注意转移能力发展的特点

注意的转移是个体根据新的任务,主动地把注意由一个对象转移到另一个对象上。注意的转移要求新的活动符合引起注意的条件。中学生注意转移的能力的发展相对来说要缓慢。

---

[1] 姚本先. 心理学 [M]. 北京:高等教育出版社,2005.

初中低年级学生,注意的转移也还有一定的困难。由于他们经验的积累日益丰厚,智力得到了良好的训练和发展,心理活动的目的性增强,高中生注意转移能力得到较快发展。大多数学生能自觉地根据活动任务把注意从一种对象转移到另一种对象上。

(二) 中学生观察力发展的特点

观察指事先已有明确的目的,制定了计划,人们按照计划进行的主动知觉。初中生在观察活动中能够发现事物不太明显的特征,并能区分出一般事物的特殊性,抽象出事物的本质特征。但初中生的观察力存在较大的个体差异。观察力好的初中生,一般在学习活动中能做到全面细致,不遗漏细节,并善于发现事物间的微小差异,能迅速地抓住关键部分,还能在同伴习以为常的事物中发现新的问题,表现出创造性观察的特点。但实际上,由于受到知识经验、注意力、思维水平等因素的影响,大部分初中生的观察力尚未发展完善,或表现为不够准确,混淆事物的异同;或表现为只见其一,不见其二,丢三落四;或表现为只见其表不见其里,缺乏深度等。一般说来,初中低年级的学生在观察时往往有赖于教师的提示和指导。

高中生的观察已有很强的目的性,他们能充分并且主动地组织自己的知觉活动,指向预想的观察结果,使观察具有高度的选择性。并且由于自我控制能力的增强,他们能随时对自己偏离观察目的的行为进行自我调控,使观察活动按预定的目标进行。高中生的观察还呈现出精细性的特征。他们能分辨事物的细节,抓住事物的本质特征,其观察力基本已达到成人的水平。

(三) 中学生记忆力发展的特点

记忆是人脑对有关信息进行编码、贮存和提取的认知加工过程。按照活动内容可以将其分为:图片记忆、情境记忆、语义逻辑记忆、情绪情感和动作记忆[1]。记忆是人的心理发展的重要前提。

初中阶段是记忆能力迅速发展的时期。依据识记时有无明确的目的和意志努力参与,识记可分为有意识记和无意识记。从初中低年级开始,有意识记就逐渐占据优势地位。并且,随着年龄增长,初中生有意识记的主动性也不断增强。根据识记材料有无意义和识记时是否理解又可把识记分为意义识记和机械识记。初中生机械识记的能力随年龄的递增而呈递减的趋势,绝大部分的学习是通过意义识记进行的。他们的短时记忆广度已接近成人水平,尤其是机械识记时的短时记忆广度,已发展到最高峰。

高中阶段是人一生中记忆的最佳时期,是记忆的高峰期。其记忆表现出有意识性、逻辑性与深刻性的特点。由于注意力、意志力和自我意识等的发展,高中生的有意识记也得到很大程度的发展。尽管无意识记仍起一定的作用,但高中生的记忆以有意义识记为主。有研究资料表明,高中一二年级学生的有意识记学习材料的数量比小学一二年级学生多4倍,比初中生多1倍多。随着抽象逻辑思维的发展,他们的语词逻辑记忆日益成熟,并占据优势地位。高中阶段是建立人生观、世界观的重要时期,也是道德感、美感、理智感深刻发展的时期。同时,高中阶段的课程学习内容非常丰富,各课程均包含大量的内在逻辑联系,适合机械学习的比例大大缩小。所有这些,都要求高中生有较强的有意义学习能力,研究表明,高中生已完全具有这种能力,他们能在分析综合的基础上,充分把握学习材料的特点和内在逻辑意义,进行有意义学习。

(四) 中学生思维能力发展的特点

思维是一种高级的认知活动,是个体对客观事物本质和规律的认知。思维具有间接性与

---

[1] 叶奕乾. 普通心理学 [M]. 上海:华东师范大学出版社,2004.

概括性的特点。中学生的思维发展具有以下特点：

1. 抽象逻辑思维发展迅速，并出现辩证逻辑思维

随着大脑神经系统发育的日益成熟以及教学活动的影响，中学生的抽象逻辑思维得到较快的发展，并在初中阶段开始占主要地位。同时在初中阶段也开始出现了反省思维。他们已具有了较高程度的运用假设的能力。他们在解决问题的思维过程中，能分析问题中的各种可能性，并用推理等方法对可能性进行检验，最后得出最有可能性的答案。他们常常对家长、老师或书本上给出的答案提出质疑，并亲自去检验。但是他们的抽象逻辑思维大多以具体的形象为依托，属于经验型，这一点在初中低年级的学生中表现得尤为明显。

高中生的抽象逻辑思维占绝对的优势，属于较高级的理论型，并且推理能力也基本成熟。高中生的抽象逻辑思维发展主要体现在运用概念、推理和逻辑法则方面。他们可以获得由语言所表达的抽象概念，能对所理解的概念给出较全面的反映事物本质属性的定义。高中生已经能运用理论做指导，来分析各种事实材料，从而扩大自己的认识领域。抽象逻辑思维的发展为他们的学习提供了必要条件。

高中生的辩证逻辑思维能力得到极为迅速的发展。辩证逻辑思维是人类的最高级的思维形式，辩证逻辑思维的成熟标志着中学生思维的整体结构的形成。但对不同形式的辩证思维的发展水平是不同的。他们掌握辩证概念较容易，掌握辩证判断次之，掌握辩证推理则困难较大。

2. 体现出思维的深刻性

随着抽象逻辑思维水平的提高和知识经验的不断丰富，初中生能较好地利用各方面的知识来加强对抽象材料的理解。但初中生的思维同时也存在着一定的表面性和片面性。表现在认识问题时往往比较偏激与极端，爱钻牛角尖；在分析问题时过多关注事物的表象与外部特征，而不能触及到事物的本质与核心。

初中生常将自己的思想作为一种客体去审视和分析，他们受自我意识所驱使，经常对自己的思想进行"分析"。他们会关心一些和自己相关的深层次的问题，诸如：被他们感知的这个世界是否是真实的存在？他们自己是真实的实体还是意识的产物？如何理解诸如"我思故我在"一类的哲学命题。正是这种对自己思想过分的关心与沉溺，导致了青春期自我中心的再度出现。

高中生的思维水平比初中生深刻得多，基本上接近于成人。高中生的思维不像初中生那样以具体事物为依托，而是摆脱具体事物的限制，较好地运用理论假设进行思维活动；与初中生相比，高中生的思维还具有较高的预见性，并能够运用形式逻辑规则进行思维活动。

3. 思维的创造性与批判性进一步发展

创造性思维是一种追求创新、突破常规、发现新事物、提出新概念和新理论的思维过程。这种思维具有新颖性和独特性，是人类高级的思维形式。随着中学生的自我意识的增强，其思维的创造性也日益增强。中学生具有强烈的求知欲和探索精神，他们兴趣广泛、思想活跃、敏感，与成人相比较少有保守性，他们喜欢进行丰富的、奇特的幻想，喜欢别出心裁和标新立异，在许多方面都表现出强烈的创造欲望。中学生对科学知识表现出强烈的好奇心，喜欢新颖、独特的教学方式，在完成作业过程中愿意尝试不同的解题方法，乐于参加丰富多彩并且富有创造性的课外活动。

思维的批判性，是指在思维活动中善于严格地分析思维材料并精细地检查思维过程的一种思维品质，它具有分析性、策略性、全面性、独立性以及正确性的特点。中学生由于逐步掌握了系统知识，开始能理解自然现象和社会现象中的一些复杂的因果关系，同时由于自我意识的进一步发展，喜欢独立地寻求事物与现象的原因和规律，经常独立地、批判地对待一

切。他们开始热衷于探讨那些极为深奥而神秘的星辰运转、生命起源等问题，显露出一种不愿盲目生存的人生态度的萌芽。

初中生已表现出明显的创造性和批判性。他们不满足于被动地接受教师的讲解，力图证实自己的能力和才华。初中生思维的创造性与其思维的批判性的发展是相一致的。初中生不轻易地接受别人的观点，对别人的意见往往要进行一番审查，有时甚至持过分的怀疑和批评态度。高中生思维的创造性比初中生有了很大的发展。高中生能创造性地进行学习，独立地分析问题、解决问题。他们小制作、小发明、小论文的数量明显增多，质量也有明显提高。

4. 思维的监控能力日益提高

思维的自我监控能力是个体对自己的思维过程进行监视和控制的能力，是认知能力的重要成分。初中生思维的自我监控能力开始发展，能够根据思维活动的结果，对简单的思维活动进行一定的调节。但思维的计划性还不够完善，不能根据严密的逻辑规则确定思维活动的程序；并且对思维活动的调节主要依靠思维活动的结果，而不是在思维过程中进行动态控制。因此，这种调节只是初步的，正确率和效率不高。高中生思维的自我监控能力有了明显的提高。他们能够根据需要确定解决问题的思路，并在思维过程中对思维活动进行监控正确率和效率较高。

尽管中学生的思维得到较快发展，但也呈现出矛盾交错的问题，如在分析问题时只顾部分，忽视整体；只顾现象，忽视本质，即容易片面化和表面化。

三、中学生情绪发展的特点

人的心理活动往往伴随着一定的情绪状态。情绪是人对客观事物的态度体验及相应的行为反应❶。情绪是以个体的愿望和需要为中介的一种心理活动。当客观事物或情境符合主体的需要和愿望时，就能引起积极的、肯定的情绪，当不符合主体的需要和愿望时，就会产生消极的情绪。不同的情绪体验会给人带来不同的影响。心理学研究发现，情绪对学生的认知功能、学习动机和兴趣、学习策略、自我调节学习以及学习成就等方面有影响❷。班主任的教学与日常管理活动中，也总是伴以情绪情感的体验和传递。因此，了解中学生情绪情感发展的特点，对于中学生健康成长以及班主任进行有效的班级管理具有重要意义。

（一）中学生情绪的两极性

1. 中学生情绪的两极性表现

两极性是指每一种情绪都能找到与之对立的情绪。在快感度、紧张度、激动度和强度上，情绪都表现为互相对立的两极。表现在以下几个方面：从快感度方面来说，有肯定的、愉快的情绪，也有否定的、不愉快的情绪，这与个体的需要是否满足有着直接的关系，如快乐和悲哀、热爱和憎恨等。从紧张度来看，情绪有轻松和紧张之分。在对个体学习或生活具有决定意义的紧要关头或某些紧张的时刻，情绪容易紧张；紧张关头过去以后，可以体验到明显的轻松。从强度来说，人的任何情绪在强度上都有着由强到弱的变化等级。如害怕有担心、惧怕、惊骇、恐怖等不同的强度。从激动水平来说，情绪有激动和平静之分。

中学生很容易动感情，情绪和情感比较强烈，带有明显的两极性。中学生的情绪表现有时是强烈而狂暴的，但有时又表现出温和、细腻的特点，即以一种较为缓和的形式将情感表现出来。比如在生气的时候，有的初中生会大发脾气、哭泣、乱摔东西、猛摔房门，或用轻蔑、嘲讽、咒骂的语言来攻击对方。但是随着年龄的增大，中学生大多以白眼、瞪眼或嘀咕

---

❶ 彭聃龄. 普通心理学 [M]. 北京：北京师范大学出版社，2004.
❷ 刘儒德. 学习心理学 [M]. 北京：高等教育出版社，2010.

等方式抱怨。

如果学习比较顺利，成绩比较突出，同伴交往融洽，感到父母能够理解自己，中学生就会产生愉快的情感体验。与此相反，中学生还经常处于烦恼之中。比如学习方面的测验和考试，人际交往中的被同伴误解以及不会处理与异性的关系，对自己的外貌长相不满意，对自己的未来感到迷茫与焦虑等，都可能导致他们烦恼。有研究者认为，青少年时期的大部分烦恼来源于想象中的恐惧，而不是实际发生的事情[1]。

2. 中学生情绪两极性产生的原因

从中学生生理发展阶段看，由于青春发育期性腺功能的显现，性激素的分泌会通过反馈增强下丘脑的兴奋性，使下丘脑神经过程表现出兴奋性的亢进。这与大脑皮质原有的调节控制能力发生矛盾，使大脑皮质与皮下中枢暂时失去平衡，这可能是青春发育期的中学生情绪和情感两极性明显的生理原因。

从中学生的心理发展看，中学生的需要日益增长，在这些需要中有合理的和不合理的成分。即使是合理的需要，但受到客观环境的制约也不一定能够实现。如果中学生对于自己的需要以及客观事物发展的规律缺乏认识，在遇到挫折时就容易产生急躁、不满或消极的情绪情感。

（二）中学生善于隐藏自己的情绪

进入青春期后，中学生逐渐失去了单纯和率直，在情绪表露上出现了隐蔽性，将喜怒哀乐各种情绪都尽可能地隐藏于心中，尤其是对于一些消极性情绪，隐藏得更是严密。比如，有些中学生的嫉妒心理比较强烈，他们往往嫉妒那些学习好、受同学欢迎、被老师喜欢或在某一方面有突出才能的同学。嫉妒的方式一般是讽刺性的批评或讥笑、背后的毁谤等，但一般比较间接含蓄，尽力不想让人知道自己的嫉妒情绪。再比如，中学生对于别人拥有的东西往往会产生羡慕。他们有时用语言表达这种羡慕之情，但对于自己一时无法得到的东西往往运用"吃不到葡萄说葡萄酸"的方式加以合理化，进行文饰。

（三）中学生容易移情且反抗情绪强烈

移情也称同理心，指当一个人感知到对方的某种情绪时，他自己也能体验到相应的情绪。青少年时期更能在情绪上引起共鸣、感染和同情，从而得以识别并体验别人的情绪，影响自己的情绪并产生迅速的变化。

在中学阶段还经常会出现反抗情绪，经常被看做是青少年"过渡期"的一种必然表现形式。反抗情绪经常由以下因素引发：青少年极力要求独立，但父母或老师意识不到，仍以对待儿童的方式应对他们；他们要求自主的呼声被注意到，但却不被重视；家长或老师总是以命令的口吻对他们提出要求，引起他们的反感。反抗情绪是中学生向家长和教师争取权利、企图改变与成人关系的一种表现。

青少年产生反抗情绪和与成人的冲突很多情况下都是由于交往方式所引起的。倘若成人能够采取民主教育的方式，如尊重和理解中学生的意见，多与他们沟通，让他们参加相关问题的决策等，就容易化解他们的反抗情绪并与其建立良好的人际关系。

需要注意的是，随着社会适应能力的成熟，青少年逐渐了解了各种情绪表现的社会意义。如嫉妒、不加控制的生气等不适当的情绪情感表现，会损害自己在别人心目中的形象，也会影响与他人的关系等，所以青少年很想控制自己的情绪表现。另外，社会文化鼓励个体控制情绪，因此，导致很多中学生没有学会合理疏导和发泄自己的情绪情感的结果。长期对自己的情绪情感进行压抑容易引发心理健康方面的问题。因此，班主任在日常管理中要教会

---

[1] 姚本先. 心理学 [M]. 北京：高等教育出版社，2005.

中学生如何调控和疏导自己的情绪情感。

第三节　中学生社会性发展

人的社会化是指人接受社会文化的过程，即指自然人（或生物人）成长为社会人的过程。刚刚出生的人，仅仅是生理特征上具有人类特征的一个生物，而不是社会学意义的人。在社会学家看来，人是社会性的，是属于一种特定的文化，并且认同这种文化，在这种文化的支配下存在的生物个体。刚刚出生的婴儿不具备这些品质，因此他（她）必须渡过一个特定的社会化期，以熟悉各种生活技能、获得个性和学习社会或群体的各种习惯，接受社会的教化，慢慢成人。

从社会学角度看，学习、扮演社会角色是社会化的本质任务。在这个过程中，个人逐渐了解自己在群体或社会结构中的地位，领悟并遵从群体和社会对自己的角色期待，学会如何顺利地完成角色义务，其功能在于维持和发展社会结构。

人的社会化的内容非常广泛，一般从三个角度来概括社会化的基本内容：促进人格形成和发展，培养自我概念；内化价值观念，传递社会文化；掌握生活技能，培养社会角色。

一、中学生人格发展

（一）人格发展阶段论

人格指一个人所具有的比较稳定的心理素质和社会行为特征的总和。人格的形成和发展，主要是受一个人所处的社会物质生活条件和所受教育的影响，以及他所从事的各种社会活动的影响，社会化对于人格的形成起着重要作用。

美国心理学家艾里克森（图5-2）把儿童人格与社会性发展看作是一个逐渐形成的过程，认为要经过几个顺序不变的阶段。各阶段都有一个普遍的发展危机，这些危机是由有机体生物上的成熟与社会文化环境、社会期望间不断产生的冲突和矛盾所决定的。社会性发展过

图5-2　艾里克森

程就是危机不断解决，各阶段不断转化的过程。如果能顺利解决各阶段上的这些冲突，就能形成健全的人格，否则，就会形成不健全的人格。而个体解决发展危机的成功程度一般都处在从不健全到健全、整个连续段中的两个极端之间的某一点上。前一阶段的成功有助于下一阶段的发展，但前一阶段没有解决的危机仍有机会在以后的阶段中解决。同时，前面阶段已经解决的危机仍有可能在以后的发展阶段中重新产生。

艾里克森详细地描述了人的一生中人格发展的八个阶段（见表5-1）。

表5-1　艾里克森人格发展八个阶段

八个阶段及心理危机	年龄范围	发展的关键
(1)基本的信任对基本的不信任感	乳儿(0~1.5岁)	发展与看护者之间的依恋与信任关系
(2)自主感对羞耻感和怀疑	婴儿(2~3岁)	获得自主控制的能力
(3)主动感对内疚感	学前期(4~5岁)	创造性地掌握新的任务
(4)勤奋感对自卑感	学龄儿童(6~11岁)	获得勤奋感、掌握技能
(5)自我同一性对角色混乱	青少年(12~18岁)	确定自我意识,学习社会角色规范
(6)亲密感对孤独感	成年早期	寻求与他人建立亲密的关系
(7)繁殖感对停滞感	成年中期	通过创造性的生活活动造福于下一代
(8)自我整合对绝望感	成年晚期	对自己的一生进行回顾,如能愉快接受自己,便可以面对和接受死亡,否则陷于绝望

根据艾里克森的理论，中学生所处的阶段是第五个阶段，该阶段的发展任务就是建立或确认自我同一性。所谓同一性，是个体对自己的本质、信仰及一生趋向的一种相当一致和比较完满的意识。一个实现了自我同一性的青少年至少有三方面的体验。第一，感到自己是一个独立的、独特的有自己个性的个体，虽然与别人共同活动，共同承担任务，但可以与别人分离。第二，自我本身是统一的，个体的需要、动机和反应模式等是可以整合一致的。自我有一种发展的连续感和相同感，现在的我由童年的我发展而来，以后我还会不断变化发展，但我还是我，不是别人。第三，自我所设想的我与自我所觉察到的其他人对自我的看法是一致的。

（二）中学生自我同一性发展过程与特点

1. 同一性对抗同一性混乱

在青春期之前，儿童的同一性就像是还未被编织在一起的一块块碎片。到了青春期结束的时候，这些碎布将会被织成一整块对于个体而言独一无二的图画。这种整合的过程，就是艾里克森所描述的第五个心理社会危机——同一性对抗同一性混乱的危机中的核心过程。此时，个体成熟的因素以及社会因素迫使年轻人去思考他们在社会中的位置，思考其他人看待他们的方式，并且思考他们未来的可能选择。艾里克森认为，解决同一性对抗同一性混乱这一危机的关键之处，在于青少年同他人的交往。通过对具有影响力的他人的反应做出回应，青少年从中做出了选择。与青少年来往的其他人起到了一面镜子的作用，他们向青少年回馈了关于他或她是谁以及他或她应该成为谁的信息。通过其他人的反应，青少年知道了自己是有能力的还是笨手笨脚的，是受人欢迎的还是令人讨厌的。尤其是，从别人那里青少年知道了，自己做的哪些事应该继续做下去，而又有哪些事不该再做了。

2. 同一性发展的社会环境

如果青少年的同一性是借由社会的认同而得以塑造的话，那么对于哪些类型的同一性是可选的，社会就有很重要的决定权；而在那些真正的同一性中，社会将决定哪些可取，哪些不可取。

一般而言，年轻人面临的选择越多，那么在建立同一性的过程中所要面对的问题也就越多。例如，当代青少年成长的环境允许他们对不同的职业进行选择，那么引发职业同一性危机的可能性要比在小型农业社会中大得多。在小型农业社会中，大多数人秉承着子承父业的观念。而在现代社会中，高速的社会变革给年轻人提出了一系列需要思考的复杂问题：选择何种职业，树立怎样的价值观，选择什么样的生活方式等。如此看来，当前青少年经历长期而艰难的同一性危机的可能性要比以往大得多。

艾里克森认为，现代社会应该给青少年提供一个"心理缓冲期"，让他们进行充分的探索与尝试。过度的责任和义务会妨碍年轻人追求梦想，实现自我价值，因此应该有一个缓冲期，即青春期中一段不会受到过度的责任和义务约束的"隔离时期"。在这一时期中，他们可以认真地思考他们未来的计划，进行探索并尝试不同的角色和身份。艾里克森认为，有时尝试各种角色是建立和谐的同一感的重要前提。但是角色尝试的环境之中，如果没有一段缓冲期的话，年轻人就不可能对可以获得的各种选择进行全面的尝试，而同一性发展就会或多或少地受到阻碍。

对于某些青少年而言，由于自身条件或社会生活环境的限制，没有经历心理缓冲期。从艾里克森的观点来看，这些人的发展是有缺憾的，因为他们丧失了其他的发展可能性，而过早地被迫成为某一种人。从艾里克森的心理发展阶段理论上来说，这些个体在解决此后的与亲密关系、生产性和完整性有关的危机时也许会遭遇挫折。

3. 同一性发展中的问题

同一性发展中的问题主要有同一性混乱、同一性阻滞和负面同一性。

（1）同一性混乱。同一性混乱以一种不和谐的、间断的、不完整的自我感为特征。个体出现同一性混乱的程度各异，较为轻微的情况是在同一性危机的过程中不知道自己是谁，而较为严重的情况则属于心理病理的范畴，此时个体会进行长时间的持续探索，所用的时间会超过正常的水平。同一性混乱并非仅仅反映为同一性的问题，而且也会在自主性、亲密关系、性以及成就领域有所体现。

（2）同一性阻滞。有些年轻人在建立起同一性之前，可能会出于自愿，也可能会被迫越过那个探索和尝试的阶段。这些青少年会过早地将自身束缚在某一角色或者一系列的角色之上，并且将某种特定的身份作为最终的同一性的基础，而不是考虑多种不同的可能性。上述情形被称为同一性阻滞。在同一性阻滞过程中，青少年总是遵从父母或者其他权威人物，扮演他们为自己所设定的社会角色。这使得青少年缺乏了对不同角色进行尝试以及自我反省的机会，因此，同一性阻滞是对同一性发展进程的一种干扰，妨碍了个体发现自己的潜能。

（3）负面同一性。有时候，青少年也会选择明显不同于他们的父母或者社会规范要求的同一性。比如，父母望子成龙，孩子却拒绝读大学。由于青少年同一性的建立与生活中的重要他人有密切关系，出现负面同一性则意味着发展过程中出现了问题。对于年轻人而言，选择负面同一性，往往是不得已而为之，在难以被认同的情况下，为了构建自尊而进行的尝试。如果青少年进行了不断的尝试，但却难以获得生活中重要他人的积极认同，那么青少年就会转向一种不同的，但也许更容易获得他人注意的方式——采用一种负面同一性。比如，父母希望自己的孩子考上名牌大学，日后从事科学研究工作。可是孩子却觉得自己的成绩远没有达到期望值非常高的父母的要求，在父母的眼里自己没有什么价值，于是他可能在填报高考志愿时，选择体育专业，与父母的愿望背道而驰。在艾里克森看来，这个中学生和大多数年轻人一样，宁可做"坏"孩子，也不愿做被人视而不见的人。

艾里克森认为，即使在青春期出现了问题，今后也还有机会解决。而已经建立的自我同一性，也还会在以后遭到种种威胁和挑衅。实现自我同一性是个体终身面临的任务。

二、中学生自我意识发展

自我意识是作为主体的我对自己以及自己与周围事物的关系，尤其是人我关系的认识，包括自我认识、自我体验、自我评价、自我监督等形式。自我意识是个体对自身的知觉和评价，在人格结构中是一种重要的调节因素。如果一个人将自己看作有价值的、令人喜欢的、能干的人，就会积极地面对生活。相反，如果看不到自己的价值，只看到自己的不足，什么都不如别人，处处低人一等，就丧失自信心，产生厌恶自己并否定自己的自卑感。这样的人就会缺乏勇气，缺乏积极性。

在日常生活中，在认识自己以及自己与外部世界的关系过程中，往往会产生偏差，即有时盲目自大，有时又妄自菲薄。一般来说，人们是按照以下的途径来认识自我的。①通过他人对自己的评价来认识自我，将他人对自己的评价作为认识自我的一面镜子。这里讲的他人指对个体有重要影响的人物，比如对于学生来讲，家长、同伴、老师就属于重要他人之列。②通过自己和自己比较来认识自我。比如将现在的"我"与过去的"我"以及将来的"我"进行比较；将自己体育方面的才能与学习方面的能力进行比较；将自己的不同学科成绩进行比较。③通过和他人，尤其是和自己相类似的他人进行比较来认识自我。总是倾向于和自己在性别、年龄、生活环境、学习条件、社会地位等方面类似的人进行比较，来认识自我。

中学阶段是学生身心发展的高峰期，也是个体自我意识确立与发展的重要时期。进入中学后，生理上的急剧变化使中学生逐渐意识到自己不再是小孩，出现成人感。同时，中学生开始获得一种新的思维能力，即反省思维，这使得他们可以把自身作为思考的对象，审视自己的内心世界，而社会文化环境也在发生变化，如父母和学校可能会提出更高的要求等。

(一) 中学生自我认识的发展

1. 自我的分化

自我可以分为主体的"我"和客体的"我"两种，前者指具有知觉能力、思维能力和行为能力的自我，后者指可以作为客观观察对象的自我。主我和客我最初是混沌不分的，后来才渐渐分化。婴幼儿期主要是把自我从客体中分离出来，认识到自己是行为的主体。童年期主要是学会评定主我发出的行为。进入青春期后，自我才开始分化。这时，不仅能认识和评定自我的行为，还能把作出这些行为的自我作为客观的对象加以分析和评定。在中学阶段，个体仿佛第一次发现了自己，开始真正认识自己并试图按自己的愿望来塑造自己。所以，心理学家把这一时期称为"第二次诞生"。一般认为，"第二次诞生"在高中阶段完成。自我还可以从另一角度划分为现实的自我和理想的自我。现实的自我即当前的自我。理想的自我是指努力想成为的自我。

这个理想的自我可能是现实生活中的某个人或某种类型的人，也可能是虚构的具有某些品质的人。一般而言，现实的自我和理想的自我之间是有一定距离的，这是正常的，也是有利于个体继续发展的。但是，如果距离太大，或者理想的自我根本是一种不切实际的幻想，就有可能引起个体自我同一方面的困难。

2. 自我意识的强度和深度不断增加

中学生日益强烈地渴望认识自己、了解自己。他们逐渐喜欢在镜子前左顾右盼，研究自己的相貌和体态。有的甚至会因脸上的一颗痘子、一缕梳不齐的头发而懊恼不已。同时，他们也日益关注自己的内心世界，对自我的认识日益深化。

贾凤芹[1]曾采用自我描述问卷对1653名中学生自我意识的特点进行研究发现，随着年级的增加，中学生的自我意识逐渐提高，其中初三、高一是自我意识发展的关键期。中学生对其容貌、学业、社会关系的评价，从初一到初三呈明显下降趋势，初三降到最低水平，高一又急剧上升到最高点，以后呈平稳发展的趋势。这一发展趋势主要是与中学生认知能力增强、生理发育迅速成熟和各科学习知识难度加大等因素及其交互作用相联系。进入青春期后，身体迅速发育，由于这种生理上的变化发生得过于突然，使他们将自己的思想从客观世界中抽回了很大一部分，重新指向主观世界。他们的内心世界越发丰富起来，对于自我的思考也增多并且越发深入。

初中生面对生理和心理的急剧变化，引发他们强烈的渴望独立，希望得到认可，自然也就更多地关注自我、了解自我。这种强烈的自我关注倾向，使得他们比人生任何阶段都重视对自我的认识和评价。初中生的自我意识不仅强烈，有时甚至是比较敏感和脆弱的。由于学习内容的分科与深化，学生对社会与他人的认识加深，促进学生从更加广泛的视角认识自我。在面对学习压力、人际交往、异性伙伴、代际关系等问题时，使得他们有更多的机会和可能关注自我，在应对各种挑战中思考自我，在感受学习和交往等方面成功经验的过程中，不断深化和初步完善自我意识。但是由于初中生辩证逻辑思维不完善，社会经验较少，自我意识的发展带有偶然性和片面性的特点。经过初中阶段生理及心理上的剧变及动荡，高中生的生理和心理均趋于成熟和稳定。到了高中阶段，由于抽象逻辑思维的进一步发展，知识经

---

[1] 贾凤芹. 中学生自我概念发展特点的研究：[硕士学位论文]. 苏州：苏州大学，2000.

验的日益丰富，高中生逐渐学会了较全面、客观、辩证地看待自己、分析自己，自我评价的能力变得全面、主动，而且日趋深刻。对于自己的学业也能较全面地认识，因此，自我概念的得分由初三时的最低上升到高一时的最高，以后呈现平稳发展的趋势。

3. 假想观众与独特的自我

初中生的思维方式仍带有自我中心的特点。他们想象着身边围满了观众，感觉每天就像生活在舞台上一样受到欣赏或批评。他们非常重视别人对自己的评价，所以要花很多时间来应付这些假想的观众。在公众场合中，他们会感到无数双眼睛在监督自己，因而常感到手足无措。他们还常将自己的是非观、审美观与别人的混淆起来。比如，自己认为错误的，别人也应该拒绝；自己欣赏的，别人也会喜欢。所以，初中生常常因为不理解父母的想法为什么总是与他们的想法格格不入而烦恼。

自我中心式的思维方式使得初中生常将思想集中在自己的情感上，并夸大自己的情绪感受，认为他的情绪体验是独一无二的，只有他才能感受到那种极度的痛苦与极度的狂喜。如他们经常说的一句话便是："你怎么会了解我的感受呢？"这种对于自己的感受过分夸大的倾向，使他们在分析、评价事物时带有了强烈的主观性色彩，而发生偏颇。到高中阶段时，想象的观众和自我虚构才开始消失，自我中心得以克服。此后，对自我的认识就日益深刻和全面。

(二) 中学生自我体验的发展

1. 成人感增强

成人感指青少年感到自己已经长大成人，渴望参与成人角色，要求独立、得到尊重的体验和态度。中学生不再像小学生那样依赖成人、依附教师和家长，而是有了自己的见解和社会交往，乐于将属于自己的一块"小天地"安排好，并按一定的要求保持好。他们希望和成人建立一种朋友式的关系，希望老师和家长尊重和理解自己。从初中时期起，他们就产生强烈的自立愿望，开始疏远父母而更乐于和同龄人交往，寻找志趣相投、谈得来的伙伴。

2. 自尊感需求强烈

自尊感是社会评价与个人的自尊需要之间相互关系的反映。中学生十分渴望得到他人的肯定，对外界的评价特别敏感。当他们受到肯定和赞赏时，就会产生强烈的满足感；当他们受到否定和批评时，容易产生强烈的挫折感。中学生自尊心的快速发展往往使他们的思想固执。

青少年希望不仅要自己尊重自己，而且希望别人也尊重自己，希望自己的才能和表现得到他人的承认，在群体中占有一定的位置，享有一定的声誉，获得良好的社会评价。但青少年自尊感的体验容易走向极端，比如，当社会评价与个人的自尊需要相一致、自尊需要得到肯定与满足时，他们往往会沾沾自喜甚至会得意忘形；如果社会评价不能满足自尊需要或者产生矛盾时，他们就可能妄自菲薄、情绪一落千丈，甚至出现自暴自弃。

3. 闭锁性与自卑感容易出现

小学生的思想、情绪很容易表现出来，喜怒哀乐明显地表现在面部。但是中学生的心理要复杂得多，他们的情绪体验深刻，思想、情绪表达越来越具有文饰、内隐、曲折的特点。他们非常注意自我形象，关心他人对自己的看法和评价，希望他人能够理解自己，并拥有一些关系密切的同龄伙伴。但是他们不愿对老师、家长敞开心扉，甚至有意将自己的思想情感隐藏起来。他们希望拥有自己的独立空间，锁上装有日记的抽屉，以免秘密泄露。中学生闭锁的心理特点，使家长和老师对他们的了解越来越难。

由于抽象与辩证逻辑思维的发展，青少年对自己的认识逐渐深刻、全面；加之社会比较的作用，使得面临升学、就业压力的高中生容易出现自卑感。所谓自卑感是一种轻视自己、不相信自己，对自己持否认态度的自我体验。儿童很少有自卑感，自卑感萌芽于少年期，容易产生在青年初期。自卑常源于强烈的防卫心理。一个人若被自卑感所笼罩，其精神活动就会遭到严重的束缚，会变得不肯面对现实，丧失独立向上、自强不息的精神。因此，要使自我意识和人格健康发展，就必须从自卑感中解脱出来。

（三）中学生自我评价的发展

自我评价是指主体对自己思想、愿望、行为和人格特点的判断和评价。中学生的自我评价表现出以下特点。

1. 独立性增强

自我评价的独立性是相对于自我评价的依附性而言。独立的自我评价，是青少年有"主见"的表现，这在人的成长过程中有着非常重要的意义。韩进之等的研究发现，独立进行自我评价的能力随学生年级的上升而不断提高，到初中二年级以后就到达较为稳定的水平。

2. 抽象性提高

自我评价可以分为具体评价和抽象评价。具体评价指学生从外部表现或注重行为结果来评价自己，而不能从内部动机来剖析自己，还不能上升到理论的高度。具体性评价往往就事论事，具体而琐碎。而抽象性评价是指对具体评价的概括与深化。两者相比，具体性评价的水平较低，这即体现出主体的自我意识还不够成熟。

韩进之等从小学一年级到高二的几个年级中各抽取了100名学生，对他们的自我评价方式进行研究。研究结果表明，青少年进入中学以后，抽象性的评价人数大幅度上升，而具体性的评价人数越来越少；到了高中二年级，具体性评价基本上不存在了，而是以抽象性评价作为主导。

3. 原则性和批判性显现

自我评价的原则性，指个体以一定的道德观念和社会行为准则为依据而做出的自我评价；自我评价的批判则是指个体自我评价的全面性和深刻性。进入中学阶段，由于道德观念和抽象逻辑思维的发展，青少年明显地表现出从道德原则出发进行自我评价，并显示出一定的全面性和深刻性。他们能够将自己的行为和行为动机联系起来，比较深入地分析自己的个性品质以及形成原因。

4. 评价趋于稳定

自我评价的稳定性可以反映出中学生在评价中的负责态度和其所采用的标准是否一致。如果认识水平低、标准不明确，或者态度随便，都会使他们的自我评价出现不稳定的结果。有关研究表明，随着年级的升高，中学生自我评价的稳定性越来越好。

（四）中学生自我控制的发展

青少年的自我评价和自我体验的发展为其自我控制的发展奠定了基础。王红姣[1]采用自编的《中学生自我控制能力问卷》对上海地区885名初一至高二学生的自我控制能力进行调查研究，结果发现，中学生的自我控制能力成正态分布；中学生自我控制能力的发展不稳定，初一起自我控制能力开始下降，高一时达到最低点，高二起开始回升。

初中生自我控制能力的发展还是初步的，虽然开始出现以内部动力为主的特点，但其稳定性和持久性却不够理想。一方面，他们的思想方法开始转向内部归因为主，另一方面，他们又过高地估计了自己的力量与形象。

---

[1] 王红姣，卢家楣. 中学生自我控制能力问卷的编制及其调查［J］. 心理科学，2004（06）：1477-1482.

高中生更多地要关心和思考自己的前途、理想的问题，但在主观的我和社会的我（或社会我）之间，理想自我（或理想我）与现实自我（或真实我）之间是存在着矛盾的，这就促进了高中生的自我调节和控制能力的发展，否则，必然会导致一种较深的挫折感，使自我矛盾激化。高中生通过他人、自己的活动结果或对自己的内心世界进行分析来认识和控制自己。

三、中学生人际关系发展

人际关系是人们相互作用的结果，人际交往的过程是人际关系形成的过程。本节只作简要介绍，更多内容详见第十章第二节。沃建中等[1]选取北京、河南、重庆、杭州、新疆五地的11743名从初一到高三中学生作为被试，采用《人际关系量表》，从与异性关系、同性关系、父母关系、教师关系、陌生人关系五个方面对中学生人际关系状况和发展特点做了测查，结果如下。

（1）从初一到初二，中学生人际交往水平明显下降，初三时有大幅度攀升，高中阶段保持在较高水平。这一结果主要是初一、二的学生身心发展不平衡所造成的。这一阶段的初中生独立意识、自我意识迅速发展，思维自我中心再度出现，过分的自我关注，而并不过多地关心别人，为别人考虑，这直接导致了他们的人际关系的质量明显下降。随着身心发展渐趋平衡，他们学会了从别人的角度去考虑问题，因此，到初三其人际关系水平表现出大幅度的攀升。到了高中阶段，中学生的心理基本成熟，人际交往的技巧也日益丰富，因此人际交往也保持在一个较高的水平上。

（2）中学生与同伴的交往保持了较高的水平，与异性同伴的关系要好于与同性同伴的关系。该研究还发现，初中生与同伴交往水平变动较大，高中生与同伴的关系基本稳定，保持在一个较高的水平上。由于初中生心理处于由不成熟向成熟过渡的阶段，心理发展体现出较大的矛盾性，与同伴的关系也不稳定，而高中生生理和心理均趋于成熟与稳定，与同伴的关系也日趋稳定。

与异性同伴关系好于同性同伴的原因，主要是现在的中学生生理成熟年龄比以往提前了，因此他们更早的对异性发生了兴趣，更渴望与异性交往；另外，随着中学生日益接受西方文化的影响，他们更直接地表达出对异性的好感。

（3）中学生与成人的交往水平较低，与陌生成人的关系要好于与父母和教师的关系。随着生理和心理的日益成熟，中学生产生了强烈的成人感，渴望融入成人的世界，但父母和教师仍然将把他们当作孩子来看待。因此他们渴望从其他成人处获得认同。另外，随着年龄的增长，性格日趋稳定和成熟，他们也迫切要求从家庭、学校这个狭小的圈子里走出来，与陌生的成人交往机会增多，交往水平也逐渐提高。

（4）中学生与父母和教师的交往水平从初一到初二迅速下降，到了高中阶段与父母的关系有所改善，但与教师的关系一直保持在一个较低的水平上。对于初中生来说，他们处于心理上的"断乳期"，生理上的迅速成熟使他们产生了强烈的成人感，希望像成人那样对自己的事情做主。而父母和教师并没尽快适应自己孩子迅速成熟所带来的一系列问题，仍然把他们当作孩子，生活上和学习上对他们限制得过多。从而使初中生觉得父母和教师不理解自己，进而不愿和父母及教师交流，并对父母和教师的意见表现出很大的反抗性，与父母和教师的关系也就明显地下降。对于高中生来说，其心理发展日趋稳定，对待父母与老师的态度要理性得多，因此，多数学生基本上能与父母保持一种肯定和尊重的关系，反抗性成分逐渐

---

[1] 沃建中. 中学生人际关系发展特点的研究[J]. 心理发展与教育，2002（03）：9-15.

减少，因而与父母的关系有所改善。

初中生对老师有了较高的要求。他们开始品评老师，并比较不同老师间的优劣，在内心里不太轻易接纳老师。他们一般喜欢知识渊博、和蔼可亲、关心自己的老师。高中生欣赏的老师，除了要有良好的专业知识技能外，还要能理解和尊重学生，并能公平地对待每一个学生。

四、中学生性别角色发展

性别角色即社会规范和他人期望所要求于男女两性个体的行为模式。儿童性别角色的发展是儿童社会化的重要组成部分，历来是发展心理学家关注的一个问题。讨论性别角色的前提是承认性别差异，即承认男女心理和行为上的实际差别。

（一）性别角色发展理论

1. 社会学习理论

社会学习理论的基础是行为主义，认为性别角色只是行为上的性别差异，其行为学习的机制同其他的社会行为一样，男女孩的行为由强化或惩罚而形成。行为主义和认知社会学习理论家把性别角色当作一套行为反应，男性和女性的行为由强化和惩罚形成，性别角色的基础是社会环境而非机体，如果学习条件变化了，行为也可很快变化。

2. 性别认知发展理论

著名心理学家科尔伯格认为性别角色是儿童对社会的认知组织，其第一步是性别认同。他发现儿童大约 3 岁时能分清自己的性别，但把性别当做一个不变特征的完全的性别概念要在 2~7 岁间逐渐发展起来的。他们开始理解性别不会随时间而变化，性别不因性别外部特征如衣服、活动和发型的改变而改变。性别也不随愿望而变化。在性别图式成了一个稳定而重要的社会信息组织者后，儿童通过他们身边人的行为和社会角色来学习社会对性别的刻板观念。2~7 岁的儿童性别成见在增加，一旦具体运算思维建立，性别的刻板观念开始减少。7 岁以后的儿童继续获得社会成见的信息，但认识到它们是灵活可变的。8 岁儿童认为社会角色和行为与生理差异没有必然关系，10 岁儿童相信性别角色对社会制度是必要的，12 岁的儿童认识到性别角色的区分是武断的、不必然的，但青年初期认为性别角色对婚姻家庭是有心理功用的，青年人则认为性别特征与心理适应性无关。

另一位心理学家布鲁克的理论认为，性别角色的发展可以分为以下四个阶段：第一阶段的儿童是自我中心的，他们希望从父母限制中独立出来；第二阶段，服从规则和角色变得越来越重要，在此期间，由于男女孩受到不同的社会化压力，性别角色开始分化，男孩要控制和压抑他们的情感中脆弱的部分，女孩则要压抑她们的攻击性；第三阶段是儿童达到内省和自我意识的阶段，这个阶段保持着性别角色；第四阶段（成年期），"自我"中的男性化和女性化因素被整合，这种整合状态被称作"双性化"。

3. 性别图式加工理论

性别图式加工理论的基本单元是图式，其假设是儿童和成人都有关于性别的图式，这些图式直接影响行为和思维。性别刻板观念可以作为组织社会信息的图式。具体来说，性别图式具有以下功能：①引导行为，性别图式提供的信息使得儿童的行为接近传统的与性别相宜的角色；②组织信息，提供信息组织的结构，由于此结构的存在，与性别图式一致的信息就比与性别图式不一致的信息更为突出；③推论功能，研究结果发现儿童会利用自己对性别的知识对他人的行为和偏好进行推论。

美国心理学家贝姆也提出性别图式是信息的重要组织者，她将性别角色分为四类：女性化、男性化、双性化和未分化。对一些性别高度分化的人,性别图式是在日常生活中被用于很多事情的图式,其按性别组织信息的阈限就很低。对那些"双性化"的人,其性别图式的主导性就低。贝姆认为"双性化"不是指男女特征的结合而是指个体对有关性别的判断较为自由。也就是说,对性别分化的人来说,他们比"双性化"者更容易把性别作为一个重要的组织图式,他们会把与性别有关的特征与行为联系在一起。

(二)中学生性别角色发展的特点

李霞[1]采用苏州大学刘电芝教授编制的《中国大学生性别角色量表(CSRI-50)》对江苏省无锡市、常州市、连云港市、泰州市、苏州市以及上海市等城市的8所中学的1234名中学生的性别角色发展现状进行了调查研究,结果表明。

1. 中学生中双性化、单性化、未分化势力相当,各占三分之一

随着社会的发展,价值标准的多元化,传统的两性界限日渐模糊,个体的性别弹性随之增大,男女可以自由地表现出男性化和女性化的特征。该研究数据显示,男性化中男生居多,女性化中女性居多,这表明性别刻板印象的影响仍然明显。该研究也发现在总体中还有33.1%处于未分化,这部分中学生生处于发展的阶段,性别角色尚未定型,更需要进行性别角色教育。

2. 女生的性别角色发展优于男生

该研究数据分析显示,女中学生的双性化比例显著高于男生。随着我国计划生育政策的实施,家庭性别偏见逐渐减少,父母对男孩和女孩赋予了同样的期望,这就使得女孩在形成和发展自己性别角色的同时,还可以发展男性化的个性特征。同时,女生意识到现实生活中男女某些方面实际上的不平等及性别偏见的存在,因而她们强烈希望证明自己可以和男性有同样的表现。中学是女生女性化及双性化发展的上升期,女中学生既有意识地选择女性化性别角色定位,又无意识地发展着双性化的个性特征。女性化是女生自我发展的客观要求,双性化是其对客观环境适应的必然结果。

3. 中学生的性别角色类型具有明显的年级差异,其发展趋势成起伏状态

该研究结果显示,初三、高三中学生的未分化比例均达到最低点,双性化及单性化比例基本达到最高点。这表明,初三、高三是中学生性别角色发展的最优阶段。综合分析,有以下原因:处于初中阶段的中学生,性生理、性心理都在不断成熟,第二性征的出现及自我意识的高涨,使两性的身心差异日益明显。初二年级正处于青春初期,是生理和心理变化最急剧的时期,相对于其他年级,他们所面临的不确定性、动荡性更强,困惑、迷茫更多,因而导致初二学生未分化比例最高,双性化及单性化比例最低。

经过初一、初二的生活,初三学生生活经验不断丰富,认知水平不断提高,对自己有较客观的评价,因此初三学生未分化比例达到最低点。

高二学生处于青春期后期,认知、情感都趋于稳定,对自己有着更理智的认识。升学及就业的压力使他们对客观现实有着更清晰的认识,同时对自己提出了更高的要求,因此高三阶段未分化比例最低,双性化比例最高。

4. 非独生子女性别角色发展优于独生子女

独生子女与非独生子女相比,双性化比例显著低于非独生子女,未分化比例显著高于非独生子女。这表明,非独生子女性别角色发展优于独生子女,兄弟姐妹对个体性别角色优化具有促进作用。

---

[1] 李霞. 中学生性别角色的发展及其与家庭教育方式的相关研究:[硕士学位论文]. 苏州:苏州大学,2010.

(三) 中学生性别角色的塑造

性别角色的塑造过程是指男孩或女孩都得正确对待自己的性别，都按照社会所要求的不同性别的行为方式去活动，使自己的言行符合社会所要求的性别规范，与性别的群体倾向性相一致，以体现自己的性别身份。对中学生的性别角色塑造可以从以下几方面着手。

1. 男子汉气概的培养

对待男孩子，要教育他们在起名、服饰打扮、言行举止上都符合自己的性别身份，在心理状态上体现出男子汉应有的特点：活泼开朗、勇敢刚强、机智果断、慷慨大方、渴求新知、急功好胜、标新立异等。总之，要通过培养，使得每个男学生都具有"男子汉气概"，呈现矫健、英俊、乐观、积极进取、充满阳刚之气的男子汉形象。

2. 女孩子气质的培养

对待女孩子，也同样要教育她们在起名、服饰打扮、言行举止上表现得符合于自己的性别身份，在心理状态上体现出女孩子应有的特点：文静稳重、和顺温柔、循规蹈矩、情感丰富、观察细致等。总之，通过培养，使得每个女学生都表现出"女孩子气"，把温顺、姣好、端庄、细腻、坚韧，具有阴柔之美的自我形象，呈现于人前。

3. 性角色扭曲的矫正

在称名、装饰打扮、日常言行等方面表现出与性别的群体倾向的明显不同，也就是说，男孩子像个小姑娘，或者女孩子像个小伙子，这就是性角色的扭曲。矫治的主要方法是使待矫正者厌恶进而彻底抛弃过去那些扭曲的行为和思想，回复到正常的性别角色位置上。

4. 健康性意识的培养

进入了青春期的中学生性意识开始觉醒，有了一定的性的需求，喜欢与异性相处，渴望被人关注，健康的性意识和异性交往意识有助于中学生的健康成长。要培养中学生开朗、活泼、积极、乐观的心态，使他们的性心理能量获得释放。要引导中学生区分友情与爱情，珍视纯真友谊。教育中学生在异性交往中学会理解和尊重别人，注意保持广泛接触和群体形式的交往，注意个别交往的分寸，少与异性单独接触，没有特殊需要不单独约会，把握和控制性冲动。

资料卡

青春期的社交恐惧与羞怯

青春期男女交往中非常突出的问题是直接面对和接触别人，以及驾驭语言的能力。人与人之间的交往有多种形式。在生活中较为常见的交往方式有交谈、书信往来、班级讨论、小范围的朋友聚会等，还有些日常生活中不纯粹属于沟通感情和思想上交往的事，如上街购物、搭车、问路等，也需要自己独立去与他人交往。随着自己年龄的增长和独立性的增强，自己与外界打交道的机会越来越多，部分青少年对社会交往尤其那种面对面式的交往的恐惧也在不断地增长。每一次抛头露面的机会都令他们紧张不安，甚至迟到后，走进教室这么个简单的过程也会让他们感到浑身不自在，似乎有几十双眼睛在挑剔似地审视自己，企图要看出他内心的恐惧来。如果遇上班级组织讨论发言，他们能躲则躲，使本已十分不安的心情更添加了许多的怯懦和不好意思。

为什么他们不能正视别人的眼睛，不能心绪宁静地侃侃而谈呢？怎样才能排除社交中的欲说却乱、欲做又慌的恐惧心理，做到落落大方、镇静自如地与人正面交往呢？有人说，恐惧比世界上任何东西更能摧毁人心。因此，自己遇事首先要做的第一件事就是战胜恐惧，克服过分的自我意识。其实，仔细想想自己之所以在别人面前那么紧张，言谈举止那么不自然，主要原因就是自己过于注重给别人留下的印象，不能专注于自己想说的话和要办的事，结果，自然是一团糟了。所以，战胜恐惧的第一步就是忘掉自己，达到"忘我的境地"，应该像一个无忧无虑的小孩那样，无拘无束地表现自己。其次，自己需要寻找机会反复地锻炼自己，多争取一些社会工作和与人交往的机会，尽可能多地与人交谈，表达自己的思想。你们也一定会发现并体会到，那些做班干部的同伴，他们在公众场合面对几十位同学的几十双眼睛，甚至在全校大会那样壮观的场面上发言、演讲，都能表现出落落大方、坦然自如、无拘无束、谈吐流利、不慌不惊，就是因为他们长时间的锻炼与修养才有如此的从容不迫。因此，青少年社交中的恐惧、与人交往的羞涩，只能在交往的实践中逐步医治。正如卡耐基所说，克服演说恐惧症的最好方法，除了练习，还是练习。有一个方法，你们不妨一试。拿一篇发言稿或是一篇自己喜欢的散文，在清晨或傍晚，或在双休日，到公园一处僻静的假山后或清水旁，先由小声再逐渐放大声朗读或背诵你的发言稿或是这篇散文，直到朗诵自如。同时，要加上眼神、身体和手臂的动作，有如面对全班同学和全校师生。在朗读时，也可以脱离原稿原文，尽情地发挥，随着稿子的思路或者散文的线索一路随意发挥下去。把你临时想到的、想说的、想表达的反复说出来，而且每练一遍都可能有一遍不同于上一遍的内容，但这不要紧，这些不一样，慢慢会在你脑子里形成一个完整的、有逻辑的、脉络清楚的发言，最后你会发现，语言会精炼、逻辑会加强、文字会精彩、心跳会平缓、表情会生动，犹入无人之境，到时那篇发言稿或散文在你自己感情的支配下变成一篇更加精彩的美文，也许这是你当初始料不及的。因此，只有在不断实践中体验，历尽痛苦的煎熬，积累成功的体验，自己才能从根本上克服恐惧，享受与人交往中的乐趣。

再次，即使作了准备，交往的时候仍然感到心慌意乱、情绪紧张怎么办？我们可以尝试着自我放松，或情绪转移。有一则笑话，说一个人对上台演讲恐惧得要命，所以他巴望着人们都不去注意他。可他上台后发现大家个个都心不在焉，于是，一股愤怒的情绪取代了演讲的恐惧，这场演讲反倒十分精彩。可见，注意力和情绪的转移是可以帮助自己战胜恐惧的。此外，恐惧的时候也可以进行一定的自我暗示，把自己想象成一个行动自如、谈吐大方、表情自然的人物，并极力装出轻松自如的样子。我们还可以模仿自己印象中善于社交人物的表情状态与行事方式，这会在一定程度上帮我们摆脱困境。

扮演理想中的人物，有助于暂时忘却自我及目前的恐惧。对于青少年们面临的共同心理障碍——社交恐惧，只有努力去战胜它，最终实现心理上的自我超越。

资料来源：刘金城等编著.中学生素质教育阅读丛书：面对青春期[M].中国和平出版社，1997.

【拓展性阅读】

[1] 李幼穗.儿童社会性发展及其培养[M].上海：华东师范大学出版社，2004.

[2] 俞国良.社会性发展心理学[M].合肥：安徽教育出版社，2004.

[3] 劳伦斯·斯腾伯格.青春期——青少年的心理发展和健康成长[M].上海：上海社会科学院出版社，2007.

[4] 林崇德. 发展心理学 [M]. 杭州：浙江教育出版社，2002.

[5] 桑标. 当代儿童发展心理学 [M]. 上海：上海教育出版社，2003.

[6] 姚本先. 心理学 [M]. 北京：高等教育出版社，2005.

[7] 邹峰. 谈中学生观察力的培养 [J]. 语文教学通讯，1995（03）：20-21.

[8] 叶奕乾. 普通心理学 [M]. 上海：华东师范大学出版社，2004.

[9] 贾凤芹. 中学生自我概念发展特点的研究：[硕士论文]. 苏州：苏州大学，2000.

[10] 沃建中. 中学生人际关系发展特点的研究 [J]. 心理发展与教育，2002（03）：9-15.

[11] 李霞. 中学生性别角色的发展及其与家庭教育方式的相关研究：[硕士论文]. 苏州：苏州大学，2010.

[12] 刘儒德. 学习心理学 [J]. 高等教育出版社，2010.

【研究性课题】

1. 初中生与高中生的认知发展特点有何不同？针对这些特点班主任在班级管理中应该如何因材施教？

2. 初中生产生反抗情绪的原因是什么？班主任应该如何应对。

3. 你是如何看待性别角色双性化的。

第六章　中学生心理健康与心理辅导概述

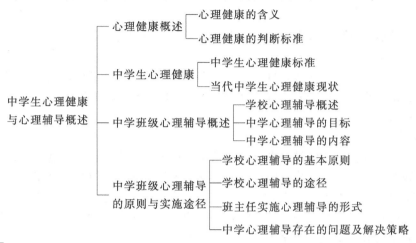

【学习目标】

- 能够说明心理健康的含义。
- 能够陈述中学生心理健康的标志。
- 能够说明中学班级心理辅导目标与内容。
- 熟记工作中实施心理辅导的途径和方法。
- 能够识别中学心理辅导中的问题并学会运用心理学策略加以解决。

　　学校是保持和提高学生心理健康水平的重要场所，虽然家庭能向青少年提供最初的也是最主要的心理健康支持，但在现代社会生活中，中学生面临日益增大的学习压力以及挫折，再加上他们的大部分时间在学校度过，这就要求学校在学生心理健康问题上扮演越来越重要的角色。学校应该与家庭形成良好的合作互动关系，共同促进中学生心理健康发展。班主任工作有很多的机会和学生接触，能够更好地观察、判断学生的心理健康问题，并为他们提供适当的心理健康咨询与服务，从而满足学生心理健康方面的客观需要。本章主要通过介绍心理健康的含义，中学生心理健康的标准、现状，中学班级工作中实施心理辅导的原则、方法与途径，帮助班主任和任课教师确立科学的健康观、科学地理解心理健康的内涵，学会判断学生的心理健康状况，掌握在班级工作中实施心理辅导的方法与途径。

第一节　心理健康概述

一、心理健康的含义

（一）健康的概念

　　世界卫生组织（WHO）在1947年将健康定义为："不但没有身体的缺陷和疾病，还有生理、心理和社会适应能力的完满状态。"❶ 1977 年美国学者 G. L. Engel 在《科学》杂志上发表了论文《需要新的医学模式——对生物医学的挑战》，提出"生物——心理——社会医学模式"。1978 年，国际初级卫生保健大会（International Conference on Primary Health Care）的《阿拉木图宣言》中认为："健康不仅仅是疾病或者虚弱的匿迹，而且是身心健康、社会幸福的完满状态。"❷ 世界卫生组织（WHO）在 1989 年对健康做了重新的界定，认为："一个人只有在身体健康、心理健康、社会适应性良好和道德四个方面都健全，才算是一个完全健康的人。"

正确地理解心理健康的含义，应注意以下几个方面的问题。

1. 健康是一种状态

健康是一个相对理想的状态，世界上的大多数人在生活中的某些时刻都会感到心理或生理的不健康。据测算在人群中基本符合（WHO）健康标准的人只有 10%，符合健康标准的人简直就是超人。

2. 健康是一个过程

人的一生始终都在为个体健康在努力，从不同的方面，在不同的程度上，以良好的生活方式、习惯和态度，以对自己生命的负责的态度追求着健康，也享受着健康。

3. 健康是人对生命的珍视、对精神生活的维护和对良好社会生活的建设

随着时代的发展与人类认识的不断深入，人们逐渐意识到心理健康在人类健康中的重要作用，心理健康也成为现代人健康的一个重要标志。

（二）心理健康的含义

在 1948 年，国际心理卫生大会将心理健康定义为"在身体、智慧以及情感上与他人的心理不相矛盾的范围内，将个人的心境发展到最佳的状态。"《简明不列颠百科全书》将"心理健康界定为：个体心理在自身及环境条件许可范围内所能达到的最佳功能状态，而非绝对的十全十美的状态。

可见心理健康是一种良好的心理或精神状态，是一个人的主观体验，其核心是自尊。心理健康与否往往来自于个体的主观体验，客观环境是作为影响因素存在的；心理健康的人往往表现出正向、积极、热忱、进取的精神状态；心理健康可以表现在人的心理过程和人格特点中，表现在个人的生活与工作中。

正确地理解心理健康的含义，应注意以下几个方面的问题。

1. 心理健康包括心理状态和心理调节能力两部分

心理状态是一个人某时或某段时间里自我感觉的心理好坏状态（尤其是情绪的好坏），易受生活事件的影响。心理调节能力是一个人把自己的心理状态调节到适当水平的能力，这种能力可以通过学习和锻炼来提高。

2. 心理健康有狭义和广义之分

狭义的心理健康，主要指预防心理障碍或行为问题；广义的心理健康，则以促进人们心理调节、发展更大的心理效能为目标，也就是使人们在环境中健康地生活，不断地提高心理健康水平，从而更好地适应社会生活，更有效地为社会和人类做出贡献。

3. 心理健康是一个动态的、发展的概念

心理健康的本质是心理系统的自动调节的平衡化机制的正常运转，是一个由不平衡——

---

❶ 贾伟廉. 健康心理学 [M]. 北京：人民卫生出版社，1998.

❷ WHO. Constitution of the World Health Organization [J]. Chronicle of the World Health Organization，1947.

平衡——不平衡连续不断的动态的过程[1]。在长期的探索与实践中，人们逐渐认识到，真正的心理健康代表着一种心理发展的水平或层次，代表着一种高水平的、协调发展的心理动态过程。首先，心理健康的标准是随时代的变迁而变化的。随着时代、社会、文化的发展，心理健康的界定、标准等具体内容具有发展性和不确定性。社会越是发展，工作和生活环境就越复杂，对人们心理健康水平的要求也就越高。即使是在同一时代，对个人心理健康的要求也不是一致的[2]，例如，与社会上绝大多数人的相比，对宇航员的心理健康水平要求要高得多，但显然不能根据判断宇航员的心理健康标准去要求普通人。其次，文化背景不同，判断心理健康与否的标准也不同。但一般认为，个人的心理健康水平是可以不断提高的，丰富的经历和适当的训练，可以使人们不断地提高自己的心理健康水平，以适应不断变化的、越来越复杂的环境要求。心理健康应该是一种不断完善的状态。

4. 心理健康是一个相对的概念

由于受不同的社会文化背景、民族特点、经济水平、意识形态、学术思想导致的不同认知体系、价值观念的影响，迄今尚无被世界各国、各民族公认的科学的判断心理健康标准体系[3]。因为心理健康与个体发展阶段间有密切的联系，与社会文化背景密切相关，因研究者的科学取向和价值取向而有所不同，所以说，心理健康与否其界限和标准是相对的。

另外，心理健康与否只是表示个体心理状态的一个维度，心理健康与心理不健康是一种相对关系，而不是非此即彼的关系。在实际生活中，很难找到一个截然分明的界线，将人分为心理健康和心理不健康两类。应该说，心理健康良好的状态在每个人身上只有程度的差别。这个程度上的差别就在于，心理上非常不健康的人也会有健康的成分，心理上非常健康的人也可能有不健康的成分。所以，心理健康与否是一个程度上的差别问题。

5. 心理健康是分层次的

心理健康与否只是表达心理状态的一个维度，其两端分别朝向两个相反的方向。在心理不健康这个方向的最极端，看到的是精神病、神经症等；而在心理健康这一方向上，也有程度上的差别。从常态到很健康是一种趋向，即正常心态的人如何从"正常"的心理向更为"健康"的心理转化，如何从一般健康的心理水平向更高心理健康水平转化。

二、心理健康的判断标准

正常心理与异常心理的划分标准是一个相当复杂的问题。一方面，正常心理与异常心理之间的差异是相对的，很难确定一个严格的界限；另一方面，心理正常或异常的现象总是客观存在的，它往往受多种因素的影响，而且各种形态的心理症状都不是孤立存在的，它们是相互影响、相互作用的，因此认识的角度不同确定的标准也就不同。

（一）判定心理健康的一般标准

综合有关文献，学者们确定心理健康标准的依据主要有以下几类[4]：

1. 统计测量标准

统计测量标准主要运用智力测验、人格测验、能力倾向测验、动机水平测验以及抑郁或焦虑水平测验等，进行人口学统计，从统计分析的角度，确定常态分布的标准来区分健康与不健康。在分类中接近平均值的大多数人为常态（健康），处于两端的少数为偏态（不健康）。也可以从人口学的角度确定常模，在常模范围内的即属健康状态。需要注意的是，依

---

[1] 康钊. 对心理健康标准的现代诠释 [J]. 现代教育科学, 2006 (5): 54-56.
[2] 肖水源. 从心理障碍到心理健康 [J]. 中国心理卫生杂志, 2007 (7): 435.
[3] 康钊. 对心理健康标准的现代诠释 [J]. 现代教育科学, 2006 (5): 54-56.
[4] 江光荣. 关于心理健康标准研究的理论分析 [J]. 教育研究与实验, 1996 (03): 49-54.

据统计学标准认定的所谓正常或异常也是相对的，在心理疾病的诊断中仅有参考意义。因为一个人的心理由正常到异常是一个连续的变化过程，某些心理症状在正常人身上也可能或多或少地存在着，但不一定都达到异常。一般偏离的程度超过一个半或两个标准差以上才判断为异常。另外，由于心理正常与异常的界限是人为划定的，因而不可避免地存在某些局限性。

2. 社会文化标准

社会规范标准是在社会规范的基础上来衡量、判断行为是否异常。一般来说，个体的行为总是与环境协调一致的。个体依据社会生活的需要来适应环境、改造环境。因此，他们的行为是根据社会需求和道德规范行事，是符合社会准则的。所以社会规范标准是从个体行为的社会意义及个体的适应程度为出发点的。研究者主要考察当事人对自身与他人的态度、在群体中的表现、与他人交往和处理人际关系是否恰当以及对社会事件的看法和反应是否符合社会的要求。社会规范标准为较多的临床心理学家采用。

3. 症状检查标准

症状检查标准是将心理异常或心理障碍与躯体疾病同样看待，以生理病理性变化为根据的心理诊断标准。临床诊断标准认为，个体的心理出现异常，其大脑、神经系统、内分泌系统或其他系统必定存在着生理病理变化的过程，即使目前未能发现任何生理病理性变化，也不等于这种变化过程不存在。一般来说，临床诊断标准对于大脑及其他躯体病变导致的伴发性心理障碍及癫痫、药物中毒性精神障碍的诊查非常有效，而对神经症和人格障碍的诊断则效果较差。

4. 年龄阶段标准

年龄阶段标准是从个体发展的阶段性特点出发判断一个人的心理状况。同一发展阶段的人具有该阶段的特殊性，即他们的共性，共性的存在便于把握人发展过程中各阶段的规律性。持这种判断标准的人认为，如果一个人的行为举止不能和同龄人相符，就说明他的心理发展出现了问题，即心理不正常的表现。

5. 经验性标准

经验性标准包括两个方面的含义：一是指个体依据已有的知识经验和主观体验对自己的心理是否正常作出判断，如个体基于自身现有的知识经验，对自己某方面心理的变化感到烦恼、不适应，难以自我调节，因而认为自己心理不正常，寻求他人帮助；二是指观察者依据自己所积累的生活经验或临床经验对被观察者的心理是否正常所作出的判断，如一个人面对父母伤亡无动于衷，尽管本人没有任何不舒适的感觉，也不认为自己有什么不正常，然而根据观察者的经验，这可能恰好是判断其心理异常的标准。经验性标准具有较大的主观性、局限性和差异性。因为不同的观察者所积累的知识经验不同，参照的标准不同，所作出的判断也不同。

（二）心理学家对心理健康标准的不同界定

心理学家大都将适应和发展看作人生的两大基本任务，从个体心理的发展水平及其功能的角度提出若干为大多数人所共同具有、所认可的条目作为评定心理健康与否的标准。由于不同的心理学家有不同的观点和理解，因而提出的标准也不尽相同。

1. 人格特质论心理健康标准

心理学家奥尔波特的在其人格理论中，将健康人格的标准表述为以下几点。

（1）自我广延的能力。健康的人参加活动的范围广泛，他们有许多的朋友和爱好。

（2）能客观地看待自己。健康的人对自己的优点与缺点，现实自我与理想自我之间的差距，以及自己如何看待自己和别人如何看作自己之间的差距都比较清楚和准确。

(3) 具有与他人热情交往的能力。健康的人与别人有亲密的关系，具有同情心，并且能够容忍自己与他人在价值观上的差异。

(4) 情绪上的安全感和自我认同感。健康的人能够面对生活中不可避免的冲突和挫折，他们具有良好的自我形象和对自己乐观的态度。

(5) 具有现实性知觉。健康的人看待事物是根据事物的实际情况，而不是自己所希望的那样。

(6) 有一致的人生哲学。健康的人在生活中具有一种主要的愿望，为一定的目的而生活。

2. 人本主义心理学家马斯洛的心理健康标准

(1) 有充分的安全感。
(2) 对自己有充分的了解，能恰当地评价自己的能力。
(3) 生活理想和目标切合实际。
(4) 与周围环境保持良好的接触。
(5) 能保持人格的完整和和谐。
(6) 具备从经验中学习的能力。
(7) 能保持适当的良好的人际关系。
(8) 能适度地表达和控制情绪。
(9) 能在集体允许的前提下，有限度地发挥自己的个性。
(10) 能在社会规范的范围内，适度地满足个人的基本需要。

3. 美国心理学家杰哈塔的心理健康观

目前在心理学理论中，美国心理学家杰哈塔提出的心理健康标准影响较大，他认为心理健康是一种"积极的心理健康"，主要包括以下六个方面：自我认知的态度；自我成长、发展和自我实现的能力；统一、安定的人格；自我调控能力；对现实的感知能力；积极地改善环境的能力。

由此可见，心理健康是指人的内心世界与客观环境的一种平衡关系，是自我与他人之间的一种良好的人际关系的维持，即不仅能获得确保自我安定感和安心感，还能自我实现，具有为他人的健康贡献、服务的能力。

综合以上标准，可以从以下几方面判断一个人是否心理健康。

(1) 心理健康的人具有一种积极向上发展的心理状态。
(2) 心理健康的人有正确的自我意识，能充分的估计现实，能把握自己的真实现状及个人特点。
(3) 心理健康者对工作，对社会充满高度的责任感，他们的个性结构完整，工作富有成效。
(4) 心理健康者的情绪生活比较成熟健全，能给予爱也能接受爱，心地坦诚。
(5) 心理健康的人人际关系积极和谐，具有良好的社会适应能力，能够立足于社会。
(6) 心理健康者能够自我驾驭生活，生活内容广泛而丰富，对生活充满了美好愿望。

心理健康的标准是一种理想尺度，它不仅提供了衡量是否健康的标准，而且指明了提高心理健康水平的努力方向。每一个人在自己现有的基础上做不同的努力，都可以追求心理发展的更高层次，不断发挥自己的潜能。

第二节　中学生心理健康

一、中学生心理健康标准

对于如何界定中学生的心理健康标准，不同学者有不同的表述。国内比较有代表性的是北京师范大学林崇德教授的观点，他认为学生心理健康的标准可以可从以下三个方面加以概括[1]。

1. 敬业

学习是学生的主要活动，心理健康的学生能够进行正常的学习，在学习中获得智力和能力，并将智力和能力用于进一步的学习中。具体表现为：①成为学习的主体；②从学习中获得满足感；③从学习中增进体脑发展；④从学习中保持与现实环境的接触；⑤从学习中排除不必要的恐惧；⑥从学习中形成良好的学习习惯。

2. 乐群

学生的人际关系主要涉及亲子关系、师生关系和同伴关系等。学生处理人际关系的能力直接体现了其心理健康水平。具体表现在：①能了解彼此的权利与义务；②能客观地了解他人；③关心他人的需要；④诚心地赞美和善意地批评；⑤积极地沟通；⑥保持自身人格的完整性。

3. 自我修养

心理健康的人了解自我，并悦纳自我。主要表现在：①善于正确评价自我；②通过他人来认识自己；③及时正确地归因；④扩展自己的生活经验；⑤根据自身实际情况确立抱负水平；⑥具有自制力。

借鉴国内外研究，并依据中学生的实际，心理健康的中学生应具有以下特征。

1. 认知功能正常

能具有正确的感知事物的能力，抽象逻辑思维能力较强，能正确对事物进行分析、综合、比较、概括，想象力和记忆力正常，能与环境保持良好的接触。

2. 积极的情绪与情感

一个心理健康的中学生一般表现为：生活乐观，情绪稳定，心胸开朗，没有不必要的紧张与不安，对他人富有同情心，乐于助人，并乐于接受别人的帮助，对生活充满希望，能够体验到现实的幸福感。心理健康的人并不是没有消极的情绪出现，而是有消极情绪出现的时候，其强度与持续的时间能为社会所接受，并能够较快地进行调适。

3. 情绪反应适度

中学生的情绪反应应与其社会角色相一致，反应强度与刺激强度相一致，不过于敏感或反应迟钝，言谈举止、喜怒哀乐在情理之中。具有正常的喜怒哀乐等情绪反应，行为的内容符合社会规范。

4. 心理和行为符合年龄特征

心理健康的中学生，其心理和行为应该与同龄中的大多数人相一致，精力旺盛，思维活跃，情感丰富，兴趣广泛，具有一定的独立意识。如果一个人的心理和行为与他的同一个年龄层次的人差异较大，则经常被认为在心理健康方面存在问题。如有的青少年像年迈的老人，精神萎靡不振、郁郁寡欢，或像年幼的儿童，经常耍小孩子脾气。

5. 意志品质健全

心理健康的中学生应该有明确的目标与行为标准，完成任务的自觉性高，较好地控制自己的情绪与行为。有良好的自我控制能力，在挫折面前不气馁，能正确对待困难，并有较强的耐力。

6. 积极的自我概念

一个心理健康的中学生一般能比较全面、客观地认识自己，了解自己的长处和优势、短处与缺点，并能努力改正和克服自身缺点与不足，以适应社会发展的要求。在积极的自我认

---

[1] 林崇德. 积极而科学地开展心理健康教育. 北京师范大学学报（社会科学版），2003（1）：31-37.

识基础上,能体验到自己存在的价值,有自尊、自信等积极的情感体验,不盲目自大或妄自菲薄。

7. 人际关系协调

心理健康的中学生能够乐于并善于与人交往,合作意识较强,与他人保持良好的人际关系,在群体中受欢迎并有自己的朋友,能够理解和接受别人的思想和感情,也善于表达自己的思想和感情;在交往中既能悦纳他人也能悦纳自己。

8. 乐于学习

一个心理健康的中学生能够对学习科学文化知识充满渴望,努力学习,大胆探究,克服困难,自觉自发,并在学习过程中体验到乐趣。

9. 人格的稳定与一贯性

心理健康中学生的人格特征应该是统一的,具有跨情境的一致性。但有些中学生却表现出双重人格或多重人格,如在学校学习认真,遵守纪律,尊敬师长,团结同学,但在家中却我行我素,对父母没有礼貌;或者在家中听话乖巧,但是在学校顶撞老师,欺负同学,这都是双重人格的表现,其心理健康存在问题。

二、当代中学生心理健康现状

当代中学生,由于生活条件、教育质量较过去得到了较大的改善,加之获得信息的途径增加,其智力与个性的发展总体状况都好于以往。但是,随着社会进程加快、压力加大,特别是独生子女比率增加,家庭教育中对智育过多的重视,对心理品质教育的忽视和无力等诸多复杂原因的影响,中学生的心理健康状况令人担忧。2005年国家统计局《中小学学生学习生活状况专项调查报告》显示,全国各地大约1/3的中学生,每天在步入校门时,心情感到"郁闷"、"紧张"、"疲惫"、"厌烦"、"焦虑"或"恐惧"。2004在南京召开的中国心理学会第八届理事会上,有专家指出,我国有3000万青少年处于心理亚健康状态,每年至少有25万人因心理问题而丧失生命,自杀已经成为青少年人群的头号死因。江苏省疾病控制中心,对全省5169名中学生进行的"江苏省青少年健康危险行为调查"也发现,15.4%的中学生考虑过自杀,中学生消极情绪的发生率为38.3%。

心理学工作者对中学生的心理健康状况进行研究发现,中学生的心理健康问题主要表现在以下几方面。

1. 学习问题

由于家庭、学校、社会都过分看重学生的分数,学生们围着分数转,学习时间长,整天沉浸在大量的题海中,大脑长期超负荷工作,竞争激烈,容易造成其身心疲惫,甚至于失眠、多梦、抑郁、焦虑,考试紧张,严重的甚至会产生"学校恐惧症";由于学习的枯燥、乏味,不少学生厌学、逃学。

2. 人际关系和个人情感问题

由于很多中学生是独生子女,从小缺乏玩伴的缘故,加之父母教育方法不当,家庭结构的易变,以及"心理断乳"的原因,他们容易和父母、长辈之间发生矛盾与冲突,强烈要求成人的理解与尊重、表现出独立与依赖的矛盾;对同辈则常表现出自我中心,人际敏感;异性交往的困惑也是中学生们的一大烦恼,如对"好感"的无所适从,大人们对异性交往横加阻拦的烦恼,"早恋"的各种压力等。人际关系的不畅常常使他们心烦意乱,影响学习和生活。

3. 自我意识方面的问题

由于对自我的认识不清,产生过高或过低的评价,往往出现自卑、自负、焦虑或逆反心理；因自我控制力差，常常表现为耐挫力过弱。

4. 性心理方面问题

由于生理的快速发育与心理发展相对滞后的不协调，性生理和性道德知识的不足，一些传媒的不良影响，从而导致部分中学生对性的问题强烈的好奇感和恐惧感。如对性冲动的不正确认识，以及喜欢看色情影视和刊物等。

这几方面问题交织联系在一起，则会造成严重的心理与行为问题。

心理学工作者对北京市6所中学的1837名（其中男生949名，女生888名）中学生的心理健康状况进行调查发现[1]：绝大多数中学生心理健康状况良好，但也有少数人存在心理障碍。主要存在以下几个倾向。

（1）自责倾向。有自责倾向者所占比例最大，占被调查人数的15.73%。这些人自我评价低，自我轻视，自己责备自己，其行为受悲哀和忧郁情绪的支配，背后可能掩盖着敌意和攻击。自责倾向的形成与家长的严厉惩罚、教师的歧视和同学的嘲笑等有关。

（2）恐怖倾向。有恐怖倾向者占13.17%。恐怖倾向多表现为胆小，其中以怕黑暗地方者居多。恐怖倾向与早期教育有关，娇生惯养和过分照料会使孩子产生依赖心理，形成胆怯的性格。中学生的恐怖倾向往往与对失败、失望和惩罚的不安混杂在一起。

（3）躯体症状。由于焦虑而引起生理反应的占11.87%。他们自述经常有食欲不振、消化不良、头痛、失眠、疲劳等症状。在这些身体症状中，有的是真正的"病"，但这些"病"同时出现时，多是由于焦虑所造成的。

（4）冲动倾向。有冲动倾向者占11.81%。他们坐立不安，小动作过多，好发脾气，严重者还会骂人，打架。他们当中有些人是遗传原因造成的，更多人则是属于生活习惯不良造成或是心理不健康。

（5）学习焦虑。存在学习焦虑的学生占9.04%。适度的学习焦虑是一种正常的心理体验，它不仅不会影响学习，而且会促进学习。这里所得的数据是指那些学习焦虑过强的学生。他们害怕考试，害怕学校，害怕老师，甚至讨厌学习。学习焦虑在开始时是怕学习成绩不好受父母和老师批评，被同学瞧不起。如果真的学习成绩不好，受到了斥责，批评和歧视，久而久之便会产生过强的学习焦虑和考试焦虑。另外，成绩排队、选择学校、中高考压力等也是产生学习焦虑的原因。

（6）人际焦虑。在人际交往方面存在心理障碍的学生占7.62%。他们在众人面前感到不安，表现出退缩、提心吊胆、拘谨老实、不敢讲话等特点。对人焦虑多是经验不足造成的，或者是家长娇惯，总是一个人在家里玩，或者是受到过大孩子的欺负不敢到外边玩，或者是缺少游戏伙伴。家长过于严厉的管教也是学生怕人的原因。

（7）过敏倾向。有过敏倾向的中学生占6.91%。他们有点"神经质"，爱哭，胆怯，担心，小心眼，一点儿小事就放心不下等。

第三节　中学班级心理辅导概述

一、学校心理辅导概述

（一）学校心理辅导的含义

"辅导"一词本意有辅助和引导的意思，也解释为帮助和指导。心理辅导则是一个十分

---

[1] 王希永. 北京中学生心理健康状况调查［J］. 青年研究，1999（9）.

专业的概念，国内外许多学者从不同角度给出了不同的定义。需要说明的是，"counseling"在我国大陆译为"心理咨询"或"咨询"，在香港多译为"辅导"，在台湾多译为"咨商"，而把学校中各类心理健康教育活动通称为"辅导"，对应于英文词汇中的"guidance"。在本教材中，学校心理辅导的概念指的是学校中各类心理健康教育活动。

学者们对心理辅导的不同定义有以下几种。

（1）"辅导是一个过程，其间辅导者与当事人的关系能给予后者一种安全感，使其可以从容地开放自己，甚至可以正视自己过去曾否定的经验，然后把那些经验融合于已经转变了的自己，作出整合。"（Carl Roges，1902~1987）

（2）"辅导是一个过程，在这个过程当中，一位受过专业训练的辅导员，致力于与当事人建立一个具治疗功能的关系，来协助对方认识自己、接纳自己，进而欣赏自己，以至可以克服成长的障碍，充分发挥个人的潜能，使人生有统合并丰富的发展，迈向自我实现。"（林孟平，1988）

（3）"辅导是一种特殊的教育历程，旨在帮助个人自我了解、自我适应、自我发展与成长。"（吴增强，1998）

学校心理辅导从产生起就与学校教育有着密切的联系，学校心理辅导的兴起是二十世纪八十年代中期教育改革教育观念更新的结果。

学校中的心理辅导，在我国也称心理健康教育，或学校心理辅导是指学校辅导人员运用心理学、教育学、社会学、行为科学乃至精神医学等专业知识和技术，帮助学生认识自我，认识环境，接纳自我，调节自我，从而充分开发自身潜能，促进其心理健康与人格和谐发展的一种教育活动。主要是针对学生，以促进心理健康发展、解决学习与适应问题为主要内容和目标的心理辅导工作。现代意义的心理辅导，起源于美国，我国以前多译作"心理咨询"，近年来国内研究者也逐渐接受并开始更多使用"心理辅导"这一译法。

在学校心理辅导过程中，教育者应以了解儿童身心发展特点和规律为基础，运用心理学专业知识和技能，结合教育学、社会学、行为科学和精神医学的理论和技术，通过个体辅导和团体辅导等形式，给学生以合乎其需要的协助与服务，以帮助学生正确地认识自己，形成良好的心理素质，充分发挥个人潜能，进一步提高心理健康水平的过程。学校心理健康教育本身也是促进学生身心全面和谐发展的教育活动过程。

（二）学校心理辅导与心理咨询、心理治疗

学校心理辅导包含三个层次的工作内容和目标：一级目标是以预防教育为主，面向全体学生，注重潜能的开发和心理素质的培养；二级目标是以解决心理问题为主，针对普遍的心理问题进行辅导和咨询，消除学生的心理障碍；三级目标是以治疗心理疾病为主，针对有心理障碍和疾病的个体进行心理诊断和治疗。长期以来，实践的重心通常局限于三级和二级目标，而对一级目标缺乏足够的重视。因此，学校心理辅导的目标就是要强化一级目标，兼顾二级和三级目标，实现三级目标之间的有机统一，使心理惠及到全体学生，体现在学生成长的各个方面。

狭义的学校心理辅导是与心理咨询、心理治疗相对的。其对象往往是处在转变或者转折时期的普通儿童与青少年，即他们的心理健康状况相对良好，心理辅导者关注对象的未来，心理干预的重点是预防，根本目标是为防止未来问题的发生提供知识性服务，促进儿童形成良好的心理素质，充分发挥个人潜能。

心理咨询是以遇到心理困惑或有强烈心理冲突与矛盾的正常儿童与青少年为对象，关注对象的现在，心理干预的重点是发展，根本目的是改善儿童与青少年个体的心理机能，提高心理健康水平。

心理治疗是以心理健康水平较低，或心理机能失调或心理上有障碍的儿童与青少年为对象，关注对象的过去，心理干预的重点是矫治，根本目标是纠正与治疗儿童与行为的失常问题，恢复其心理健康。

应该说，学校心理辅导与心理咨询是有密切联系的，学校心理辅导的主要理论与技术来源于心理咨询，但两者在服务对象范围上区别明显。学校心理咨询的对象是一部分需要特殊帮助的学生，如学习困难学生、情绪困扰学生和行为问题学生等。心理健康教育的对象则是包括上述学生在内的全体学生。

但在实际工作中，往往是将心理辅导、咨询、治疗有机融合在一起，特别是前两者，心理治疗则更多的由专门的心理治疗机构来承担，学校教师具有建议权，也要注意尊重学生人格，保护好学生的自尊心，保守相关秘密。

（三）学校心理辅导和学校德育的关系

学校心理辅导与学校德育工作的主要对象都是学生。它们共同服务于年轻一代的健康成长和个性的全面发展，服务于学校教育的总目的。但它们又各有侧重，二者区别主要表现在以下三个方面。

1. 对学生和教师地位的认识不同

德育工作往往把学生当作塑造对象，把教师自己视为"美好灵魂的塑造者"。心理辅导教师则把学生看作当事人，把教师自己当作帮助者。

2. 规范个体行为的标准不同

德育工作重视按社会要求规范个人行为，使个人的行为符合社会的要求和道德标准；心理辅导关注维持个人心理平衡，完善自我意识，充分发挥个人潜能，注重个体的个性发展。

3. 价值取向不同

德育工作者必须有明确的价值取向，往往要求旗帜鲜明、符合社会主流的价值观和道德标准；而心理辅导者的工作则要求不代替当事人进行价值判断，而是借助心理辅导帮助当事人排除干扰，采取符合自己实际的价值取向。

虽然有区别，但是二者更是联系密切、分工不同的两种教育活动。在实践上，学校应该强调二者的照应、互补，共同促进学生心理健康发展与素质全面提高。

二、中学心理辅导的目标

1999年教育部下发的《关于加强中小学心理健康教育的若干意见》，2002年教育部颁发的《中小学心理健康教育指导纲要》对中小学心理辅导工作的目标都做了总体目标的明确指导。在此基础上，各省市也都制定的用于指导地区相关工作的指导文件，供我们设计团体辅导工作时参考。在此基础上，要分层次领会与落实，学生实际情况设计有针对性和实效性的辅导目标。

2002年教育部颁发的《中小学心理健康教育指导纲要》（简称《纲要》）规定中小学心理健康教育的总目标是：提高全体学生的心理素质，充分开发他们的潜能，培养学生乐观、向上的心理品质，促进学生人格的健全发展。

中学的总体目标 指导学生学会认识和培育自我、学会有效学习与甄别信息、学会社会交往、提高适应环境的能力。

初中的具体目标和内容 "初中年级主要包括：帮助学生适应中学的学习环境和学习要求，培养正确的学习观念，发展其学习能力，改善学习方法；把握升学选择的方向；了解自己，学会克服青春期的烦恼，逐步学会调节和控制自己的情绪，抑制自己的冲动行为；加强自我认识，客观地评价自己，积极与同学、老师和家长进行有效的沟通；逐步适应生活和社会的各种变化，培养对挫折的耐受能力。"

高中时段的具体目标和内容 "高中年级主要包括：帮助学生具有适应高中学习环境的能力，发展创造性思维，充分开发学习的潜能，在克服困难取得成绩的学习生活中获得情感体验；在了解自己的能力、特长、兴趣和社会就业条件的基础上，确立自己的职业志向，进行职业的选择和准备；正确认识自己的人际关系的状况，正确对待和异性伙伴的交往，建立对他人的积极情感反应和体验。提高承受挫折和应对挫折的能力，形成良好的意志品质。"

三、中学心理辅导的内容

中学心理辅导可以分为学习、适应、成长和发展三大领域。

1. 学习问题

寻找产生学习困难问题的根源。比如学习成绩为什么会下降？原因可以有很多，可能是学生能力差、身体疲劳、记忆力衰退，也可能是没有兴趣、恐学症、或者是学习习惯不好等。

心理辅导教师要提出解决问题的方案。例如学习计划是否合理，是否符合个人学习目标，学习没有效率，听课方法、态度如何，笔记方法，考试答题方式，对知识的记忆术，会不会利用参考书等，视具体情况进行相应的心理辅导。

2. 适应问题

适应问题又可分为行为问题和人格问题。

（1）行为问题。重大的行为问题：放火、偷窃、暴力、不良性行为、杀伤、恐吓、欺辱、自杀等。轻度的行为问题：厌食、失眠、夜惊、过度的手淫、性好奇、舔指、神经质、说谎等。对这类问题要从发展的角度看，有些是一时性的，在适当的教育环境中会逐步自动消失。

（2）人格问题。主要是轻度的人格问题：如自卑感、嫉妒、不安感、急惰、偏执等。

3. 成长和发展问题

主要是关于儿童、青少年德智体全面发展的问题，其中包括人生观、生活价值观的确立，对自我潜在能力和特点的理解和把握，对自我社会性的发展和将来人生的设计，进入青春期后青少年的性心理、身体发育等。此外交友、健康、安全、人际关系及亲子关系的处理也很重要，其中特别重要的是关于毕业升学或求职等人生发展方面的问题。

学校心理辅导，并不仅仅是面向学生的，而且要面向教师和家长进行教育咨询和心理援助。其主要内容如下。

1. 面向教师的教育活动

其中包括组织校内和校外的心理辅导讲座及研讨会；组织教师参加儿童、青少年的咨询案例讨论，以加深对问题学生的理解，制定切实有效的教育方案；帮助有关教师对学生实施心理测量和调查，记录心理辅导的相关资料和数据；对教师自身的情绪压力和心理苦恼，进行适当的心理援助和咨询。对教师进行教育咨询和心理援助的目的是要达到以下效果，即对全体教师的主要要求如下：对学生的不适应问题要及早发现、及早疏导；要倾听学生的声音，理解儿童、青少年的心理；根除对学生的偏见、体罚；改善教学方法；搞好班级活动；激发学生的学习兴趣，多作鼓励性的评价；学校教育要使学生对将来感到有希望；对儿童的心理辅导要建立一套打开心灵之窗的教育方法；积极协助和建立心理辅导的网络化工程。

2. 面向家庭教育的活动

其中包括组织家长委员会、家长学习班或业余学校；让家长深入理解儿童、青少年心理健康的含义，对家长进行心理辅导的启蒙活动；制定相应的电话咨询体制，解答家庭教育中所产生的各种问题；促进学生所在的社区文明建设，帮助社区建立精神卫生的援助体系等。

在家庭教育的活动中，对家长的基本要求如下：信赖孩子，不能把孩子当成玩偶；培养孩子的独立生活能力；创造和谐的家庭气氛；建立共同体验、相互理解的亲子关系；对孩子的基本生活习惯进行训练、培养；尊重孩子人格；引导孩子养成良好的人际关系；纠正只注重智育的思想；积极参加社区的文明建设活动。

第四节　中学班级心理辅导的原则与实施途径

一、学校心理辅导的基本原则

（一）发展与预防相结合原则

学校心理辅导兼有矫治、预防与发展三种功能，不过就整体而言，应该是预防、发展重于矫治。一方面，要针对正常学生主动开展各种适合其年龄特点的认知性、情感性、行为训练性质的辅导活动，以提供一些对学生成长有益的经验，增强其应付变化的能力。另一方面，对于那些出现心理问题和心理障碍的学生，应及早发现症状，重点实行早期干预。

（二）整体性原则与注重个别差异相结合的原则

整体性原则要求学校心理辅导工作要调动学校、家庭和社会各种力量，着眼于全体学生的成长需要，以促进学生知、情、意、行和人格的全面健康发展。同时要充分地考虑到每个学生自身的实际情况，要开展有针对性的个别辅导与心理关怀。

（三）主体性原则与科学引导提升相结合的原则

主体性原则要求学校心理辅导工作中应以学生为主体，在辅导内容和方式上充分考虑到学生的主体需要和个体差异，以帮助学生自我探索，自我成长。在尊重学生、理解学生、发挥其自主成长的主动性的同时，应该看到，心理问题的解决、心理素质的提高要用科学的心理学专业理论知识与技术加以解决，不能将心理辅导变成简单的说服教育。

（四）尊重与共情原则

共情原则是指在学校心理辅导工作中，辅导老师对学生一视同仁，完整接纳，真诚相待。要尊重和信任学生，能站在学生的角度上客观地理解他们的内心感受，并且把这种理解恰当地传递给学生。

二、学校心理辅导的途径

（一）学科教学中的心理辅导

学科教学是学校培养人才的基本途径，也是开展心理健康教育的最基本的教育形式，将心理教育与学科内容有机结合，构建学科教学中积极互动的师生关系，师生想到尊重、理解、支持，会使学生在其中受到心理健康的呵护和引导，使教学建立在促进学生心理健康的教育理念和氛围下，会有效地促进学生成长的提高。在学科教学中教师要明确学科渗透性学生心理素质培养的目标；构建健康的教学过程，面向全体学生，贯彻教学心理卫生的基本原则；要注意观察学生的心理状态，及时发现他们的心理问题并进行有针对性的个别心理辅导。

（二）班级管理中的心理辅导

在班级管理与建设过程中开展心理辅导工作，应着重从以下几方面入手。第一，在班级管理中使每个学生都能形成积极的角色意识与角色行为、增强他们的责任感、归属感和集体荣誉感，从而自觉接受各种集体规范，不断提高自己的社会化水平。第二，通过良好人际关系的建立和健康舆论、风气的形成，营造一个有利于学生健康成长的心理环境，使学生逐渐形成积极上进、开朗乐观、关心集体、团结互助的良好性格特征，不断提高对人际环境的适应能力。第三，通过各种集体活动为每个成员提供丰富多彩的锻炼机会，促进他们良好个性品质的全面发展，不断提高心理健康水平。

（三）心理辅导活动课程

专门的心理辅导活动课程有明确的教学目标和大纲、具体的教学内容与教材、受过专门训练的教师、有检验教学效果的手段与标准等。以系统活动和心理训练的方式促进学生个性的健全发展和心理健康水平的提高。

（四）班级与小组团体心理辅导

团体心理辅导是在团体情境下为团体成员提供心理帮助与指导的一种辅导方式，通常是由心理辅导员根据辅导对象共同存在的问题，以小组或班级为单位，通过共同商讨、交流、引导和训练，帮助团体成员解决他们所存在的心理问题或障碍，促进他们个性的健全发展。

（五）个别心理辅导（咨询）

个别心理辅导是心理辅导员对辅导对象提供个别指导和帮助的辅导方式。学校个别心理辅导在目标设置、原理方法和基本过程上与一般的心理咨询没有本质差异，但与一般心理咨询不同的是，学校个别心理辅导可以以主动的方式为发现心理问题的学生提供心理辅导。另外，学校个别心理辅导涉及的内容也要比一般心理咨询要广泛些。

三、班主任实施心理辅导的形式

（一）班主任实施心理辅导的优势

从班主任的职责看，班主任从事心理辅导有其独特的优势。

1. 便利性

班主任接触学生的机会多，因而对学生了解全面、深入，能及时察觉到学生的心理变化，容易发现学生的不良心理倾向，然后，根据本班的整体情况和突出问题，学生特点开展班级心理辅导活动。

2. 可行性

中学心理辅导面临专业师资比较缺乏的情况。在这样一种状况下，不能消极地等待每所中学的每个教室都有专职的心理教师进行授课，每个需要帮助的同学都有专职心理辅导教师进行辅导。但是，可以由班主任承担起这部分工作。一般来说班主任也是能胜任这项工作的。他们大多都接受过高等师范院校教育，系统学习过教育学、心理学的相关课程；又有教育与管理班级的实践经验和管理好班级的愿望。

3. 系统性

班主任作为一个班集体的引领者，有利于调动多方力量，形成合力来提升学生的心理健康水平，比如，学生生活所处的社区、任课老师、家长、班级同学等方面。相对于其他心理辅导教师，学校中班主任更容易充分运作家庭、学校、班级多方力量，给被辅导学生建立一个良好的社会支持系统，表现出心理辅导的系统性。另外，相对于其他任课教师，班主任与学生接触的时间最长，便于对学生进行系统辅导。对学生进行心理辅导，对他们进行心理素质的训练，需要长期的支持和帮助，才能促使学生养成正确的思维方式和良好的行为习惯。在中学班主任可以通过长期的观察，及时发现本班学生心理健康方面出现的问题，采取措施进行调节与矫正。

（二）班主任实施心理健康教育的途径

1. 与班集体建设相结合

从教育社会学的角度分析，班集体是一个微型的教育学生的社会体系。学生在班集体中成长，他们在班集体中学会管理自己；在与他人的比较和评价中认识自己；在与他人的交往中学会与他人相处。可以说，班集体为学生的心理辅导提供了教育情境。一个良好的班集体，犹如一个巨大的陶冶学生个性，健全学生人格的熔炉。正如马卡连柯所说："只有当一个人长时间地参加了有合理组织的，有纪律的，坚韧不拔的和有自豪感的那种集体生活的时候，良好性格才能培养起来。"所以，班主任需充分利用班集体以学生心理素质形成和发展的作用，通过营造安全，融洽的班级氛围，以集体带动个体，促进全体学生发展。

2. 开展班级心理辅导活动

要体现心理辅导面向全体学生、学生主体、预防与发展相结合、整体发展的原则，极大依赖于班级心理辅导活动的实施。

班级心理辅导活动是指由班主任设计和实施的，面向班级所有学生，旨在培养学生良好心理素质、维护学生心理健康的活动。它不同于一般的班级主题活动，也不同于团体心理辅导。班级心理辅导活动体现了学生的自我探索，在探索的过程中认识自我、调整自我、完善自我，并解决自己成长中和各种问题，如学习焦虑、交往困扰、情绪调适等。强调体验与感悟。班级心理辅导活动往往是通过创设一定的情境、营造一定的氛围帮助学生获得自我体验，在体验中产生感悟。所以，班级心理辅导活动是一种自我教育活动，而非灌输和说教，是通过学生自己的体验和感悟，潜移默化地影响、引导学生。以互助、自助为机制。班级心理辅导活动是一种积极的人际互动过程，充分利用的是学生自身的资源。作为集体的一员，学生在辅导活动中既是受助者，又是助人者。同时，这种互助可以增进学生的自尊、自信体验，从而达到自助。

四、中学心理辅导存在的问题及解决策略

我国心理辅导起步较晚，开始于20世纪80年代初，目前已经走了接近20年的历程。经过这多年的发展，学校心理辅导取得了一些成绩，如各级领导和教师大都能够认识到心理辅导是一项思想性、科学性、技术性和经常性的教育工作，对学生健康成长具有重要的作用；许多学校开设了心理辅导课程，设立了各种形式的学生心理辅导中心，一些学校还定期开展学生心理健康普查的工作。但在实践中，中学心理健康教育仍然存在着一些问题。

(一) 中学心理辅导存在的问题

1. 学科化

有些学校把心理辅导纳入到学校的正规课程中，当作一门学科来对待，在课堂上系统讲述心理学的概念、理论，方式单调、乏味，学生则在课本上勾勾画画，课下认真背书，完成作业，更有甚者，还安排学生进行心理健康课的考试。殊不知，心理辅导课是为了帮助学生解决在学习、生活、人际关系等方面的烦恼，以及出现的诸多不适应的发展倾向，帮助他们减轻心理负担，让他们轻轻松松学习。但是，由于考试的压力，使学生的身心健康受到伤害，出现了适得其反的结果。心理健康教育的主要目标不是向学生传授系统的心理学知识，而是要通过多种途径，强化与学科教学的结合，在反映在环境优化和潜在教育资源的利用上。一味地追求学科化，只能是流于形式，无法达到心理辅导的目的。

2. 医学化

有人认为心理辅导就是进行心理咨询和心理治疗，"治疗"和"指导"意识较强，选择心理障碍的较多，选择发展性问题的较少，把中学心理辅导医学化，违背了心理辅导的本质要求和内在规律。有的学校让校医充当心理辅导人员，像医院里记录病历一样来对学生情况进行登记。也有些学校的领导、教师对学生进行了错误的宣传，使学生认为只有当心理有疾病时才能去心理咨询室，这种医学化的倾向已经严重地阻碍了中学心理辅导的顺利进行。中学生在发展过程中遇到了一些适应性的问题，不能和医学意义上的心理疾病、心理障碍简单地混为一谈。

3. 盲目西化

目前中小学心理辅导读本、教材和教师参考书层出不穷，这说明大家都很重视学生的心理辅导工作，但也存在着对于心理辅导中的一些基本概念和基本理论认识不一致的现象。西方心理学发展较早，理论比较成熟，这是值得学习的，但是各国实际情况不同，在学习时不能不考虑文化背景、价值取向的作用。学校心理辅导是影响人、启迪人、协助人的事业，在应用国外某些理论或采用某种研究工具的时候，一定要考虑它们的适用性。

4. 形式化

心理辅导的形式化倾向表现为，有些学校虽然名义上设立了心理咨询室，开设了心理辅导课，配备了教师，但是由于教育者自身教育观念的影响，往往用传统的教育思想和一般的思想政治工作方法来进行心理辅导，再加上宣传上的不力，心理咨询室、心理健康课并没有真正发挥作用，心理咨询室形同虚设，前来咨询的学生寥寥无几，仅是作为应付上级检查的"硬件"之一。另一种表现是把心理辅导和德育混为一谈，把心理辅导简单看作学校德育的一个组成部分，认为没有必要单独进行心理辅导，还有人把心理问题和思想品德问题混为一谈，用德育的方法来对待心理问题。

5. 孤立化

当前，中学心理辅导中往往偏重于学校的作用，忽视家庭和社会的配合。我国当前的教育存在着"关起门"来搞教育的现象，心理辅导也是如此。虽然学生心理健康教育工作在某些地区已经取得了一些成绩，但大多还是仅仅限于上几节课、搞几个辅导活动，或者请一些专家教授来开几次讲座，看上去挺热闹的，但心理辅导的真正目的并没有达到。脱离了家庭的支持、社会的配合的心理辅导必然是片面的，是达不到什么教育效果的。

(二) 解决策略

1. 注重发展性

心理辅导的发展性体现在促进学生身心的健全发展，其中包括促进学生健全人格、心理适应能力的发展，各种的潜能得到充分的发挥。发展性心理辅导已经成为当今学校心理辅导的发展方向，但并不排斥矫正性的服务。发展性心理辅导的工作取向，要求心理辅导的对象、内容、目标等均做相应调整。比如辅导对象由过去单纯面向心理障碍的学生扩及全体学生；辅导内容由心理治疗、职业指导扩展为生活辅导、学习辅导和职业辅导；而辅导目标也变为多层次：解决学生存在的心理问题或纠正偏差行为只是短期目标；培养学生具有正确的自我观、能对学习和人际关系做出调整，具有独立自主的能力，建立正确的人生观和适当的生活方式等则是中期目标；心理辅导的终极目标是自我完善，使个人潜能得到充分发挥。

2. 教师专业化

美国20世纪60年代开始出现了关于专业辅导人员的培养标准和作用的全国性文件，现在对心理辅导人员的要求越来越严格，辅导的专业化日趋明显。具体表现在：在大学、学院开设辅导咨询的专业课程；开始为心理辅导和咨询人员颁发证书，并对其资格和标准提出明确的要求；对心理辅导员的要求出现高水平、高学位的趋势。我国也推出了心理咨询师职业资格证书制度，对于心理辅导的效果起到保障的作用。

3. 辅导网络立体化

"辅导学生、人人有责"，心理辅导工作一般由专业辅导者、其他教师和社会工作者分工负责，而辅导人员与学生人数的比例悬殊，造成心理辅导事实上只能为少数有心理障碍的学生提供服务。为了满足对更多学生进行心理辅导的需要，我们还可以利用一般教师的力量，使他们参与一般性的辅导工作，形成良好氛围。社区的大学生、学生家长、退休人员、心理卫生协会、家长委员会、社区热心人士都可以作为学校心理辅导的重要支持力量，共同为学生提供辅导服务。

4. 采用先进的计算机技术

传统的心理辅导手段主要是面谈，现在则可以不断采用新技术。比如利用计算机技术进行诊断数据的处理和选择治疗方式。心理辅导者只要将有关学生的数据和辅导过程所出现的问题输入计算机，就可获得一份打印好的治疗方案。

5. 对心理辅导效果进行评估

在学校心理辅导的过程中应重视评估工作。通过建立工作评估模式和实际的评估工作促使辅导工作尽可能采用最经济的方式来进行，并力争创造工作的实绩。

6. 对心理辅导理论的兼容并蓄

学校心理辅导和心理咨询的主要理论流派有精神分析法、来谈者中心疗法、行为疗法、精密型心理咨询法、团体心理辅导法、心理演示剧辅导法等。心理健康教育工作者在运用上述技术和方法时，由于各人的学识和经验不同，在心理辅导和咨询过程中对技法使用的侧重点也各不相同。但心理辅导工作者不要把自己固定在某一理论流派中，把自己所依据的咨询、辅导的技术模式绝对化，无限地夸大其作用。要认识到每一种心理咨询技术都有其局限性，并且心理咨询技术也在不断的发展过程中。

一位台湾班主任心理咨询的生动案例

2005年1月，笔者到台湾考察中小学心理健康教育，曾经到新竹忠信中学访问，学校负责人送《凡人凡语》一书，回来后拜读，发现有一个很好的心理咨询案例，介绍给大家。

一、案例

一个学生有一些偏激的钻牛角尖的想法，不是局外人所能够洞悉和理解的，更不是几句安慰的话、开导的话、说理的话就能解开他的心结的。学校里的心理辅导室对这样的学生往往也是无能为力。佳佳在班上很优秀，成绩名列前茅，但她请假次数太多，班主任老师与家长联系，也没发现什么特别的原因。佳佳就是烦，不想上学。她烦躁敏感，经不起一点刺激，情绪变化很大，一点小事就会引起她的强烈反应，很容易落泪。从这些表现看，她具有躁郁人格。同学们不容易接近她，班主任老师安排几个活泼的同学刻意接近她，但效果不好，渐渐地同学们也疏远了她。

班主任老师多次与她的母亲接触，发现她母亲也有类似的人格，有时说起话来入情入理，有时又偏激得不可理喻，使老师想到了佳佳行为的遗传可能性。有一次，班主任老师和佳佳进行了愉快的谈话，谈到她的母亲，她说母亲爱她，对她期望很高，只是她从小就不了解母亲，不知道怎么做才能让母亲满意。母亲要求她很严，功课好了还要好，但再好也得不到嘉许，她几乎动辄得咎！甚至不知道自己为什么受罚。通过谈话，班主任老师找到了佳佳偏激行为的原因：遗传基因加上母亲平时的行为模式，造就了今天的佳佳。老师深知，要改变她的母亲是不太可能的，只有改变年轻的佳佳。

班主任老师要为佳佳积压已久的消极情绪找一个出口，找一个了无痕迹、不至造成伤害的出口，就像用小地震释放能量，以减少产生大地震的可能。老师根据这个原理，不再给佳佳说教了，因为说教在这种情况下毫无作用。老师推荐了一些推理小说给佳佳看,然后和她一起讨论书中人物的个性,哪种个性的人受人喜爱,哪种个性的人惹人讨厌,什么样的人容易上当受骗,什么样的人会害人。 这类书看多了,佳佳脑子里装满形形色色性格的人,易怒的、深沉的、阴险的、偏激的、善良的、多变的。 然后老师和她一起到现实生活中去找,看有没有类似的人。 佳佳竟然发现自己就是那种多变的、易怒的、不招人喜欢的人。 她开始讨厌自己的个性,她努力去改变自己。

遇到不满意的人或事,佳佳不再自己生闷气或发脾气,她会去分析对方为什么这样做,是否值得原谅。 回到家里,她也不再敌视母亲,反而体谅母亲躁郁的苦恼。 佳佳变得可爱多了。 她停止了药物的治疗,她替自己躁郁的个性找到了最佳的出口,就是以了解别人来反省自己、改变自己。 她从了解别人中悟出了许多为人处世的道理,对分析人性产生了莫大的兴趣,甚至将来准备要读心理辅导系。 佳佳的改变,最高兴的就是她的班主任。 一位有爱心的老师,改变了一个孩子一生的命运,老师真的很伟大!

二、评析

躁郁人格的特点是情绪状态自发地交替起伏于高涨与低落两极之间,高涨时兴奋愉快、充满信心、精力充沛、活动增多、容易受激惹。 几天或几周后,又变得抑郁寡欢、无精打采,认为一切事情都困难重重、毫无希望,如此循环交替,周而复始。 这种情绪和抑郁是内源性的,与外界影响无关,外界因素只可能起诱发作用。

在本案例中,班主任能仔细观察了解学生及其家庭,采用心理学的方法,不拘泥于谈话这种心理咨询的常用方式,巧用阅读,矫正了学生的人格偏差。

本案例说明,心理咨询的方法可以有谈话以外的选择,有时光说不行。 Rickwood 进行的一项青少年心理治疗效果的研究发人深省:有些青少年从家庭和朋友中寻求心理帮助,有些则寻求专业帮助,在得到帮助的四个月后两组青少年都接受了评价。 不幸的是,无论是专业帮助还是非专业帮助,都未能提高青少年的心理健康水平。 研究者的结论是:"把谈话的焦点集中在问题上,可能会强化这种心理症状,而不是减少这种心理症状的发生。 因此,对于青少年来说,通过谈话来帮助他们解决问题,并不是一种合适的处理方式。"

心理辅导员可以在必要时与咨询者谈心,也可以针对求询者不同的问题,采用不同的方法帮助学生矫正心理障碍。 例如,在活动中矫正。 本案例是采用阅读的方式。 集邮、比赛、劳动、旅游等也可能对矫正某些心理问题有效。

在中小学更为实际的是采用信件的形式进行咨询。 信件咨询就是学生用信件的形式向心理辅导员提出自己的问题,教师采用回信的方式,解答疑难,进行疏导。 书面语言不像口头语言那样松散、重复,对写作者来说,可以反复修改以准确地表达思想;对阅读者来说,可以反复阅读,以领会其内容。 在进行心理健康教育的班级,学生可以在一个专用的本子上提问,由心理教师回答。 心理辅导员用电子邮件与学生进行交流也是非常好的方法,随着网络的普及,此方式必然会大行其道。 另外,学校或班级也可以设立带锁的心理信箱。 这里有一点必须强调,就是无论何种咨询信件,回信都必须直接交到提问者本人手中,问和答的内容都不能让无关者看到或知晓。 学生提的某些问题可能涉及个人或家庭的隐私,"不足为外人道也"。 保密使学生有安全感,也是心理咨询工作者的职业道德。 对一些学生中产生的共性的问题,还可以采用讲座或团体咨询的方式解决。

总之,心理咨询方法运用之妙,存乎有爱心,这是本案例给我们的启示。

资料来源:杨忠健.一位台湾班主任心理咨询的生动案例.班主任(京)2005(09),33-34.

【拓展性阅读】

[1] 俞劼. 班主任心理辅导基础 [M]. 北京：教育科学出版社，2007.
[2] 徐光兴. 学校心理学—心理辅导与咨询 [M]. 上海：华东师范大学出版社，2000.
[3] 吴增强. 现代学校心理辅导 [M]. 上海：上海科学技术文献出版社，1998.
[4] 丛立新. 中学心理健康教育 [M]. 北京：人民教育出版社，1999.
[5] 康钊. 对心理健康标准的现代诠释 [J]. 现代教育科学，2006（5）：54-56.
[6] 肖水源. 从心理障碍到心理健康 [J]. 中国心理卫生杂志，2007（7）：435.
[7] 贾伟廉. 健康心理学 [M]. 北京：人民卫生出版社，1998.
[8] WHO. Constitution of the World Health Organization [J]. Chronicle of the World Health Organization，1947.
[9] 江光荣. 关于心理健康标准研究的理论分析 [J]. 教育研究与实验，1996（03）：49-54.

【研究性课题】

1. 如何科学地理解心理健康？
2. 班主任实施心理辅导有哪些优势？
3. 我国当前中小学心理健康教育存在哪些问题？应如何解决？

第七章　中学生个体心理辅导

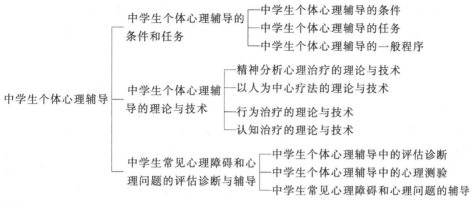

【学习目标】

- 举例说明心理评估、心理诊断。
- 说明心理评估的基本步骤。
- 结合实例说明心理学对心理活动正常与否的划分及标准。
- 结合实例说明中学生常见心理障碍的辅导

中学生个体心理辅导是学校心理辅导的一种基本形式，它符合学校心理辅导的基本原理，同时又吸收了心理咨询与治疗的基本理论和方法。本章首先介绍中学生个体心理辅导的条件、任务和一般程序，然后介绍几种最基本的个体心理辅导理论与技术，最后就中学生常见心理问题和心理障碍的辅导进行讨论。

第一节　中学生个体心理辅导的条件和任务

一、中学生个体心理辅导的条件

(一) 中学生个体心理辅导者的条件

个体心理辅导是学校心理辅导的一种基本形式，是由学校的专业心理辅导老师在专门的辅导场所，以面对面的方式对辅导对象的各类心理和行为问题进行个别帮助和矫治的过程。中学生的个体心理辅导在总的原理方法和方法上与一般的心理咨询是一致的，和其他心理学校心理辅导形式相比，它对辅导者有一定的要求。

1. 专业化知识能力

学校个体心理辅导者最基本的条件是具备专业化知识和能力。我国心理咨询行业刚刚兴起，心理咨询和治疗的职业规范还没成熟，各种咨询机构和咨询人员素质良莠不齐，不同地区的发展也存在很大差异，学校心理辅导者的专业性更得不到保障。2001年8月起，经国家劳动和社会保障部批准，我国启动心理咨询师的职业化工作，这为学校心理辅导工作的专业化发展奠定了良好的基础。中学生个体心理辅导者必须受过国家认可的心理咨询和心理治疗的职业资格培训并通过定期的职业资格审查。这样，就能运用心理学以及相关知识，遵循心理学原理，通过心理咨询和治疗的技术与方法，帮助被辅导的中学生解决心理和相应的行为问题。

专业的心理辅导者应具备的专业知识既包括基础心理学、社会心理学、发展心理学等心理学的一般知识，又包括变态心理学、健康心理学、心理测量学、咨询心理学等心理咨询相关知识和临床操作技能。中学生个体心理辅导工作者还要熟悉中学生的生理和心理发展特点，了解学校教育和管理方面的相关知识和政策。不仅如此，学校专业辅导人员还要接受不断发展的心理辅导理论和技术培训，具有一定的个案实践并接受专业督导，只有这样，才能说具备了相应的专业化知识能力。

2. 心理品质

心理辅导者除了要具备专业知识和能力外，心理品质也是很重要的条件。研究发现，决定心理辅导效果的因素中，辅导者方面被认为最重要的就是人格品质。研究者强调"成熟"和"敏感"的人格品质。成熟主要指辅导者在人格发展中具有协调性（整合程度）和稳定性。人格协调和稳定性高的辅导者对世界、人生已形成了成熟的价值体系，对自我有理性的认识，自我接纳程度较高，对事物的责任心强，情绪稳定，对人和社会的关爱度和容忍度比较大，自我平衡现实中各种冲突的能力强。敏感性主要关系到辅导者对求助者的直觉和理解，尤其是对求助者情感和内在冲突的理解和同感。具备了这样的人格品质，有利于辅导者对求助者保持开放、接纳的态度，并在辅导过程中保持客观性，有利于提高心理辅导的效果。

（二）中学生个体心理辅导对象的条件

学校个体心理辅导的对象可分为三大类：精神正常，但遇到了与心理有关的现实问题并请求帮助的中学生；精神正常，但心理健康出现问题并请求帮助的中学生；特殊对象，即学校在籍的临床治愈的精神病患者。

精神正常的中学生，在现实生活中会面对许多问题，如人际交往问题，择业求学问题，学校适应问题等。他们面对上述自我发展问题时，需要做出理想的选择，以便顺利地度过人生的各个阶段；在这时，心理辅导人员可以从心理学的角度，向他们提供心理学帮助，这类辅导，叫发展性辅导。另外，长期处在困惑、内心冲突之中，或者遭到比较严重的心理创伤而失去心理平衡，心理健康遭到不同程度的破坏，尽管他们的精神仍然是正常的，但心理健康水平却下降许多，出现了严重程度不同的心理问题，甚至达到"可疑神经症"的状态。这时，心理辅导人员所提供的帮助，叫心理健康辅导。精神病人，即心理不正常的人是心理辅导的对象吗？部分神经症患者可以同时进行药物治疗和心理治疗，还有些神经症患者或重性精神障碍患者经临床治愈之后，心理活动已经基本恢复了正常，这时，心理咨询和治疗具备介入和干预的条件。当然，也只有在这时，心理咨询和治疗的介入才有真正的价值。心理咨询可以帮助他们康复社会功能、防止疾病的复发。学校心理辅导工作中的主要对象是精神正常的学生，对于给临床治愈后的精神病人进行治疗时，必须严格限制在一定条件之内，有时必须与精神科医生协同工作，或者转到专业的心理治疗机构。

（三）中学生个体心理辅导中的共同条件

早期的心理辅导理论是排他的，以后的研究表明，各个辅导理论都是有效的，并且各个辅导技术之间的疗效差异相当微小。这个研究结果可能因三个原因而产生：第一，不同的技术的确产生了不同的效果，但现有的研究方法还没能够把它们检测出来；第二，不同的技术可通过不同的疗程得到同样的疗效；第三，不同的技术中存在共同的治疗因素。关于心理辅导中的共同因素是辅导效果的必要条件得到了很多证实。

研究总结了不同的心理辅导理论和技术中的一些共同条件：支持因素、学习因素和行动因素。支持因素的核心可能是辅导关系，例如辅导联盟、信任、同感、真诚和接纳等。学习因素主要指造成求助者认知改变的一些方法，如忠告、促进领悟、认知学习等。行动因素则体现在实施和维持改变的各种技术之中，例如示范和模仿、脱敏、现实检验等。这三方面的因素在实际辅导过程中呈现出一种先后顺序，支持因素在学习因素发生之前，而学习因素又先于行动因素。

二、中学生个体心理辅导的任务

学校个体心理辅导的任务，从总体上来说，是帮助中学生在学习和生活中化解各类心理问题，克服种种心理障碍，矫治不良行为，完善人格结构，纠正不合理的思维和认知模式，学会调整人际关系，深化自我认知，构建健康的生活方式，强化适应能力，使得他们健康、愉快、有意义地生活下去。

1. 认识自己的内外世界

人类通过认知和实践活动把内部心理世界和外部客观世界连接在一起，两者处在既一致又矛盾的状态中。现实世界变化万千，不随人们的意志而改变的，当对这种内外世界的矛盾缺乏明确认识，采取了不适应的应对方式的时候，就会产生困惑不解、烦躁不安，甚至会动摇自己固有的信仰，因而产生各类心理问题。

学校心理辅导的第一任务，就是帮助中学生认清自己的内、外世界，发展"积极适应"能力，学会应对生活的挑战和考验。在帮助求助者认识自己的内、外世界时，应更多地侧重对内部世界的认识与评估，特别是对那些极缺少"自知之明"的求助者来说，辅导人员应该帮助他们认识到自己尚未解决的内部冲突。通过辅导，有些人惊奇地发现，许多心理问题是他们自己造成的，一旦理清了自己内心的情结，对世界的把握能力会加强，生活会变得更积极、更充实、更美满。

2. 纠正不合理的欲望和观念

求助者经常确信自己的动机是合理的，以为自己对事物的观察和理解是正确的，他们的心理问题很多是由这种盲目自信造成的。中学生正处在身心发展阶段，在认知、情绪等方面表现出片面性、不稳定性，心理辅导的任务之一就是让求助者领悟，正是他们自己的非理性观念，将他们引入无法摆脱的心理困境，协助求助者纠正自己的不合理欲望和观念，帮助他们总结自己的经验教训，学会评估自己的思维、观念是否合理，这不仅能够解决他们当前的心理问题，而且能够使他们看清未来的方向，从而加速他们的自我成长。

3. 学会面对现实和应对现实

心理辅导应当帮助求助者学会面对现实，帮他们提高应对现实问题的能力。中学生在成长过程中必然不是一帆风顺的，有些同学会由于在现实中遭遇了失败或严重挫折，缺乏应对现实的能力，很可能走上逃避现实的道路。他们可能沉溺于过去的痛苦回忆，或者徒劳地陷入未来的想象中，形成恶性循环。心理咨询师的重要任务之一，就是帮助求助者回到现实中来，有勇气面对现实，并在现实中发展应对的能力。

4. 使求助者学会理解他人

爱和归属的需求是人的基本需要，彼此理解，成为满足这一需要的必要条件。现实世界的各种冲突打破了人性的内在平衡，这种状况使得一些适应能力不强的人不能很好地处理自我和他人的关系，因此体验到因人际交往的需求不能满足而带来的孤独、寂寞等各种负面情绪，产生各种心理问题。中学生正处在自我形成的重要时期，心理辅导可以通过唤起求助者的依附本能，使他们懂得理解他人对自我发展的重要性并发展出相应的能力，这样就可以促使他们更好地完善自我，理解他人，真正把自己溶解于社会群体之中。

5. 协助求助者构建合理的行为模式

人的心理和行为之间具有很大的相关性。中学生的各种心理问题，很多都通过不良的行为模式表现出来，而不良的行为模式又成为心理问题的原因。因此，中学生的个体心理辅导，可以通过各种理论和技术，帮助求助者改变不良的行为模式，构建合理的行为模式，所谓合理，是说这种行为可以满足自我发展的需要，同时，又符合社会的规则。这样，就可以促进心理和行为的健康发展。

三、中学生个体心理辅导的一般程序

（一）初诊接待与资料的资料的搜集整理

做好辅导前的准备工作，表现出辅导人员应有的仪态；礼貌接待方式和礼貌语言；间接询问求助者希望得到哪方面的帮助，不可直接逼问；询问结束后，明确表明态度：是否能向求助者提供帮助；向求助者简约说明心理咨询的性质，求助者的权利和义务；与求助者协商，确定使用哪种咨询方式。

（二）综合评估与诊断

具体内容见第三节。

（三）心理辅导方案的制定和实施

心理辅导方案的内容主要包括：与求助者人协商制定心理辅导协议；确定使用的心理辅导方法；确定辅导的步骤和阶段；确定心理辅导预期目标及评估方法；确定心理辅导意外和失败的对策及措施。在制定了心理辅导方案后，辅导者就可根据辅导方案对辅导对象运用心理学的理论和技术实施具体的辅导。

（四）辅导效果的评估

辅导效果可以从几个维度进行：求助者对辅导效果的自我评估；求助者社会生活适应状况改变的客观事实；求助者周围人士特别是家人、朋友和同事对求助者改善状况的评定；求助者辅导前后心理测量结果的比较；辅导员的评定。

第二节　中学生个体心理辅导的理论与技术

一、精神分析心理治疗的理论与技术

（一）基本理论

精神分析理论是研究精神动力如何驱动人类行为的科学，所以也叫精神动力学或心理动力学，基于这种理论的心理治疗，称为精神分析治疗或心理动力治疗。它是十九世纪末奥地利精神病学专家弗洛伊德创立的。精神分析的早期，离不开弗洛伊德、阿德勒和荣格等人的贡献，随后，发展了被称之"新弗洛伊德主义"的一些分支，以客体关系理论和自体心理学为代表的现代精神分析理论实现了对传统精神分析的超越。

1. 传统精神分析的治疗理论

（1）精神层次理论。弗洛伊德将人类的精神活动划分为理论上的三个区域，即意识、前意识和潜意识。意识是可以觉察到的思想、情感和对外在环境的感觉。前意识是在注意力高度集中时，才能被觉察的精神活动。潜意识是意识无法触及的思想、本能冲动、情感以及幻想等，高度集中注意力也无法觉察的内容。在精神分析学界，常用冰山理论来描述这一理论。冰山大约有三分之一浮在海水之上的部分相当于意识部分；冰山另外三分之二位于海水之下，靠近海平面的那一小部分相当于前意识部分；其余部分相当于潜意识。

（2）人格结构理论。弗洛伊德将人格分为本我、自我和超我。本我是最原始的生命冲动和力量，按"快乐原则"行事。自我是自己可以意识到的执行思考、感觉、判断及记忆的部分，自我遵循"现实原则"。超我是人格的最高管理机构，它是个体在成长过程中通过内化道德诡诞、内化社会及文化环境的价值观念而形成，它遵循"道德原则"。

（3）性本能理论。弗洛伊德认为人的精神活动的能量来源于本能。人类的本能有两类：一是生的本能，包括性欲本能和个体生存本能。另一类是死亡本能或攻击本能。弗洛伊德是泛性论者，在他眼里，性欲有着广泛的含义，是人一切心理活动的内在动力，在此基础上，他把人的性心理分为5个阶段：第一，口唇期；第二，肛门期；第三，性蕾期；第四，潜伏期；第五，生殖期。弗洛伊德认为，成人人格的基本组成部分在前三个阶段已经基本形成，所以儿童的早年环境、早期经历对其成年后的人格形成有着重要作用，很多人的变态心理、心理冲突都可以追溯到早年创伤性经历和压抑的情结。

（4）心理冲突理论。弗洛伊德认为，个人的心里同时存在两种或几种互相对立、互不相容的情绪、欲望、行动倾向或价值观，求助者既不能丢掉一个保留一个，又不能把两者在较高的层面上整合（统一）起来，这就叫做心理冲突。心理冲突使人产生紧张和痛苦的情绪，可能引起心理和社会功能的失调，还可能扰乱生理功能。

总之，精神分析治疗的原理就是通过分析术揭示压抑在无意识中的心理冲突，在意识层次领悟，使之意识化，使求助者能成熟应对冲突，消除症状，增进适应。

2. 现代精神分析的治疗理论

（1）**客体关系理论**。客体关系理论以梅兰妮·克莱茵等为代表，20世纪40年代创立。该理论认为，所有的驱力都来自一个背景即母婴关系。因此，寻求客体的动力相当于甚至更重要于寻求内驱力的释放。客体关系理论强调在自体印象和客体印象之间内化的关系的重要性。

（2）**自体与自体心理学**。自体心理学以海因茨．科胡特等为代表，20世纪60年代创立。该理论认为，人需要从环境中的他人那儿获得特殊的反应，才能发展和保持自尊和安宁感。自体心理学关注于实际的外在的关系将自体的碎片连接成整体以及创建自尊的作用。

（二）精神分析过程

1. 精神分析的基本步骤

精神分析过程在正式治疗前需经过试验性分析以确定咨询对象是否适合精神分析，然后分四阶段进行，第一阶段为开放阶段，其目的在于选择具有适应性的求助者，建立咨询联盟关系。第二阶段是移情的出现及其解释阶段。第三阶段是解释、修通阶段，这一阶段要使求助者能区别咨询联盟和被移情歪曲了的现实，能区别咨询师的实体和他出自幼时情感歪曲的咨询师形象。第四阶段是治疗的结束阶段，这一阶段中要解决求助者对咨询师的依赖问题和拒绝结束咨询的企图，彻底解决求助者对咨询师的移情，以重新回到现实生活中来。

2. 精神分析策略与技术

（1）**移情与反移情处理**。移情是指求助者以往的生活经历和人际关系对咨询者形成的心理反应倾向。即求助者把生命早期对自己有重要意义客体的情感、思想和行为（通常是养育者）转移到转移到咨询者身上的过程。正移情指求助者把咨询者当作以往生活中某个重要人物，对咨询者产生的好感或爱恋之情。负移情是指求助者把咨询者视为过去经历中某个给他带来挫折、不快、痛苦或压抑情绪的对象，对咨询者产生的不公正、憎恨的感觉。反移情本质上也是一种心理定势的表现。它是咨询者对求助者的无意识的反应倾向，因此它是移情的对立面。它有广义和狭义之分。广义的反移情指咨询者对求助者的无意识的认知、情感、意志的反应趋向，它在很大程度上由咨询者本人的生活经历和世界观所决定；狭义的指咨询者对求助者移情表现的反应。

（2）阻抗的处理。阻抗本质上是求助者对于心理咨询过程中自我暴露与自我变化的抵抗。它可表现为人们对于某种焦虑情绪的回避，或对某种痛苦经历的否认。阻抗的种类有：对会谈时间及规定的消极态度；讲话程度上的阻抗；讲话方式上的阻抗。

（3）移情性神经症的修复。移情性神经症是指求助者在分析过程中，神经症发生了变形，移情本身所包括的心理冲突取代了病人原来的神经症表现。

二、以人为中心疗法的理论与技术

（一）基本理论

以人为中心的理论是由美国心理学家马斯洛和罗杰斯等在20世纪五六十年代创立的，这一理论和辅导技术对人性有积极的观点，认为人的天性趋向于自我发展、自我完善，辅导工作强调关系而不是技术。它的一些重要概念和理论已经被大多数新的治疗体系吸收，成为整个咨询和治疗领域的共同原则。

1. 人性观

人本主义心理学家罗杰斯更多从事实探讨角度而不是价值论角度来探讨人性真相。他强调人要顺从自己的本性去生存。他认为人的本性是倾向于创造、具有建设性以及需要与其他人建立密切的个人关系的。他用"实现趋向"来陈述人性观点。罗杰斯相信"实现趋向"不仅是人类所具有的本性，也是一切生物都具备的基本倾向。"实现趋向"最典型的表现就是朝充分发挥机能的方向前进。实现趋向的另一个特点，就是它自带"识别机制"或"反馈系统"，可以帮助个体在环境中做出有益于自身、有益于"实现"的选择。凡生物都有一种"机体智慧"，人类个体具有的机体智慧表现在，他能通过一种"机体评价过程"来评价什么是好的（符合实现趋向），什么是不好的（阻碍实现趋向）。

2. 个体的现象世界

罗杰斯对个体的"经验"很重视，"经验"是指在任一给定时刻，个体心理系统内所发生的或进行的过程，经验过程可以在不同的意识水平上进行，既可以是完全清晰的意识过程，也可以是不被反映为意识的感知活动，其实还包括不被求助者意识到的阈下心理活动。

3. 自我及其发展

儿童在实现趋向的驱动下，与环境发生不断的互动，获得大量的经验。他通过机体评价过程对经验进行评价，若经验使他满足，就知觉为积极经验，若经验令他烦恼，就知觉为消极的，并回避消极经验。但儿童有一种无法靠自己来满足的需要——获得积极关注的需要。伴随这对他人积极关注的需要的满足与否的经验，个体又发展出一种积极的自我关注的需要。这一需要给了他生活中重要他人控制儿童行为的一个极为有利的条件，家长可以根据自己的价值观有条件地给儿童行为关注或行为惩罚。儿童因此有区别地对待自己的经验，并逐渐将父母或社会的价值观内化。这样，儿童的行为不再受到机体评估过程的指导，而是受内化的社会价值规范指导。当经验与价值条件一致时，自我能让它进入意识，而那些与价值条件相冲突的经验在知觉过程中被歪曲或不被意识。这就意味着儿童的自我和经验之间发生了异化。

4. 心理失调和心理适应

罗杰斯认为，所有障碍的根源都是自我概念与经验之间不一致或失调，当经验与外在价值观不一致时，个体会感到自我受到威胁，因而产生焦虑，会运用防御机制免除焦虑；当个体无法用防御机制来免除焦虑时，就会出现较大的心理适应障碍。

总之，以人为中心疗法的基本思想可以概括为：第一，个体天生就有一种实现趋向；第二,机体评估过程总是与实现趋向一致;第三,发展过程中个体或多或少地摄入、内化了外在的价值观;第四,经验与外在价值观不一致时,个体会感到自我受到威胁,因而产生焦虑;第五,预感到经验和自我不一致的个体,会运用防御过程对经验进行加工,使之在意识水平上达到一致。如果防御成功,就没有明显的适应障碍;否则,如果这种经验特别重大,或个体无法成功地防御,就会出现心理适应障碍;第六,心理适应问题的根源在于个体自我中那些无效、与本性相异化的自我概念。

(二) 心理辅导过程

1. 心理辅导的目标

人本主义心理辅导的目标是去伪存真。"伪"就是一个人身上那些与其价值条件化了的自我概念相一致的,或者说由这些自我概念衍生出来的生活方式、思想、行动和体验的方式。"真"就是一个人身上那些代表他的本性,属于他真正自我的思想、情感和行为方式。一个"去伪存真"的人就是一个"机能充分发挥的人",他有以下特点:第一,对经验越加开放;第二,更富存在感的生活;第三,越来越信任自己的机体。

2. 心理辅导的条件

"去伪存真"是一个人格重整的过程。重整人格、重建自我,既是心理辅导的目标,也是心理辅导的实质所在。到底哪些条件才能促使人格的改变呢?以罗杰斯为代表的人本主义提出了三条:第一,真诚一致,即辅导者在辅导中,以一种合适的方式真实地表达自我;第二,无条件积极关注,即辅导者不以求助者的某个特点或整体的价值为依据,无条件地接纳求助者的任何感受,对求助者表达关爱;第三,同感理解,是指辅导者能感同身受地体认求助者的内部世界。

3. 心理辅导的基本步骤

求助者前来求助;治疗者向求助者说明督导的情况;鼓励求助者情感的自由表现;辅导者要能够接受、认识、澄清对方的消极情感;求助者成长的萌动;辅导者对求助者的积极的情感要加以接受和认识;求助者开始接受真实的自我;帮助求助者澄清可能的决定及应采取的行动;疗效的产生;进一步扩大疗效;求助者的全面成长;辅导结束。

4. 治疗策略和技术

以人为中心的理论不追求特殊的策略和技术,而是把重点集中在创造一种良好的关系氛围,使得当事人能够自由地探索内心的感受。可以说,辅导者最大的策略就是把自己作为一种手段,把整个人投入到关系中去,通过自己的真诚、温暖、尊重、无条件积极关注、同感理解来创造出所需要的治疗关系。所以说,以人为中心的理论最主要的策略就是关系策略,这几乎成了心理辅导的最基本原则。

三、行为治疗的理论与技术

(一) 基本理论

行为主义理论和治疗技术是在行为主义学习理论基础上发展出来的流派,是由很多具有共同基本信念的学者,依据行为主义学习理论开发出来的若干种心理治疗方法的总称。主要代表人物为美国心理学家华生、斯金纳、班杜拉等人。该理论主要强调从人的可以观察和测量到的行为去塑造良好行为和改变不良行为模式。

1. 经典性条件作用理论

巴甫洛夫创造了在精确的实验条件下研究高级神经活动的方法,并发现了条件反射形成的基本规律,提出了条件反射学说。巴甫洛夫的条件反射学说,对研究学习的心理学家有很大的影响,尤其是对美国的行为主义心理学的影响更大,这一理论对行为获得与消退;刺激泛化与分化等进行了研究。西方心理学家就把巴甫洛夫的条件反射形成的学说，称为经典条件作用理论。

2. 操作性条件作用理论

美国心理学家斯金纳的操作条件作用理论认为，人类行为有"前因——后果"关系，即前一个行为的后果，可以是后一种行为的激励因子并决定以后的行为——"强化作用"。

（1）强化，能使个体操作性反应的概率增加的一切刺激和事件，指行为被紧随其后结果加强的过程。

① 正强化：环境中某种刺激增加而行为反应弧线的概率也增加时，这种刺激量的增加就是正强化，如鼓励、报酬、赞扬等。

② 负强化：环境中某种刺激减少而行为反应出现的概率增加时，这种刺激的减少就是负强化。如减少惩罚、剥夺、批评等。

（2）惩罚，在某种行为后给予一定的具有减弱此行为倾向的刺激，比如批评、罚款、剥夺等。

① 正惩罚：有机体作出一种反应后，呈现一个消极刺激，以消除或抑制此类反应的过程。

② 负惩罚：有机体作出一种反应后，撤离一个积极刺激，以消除或抑制此类反应的过程。

（3）消退，有机体做出以前曾被强化的反应，如果这一反应之后不再有强化物伴随，那么，此类反应在将来发生的概率便降低。

3. 社会学习理论

认为人类大多数行为都是通过观察，进行模仿而习得，并非得到外部强化。

（1）替代强化：对榜样行为的强化，可以替代性地影响观察者的学习。成功的、受奖励的榜样行为会增加同样行为的倾向；失败的、受惩罚的榜样行为会抑制同样行为的倾向。

（2）自我强化：人们对自己行为所产生的评价反应，会调节他们将表现出的可观察到的习得行为。人们倾向于做出自我满意的行为，拒绝个人厌恶的行为。

（二）理论假设

行为主义认为，人的行为都是经过学习获得的，并由强化得以巩固。一般而言，当某一行为不再具有社会适应性时，该行为减弱或消退；但某些行为丧失了适应性后仍不消退，则需借助于治疗者。通过奖赏或惩罚等强化方式，可以控制行为增减或改变方向。即个体可以通过学习消除那些习得性的非适应性行为，也可通过学习获得所缺少的适应性行为。

（三）行为治疗的过程

1. 问题行为的评估

（1）行为评估的含义和价值。行为评估也称行为的功能分析，是一种搜集行为资料并分析其行为功能的过程。也就是收集和分析与问题行为的发生有关的前提和后果的过程。其目标是准确地了解问题行为的来源，以提高行为治疗的效果和效率。问题行为的鉴别中，只有异常且有害的行为才需要治疗。问题行为的种类主要有：第一，行为不足，即人们所期望的行为（良性新风格为）很少发生或从不发生。例如，7岁的儿童自己不会穿衣服。第二，行为过度，指人们所不期望的行为（不良行为）发生太多。例如，儿童上课经常扰乱课堂纪律。第三，行为不当，指人们期望的行为在不适宜的情境下产生，但在适宜的条件下去不发生。例如，20岁的青年在悲伤情境时大笑，在欢乐情境时大哭。

（2）问题行为的功能分析。问题行为功能分析，就是收集分析并验证与问题行为的发生有关的前提和后果的过程。问题行为功能分析有助于推断问题行为发生的原因。

2. 行为治疗的实施

主要的步骤为：确定治疗目标、界定治疗关系、选择治疗方法、实施治疗计划。

3. 治疗策略和技术

（1）放松训练。又名松弛训练，它是按一定的练习程序，学习有意识地控制或调节自身的心理生理活动，以达到降低机体唤醒水平，调整因紧张刺激而紊乱了的功能。

（2）系统脱敏。主要利用交互抑制的原理，用条件反射方法结合放松训练等方法来达到消除过度焦虑和恐惧的状态。即在引起焦虑的刺激存在时，通过造成一个与焦虑不相容的反应，则能引起焦虑的全部或部分抑制，削弱刺激与焦虑之间的联系，亦即使用放松方法以减弱患者对引起焦虑刺激的敏感性，鼓励患者逐渐地接近他所恐惧的事物，以致最后不再恐惧。

（3）厌恶疗法。将不适应行为与负性刺激结合起来，通过厌恶性条件作用过程，产生厌恶体验，从而对抗、消除这种不适应行为。

（4）操作条件疗法。是指系统地应用强化、惩罚和消退等手段去增进某些适用性行为，减弱或消除不适应行为的心理治疗方法。

（5）生物反馈疗法。是利用现代科学仪器，将人体生理活动的信息如皮肤温度、电阻、心率、肌肉张力、脑生物电波等动态信息，经过仪器放大、转调，以声、光等可视信息，直接输入人体，显示出求助者控制体内活动的过程，指导求助者正确地抑制生理、病理活动，达到消除病理反应和恢复健康的一种心理治疗方法。

四、认知治疗的理论与技术

（一）艾利斯合理情绪疗法的理论与技术

1. 基本理论

理性情绪疗法是美国心理学家艾里斯在20世纪50年代提出的一种心理疗法，它以认知理论为基础，结合行为疗法的某些技术而成一体。它是认知疗法的一种形式。艾里斯认为，人的情绪和行为反应与人们对事物的解释、评价引起情绪障碍C的不是诱发事件A本身，而是事件经历者对该事件的评价和解释B。事件能否发生是不以求助者的意志为转移的，但如能对该事件作出理性评价，就可避免消极情绪。

2. 常见的非理性信念

（1）绝对化。指人们以自己的意愿为出发点，对某一事物怀有认为其必定会发生或不会发生的信念，它通常与"必须"，"应该"这类词连在一起。

（2）过分概括化。这是一种以偏概全的、不合理的思维方式。

（3）糟糕至极。这是一种认为如果一件不好的事发生了，将是非常可怕、非常糟糕的，甚至是一场灾难的想法。

3. 治疗的过程

（1）心理诊断阶段。治疗师与求助者建立良好的工作关系，摸清求助者所关心的各种问题，将这些问题根据所属性质和求助者对它们所产生的情绪反应分类。从最迫切的问题入手。

（2）领悟阶段。帮助求助者认识到自己的不适当情绪和行为表现或症状是什么，及产生的根源——不合理信念。

（3）修通阶段。采用辩论的方法动摇求助者的不合理信念，用夸张或挑战式等方法质疑求助者的不合理信念。

（4）再教育阶段。进一步帮助求助者摆脱旧的思维方式和不合理信念，还要探索是否还存在与本症状无关的其他不合理信念，并与之辩论，使求助者学习到并逐渐养成与不合理信念进行辩论的方法，用理性方式进行思维，以拥有良好的情绪。

4. 治疗策略和技术

（1）认知技术。例如：驳斥不合理信念；质疑式提问；夸张式提问。

（2）认知家庭作业。例如：RET自助表和合理自我分析报告（RSA）；改变自我暗示内容；幽默的使用。

（3）情绪技术。例如：角色扮演；击溃羞耻练习；强力与气势的使用。

（4）行为技术。

（二）贝克的认知理论与技术

1. 基本理论

贝克是认知疗法的代表人物之一、认知转变法是他在治疗抑郁症患者时所提出的一种方法。他认为抑郁症的原因部分是由于患者对客观经验的一种过分的、消极的、歪曲的结果，在信念形成过程中，由于认知歪曲导致了抑郁性障碍。因此，他倡导用认知转变技术来改变抑郁症患者的认知方式，使患者症状得到改善或消除。

2. 情绪障碍的认知模型

（1）负性自动思维。它是自动的，不经逻辑推理突现于脑内；它的内容消极，常和不良情绪相联系；它随时间、地点而变化，能为意识所察觉，具有认知过程的特征；它貌似真实，因为它是由潜在功能性失调性假设或图式派生而来的；它存在于意识边缘，稍纵即逝；它存在时间短暂，但力量很大，并且不由自己意愿选择或排除；它蕴涵着认知曲解，而求助者却信以为真，不认识它是情绪痛苦的原因。

（2）认知图式。三种功能性失调假设：成就、接纳、控制。

（3）认知歪曲。二分法；选择性抽取；专断的推论；灾难化；以偏概全；乱贴标签；夸大和缩小；个人化。

3. 心理治疗过程

心理治疗过程主要包括：早期收集资料——问题和认知评估——确立目标——建立关系——帮助求助者确认自动思维，检验功能失调性假设。

4. 治疗策略和技术

（1）认知技巧。主要有：去灾难化、再归因法、去中心化、语义分析法、质疑绝对化等。

（2）行为技巧。主要有：家庭作业；假设检验；暴露治疗；行为预演；角色扮演；活动规划表；渐进性作业。

第三节 中学生常见心理障碍和心理问题的评估诊断与辅导

中学生的心理问题和心理障碍可根据精神病学和临床心理学的相关标准去评估和诊断，学校的心理辅导工作也可依据"班级——学校——专业心理辅导机构"三级网络实施管理，班级学生、任课教师、班主任、学校专业心理辅导老师和专业心理辅导机构的辅导人员都应在中学生的心理辅导工作中发挥不同的作用。在本节的内容中，主要介绍中学生常见的心理障碍和心理问题的评估诊断和辅导，主要包括：反社会性品行障碍、社交恐惧症、广泛性焦虑症、学校恐惧症、强迫症等心理障碍和厌学心理、网络成瘾、早恋、抑郁情绪、闭锁心理等心理问题。

第七章 中学生个体心理辅导

一、中学生个体心理辅导中的评估诊断

(一) 什么是心理评估

中学生个体心理辅导中的心理评估,是指获得心理咨询和治疗职业资格或受过相应培训,具有心理咨询和治疗方面的专业水平的学校辅导老师,依据心理学方法和技术搜集得来的资料,对中学生的心理特征与行为表现进行评鉴,以确定其性质和水平并进行分类诊断的过程。

心理评估既可采用标准化的方法,如各种心理测验;也可以采用非标准化的方法,如评估性会谈、观察法、自述法等。

(二) 什么是心理诊断

心理诊断是通过心理评估,运用心理学方法和技术对中学生的心理活动及心理障碍或行为偏移进行描述、分类、鉴别与评定,获得相应结论的过程。

心理评估和诊断是学校心理辅导,特别是个体心理辅导中最基础和重要的工作程序。通过这项程序,可以初步评定中学生心理问题和障碍的类别,筛选出适合学校个体心理辅导的对象,同时,及时发现需要去专业心理治疗机构就诊的对象,保证学生的心理问题能得到及时妥善处理。

(三) 心理评估的基本步骤

心理评估的基本步骤主要包括以下几方面:求助者一般情况与背景信息的收集;求助者资料的归纳与分析;探明问题产生的原因;心理测验的运用;健康水平与社会功能的评估;心理问题的分析与推论;心理诊断的形成;咨询目标的确定;咨询方案的制定与实施;咨询效果的评价。

(四) 常见心理问题和心理障碍的诊断

心理问题和心理障碍的评估诊断一般遵循从重到轻、由粗至细的程序。即首先确定精神状态的正常与否,筛选出不正常精神状态中的重性精神障碍,再筛选出不正常状态中的神经症等,然后筛选正常精神状态中的不健康人群和健康人群。

1. 临床心理学对心理活动正常与否的划分

临床心理学对心理活动正常与否的划分如图 7-1 所示,心理正常即心理健康和心理不健康人群属于学校心理辅导的对象范畴,但学校心理辅导工作者必须学会评估诊断,以便区分出属于学校心理辅导范畴的心理正常人群,而将心理不正常人群及时安排至专业心理治疗机构进行干预。

图 7-1 正常与不正常心理的区分

2. 正常心理与异常心理的区分

在日常生活中,人们往往根据生活经验对心理障碍做感性的区分,诸如离奇怪异的言谈、思想和行为,过度的情绪体验和表现,个体自身社会功能不完整,个体的异常心理影响了他人的正常生活等,但是这种划分常常比较初级,不够严谨,也容易出现判断上的错误。

变态心理学的研究表明,正常与异常心理区分的基本原则主要有三个。

(1) 主观世界与客观世界的统一性原则。精神科临床上经常把有无"自知力"和"现实

检验能力"作为鉴别正常与异常的指标。所谓无"自知力"或"自知力不完整",是患者对自身状态的反映错误,或者说是"自我认识"与"自我现实"的统一性的丧失。

(2) 心理活动的内在协调性原则。人的精神活动可以分为认知、情感、意志行为等部分,但是它自身应该是一个完整的统一体,各种心理过程之间具有协调一致的关系。这种协调一致性,保证人在反映客观世界过程中的准确有有效性。如果心理过程失去了协调一致性,就可以称之为异常状态。

(3) 人格的相对稳定性原则。人格一旦形成,便有相对的稳定性。如果在没有明显外因的情况下,一个人的个性相对稳定性出现问题,就可以说这个人的心理活动出现了异常。

3. 神经症与正常心理的区分

神经症和正常心理的区分关键是要弄清楚求助者心理冲突的性质。心理冲突有常形和变形之分。它们的区分主要表现在两方面:一是与现实处境的联系。心理冲突的常形与现实处境有直接联系,涉及大家公认的重要生活事件。二是是否带有道德色彩。心理冲突的变形是神经性的,与现实处境没什么关系,或者说它涉及的是一般人认为不值得操心的事情。它也不带明显的道德色彩。

心理冲突的分析需要精神病学知识和技巧,一般可以用量化的方法来评定,包括三方面。

(1) 病程(不到三个月为短程,评1分;三个月到一年为中程,评2分;一年以上为长程,评3分。)

(2) 精神痛苦的程度(轻度病人自己可以主动设法摆脱,评1分;中度病人自己摆脱不了,须靠别人的帮助或处境的改变才能摆脱,评2分;重度病人几乎完全无法摆脱,评3分。)

(3) 社会功能(能照常工作学习或者工作学习以及人际交往只有轻微妨碍者,评1分;中度社会功能受损害者,工作学习或人际交往效率显著下降,不得不减轻工作或改变工作或只能部分工作,或某些社交场合不得不尽量避免,评2分;重度社会功能受损害者完全不能工作学习,不得不休病假或推卸,或某些必要的社会交往完全回避,评3分。)

如果总分为3,可以认为不够诊断为神经症。如果总分不小于6,神经症的诊断是可以成立的。4~5分为可疑病例,需进一步观察确诊。对精神痛苦和社会功能的评定,至少要考虑近三个月的情况才行,评定涉及的时间太短是不可靠的。

4. 一般与严重心理问题诊断的条件

一般心理问题与严重心理问题的表现程度是不同的。诊断标准主要有四个。

(1) 刺激的性质。一般心理问题主要是由于现实生活、学习压力、处事失误等因素产生内心冲突,并因此体验到不良情绪(厌烦、后悔、懊丧、自责等)。引起"严重心理问题"的原因,是较为强烈的、对个体威胁较大的现实刺激。不同原因引起的心理障碍,求助者分别体验着不同的痛苦情绪(如悔恨、冤屈、失落、恼怒、悲哀等)。

(2) 反应持续的时间。一般心理问题的不良情绪不间断持续满一个月,或不良情绪间断地持续两个月仍不能自行化解。严重心理问题从产生痛苦情绪开始,痛苦情绪间断或不间断地持续时间在两个月以上,半年以下。

(3) 反应的强度。一般心理问题的不良情绪反应仍在相当程度的理智控制下,始终能保持行为不失常态,基本维持正常的生活、学习、社会交往,但效率仍有下降。而严重心理问题则是个体遭受的刺激强度非常大、反应强烈。多数情况下,会短暂地失去理性控制;在后来的持续时间里,痛苦可逐渐减弱,但是,单纯地依靠"自然发展"或"非专业性的干预",却难以解脱;对生活、工作和社会交往有一定程度的影响。

(4) 反应是否泛化。一般心理问题自始至终，不良情绪的激发因素仅仅局限于最初事件，即便是与最初事件有联系的其他事件，也不引起此类不良情绪。而患有严重心理问题的人，痛苦情绪不但能被最初的刺激引起，而且与最初刺激相类似、相关联的刺激，也可以引起此类痛苦，即反应对象被泛化。

二、中学生个体心理辅导中的心理测验

（一）什么是心理测验

心理测验是为心理评估搜集数字化资料的常用工具。心理测验是一种特殊的测验，是测验一个行为样本的系统的程序。测验通过测验人的行为，去推测受测者个体的智力、人格、态度等方面的特征和水平。

（二）心理测验的类型

（1）智力测验。主要有韦氏智力量表、联合瑞文测验、中国比内测验等。

（2）人格测验。常用的主要有：明尼苏达多项人格测验（MMPI）、卡特尔16种人格因素测验（16PF）、艾森克人格问卷（EPQ）。

（3）心理与行为问题评估测验。常用的主要有90项症状清单（SCL-90）、抑郁自评量表（SDS）、焦虑自评量表（SAS）等。

（4）应激及相关问题评估测验。常用的主要有社会支持评定量表和应对方式问卷。

（三）心理测验应用中的注意事项

1. 不得乱用心理测验

实施心理测验要遵循以下要求：

（1）目的不明确，依据不充分得随意使用；

（2）单纯依据心理测验结果，不与临床表现相对照，片面地给出诊断和制定矫治措施；

（3）未查明某种心理测验自身可靠性（信度、效度）以及常模的时限便在临床上使用；

（4）在诊断目的以外使用心理测验；

（5）不按心理测验的程序要求和操作规定实施心理测验；

（6）超出某种心理测验自身功能功能，主观地对数据和结果进行解释；

（7）将直接翻译而未经修订的测验工具用于临床。

2. 不得使用"地毯式轰炸"方式实施心理测验

所谓"地毯式轰炸"方式，是指在不理解各种心理测验本身独有功能，对临床表现尚未形成印象时，便将各种测验工具一起实施；或者单纯为了经济效益而大量地、目的性不强地使用心理测验，这是职业道德不允许的。

三、中学生常见心理障碍和心理问题的辅导

（一）中学生常见的心理障碍及辅导

1. 反社会性品行障碍

（1）主要症状。

反社会性品行障碍的特征是反复而持久的社交紊乱性、攻击性或对立性品行模式。当发展到极端时，较之儿童普通的调皮捣蛋或少年的逆反行为也更为严重，这些症状导致日常生活和社会功能（如社交、学习或职业功能）明显受损。至少已持续6个月。中学生反社会性品行障碍诊断可参照《中国精神疾病诊断标准》对反社会性品行障碍的诊断标准进行确定。

第一，至少有下列中的3项。①经常说谎（不是为了逃避惩罚）；②经常暴怒，好发脾气；③常怨恨他人，怀恨在心或心存报复；④常拒绝或不理睬成人的要求或规定，长期严重的不服从；⑤常因自己的过失或不当行为而责怪他人；⑥常与成人争吵，常与父母或老师对

抗；⑦经常故意干扰别人。

第二，至少有下列中的2项：①在小学时期即经常逃学（1学期达3次以上）；②擅自离家出走或逃跑至少2次（不包括为避免责打或性虐待而出走）；③不顾父母的禁令，常在外过夜（开始于13岁前）；④参与社会上的不良团伙，一起干坏事；⑤故意损坏他人财产，或公共财物；⑥常常虐待动物；⑦常挑起或参与斗殴（不包括兄弟姐妹打架）；⑧反复欺负他人（包括采用打骂、折磨、骚扰及长期威胁等手段）。

第三，至少有下列中的1项：①多次在家中或在外面偷窃贵重物品或大量钱财；②勒索或抢劫他人钱财，或入室抢劫；③强迫与他人发生性关系，或有猥亵行为；④对他人进行躯体虐待（如捆绑、刀割、针刺、烧烫等）；⑤持凶器（如刀、棍棒、砖、碎瓶子等）故意伤害他人；⑥故意纵火。

必须同时符合以上第一、第二、第三项标准。

反社会性品行障碍诊断的排除标准为排除反社会性人格障碍、躁狂发作、抑郁发作、广泛发育障碍，或注意缺陷与多动障碍等。

（2）干预与心理治疗措施。

①认知和行为治疗。认知疗法目的在于帮助学生发现自己的非理性认知、并找出解决问题的办法。行为治疗目的是为了改变或消除患者的不良行为，主要采用阳性强化法、消除不良行为（靶症状），以良好的行为取代，建立正常的行为模式，促进亲社会行为的发展。②教育训练。在游戏活动和目标任务中疏泄负性的能量和情绪，训练学生适应性的社会和生活技能。③家庭治疗。将整个家庭视为一个功能系统，而不仅仅是将焦点集中在孩子身上，找到阻碍家庭良性发展的因素，改善和整合家庭结构和功能，促进家庭成员之间关系的良性互动，以此改变孩子身上的不适应行为方式。④药物治疗。

2. 社交恐惧症

（1）主要症状。

特发于儿童和少年的社交恐惧症属于情绪障碍中的一种，起病于儿童和少年时期的焦虑、恐惧、强迫、羞怯等情绪异常，与儿童和少年的发育和境遇有一定关系，与成人期神经症无连续性。儿童精神病学中传统地将特发于童年和少年的情绪障碍与成年神经症区分开来。中学生的社交恐惧症指中学生对新环境或陌生人产生恐惧、焦虑情绪和回避行为。这些症状显著影响社交（包括与同龄人）功能，导致交往受限。至少已持续1个月。中学生的社交恐惧症的诊断标准可参照《中国精神疾病诊断标准》对儿童社交恐惧症的诊断标准。①与陌生人（包括同龄人）交往时，存在持久的焦虑，有社交回避行为；②与陌生人交往时，患儿对其行为有自我意识，表现出尴尬或过分关注；③对新环境感到痛苦、不适、哭闹、不语或退出；④患儿与家人或熟悉的人在一起时，社交关系良好。

中学生社交恐惧症的诊断的排除标准为不是精神分裂症、心境障碍、癫痫所致精神障碍、广泛性焦虑障碍等所致。

（2）干预和心理治疗措施。

①家庭治疗。将家庭作为一个系统来进行治疗，消除阻碍家庭系统良性发展的因素，纠正父母不利于孩子自主发展的教养方式，从而推动孩子不良情绪的缓解和人际交往方式的改变。②行为治疗。运用系统脱敏法、放松疗法等方法训练人际交往技能，缓解恐惧情绪。③绘画、沙盘游戏等表达性治疗。通过表达性治疗疏泄负面情绪，促进自我成长。

3. 学校恐惧症

（1）主要症状。

学校恐惧症属于儿童恐惧症的一种亚型，是一种情绪障碍，直接诱因常常为：教师过分严厉，对学生态度简单粗暴，甚至实施体罚或变相体罚；学生学习成绩差；儿童在学校遭到某些挫折或侮辱；师生关系、伙伴关系紧张；家庭发生某些变故、父母生病、亲人死亡等。主要表现为学生上学前诉说自己有头痛、腹痛等不适，不愿上学，并伴有焦虑或抑郁情绪。诊断需要详细了解学生情绪与生活事件的关系，分析症状发作的时间与特点，同时进行必要的躯体和精神检查。

中国精神疾病诊断标准未纳入儿童学校恐惧症。但这是常见的障碍之一，学校恐惧症是指学生对学校环境或到学校上学产生恐惧、焦虑情绪和回避行为，社会功能受损。符合症状标准和严重标准至少已1个月（不包括最初入学的第1个月）。而在与上学无关或非学校环境（如家中）言谈自如。具体症状为：①对到学校上学存在持久的恐惧、焦虑情绪和回避行为。②对学校环境感到痛苦、不适、哭闹、不语或退出。③对其行为有自我意识，表现过分关注。④不在学校环境或不上学，并与家人或熟悉的人在一起时，表现正常。

对中学生学校恐惧症的排除标准为：不是由于分裂症、广泛性发育障碍、情感性精神障碍、癫痫性精神障碍、广泛性发育障碍等。

（2）干预和心理治疗措施。

①认知和行为治疗：行为疗法主要是各种形式的放松训练、系统脱敏；认知疗法可以纠正对学校有关的非理性认知，形成理性的认知。②绘画、沙盘游戏等表达性治疗。在表达性治疗中释放负面情绪，促进自我成长。③家庭治疗。改善和整合家庭的功能结构，纠正父母不利于孩子自主发展的教养方式，推动孩子形成适应性的行为模式。④学习能力、人际交往能力、挫折应对能力等训练、加强学校适应能力。学校方面可以根据具体情况对求助者进行学习等方面的个别辅导。⑤药物治疗。

4. 广泛性焦虑症

（1）主要症状。

特发于儿童和少年的广泛性焦虑症起病于18岁前，属于儿童情绪障碍中的一种，主要表现为情绪焦虑、伴随着植物性神经症状。社会功能明显受损，符合症状标准和严重标准至少已6个月。儿童与少年广泛性焦虑的主诉及植物神经症状均较成人少，诊断可参照《中国精神疾病诊断标准》（CCMD-3）对儿童广泛性焦虑症的诊断标准。

第一，以烦躁不安、整日紧张、无法放松为特征，并至少有下列2项。①易激惹，常发脾气，好哭闹；②注意力难于集中，自觉脑子里一片空白；③担心学业失败或交友受到拒绝；④感到易疲倦、精疲力竭；⑤肌肉紧张感；⑥食欲不振，恶心或其他躯体不适；⑦睡眠紊乱（失眠、易醒、思睡却又睡不深等）。

第二，焦虑与担心出现在2种以上的场合、活动或环境中。

第三，明知焦虑不好，但无法自控。

中学生广泛性焦虑症的排除标准为不是由于药物、躯体疾病（如甲状腺功能亢进），及其他精神疾病或发育障碍所致。

（2）干预和心理治疗措施。

①行为治疗。通过系统脱敏、放松疗法等方面减缓焦虑和恐惧情绪，增强对环境的适应性。②森田疗法。指导求助者顺其自然、为所当为，带着症状生活和学习。③绘画、音乐治疗和沙盘游戏等表达性治疗。可以疏泄负面情绪、表达自我、完善自我。④家庭治疗。从改善和整合家庭系统的功能入手，推动求助者发展适应性的情绪和行为。⑤药物治疗。

5. 强迫症

（1）主要症状。

强迫症是指一种以强迫症状为主的神经症，其特点是有意识的自我强迫和反强迫并存，二者强烈冲突使病人感到焦虑和痛苦；求助者体验到观念或冲动系来源于自我，但违反自己意愿，虽极力抵抗，却无法控制；求助者也意识到强迫症状的异常性，但无法摆脱。病程迁延者表现为以仪式动作为主而精神痛苦减轻，这些特征对社会功能（如学习、生活、社会交往等）产生不良影响，至少已持续3个月。

中学生强迫症的标准可参照《中国精神疾病诊断标准》（CCMD-3）对强迫症的诊断标准。

第一，符合神经症的诊断标准，并以强迫症状为主，至少有下列1项。①以强迫思想为主，包括强迫观念、回忆或表象，强迫性对立观念、穷思竭虑、害怕丧失自控能力等；②以强迫行为（动作）为主，包括反复洗涤、核对、检查，或询问等；③上述的混合形式；第二，病人称强迫症状起源于自己内心，不是被别人或外界影响强加的；第三，强迫症状反复出现，病人认为没有意义，并感到不快，甚至痛苦，因此试图抵抗，但不能奏效。

中学生强迫症的诊断要排除其他精神障碍的继发性强迫症状，如精神分裂症、抑郁症，或恐惧症等；排除脑器质性疾病特别是基底节病变的继发性强迫症状。

（2）干预和心理治疗措施。①认知和行为疗法。采用暴露疗法和系统脱敏，降低对强迫情境的敏感性，缓解强迫症状。纠正非理性认知，构建理性的认知模式。②森田疗法：指导求助者顺其自然，为所当为，带着症状生活和学习。③家庭治疗：改善和整合家庭系统功能，促使父母改善教养方式，化解求助者的内心冲突，缓解强迫症状。④绘画、音乐治疗和沙盘游戏。可以疏泄负面情绪，化解内心冲突，减缓强迫症状，充实内心的力量。⑤药物治疗。

（二）中学生常见心理问题的辅导

1. 厌学心理

（1）主要表现。厌学是学生对学校的生活失去兴趣，产生厌倦情绪，持冷漠态度等心理状态及其在行动中的不良表现方式。厌学，作为一种心理状态，不是特定学生所有的，而是所有学生在程度上有所不同的共同潜在的问题。主要表现为：首先，心智活动差。厌学学生的课堂学习、课外阅读、课外作业等学习活动完全处于消极被动状态。注意力极易分散，有意注意少，无意注意多，常常听课不专心，作业不用心，预、复习无恒心，形成心不在焉的不良习惯。其次，动力不足。从兴趣、动机、情感、意志等动力系统看，厌学学生在学习目的上有随意性和多变性的特点。他们兴趣分散，志向不定，缺乏长远动机，在学习上没有自制力和顽强性。再次，学习成绩差。由于学而不会，不愿学，他们的学习成绩差，并且形成恶性循环。最后，具有很强的破坏性。由于成绩差，他们的自尊心很少受到别人的关注和重视，开始表现为惭愧、内疚，继而发展为不在乎以掩饰自己，与此同时，他们积极寻找别的途径来实现自我的价值，从而不守纪律，爱出风头，与老师对着干，混学、闲学，直至弃学。

中学生厌学的原因主要由学校、家庭、社会压力等客观原因和自身的特质等个人原因。目前，社会、学校、家庭仍然存在"分数第一"的教育观，学校的"应试教育"忽视学生的兴趣和心智特点，以考试成绩作为评价学生的主要标准，高容量和难度的学习任务和教师严格的管理致使部分中学生对学习产生为难情绪。在家庭中，部分父母无视孩子的需要和性格、能力特点，对孩子寄托了较高的期望，这些都导致部分自身适应性不够强、缺乏学习兴趣的学生产生对学习的倦怠心理。

（2）防治方法。

① 立足于培养自立性、主体性的观点，加强对学生的指导。中学生正处在一个心理萌动时期，生理、心理都在急剧变化并趋向成熟，每个学生都有发展的潜能，教育者要帮助他

们克服对人对事的片面看法，帮助他们面对纷繁的客观环境，顺利度过这一阶段，不能因为其不成熟而包办代替或一味压倒，而要充分发挥其自身的积极性和能动性。

② 通过适当的集体生活，培养学生良好的人际关系。学校必须注意培养学生日常在学校和班级的人际关系。另外，还必须充分利用各种学习活动和郊游、运动会、文化节、劳动实践等活动机会，在集体中建立良好的人际关系，培养对学校生活的热爱。

③ 改变学习方法及指导体制。学业不振是厌学的重要原因，教师要指导学生完成作业，开展思维训练、学习方法指导等多种提高学习基础的方法，逐步提高学生的学习兴趣和学习成绩。

④ 培养良好的学习习惯。针对厌学学生好胜心强和意志力弱的特点，要特别注意启发他们自觉、自制，培养其自立、自律、自强的能力，指导他们制订计划，引导他们为实现目标而脚踏实地地行动并形成习惯。及时反馈，强化动机，利用多种方法，培养良好习惯、提高厌学学生的自信心。

⑤ 早期发现，及早矫治。一般说来，学生厌学是有预兆的，且有一个渐进的过程，学生经常性迟到、旷课，上课时没精打采，不与同学交往就可以看做是厌学行为的最初表现。当发现有上述变化时，教师要及时采取恰当方法，进行教育。

⑥ 重视个别，因材施教。一种教育对策和方法不可能对各种类型的厌学学生都适用。厌学学生对学科的各个教学环节、课余活动、课外阅读等兴趣是不平衡的，换句话说，每个厌学生都有不同的兴趣结构，所以，在进行指导时，必须对学生的年龄、性格、厌学特征做出综合判断，研究适合每个学生状况的具体对策。

2. 网络成瘾

（1）主要表现。

"网络成瘾综合征"，于1994年由纽约的一位精神医生Goldberg提出，临床上是指由于患者对互联网过度依赖而导致明显的心理异常症状以及伴随的生理性受损的现象。中学生是"网络成瘾综合征"的高发人群。一般情况下在网上遨游1～2小时是正常的生活，上网过程中娱乐有度，远离不健康的内容，这对调节中学生的身心健康有一定的好处。但是如果一味地沉溺于网络，不但起不到放松身心的作用，反而会给中学生带来极大的危害。通过对网络成瘾原因的分析，中学生网络成瘾有两个方面的因素：一是处于青春期中学生自身的心理特点；二是学校和家庭环境的影响。

中学生网络成瘾主要体现在以下几个方面。在心理方面，青少年心理上强迫性依赖网络，导致不能从事正常的活动、工作。学习时注意力不集中，不持久，记忆力减退。由于长期的视觉影响思维，逻辑思维活动迟钝，久而久之患者只沉迷于虚拟世界而对日常工作置之不理。在身体方面，长时间地沉迷于网络可导致视力下降、肩背肌肉劳损、生物钟紊乱、睡眠节奏紊乱、食欲不振、消化不良、体重减轻、进食过多或过少而活动过少导致肥胖或消瘦、体能下降、免疫功能下降，停止上网则出现失眠、头痛、注意力不集中、消化不良、恶心厌食、体重下降。这些问题均可严重妨碍他们身体的健康成长。在人际关系方面，长时间沉迷网络导致学习和生活兴趣减少，与现实疏远，为人冷漠，缺乏时间感。因不能面对现实，常常处于上网与不敢面对现实的心理冲突之中，情绪低落、悲观、消极。在行为方面，青少年表现为频繁寻求上网活动的行为。为了能上网，不惜用掉自己的学费、生活费，借款，欺骗父母，甚至丧失人格和自尊，严重者偷窃、抢劫。网络成瘾学生最为直接的危害是耽误了正常的学习，尤其是网络游戏，导致他们不能集中精力听课，不能按时完成作业，成绩下滑，甚至逃课、辍学。网络中各种不健康的内容，也可造成青少年自我过分放纵，法律以及道德观念淡薄、人生观、价值观的扭曲。

(2) 防治方法。

主要有：①要了解网络成瘾学生的早期经验，特别是重大生活事件对成瘾学生的影响，推究其不良性格和消极情绪的根源。②与学生一起客观全面地分析评价网络技术、网上人际交往、网络信息和网络游戏，同时对比他们的过去与现状，转变他们对网络的迷恋和依赖的认知成分。③协助他们恢复其自身生活的规律化，恢复其生物钟，转移其对网络的注意力，引导他们寻找健康兴趣的生长点，扩大他们在现实生活中的人际交往面。④当发现网络成瘾中学生时，家庭和学校要做的不是批评和打骂，而应积极地寻求专业帮助，如找专业的心理咨询师。如果情况特别严重的，甚至伴有其他精神症状，如幻想、抑郁等，要及时与医院联系，尽早接受住院治疗，避免严重事件发生。⑤教师帮助网络成瘾学生建立良好的亲子关系，以"家庭温暖法"预防或戒除网瘾。⑥学校要进一步普及互联网，消除对互联网的神秘心理。通过中学生自身、家庭、学校和社会的整体力量建构一个立体交叉的防护网，切实重视中学生的心理需求，帮助他们摆脱心理困境，提高心理素质，培养健全人格。

3. 早恋

(1) 主要表现。

早恋是指中学生在性生理发育成熟时，仅凭着对异性产生的幼稚、冲动的情感，在缺乏社会经验、思想意识均不成熟，不懂得选择恋人和建立婚姻家庭必须考虑的条件等情况下，过早恋爱的现象。它是青春期性心理发展的误区，对中学生的身心发展危害很大。早恋中的中学生，一般有以下一些表现特征：从学习方面看，注意力涣散，上课变得不专心，学习兴趣逐渐下降，前后成绩反差大。从同学间的交往看，早恋男女生之间一对一的亲密交往，会减少或中断同其他同学的接触。从情绪上看，情绪极不稳定，变化剧烈，喜怒无常。时而亢奋失态，时而沉闷不语。从活动兴趣上看，活动兴趣转移，不愿参加集体活动，把注意力投向所爱对象。或在活动中好表现自己，力求引起所爱对象的注意。特别注重仪表，变得爱打扮、讲究修饰以引起对方的注意和好感。有些早恋对象听不进老师、家长的劝诫，一意孤行。表现出个人道德品质和社会公德等方面的不良行为，造成严重的后果。当然，以上这些现象不可能在某一学生身上都表现出来，只能是部分的、动态的、逐渐发生的。

早恋分散精力，影响学习和参加各种正常活动，不利于青少年健康成长和全面发展。早恋的成功率极低，往往是一朵迅速凋谢的、不结果实的花。由于意志力缺乏锻炼，自制力较弱，进入早恋之后，由于双方的性信息的反馈，互相刺激，使性冲动依次叠加，就有可能进行性尝试，发生婚前性行为，造成不良后果。早恋还容易接受社会的坏人和流氓团伙的引诱，走上犯罪的道路。

(2) 防治方法。

主要有：① 学校和家庭负有重大责任，教导学生不进入误区，进入之后要走出误区。在这方面有两种偏向值得注意：一种是封建专制，粗暴对待。一旦发现了学生有早恋现象，立即认为大逆不道，采取粗暴措施，或者公开曝光，当众羞辱，或者批评、处分、开除，有的家长甚至殴打、限制他们的自由。青春期产生这种现象并不是不可理解的，只不过这个时期恋爱对他们的身心健康成长不利。学校、家长的责任是要出于爱心，循循善诱，正面教育和个别谈心相结合，引导他们走出误区。如果进行粗暴处理，那就可能使他们的心理遭受严重创伤，以至影响他们的终生。还有的实际上不是什么早恋，只是正常的异性交往。由于学校、家庭草木皆兵、兴师动众，这样做，反而会造成"逆反心理"，形成适得其反的结果。当然，另一种极端则是不管不问，放任自流，认为性爱是个人的权利，自己愿意怎样处理就怎样处理，别人不应干涉，这种做法也是错误的。

② 青少年本身要加强修养，具有自我调节的能力。要充分认识早恋的危害和后果，避

免进入这一误区，一旦进入，应当通过转移注意力，理性认知，行为控制等妥善的方法走出来，越早越好。

③ 要优化社会环境，为青少年创造一个心理健康发展的条件。要净化大众传播媒介，为青少年提供优美、健康的精神食粮。学校、家庭要努力创造好的小环境，这是需要全社会来做的事情。

4. 抑郁情绪

（1）主要表现。

抑郁心理是中学生感到无力应付外界压力而产生的一种消极情绪。经常处在抑郁心境中的中学生，在学习上精力不集中，情绪低落，反应迟钝。他们内心孤独却不愿向同学和老师倾诉；有较强的自尊心和成功的愿望，但对挫折的忍耐力差，经不起失败的打击，常常因考试的失败而感到痛苦和恐惧。有严重抑郁心理的中学生，还会出现躯体化症状，如食欲不振、失眠、胸闷、头昏等。

中学生之所以会产生抑郁心理，既受他们个性、意志等心理因素的影响，同时也受社会、家庭等外在因素的影响。从学习方面来看，"片面追求升学率"的"应试教育"，在一些中学还相当普遍。学校为了追求升学率，常常取消各种课外活动，迫使学生"苦读升学书"。极大地限制了学生广泛的兴趣和爱好和正常的人际交往，使他们长期处于紧张的焦虑的情绪状态之中。从家庭方面来看，父母的行为方式对孩子的影响是很大的。一方面，在生活上他们是孩子的"保姆"，让孩子衣来伸手，饭来张口；另一方面，在学习上他们又成为孩子的"监督官"，不时"关心"孩子的成绩。这种专制的家庭教育方式，常使他们的孩子在生活上成为无能者，在学习上则总是害怕失败。从学生个人的心理方面来看，表现在对自我缺乏统一的认识。不了解自己的能力和性格等特点，对自我期望过高或过低，对待学习生活和人际交往中的挫折不能客观地归因，将自己的挫折归因为稳定的内因，即认为自己能力不行，这些因素导致他们有时盲目自信，遇到挫折却又盲目自卑，丧失自尊，又缺乏正常的人际沟通和娱乐活动等排遣的途径，因而感到苦闷和彷徨，产生自我无能感，陷入自轻、自贱的抑郁情绪中。

（2）防治方法。

① 创设良好的学校环境，帮助中学生树立自信心。学校要为学生创设多姿多彩、安全温暖的成长环境。教师要热情地关心和爱护每一个学生，帮助他们树立自信心。鼓励他们正确对待失败。在学习中引导学生运用正确的学习方法，开展丰富多彩的活动，培养他们的各种兴趣爱好，激发他们发展自我、实现自我的意识。

② 树立正确的考试观，减轻学生的学习压力。教师要客观评价学生在在学校的成绩，让学生正确对待考试，在考试中，教师要取消排名次的做法，对考试成绩不理想的学生要给予及时地引导和鼓励，激发他们的自信心，及时消除他们的考试恐惧心理和考试失败后的自卑心理。

③ 加强中学生自我意识的培养。所谓自我意识，就是中学生对自我的认识和看法。它包括三个因素，即自我认识、自我评价和自我控制。加强对有抑郁心理学生自我意识的培养，首先要帮助他们客观认识自我，让他们增强对自我的爱护和对生命的珍惜；其次帮助他们客观地评价自我，摆脱自我无能心理的压力；再次，帮助他们学会有效地调控自我，学会向家人、老师和同学寻求帮助，表达自己的烦恼，可以在一定程度上减轻他们的心理压力，从而轻松、愉快地学习和生活。

5. 闭锁心理

（1）主要表现。

中学生闭锁心理主要是指中学生内在的心理活动不轻易表现出来的心理现象。这种心理现象在中学阶段随着学生年龄的增长而日益明显。它突出表现为学生沉默寡言，喜怒哀乐不轻易表露，而且极易产生悲观情绪，使教师和家长无法与之进行有效的沟通。中学生闭锁心理产生的原因，大致有以下几方面：首先，这是由学生生理发展的特点所造成。中学生由于第二特征的出现以及大脑和神经系统的发展，使他们产生了"成人感"。他们由于担心被人"小看"，往往羞于在成人面前暴露内心世界而产生闭锁心理。其次，这是学生心理发展的社会性使然。由于中学生的心理发展趋于成熟，所以他们热衷于同龄人之间的交往，而与成年人的关系则由依赖型转变为密切接触型和保持距离型，表现出关闭性和相对的开放性并存的特点。再次，学生随着年龄的增长，其思维由经验型向理论型发展，这必然引起他们情感上的变化，由儿童期的心里怎样想，行动上就怎样表现，发展为对问题的看法一般不流露。

（2）防治方法。

① 教师要以"情感"为钥匙，处理好教与学的关系。中学生的心理，既具有关闭性又有相对的开放性。因此，教师要充分利用中学生心理的这种相对开放性，在教学的同时多了解和关心学生，多和学生一起开展各种适合他们的学习和娱乐活动，减少学生和教师之间的"代沟"，使师生在宽松、友善的气氛中共同学习、交流。

② 尊重学生的人格。由于中学生已具有"成人感"，他们对成人的态度很敏感，渴望教师和家长像尊重成人那样尊重他们，对老师、家长把他们当孩子看十分反感。因此教师应与他们平等相处，这样他们就乐于与老师交流心里话。

③ 教师要体谅中学生的实际困难。中学生课业负担过重，整日处于一种高度紧张状态，这是他们形成闭锁心理的客观因素。为此，教师应确立科学的教育观，减轻课业负担，多与学生沟通思想，不要只在作业出现问题时，才与他们交流。

④ 善于观察学生的心理状态和变化。教师要多关心学生的学习、思想和生活，做他们的"知心朋友"。善于观察学生的情绪变化，想方设法帮助其克服学习、思想、生活上的困难，他们就愿意将心里话向老师倾吐。

⑤ 提高课堂教学效果。中学生在校的大部分生活是在课堂上度过的，教师只有以良好的教风、严谨的治学态度、丰富的知识和高超的教学艺术，才能赢得学生的信赖，使学生听其言，信其道。

咨询案例讨论

一般情况：柳某，女，十六岁，某中学高二学生。

求助者自述情况：柳某认为自己是个怪人，有害羞的怪毛病。两年多来，不多与人讲话，与人讲话时不敢直视，眼睛躲闪，像做了亏心事。一说话脸就发烧，低头盯住脚尖。心怦怦跳，肌肉起鸡皮疙瘩，好像全身都在发抖。她不愿与班上同学接触，觉得别人讨厌自己，在别人眼中是个"怪人"。最怕接触男生，只要有男生出现，就会不知所措，对老师也害怕，上课时，只有老师背对学生板书时才不紧张。只要老师面对学生，就不敢朝黑板方向看。常常因为紧张，对老师所讲的内容不知所云。更糟糕的是，现在在亲友、邻居面前说话也"不自然"了。由于这些毛病，极少去社交场所，很少与人接触。自己曾力图克服这个怪毛病，也看了不少心理学科普图书，按照社交技巧去指导自己；用理智说服自己，用意志控制自己，但作用就是不大。后来她哭诉说，这个怪毛病严重影响了她各方面的发展：学习成绩下降；交往失败，同学们说她清高。眼看就高中毕业了，这样下去怎样适应社会呢？她急切地就诊："医生，请你快点告诉我，我为什么会这样呢，我该怎样才能克服怪毛病呢？"

咨询师了解情况：柳某从小性格内向、胆小、孤僻。父母对我要求极严甚至苛求。父亲动起怒来特可怕。记得一次柳某考试成绩不理想，父亲让她重做生题，她不乐意。父亲怒气冲天地将钢笔甩到她脸上，笔尖刺伤了她的脸，鲜血直流。柳某至今想起那件事还很害怕。父母很正统、很古板，对其禁忌很多，不准其和男孩子交往。父亲认为女孩子在外蹦蹦跳跳、打打闹闹是不正经的，还容易上坏人的当。因此柳某除了学校和家，很少在外玩耍，从不和男生交往。在学校时，见到男女生之间的往来感到很反感。初中时，一向成绩很好的她，一次提问没答好，被老师当众批评、挖苦，难过得直流眼泪。高一时，同宿舍一位同学来自农村，家境不好，柳某帮助她、资助她，却得到了相反的结果。同学不但不把她当朋友，反而时常挑剔她，故意当她的面和其他同学亲亲热热，这使得柳某委曲、难过极了。柳某恨自己，自责自己是不受欢迎的人。后来，柳某与该同学在一次事件发生了冲突，开始讨厌她、恨她、不和她讲话，并认为对方也讨厌自己，不知不觉地就怕和人接触，愈来愈害羞了。

根据以上案例，请回答以下问题。

1. 该求助者的主要症状是什么？

情绪：害怕与人接触，表现为紧张、焦虑、恐惧。

行为：避免与他人接触，出现回避行为。

社会交往：学习成绩下降，同学关系紧张。

2. 本案例最可能的诊断是什么？诊断的依据是什么？

本案例最可能的诊断是：社交恐惧症。

诊断依据为以下几点。

（1）本案例中未出现幻觉、妄想等症状，除外精神分裂症。

（2）根据主客观统一性、知情意协调一致性、人格相对稳定性的三原则，确定本案例不是重性精神病。

（3）本案例求助者自知力完整，求助动机强烈。

（4）本案例求助者符合（ccmd-3）社交恐惧症的诊断标准：

① 以恐惧为主导症状，存在对某些客体或处境有强烈恐惧、发作时有焦虑、有反复或持续的回避行为，求助者知道恐惧过分、不合理，或不必要，但无法控制。符合恐惧症诊断标准。

② 害怕对象主要为社交场合（很少去社交场所等）和人际接触（如与家人、同学说话等）。

③ 常伴有自我评价低和害怕批评（自责）。

3. 引发求助者问题的原因是什么？

（1）生理原因：青春期。

（2）心理原因：从小性格内向、胆小、孤僻，认知观念不合理，负性情绪记忆。

（3）社会原因：家庭环境因素、明确的负性生活事件、同学关系不良等。

4. 拟订的咨询目标是什么？

与求助者协商确定咨询目标，如协商不能确定，以求助者目标为主。拟定的咨询目标有两个。

(1) 近期目标：缓解焦虑、恐惧，减少回避行为，逐步增加与他人交往的次数。使用Scl90、SAS测验，使人际关系敏感、焦虑等分数降低至正常范围。

(2) 远期目标：使求助者正确看待自我，接纳自我，建立良好人际关系，走向自我认识和自我实现的终极目标

资料来源：汪洋.2009年模拟案例问答试题题库（三级）.心门网.2009.

【拓展性阅读】

[1] 中国就业培训技术指导中心，中国心理卫生协会.国家职业资格培训教程.心理咨询师.北京：民族出版社，2005.

[2] 郑日昌等.当代心理咨询与治疗体系.北京：高等教育出版社，2006.

[3] 贾晓波.学校心理辅导实用教程.天津：天津教育出版社，2002.

[4] 吴增强.现代学校心理辅导.上海：上海科学技术文献出版社，1998.

[5] 胡永萍.学校心理健康教育.中山：中山大学出版社，2005.

【研究性课题】

1. 临床心理学是根据什么对正常与异常心理进行划分的？
2. 如何理解以人为中心理论的人性观？
3. 理性情绪疗法的基本理论是什么？
4. 中学生适合采用的个体心理辅导方式有何特点？

第八章　中学班级团体心理辅导的理论与实践

【学习目标】

- 能够解读班级团体心理辅导的性质，并能够对班级团体心理辅导做理论分析。
- 正确理解班级团体心理辅导的概念、目标和原则。
- 能够独立设计班级团体心理辅导活动方案。

团体心理辅导不仅是学校心理教育的重要组成部分，也是班主任开展有效的心理指导、增进学生之间交流与沟通、咨询和治疗的有效形式。有关学校教育工作中团体心理辅导，下面从理论与实践操作两个方面进行介绍。

第一节　班级团体心理辅导理论

一、团体心理辅导的基本含义

（一）团体辅导的定义

团体心理辅导是指团体指导者运用团体动力营造和推动信任、接纳、理解、支持的团体氛围，通过共同商讨、训练、引导促进团体成员了解和接纳自我，发展良好的心理适应能力，预防和处理团体成员心理问题为目标的心理辅导过程。

团体心理辅导是一种系统性的心理辅导，强调运用团体动力凝聚团体成员，催化团体气氛，激发团体成员产生建设性的行为和积极的心理反应，为那些在现实生活中受到挫折、压抑的成员提供宽松、安全的人际环境，在团体创造的相互理解、包容和支持的环境中，团体成员探索自己，学习与他人交往的有效技巧，彼此相互觉察和相互理解，培养团体成员的信任感，获得团体的归属感，从而满足成员的心理需求和团体共同成长的愿望。团体心理辅导是一种有效的心理辅导过程，也是行之有效的教育活动，更是一种独特的、深层次的心理沟通过程。

团体心理辅导与个别心理辅导相比，有辅导效率高，省时省力；感染力强，具有广泛的影响；心理辅导效果多方面，容易巩固和迁移；辅导过程的成员之间的交互影响较大，可以有效促进成员的沟通和人际交往等优势。

L. N. Downing（1968）[1]指出学校心理辅导的主要优点：让学生了解、体验到自己是被

---

[1] 刘勇. 团体心理辅导与训练. 广州：中山大学出版社，2007.

其他学生支持的，以获得公德心和增强自信心；让每一个学生能够从与别人互动找出自己的理解，获得单独咨询所不能得到的利益；鉴别需要特别予以援助的学生；有有益于发展社会性，团体所花香的社会化经验可以促进学习和改进行为；可以提供治疗效果、洞察以及更好地适应；使咨询员可以与更多的学生接触，用心帮助学生克服胆怯、减少压迫感，改善自己的态度；使学生获得安全感义，提升自尊心；提供接近咨询员的机会和求助动机；综合各种教育经验以获得最大的利益，经过团体讨论使方法明确化后，将有助于学生对学校各项活动感到有意义，能够认识更和谐的关系；松弛学生不安；咨询员和老师的工作将更加有效。

（二）团体心理辅导中的团体特征

团体心理辅导是以一定规模的团体为对象，在一定的心理目标引导下，在团体指导教师的指导下，通过成员之间的互动、沟通、补偿，促进团体成员心理发展、解决面临的心理困扰、增进相互间心理资源共享的组织形式。所以团体本质上是一个动力性的有机体。

团体的基本特征是成员间的互动、沟通、补偿。具体表现在以下几个方面。

（1）团体的组织与活动以实现一定的心理目标为导向。班级团体心理辅导中的团体通常是为解决团体成员共同的心理问题而预设和建立的。在团体中，成员们沟通思想、切磋技艺、寻求乐趣，甚至使个人获得安全感、自尊和爱的力量，团体的目标是在互动中解决团体成员的心理问题。

（2）团体是遵循一定规则构建的有序组织。团体的组织性由三种要素决定，即角色、规范和成员间的关系。每个成员在团体中依据一定的规则（显性或隐性）而扮演一定的角色，进而在团体中构建起一定的人际关系，这种依据规则和扮演的角色所构建的关系系统，决定着团体的功能和效率。

（3）团体成员之间是互动的和相互补偿的。团体成员通过语言、非语言方式，相互交流，彼此分享感受，互相启迪。互动是团体达到目标的重要条件，互动促进了个人对自己和他人的知觉，并从中得到学习、支持、反馈，从而促进成长。正如勒温所说："团体须植根于成员的互动关系。"

（4）团体成员拥有着团队意识和整体感。团体中的每个成员应认为自己是团体的一份子，要与团体休戚相关，荣辱与共，团体不是个体的简单集合，而是成员间相互依存的共同体。

二、班级团体心理辅导的性质

班级团体心理辅导，也被称为"心理辅导活动课"、"心理教育课"、"心理健康教育课"等。实质上是在学校教育中，以班级或小组为单位、以团体活动为载体、以班级全体或部分学生为辅导对象、以发展和预防为主要目标，在班级团体心理环境下借助师生、生生的人际交互作用以促进学生发展的心理辅导过程。

班级团体心理辅导是我国在学校实施心理健康教育中的创新与尝试。主要强调发展性目标的实现，而非矫正性和治疗性目标；强调与学校常规教育的融合，而非专门的心理辅导与训练；强调由班主任和任课教师主持，而非心理咨询与治疗专业人员主持。班级团体心理辅导是在学生熟悉的班级成员中开展的发展性与预防性的教育活动。在我国班级心理辅导有个体心理辅导与团体心理辅导两种，班级心理辅导中的团体心理辅导最常见的形式是"心理辅导活动课"。

班级团体心理辅导活动课，是指在学校教育中，辅导员（教师）根据学生的身心发展特点与社会需求，以培养学生良好心理素质、发展健全人格、提高社会适应能力为目标，以团体动力学为理论依据，以课节为时间单元，有目的、有计划的团体心理辅导形式。

从总体上看，班级团体心理辅导注重发展性与预防性，其活动有组织形式主要是学生积极参与的活动课程。

(一) 团体性

班级团体心理辅导，无论是辅导对象、辅导过程，还是辅导动力与辅导的效果都具有团体性。辅导教师面向由班级成员所构成的辅导团队，运用心理学的辅导策略和方法，营造特定的团体气氛，通过团体成员的互动、交流、分享经验等促使个体在人际交往中认识自我、接纳自我，调整和改善与他人的关系，学习新的态度与行为方式，增进调适能力，以预防或解决心理问题并激发个体潜能的心理辅导过程。在整个过程中，辅导教师在面对班级学生的心理辅导活动中，对学生尊重、理解、真诚、接纳、鼓励、关爱，也会催化学生积极的心理活动产生。

(二) 活动性

班级心理团体心理辅导主要通过学生的情意活动，通过学生的积极参与和心理体验实现心理教育的目标，杜绝向学生传授系统的心理学理论和知识。要求通过活动为学生提供一系列精心设计的心理体验过程，让学生在活动中实现自我发展与超越。它完全从学生的身心发展的实际情况出发，不拘泥于特定的模式，灵活地安排辅导的目标、内容、形式。

(三) 发展性与预防性

班级团体心理辅导的对象是正在成长中的青少年，他们是发展着的正常人群，有着共同的心理发展年龄特征和大致相同的心理发展水平，在生活主题、发展目标上基本一致，在学习、生活、自我意识发展、社会活动和人际交往等方面有着共同的困扰和问题，也带有一定的规律性。如果班主任教师能够根据学生身心发展的特点，根据学生在学习与成长中面临的共同问题，依据心理教育的基本理念，运用心理辅导的理论和技术，组织适时的、针对性强的班级团体心理辅导活动，会有效地预防学生的心理问题和心理危机的产生，提高学生的心理适应能力，促进学生智力、人格、交往能力等方面的发展。所以，班级团体心理辅导的设计要有一定的针对性和前瞻性，着眼于学生的身心发展需要，活动的目标要定位在预防学生成长中的各种心理问题，提高学生迎接学习与社会生活中的各种挑战的能力。

三、班级团体心理辅导的理论分析

班级团体心理体辅导是一种有效的心理辅导过程，更有着其团体活动、团体成员心理相互交流与影响的特殊规律，所以在学校中开展团体心理辅导的过程中，在依据心理咨询的一般理论基础上，还应遵循团体辅导一般的规律和特有的理论。

(一) 班级心理团体辅导的团体动力学分析

班级团体、心理辅导主要以团体动力学理论为理论依托。团体动力学，亦称群体动力学，由美国著名心理学家勒温于20世纪30年代末期创立，旨在探索群体发展的规律，研究群体的形成与发展，群体内部人际关系及对其他群体的反应，团体与个体的关系、团体的内在动力、团体间的冲突、领导作用、团体行为等。

1. 班级团体心理辅导中的团体功能

依据勒温的团体动力学理论，在团体心理辅导中，团体的主要功能主要表现为以下几方面。

(1) 团体氛围和成员间的关系促进团体辅导的教育效果的形成。团体不是个体的简单相加，团体是有着内在联系的个体间的一组关系，团体的特征取决于团体成员相互依存的内在关系。勒温及其同事的研究结果表明，团体成员在不同的团体气氛下行为有很大差异。专制型团体中成员的攻击性言行显著，民主型团体中成员则相处融洽；专制型团体中成员多以自我为中心,民主型团体则以工作为中心;专制型团体中成员多表现出特殊的服从行为,而民主型团体中的成员则更多的工作中的相互接触。所以在团体心理辅导中,辅导教师努力营造安全的、宽松的、民主的心理氛围,促进相互间的理解和接纳,支持和帮助,就会有效地促进个体能量增强和改变。从团体心理辅导中的目标设计、活动安排,到活动的组织和调控,都以促进关系深化和营造安全的心理氛围为核心,团体心理辅导的效果就会得到有效的彰显。例如,开始的"破冰"游戏,就在于打破僵局,活跃气氛和促进成员的加入。

（2）团体结构与规范具有改变个体行为的力量。勒温认为,虽然团体的行动要由各个成员来执行,但是团体具有较强的整体性,对个体具有很大的支配力。要改变个体应该先使所属团体发生变化,这远比直接改变个体来得容易。勒温指出,只要团体的价值观没有改变,就很难使个体放弃团体的标准来改变主见。一旦团体标准变化,个体依附于团体而产生的抵抗也随之消失。在班级团体心理辅导中,辅导教师将人本主义促进改变的基本条件:理解、尊重、无条件积极关注和真诚等有效地转化为团体的共同行为准则,就会促进成员的改变。

（3）团体可以消除个体对改变的对抗与恐惧。勒温认为是团体决策的力量使团体及成员发生的改变,当团体标准和氛围发生变化时,由于个体依附于该团体而导致的那种抵抗也就随之消除了。有两种方式可以引起较为稳定平衡的变化:一种是增加团体行为的促动力,另一种是减少团体行为的对抗力。此外,团体本身还具有一种"内在的对变化的抵制",勒温称之为"社会习惯",它隐藏于个体和团体标准的关系中,维系团体生活的固有水平。因而,单有团体成员的变化动机不能引起团体行为的变化,必须要有足以打破社会习惯和解冻团体原有标准的力量。勒温把团体决策看作是动机与行为的中介,是团体促进个体变化的一种动力。

（4）团体改变着个体的自我概念,促进成员间产生共同的感受和体验。在一个良性互动的团体中,每个成员都会将他人视作自己的"镜子",通过比较、对照和别人的反馈,促进自己更加深入地觉察和自我发现,形成比较清楚而客观的自我概念。团体的共同感受与经验的分享,也会使个体的从自我中心式的心理体验中走出,改变由于心理创伤或负性心理体验引发的孤独、无望、无力的状态。例如,人际交往不良、考试焦虑、青春期烦恼的学生都可以从团体中找到有共同感受的成员,在分享与交流中消除自卑、减少自责和防卫,促进自我成长。

2. 团体凝聚力

团体凝聚力是指团体成员团结一致的力量,它往往用团体对成员的吸引力、团体成员对团体的满意度和成员彼此之间的吸引力来衡量。团体凝聚力是团体稳定与巩固的重要特征,使团体成员紧密地团结在团体目标下,提高团体士气,增强活动动机,自觉地参加到团体活动之中,实现团体资源的有效整合,提高整个团体效率。团体具有吸引各个成员的凝聚力,这种凝聚来自成员们对团体内部一定规范和价值的遵从,它强有力地把个体的动机与团体目标联结在一起,使得团体行为深深地影响个体的行为,这为调动同伴群体的教育资源,开展班级心理辅导活动提供了理论依据。凝聚力是团体生活总最为重要的方面之一,许多因素对团体的凝聚力有影响:①需要的满足。一个团体越能满足成员的需要,他对成员的吸引力就越大,他的凝聚力也就越大。②团体目标。当成员的个人目标与团体目标相一致的时候,团体的凝聚力就高。与此相反,如果个人的目标和团体的目标差距很大,比如让反战的人参军打仗,这样的人越多,这支军队的凝聚力就越低。③团体活动和领导者。团体的凝聚力与成员参加什么样的活动有着紧密地联系,如果成员被团体的活动所吸引,团体的凝聚力也就越高。团体的领导也影响凝聚力,在决策中允许成员参与的民主型的领导能形成较高的团体凝聚力。

团体动力学理论是包括班级团体辅导在内的所有团体辅导的最为基本的理论基础，为团体气氛创设、领导者的作用发挥等提供了理论与方法论的支持。

（二）班级团体心理辅导中的社会学习机制分析

社会学习理论是美国心理学家阿尔波特·班杜拉提出的。社会学习理论认为，不仅作用于个体本身的刺激物可以影响个体的某种行为，观察其他个体的社会化学习过程也可以获得同样的效果。

1. 团体心理辅导是团体成员观察学习的过程

所谓观察学习，亦称替代学习，即学习者通过对他人的行为及其强化性结果的观察而习得新行为的过程。这种学习不需要学习者直接地作出反应和亲自体验强化，只要通过观察他人在一定环境中的行为和他人所接受的强化就能完成学习。因此，又称为"无尝试学习"，同时班杜拉把他人所接受的强化对学习者本人的影响称为"替代强化"。在观察学习中进行观察学习的人并不需要自己经历强化，而只是通过看别人的行为或看别人得到了强化而学会一个新行为。

2. 团体心理辅导提供了积极的榜样示范

班杜拉的社会学习理论十分强调榜样的示范作用，整个观察学习过程就是通过学习者观察榜样的不同示范而进行的。班杜拉把示范分成如下几类：行为示范，即通过榜样的行为来传递行为的方式；言语示范，即通过榜样的言语活动传递行为、技能的方式；象征示范，即通过幻灯、电视、电影、戏剧、画册等象征性中介物呈现榜样的行为方式；抽象示范，即通过榜样的各种行为事例，传递隐藏在行为事例背后的道理或规范的方式；参照示范，即为了传授抽象的概念和操作，而附加呈现具体参考事物和动作的方式。

3. 团体心理辅导是相互模仿学习的过程

按照班杜拉的理论，模仿学习的主要类型有：参与性模仿，即把观察和模仿结合起来以提高学习效果的模仿学习方式；创造性模仿，在许多榜样示范的基础上，观察者产生一种新的行为模式；延迟性模仿，在观察榜样之后，观察者并没有立即出现模仿行为，而经过一段时间后，模仿行为才出现。社会学习理论认为人们通常是通过对他人的行为进行观察和模仿来学习和形成一种新的行为方式，尤其是时人们在社会生活中的各类行为进行观察学习。攻击行为如此，适应行为也如此。如果为那些心理适应不良的求询者提供多个可模仿的榜样，有助于他改变不适应行为。团体咨询为求询者创设了一种特殊的情境，充满理解、关爱、信任，这种环境的变化必将引起个体行为的改变。

（三）团体心理辅导中的人际沟通分析

人际沟通是指人与人之间运用语言或非语言符号系统传递信息、表达感情和需要的交流过程，是人们交往的一种重要形式和前提条件。在团体辅导中有效的沟通要求组织者具有良好的人格特质，能够具有自我觉察、接纳、同理心、开放、一致性、专注等能力；减少团体中的易引发防卫心理的行为发生，尽量避免评价、控制、专断的行为，更不能表现出优越感，更多地利用问题导向式、自发式、平等式和协定式等支持性的沟通行为。

1. 团体沟通的模式

团体心理辅导最有效的类型是以辅导教师为主导的全面的人际沟通。根据莱维特的研究，在团体活动中沟通的形式是多样的。在信息传递速度上，轮型模式中成员沟通最快（见图8-1），圆型沟通其次，链型沟通最慢，组员之间会产生隔膜。从团体的气氛看，圆型模式中成员互相平等相处，可以无拘束地沟通，满意程度高；轮型以人为中心，民主气氛次之；链型成员满足程度最低。从团体指导者的作用看，轮型最显著，作为轴心人物，处在团体核心位置，能控制全局；链型次之，圆型则无中心。在轮型沟通中，居中心位置的人常常

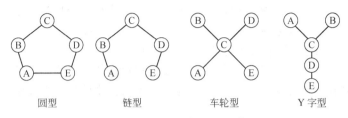

图 8-1 莱维特的团体中沟通模式

是小群体的领导者或核心人物。

在中学班级团体心理辅导中，人际关系的包括师生关系、朋辈互动和团体氛围中的个体相互影响。班主任教师的"民主型"互动风格是实现有效沟通的基本条件。

2. 团体沟通的媒介

团体沟通的媒介主要是成员的语言和非语言交流。在班级团体心理辅导中成员之间的沟通是所有成员共有的社会系统，这个系统可以涉及或包括所有成员及他们的期望与意向；沟通是一个发展着的动态系统；言语沟通与非言语沟通是同一系统的组成部分，常常同时发生。

语言是沟通的最有效、最便捷的媒介及渠道，但面部表情、目光接触、体态动作等也同样是重要的沟通渠道。语言包括词汇和句子、口语声调和修饰性口气来表达。语言沟通的研究涉及人们说的是什么，而副语言沟通的研究涉及人们怎么说话。副语言包括音高、节奏、强弱、扬抑、停顿等。每一次沟通过程中，副语言形式都可以传达特定的含义。

非语言的沟通主要有以下形式：目光接触、面部表情、体态语言等。目光接触在非语言中应用最广泛，并会从教授的目光中读出一种含意。团体辅导中最为有效和影响力最大的面部表情是微笑。大量研究表明，人身体的头、手、腿、脚和躯干的运动都可以用于沟通信息，体态语与语言沟通同样重要，通过对体态语疗的观察，可以反映个体内在的心理活动，表达情绪状态相对现实的态度。非语言的沟通渠道极大地丰富了人际沟通，而且比语言的沟通更深刻含蓄。

3. 团体成员的互动特点

在班级团体心理辅导中成员之间的人际沟通的是全方位的互动关系。主要的特点有：①团体成员互为主体。人际沟通中信息与交流是双向的，双方都可以在沟通中主动根据自己的需要与判断进行行为设计、监控与有效的调控，这种交流中的双方只有积极地参与沟通，才能在人际交往中构建良好的人际关系。②团体成员相互补充。团体成员通过团体活动中的人际沟通，从其他成员获得新的信息，弥补自身信息的局限性，也会因共同的观点和经历产生心理共鸣和认同，也会因各自不同的经历和信息，给对方更多的启发和影响，使双方的关系深化，也会在交流中促进对方的心理成长。③心理沟通符号一致性。人际沟通交流观念、思想、情感，只有统一的符号及意义体系才能保证沟通和相互理解，如使用共同的语言。如果符号不一致，就会出现沟通障碍。因此，沟通中使用的符号必须形、声、意义通用。有时沟通双方可能因为语言不能等因素阻碍沟通，但是双方会努力通过表情、动作，建立新的共同信息，促进交流在比较困难的情况下进行。但是，如果非言语的信息也不一致，沟通就不可能进行了。④团体内部影响因素的多样性。人际沟通并不只受到现场的活动与氛围的影响，更多地受到来自个体的社会性、心理性、文化性等多种因素的影响。由社会因素引起的沟通障碍主要是因为交流双方对交往情境缺乏统一的理解；由心理因素引起的沟通障碍主要是由个性心理差异造成的；内文化因素引起的沟通障碍主要是因为双方风俗习惯，宗教信仰等不同而造成的。

团体中的人际沟通是团体成员共有的社会系统,这个系统可以涉及或包括所有成员及他们的期望与意向;沟通是一个发展着的动态系统,研究行为关系要比研究孤立的行为更重要;言语沟通与非言语沟通是同一系统的组成部分,常常同时发生,不能只局限于孤立的、单一的沟通形式。

在团体辅导中实现有效的沟通是达到辅导目标的关键因素。为了实现有效的沟通,必须遵守的原则主要有:第一,要注意培养成员自我觉察、相互接纳、富有同理心、开放乐观、专注等人格品质。第二,要防止评价式、控制式、中立式、谋略式、专断式等行为策略。第三,更多地利用描述性、问题导向式、自发式、同理式、平等式、协定式等有效的支持性沟通行为。第四,注意强化专注、提问、简洁表达、恰当比喻、积极倾听等技能。

4. 团队成员有效沟通的要求

班级团体心理辅导中成员有效沟通的基本要求。美国管理协会提出"良好沟通十要",以帮助人们建立良好的沟通,保持协调的人际关系。①沟通前先澄清概念。②明确沟通的真正目的,希望得到什么?③考虑沟通时的背景、环境及条件。④重视双向沟通,正确理解。⑤沟通中运用易懂通俗的语言,条理清楚有层次,意思要明确,注意非语言的表达。⑥注意倾听对方讲话、耐心、不轻易插话、不打断别人的表达。⑦善于提问、搞清问题。⑧言行一致、心平气和、感情真挚。⑨有必要的反馈。⑩不仅着眼于现在、更着眼于未来人际沟通理论对团体咨询的贡献。

人际沟通的理论为团体辅导中人与人之间交往,沟通效果的增强,良好人际关系的建立,避免或减少交往障碍提供了大量有价值的参考;也为团体指导者选择团体沟通方式,增进相互了解,协调的人际关系提供了具体的方法和技巧。

第二节 班级团体心理辅导实务

班级心理团体辅导是一个复杂的团体活动与心理变化过程,整个辅导过程必然会经历一个启动、过渡、成熟、结束的连续的发展过程。团体指导教师,必须对团体的发展阶段及特征有清晰的了解,才能把握住团体的方向,有效地引导团体向着健康的、既定目标的方向前进,而不至于出现混乱和负面影响。

团体心理辅导的设计过程是依据团体辅导的理论,特别是团体辅导过程理论,对辅导进行全面设计的过程。

一、班级团体心理辅导的目标与原则

班级团体心理辅导是一种对班级成员心理实施系统影响的过程,这种影响必须有明确的目标,同时,也必须确定辅导的原则,确保辅导目标的有效达成。

(一) 班级团体心理辅导的基本目标

班级团体心理辅导基本的目标是:提高班级成员的自我认识能力,帮助他们澄清个人的价值观,并作出修正与改进;学习社交技巧和发展人际关系的能力;帮助班级成员培养责任感,懂得理解和尊重他人;培养班级成员的归属感和自信心;增强班级成员独立自主、自己解决问题和抉择的能力。每一具体的团体辅导活动和特定的辅导团体有着不同的具体目标。

班级团体心理辅导的目标具有四大基本功能,即导向作用、聚焦作用、维持作用、评估作用。团体咨询的目标为活动指明了方向,教师可以将目标作为引导成员不懈努力的根据;可以帮助成员把注意力集中到活动中,心往一处想,劲往一处使;可以维持团体成员的行为与心理指向,使其有更多的坚持,不因过程中的暂时困难而泄气,不断努力,直到达成目标;班级团体辅导的目标为指导者提供了评价团体辅导的效果的基本标准。

(二) 班级团体心理辅导的目标的设定

班级团体心理辅导的目标可以划分为：学校心理辅导的总体目标、中学生心理辅导的总体目标、初中与高中时段的具体目标和内容、单次活动与系列辅导活动的目标。在特定的班级团体心理辅导活动中，目标不是解决单个学生的具体问题，而是针对团体成员共同问题，有利于成员共同的成长目标。目标设计与表述的要有针对性和实效性，并清晰、具体地表达，让学生能够理解，能激发学生参加活动的积极性和活力。活动目标切忌笼统抽象，如"调适学生情绪"的目标，就不如"认识不良情绪给自己生活、学习带来的危害，寻找解决和消除不良情绪的几种方法，增强对情绪调控能力"的目标。目标越具体，就越容易落实。

(三) 班级团体心理辅导的原则

教育部 2002 年颁布的《中小学心理健康教育指导纲要》指出，中小学心理辅导（心理健康教育）必须"坚持以下基本原则：根据学生心理发展特点和身心发展规律，有针对性地实施教育；面向全体学生，通过普遍开展教育活动，使学生对心理健康教育有积极的认识，使心理素质逐步得到提高；关注个别差异，根据不同学生的不同需要开展多种形式的教育和辅导，提高他们的心理健康水平；尊重学生，以学生为主体，充分启发和调动学生的积极性。积极做到心理健康教育的科学性与针对性相结合；面向全体学生与关注个别差异相结合；尊重、理解与真诚同感相结合；预防、矫治和发展相结合；教师的科学辅导与学生的主动参与相结合；助人与自助相结合。"

根据中学生的身心发展特点和班级心理辅导的特殊性，在班级团体心理辅导中应遵循的基本原则主要有以下几条。

1. 民主平等的原则

在班级团体辅导中，不能歧视和压制团体成员，而要营造民主的氛围，尊重每一位成员的意见，倾听他们的感受与心声，在轻松而有序的氛围中，促进团体成员的交流与分享，增强团体的凝聚力。所以，团体指导教师应以团体普通一员的身份，尊重每一位参加者，并参与团体活动，鼓励成员发挥自己的创见，与他人平等沟通，共同关心团体的发展。

2. 合作分享的原则

班级团体辅导是解决团体成员共有的问题、促进成员成长为目标的，所以，指导教师始终要关注成员共同的志趣、共同的问题，使个人与团体相互关注，保持共同的信念，共同的利益和共同的目的，对每个成员在探索和发现中获得的个人经验，都要引导他们在分享中，相互促进和补偿，以形成最佳的团体效果，实现成员共同愿望。

3. 启发诱导的原则

班级团体辅导的根本任务是促进学生在助人中自助，教师应本着鼓励、启发、引导的原则，尊重每个人的个性，鼓励个人发表意见，重视团体内的交流与各种反应，适时地提出问题，激发成员思考，培养成员分析问题与解决问题的能力。

4. 促进发展的原则

在班级团体辅导过程中，指导教师要从发展变化的观点看待团体成员的问题，把握团体的过程。不仅要在问题的分析和本质的把握上善用发展的眼光做动态考察，而且对问题的解决和咨询结果的预测上具有发展的观点。

5. 注重实效的原则

班级团体辅导最为重要的是要考虑团体辅导主要的目标—解决团体成员共同的心理问题，促进成员成长。所以在设计中，要紧紧围绕辅导的目标，从团体成员的实际出发，根据自身的素质与特长情况，选择最佳的活动方案，可以是多种理论和技巧，也可能在操作中在总目标不变的情况下，具体的技巧进行调整，最终要有助于目标的达成。

6. 尊重隐私的原则

在班级团体辅导中，难免会暴露出一些成员的内心隐私，如果处理不当可能会对成员造成伤害，或引发更为严重的心理问题。所以在班级团体辅导之初，尊重隐私，替成员保守秘密就应作为一个制度，明确地说明，必要时，要让成员宣誓或签协议。同时在咨询中，对于那些纯粹属于个人隐私性的问题，团体辅导教师，要及时引导成员，懂得学会尊重与理解，分清道德问题与个人的隐私问题，也要及时告诫成员，不能在其他场合提及。还要善于识别团体成员所暴露问题的危害程度，及时地进行后续的个别辅导，严重的要及时与监护人等取得联系；同时要注意在条件不够成熟的情况下，尽可能地要及时而巧妙地阻止成员不必要的自我暴露，以免造成心理伤害。

二、班级团体心理辅导的内容

班级团体心理辅导是一种以发展性为主的心理指导过程，不能等同于知识的传授和道德品质教育，要以心理成长和发展的视角对辅导活动、辅导对象、辅导的目标进行心理学专业的思考。所以，在选定中学班级心理辅导内容时，首先，要全面理解和落实中学生心理辅导标准和辅导（心理健康教育）目标。教育部2002年颁布的《中小学心理健康教育指导纲要》中明确规定"开展中小学心理健康教育，要立足教育，重在指导，遵循学生身心发展规律，保证心理健康教育的实践性与实效性。"其次，要科学把握中学生的年龄特点和共同面临的问题。对影响成长的情绪情感、认知行为、学习与人际交往等方面的问题要及时给予关注，确定正向的目标，开展及时的、有针对性的心理辅导。最后，要综合运用心理学各流派的理论精华开展有效的辅导活动。班级团体辅导是一种专业化的心理辅导活动，虽然班主任等辅导教师并不都是专业人员，但这种辅导活动目标是依据学生心理发展的状况与特点，开展具有心理意义的各种活动，促进心理成长，解决的是心理问题。所以设计活动不能盲目，要依据心理学相关的理论，综合设计班级团体辅导活动。

根据我国中学教育目标、中学生身心发展年龄特征和时代特点，主要的心理辅导内容有以下几点。

（一）学习心理辅导

学习是中小学生的权利和义务，是学生的主要任务，是学生心理的主导活动；学习是他们最关心的事，也是家长和老师最关心的事。因此，培养良好学习心理品质，是心理教育的基本任务。力求把学习心理指导与德性素质的培养很好地结合起来。要帮助学生珍惜学习权利，增强学习的责任感、义务感，努力完成学习任务；维护和增强学生的好奇心与学习兴趣，热爱科学、喜欢思考；养成勤奋、刻苦的学习态度；培养、激发良好的学习动机；学会探究性、创造性学习；认识自己的学习心理特点，学会科学用脑，学会管理时间，合理组织智力活动；培养学习中各种智力活动的良好品质，帮助学生掌握必要的心理学知识，积极地对待考试，提高应考的能力；培养信息的收集、处理能力；培养自学能力，为自身的持续发展奠定基础。

（二）情意心理辅导

中小学生的情绪、情感处于急剧发展时期，他们有丰富、复杂的情感世界，情绪体验强烈，往往有较大的起伏。因此，必须注意培养积极的情感品质、情感智力，即关心他人、关心集体的义务感、光荣感、愉快感，重视培养高尚情操，即道德感、美感、理智感、创造感，防止、消除自卑、嫉妒、孤独、过度焦虑等消极情感，培养自觉调节、控制情感的能力。中小学生正经历着心理成熟的过程，他们有迅速的心理变化和心理危机，要帮助他们增强心理适应，顺利渡过剧烈变化时期。

良好的意志品质对保证完成学习任务和各种工作任务有重要意义。也通过教育和各种实践活动的锻炼，培养良好的意志品质，如自觉性、坚持性、果断性、独立性、顽强性、恒心、自制力等；同时注意克服盲从、独断、任性、固执等消极的意志品质。培养学生正确对待挫折，增强耐挫能力。

（三）人格心理辅导

促进人格现代化即培养现代人格是心理教育的最终目的。现代教育的四个支柱，即学会认知、学会做事、学会共同生活、学会生存，是当今时代对人的素质要求。小学的心理教材就是以四个"学会"为四个板块安排课程内容的。中学的教材五个板块设计上也是体现了四个"学会"的精神的。要指导学生适应现代社会发展，学习、掌握新的生活方式、学习方式、交往方式。行为方式具有自主性、选择性、高效率、快节奏等，思维方式具有开发性、自由性、敏捷性、创新性等，情感方式具有价值性、健全性，热爱生活，对人、对物、对自然都是协调的，享受现代文明带来的幸福，预防形形色色的"现代病"。

指导学生提高自我心理修养，促进自我心理教育的愿望，指导自我教育的方法，培养自我教育的能力，养成自我教育的习惯，保证持续发展是本课程追求的目标。教材没有专设指导学生自我心理修养单元，但有关内容在各个板块中都得到了体现。

（四）人际交往心理辅导

人际交往心理辅导就是运用有关心理辅导与教育的理论、方法，帮助、引导学生明确人际交往的目的、原则，掌握人际交往的一些技巧，形成正确的人际交往的观念、态度，提高人际交往能力，促进社会发展和人格健康。

（五）生活心理辅导

对学生在学习、工作之余生命与生活活动的指导，是班级团体心理辅导的重要内容。学生在学习之余的休闲、娱乐、消费、健美、日常生活、社会时尚等都是他们精神生活、身心成长的重要内容，通过班级团体心理辅导，培养学生健康的生活情趣、乐观向上的生活态度和良好的生活行为习惯，帮助学生创造幸福生活，学会享受生活的幸福，促进学习效率的提高、才干的增长和个性的健康发展。

（六）升学与就业心理辅导

中学生面对升学和就业的问题，常常出现困惑、迷茫、焦虑、不安，特别是越到临近毕业，这方面的心理问题就越严重。我们就须对此进行辅导，帮助学生树立正确的职业观，了解职业，进而引导他们按照社会需要和自己的特点为将来升学、就业，在思想、学习和心理上做好准备。

三、班级团体心理辅导的团体活动的设计

团体活动又称团体练习，是班级团体心理辅导的基本构成要素，是在团体指导者领导下进行的一系列活动。一个好的活动设计往往可以激活团体，使学生的相应困惑表现出来，并在活动中找到多样的、积极的、有效的解决方法。恰当的活动可以增进团体活动的趣味性，吸引成员积极地参与，降低心理防御，分享获得的收获与成长，改变团体成员的行为。约伯斯等人认为团体活动至少可以达到七个目标：促进团体讨论和成员参与；使团体聚集，注意力集中；使团体的焦点改变、转移；提供一个经验学习的机会；为团体成员提供有用的资料；增加团体的舒适度；为团体提供乐趣，使之精神轻松。

班级团体心理辅导是一个动态发展的过程，活动的设计除了要针对对象特点、目标要求，还要根据团体辅导活动过程进行不同的设计。

有关团体辅导过程的理论，比较有代表意义的主要有：罗杰斯的团体发展阶段理论、加伦和琼斯等人的"五阶段"团体发展模式、柯里的"四阶段"发展模型。

卡尔·罗杰斯根据自己的观察将团体的发展过程分为十四个阶段：自由活动；抗拒做个

人的表达和探索；叙述以往的经验；表达消极的情感；表达和探索与个人与个人有关的资料；表达与其他成员相处的即时感受；团体发展出的治疗能力；达到个人的自我接纳，亦开始改变；打破伪装；提供与接受反馈；面质；将帮助延伸到团体之外；发展出基本的真实关系；在团体内外作出行为的改变。

我国学者樊富珉认为可将团体辅导大致分为五个阶段，即团体辅导的创始阶段、过渡阶段、规范阶段、工作阶段和结束阶段。[1]

（一）团体辅导的创始阶段

主要通过一般的暖身活动、建立与强化团体契约或规范的技术、促进团体成员准备从团体中最大收益的技术、处理成员负面情绪的技术等，使成员尽快地、轻松地、有效地进行互动，建立对团体的信任。

一般的暖身活动是班级团体辅导最为基本的活动技术。如，以结构式"柔软体操"方式进行，使大家拉近距离，减轻焦虑和不安感。活动形式可以是语言的非语言的形式，采取哪种最合适，要根据团体的结构、成员的特征而定。例如不同的音乐与舞蹈、信任之旅、信任跌倒、信任圈等。

建立与强化团体契约或规范的技术。团体契约和规范是团体领导者与成员之间给予他们努力的目标及对他们将在一起工作方式的一种协议、约定，它可以是书面形式的，也可以是口头形式的。团体契约与规范的制定可以采用开放方式，请成员共同讨论，并在团体过程中不断地引导示范。规范内容要强调保密的守则，强调成员要学会关注、倾听，如有的辅导中制定"说好话、守秩序、存好心、做好友、保秘密"的共同公约；也有以书面形式严肃地签约，其内容为：作为团体成员，我同意：参加每次的团体聚会；遵守不迟到早退的规定；团体中发生的事件绝对不在向外泄露；完成团体交代的任务和要求；每次聚会完全投入参与所有活动。

促进团体成员准备从团体中最大收益的技术。团体成员从辅导中获得收益的意向与行为不是自发的，要在指导教师的启发与诱导、激励与支持下才能实现。所以团体指导者要善于利用各种心理学技术，引导成员积极的从团体中获得最大收益。主要的技术是：关注与反思自我、参与与积极表达、倾听与适当的回馈、合理表达情绪、检讨与发现学习收获、给予团体积极的建设性意见与行动等。

处理成员负面情绪的技术。在班级团体辅导中，团体成员负面的情绪随时可能产生，焦虑和恐惧等负面的情绪，不当的心态主要是防卫或抗拒。指导教师应注重建立信任感，引导和运用具催化性的活动，让团体打破陌生感，鼓励表达个人感受，适当地让成员了解其他人也如此。团体初期成员自然会有些防卫或抗拒的行为，如将重点放在他人而少谈自己、问别人问题、用概括性语言"大家都"、"我们"、"你们"或不参与、沉默等，指导教师需敏锐地觉察并尊重成员的此类行为，提供成员表达此类行为的内在情感的机会，主动带头示范自己的感受，但不责备成员。

（二）团体辅导的过渡阶段

团体过渡过程活动一般指维持和发展团体，并有效地促进成员改变的活动的总称。从过程的发展看，主要是引导参与的活动。

引导参与的活动。团体指导教师能依照团体中个人的需要去引导他们，刺激成员思考、沟通，以确定解决问题的行动。为此，团体领导者必须鼓励并协助团体内各成员讨论和决定团体的事务，鼓励并提供每一个团体成员民主参与的机会，不使过于活跃的人剥夺他人的机会，也不使拘谨的人袖手旁观，失去参与活动的机会。引导参与要求包括以事实为中心，避

---

[1] 樊富珉. 团体心理咨询 [M]. 北京：高等教育出版社，2005：141-144.

免无谓的纷争，增进团体的向心力。

（三）团体辅导的规范阶段

也称团体凝聚阶段，是形成团体规范的阶段。团体规范是引导团体成员的行动准则，是保障成员权益和团体运作的重要依据。它不仅规定个体应该做什么，不该做什么，还有舆论导向的作用。团体成员在经历了创始和过渡阶段的心理冲突后，进入一个心态平稳的状态，开始关注成员的态度，体察成员的需要，考虑个人行为的适宜性，在团体成员的互动中，彼此之间理解、尊重、接纳，觉察到自己在团体中的责任，逐渐的达成共识。这些共识，体现在团体成员的行为中，被团体辅导教师引导、激发和总结强化为团体的规范，并被团体成员在互动中认可，成为团体规范。

团体规范的形成，使成员逐渐放弃了防御心理，在团体规范的约束下更加积极地投入到团体活动中去，团体凝聚力得以增强，个人归属感得到满足。成员在自觉理解和掌握了规范后，行为的自主性和积极性也得到了发挥，成员对团体的责任也更加明晰，这些都为团体工作的深入奠定了心理基础。

团体辅导教师在此阶段的主要任务是引导团体成员将个体融入团体，协助团体成员了解团体的规范，体验和建立责任行为，清楚作为团体的受益者和助人者的行为规范。

（四）团体辅导的工作阶段

主要是解决问题的活动和及时介入的活动。

解决问题的活动是指能正确评估自己的能力与环境的变化，积极地作出符合自己人生目标和价值观的选择、决定，减轻由于在生活中遇到问题而产生的心理压力，使身心有效地适应社会，以达到预期的目的。解决问题的过程就是思考和运用科学方法的过程。一般步骤有：了解问题的存在，确认有解决的必要；分析问题的性质，直接面对问题的目标，开始搜集有关资料；分析资料，列举解决问题的办法；评估每个解决问题的办法的可行性及预期效果；运用观察或实验来尝试解决问题。

及时介入的活动。团体进行过程中当指导教师发现以下现象出现，应尽快介入。①两个成员在要求之外单独交流。②团体中某人为另一个成员说话。③团体成员集中注意在团体之外的人、事、物时。④成员中有人在说话的前后常先寻求他人的认同。⑤成员中有人认为其问题是由某人引起的。⑥某成员认为，"我一直都是那样。"⑦团体中有不一致的行为出现时。⑧团体变成无效率的漫谈时。在工作阶段，维持整个团体的和谐、安全、融洽的氛围，以保障心理指导目标的顺利实现。

（五）团体辅导的结束阶段

结束阶段的活动包括每次聚会结束和团体整个历程结束的活动。团体训练咨询的结束应是自然而顺利的，也应是领导者可以预期的。怎样使团体愉快地结束需要运用一些活动技术。一般而言有四种方式：第一，是结束之前，成员互相赠送小礼物，道别祝福；第二，是领导者在结束时对团体辅导作一简要的回顾与总结；第三，是团体成员检讨自己在团体中扮演的角色，是否达到期望，自己切身的感受；第四，是展望未来，明确今后应该怎么做，如何巩固团体辅导的效果。

结束过程会使成员产生哀伤的心理，对团体留恋，团体指导者要有效地运用积极的态度和方法，将这种情绪转化为一种对团体成员友情的珍惜、对团体共同努力的心理成果的强化和对自己生活学习和重视。

班级团体辅导中，指导者要注意全面了解情况、科学的进行团队预测、设计从实际出发、辅导活动的整体一致性、弹性与安全性相统一、合目标性。

朋辈辅导：学校心理健康教育的新模式

所谓朋辈辅导，是指经过短期专业培训的年龄相当者对周围需要心理帮助的同学和朋友给予心理开导、安慰和支持，提供一种类似于心理咨询和帮助的辅导模式。

一、开展朋辈辅导的必要性与可行性

（1）当前中小学学校普遍存在对心理辅导需求的增加和心理辅导服务相对不足之间的矛盾。这主要表现在两个方面：一方面，学校心理辅导的老师数量有限，一般的学校只有1~2名专职的心理辅导老师，这与当前心理辅导需求增加，学生数量不断增加形成鲜明的对比；另一方面，由心理辅导老师开展的辅导服务形式有限，大部分都只是局限于被动地等待学生前来面谈咨询。朋辈辅导则大大拓展了学校心理辅导的内容与形式，是一种实施方便、推广性强、见效快的心理辅导模式，对促进我国学校心理健康教育的实效性具有重要意义。

（2）朋辈辅导具有其他辅导形式无法比拟的独特优势。由于朋辈辅导是在年龄相当的同辈之间进行的一种辅导形式，同辈之间具有共同的经历、类似的价值观和情感体验，他们容易相互理解，便于建立情感上的联系，从而容易建立起一种信任、稳定的咨询关系。根据人本主义的心理咨询理念，一切咨询的效果都是因为咨询师与来访者之间建立起来的安全、信赖的咨询关系。

（3）从心理辅导工作的发展方向来看，日益强调以预防为主的发展性心理辅导。发展性心理辅导模式的基本理念强调每个人都有接受辅导的需要，特别是成长中的儿童和青少年，需要有人帮助他们顺利地渡过发展的各个阶段，完成发展任务。在这种理念指导下，需要更多的辅导人员参与到其中，帮助更多的学生完成发展任务，以达到全员辅导的目的。朋辈辅导则是实现这个目的最为有效的模式，因为朋辈辅导的主要对象就是那些在发展过程中遇到各种困扰的学生。

（4）朋辈辅导符合学生的求助需求。有调查研究显示，当问到遇到烦恼时更愿意向谁倾诉时，知心朋友成为大多数青少年学生的首选对象。表明朋辈辅导容易为广大学生所接受，是一种符合青少年年龄特征的心理辅导模式。

二、朋辈辅导的基本原理与实施程序

1. 朋辈辅导的基本原理

朋辈辅导以人本主义心理学为理论基础，以共同的经历和类似的情感体验为起点，通过朋辈辅导员的关注与倾听、理解与共情、支持与鼓励，激发求助者向上的力量，挖掘潜能，从而使求助者摆脱困扰，实现人格上的完善。朋辈辅导是非专业的心理工作者（朋辈咨询员）作为帮助者在从事着类似心理咨询的活动，不需要像专业的心理咨询那样在特定的地点，在固定的时间之内开展咨询。但也需要遵循心理咨询的一些基本原则：如保密原则、非评判性原则，也需要掌握一些基本的心理咨询技术：如倾听、情感反应、具体化、面质等技术。

2. 朋辈辅导的实施程序

一般说来，朋辈辅导的实施主要包括以下四个步骤：朋辈辅导员的选拔、朋辈辅导员的培训、朋辈辅导的实施和朋辈辅导的效果评估。

（1）朋辈辅导员的选拔。在朋辈辅导的几个环节中，朋辈辅导员的选拔是最基本也是最为重要的一环。朋辈辅导员的素质好坏直接影响到培训的质量和朋辈辅导的效果。一般认为，对心理保健感兴趣、有服务同学之心是担任朋辈辅导员的最基本要求。此外，具有如下心理特质的人值得优先考虑：诚实守信、责任心强、宽容、情绪稳定、观察力强、语言表达较好等。

（2）朋辈辅导员的培训。朋辈辅导员的培训通常采取短期式、系统化的方式进行，即时间通常比较短，但内容必须有系统，有针对性。有研究者认为，朋辈辅导员的培训需要避免的一个错误是，不能将培训重点放在辅导理论和心理学术语上，而应将培训的重点放在技能上，尤其是辅导同伴时需要用到的技能。主要应包括：倾听、情感反应和面质等常用个别心理咨询技术，常见精神障碍的识别，心理危机干预的基本技巧，团体心理辅导技能和校园心理活动的设计与组织等。

（3）朋辈辅导的实施。朋辈辅导的特点使得它能够采取诸多形式灵活进行，如个别会谈、团体辅导、心理沙龙、网络QQ辅导、心理电影赏析等活动。由朋辈辅导员带领的团体辅导同样要严格遵守团体辅导的各项原则和要求，不同的是朋辈辅导员与其他同学经历类似、情感体验相同，容易产生情感上的共鸣，因而更容易营造为团体成员所信任的团体氛围。

（4）朋辈辅导的效果评估。朋辈辅导的形式多样，但要对各种形式的辅导效果进行评估比较困难。一般地，心理咨询效果的评估主要采取以下几种形式进行：来访者自我报告、亲戚朋友的报告、咨询师的观察分析、心理测验前后结果的比较。作为半专业性的朋辈辅导同样可以借鉴以上方式进行评估。另外，由于对心理健康知识的宣传也是朋辈辅导的重要目标，因此校园心理健康氛围的提升与否、学生对心理咨询的态度如何也是朋辈辅导效果评估的重要方面。但以上这些评估方式很难做到精确，这也是整个心理咨询领域面临的一大难题。

三、讨论与分析

朋辈辅导作为一种便捷、高效的心理健康教育模式值得研究和实践，特别是在当前学校心理健康教师非常缺乏的情况下，更是具有重要的现实意义。但是，在实施的过程中如果把握不好，很容易走上歧途。朋辈辅导员的管理需要借鉴学生社团的管理经验，设立一个相应的学生组织。

在实践朋辈辅导的过程中，应特别注意以下几点。

（1）在朋辈辅导员的选拔中，应将候选人的个性特征作为筛选的标准，积极的人生观、高度的责任心、宽容、情绪稳定、观察力强等个性特征是朋辈辅导员必备的素质。

（2）朋辈辅导员的培训必须要有一定的系统性和针对性。所谓系统性就是培训的内容之间要相互衔接，符合学生学习的规律。所谓针对性是指培训的内容不能理论性太强，应侧重于朋辈辅导员工作中需要用到的一些主要技能。

（3）专业咨询老师与朋辈辅导员之间应密切配合。朋辈辅导员在实施朋辈辅导的过程中应保持与专业咨询老师的联系，碰到疑难问题及时请教，若碰到有心理危机的学生更应立刻联系专业咨询老师，从而共同促进学生的身心健康。

资料来源：蔡莹，杨雪龙.朋辈辅导：学校心理健康教育的新模式.现代中小学教育，2009（5），42-44.

【拓展性阅读】
［1］樊富珉. 团体心理咨询. 北京：高等教育出版社，2005：65-89，255-306.
［2］钟志农. 心理辅导活动课操作实务. 宁波：宁波出版社，2007：63-117.
［3］陈丽云，樊富珉等. 身心灵全人健康模式—中国文化与团体心理辅导. 北京：中国轻工业出版社：2009：76-124.
［4］孙炳海，孙昕怡. 朋辈心理咨询模式述评［J］. 思想·理论·教育，2003（9）：65-68.
［5］Tindall, J. A. & Gray, H. D. Peer counseling: An in-depth look at training peer helpers. Muncie, Indiana: Accelerated Development Inc.

【研究性课题】
1. 试论班级团体辅导对中学的意义和价值。
2. 如何正确理解班级团体辅导的目标。
3. 试设计一个中学班级团体辅导活动方案。

第九章　中学生学习心理辅导

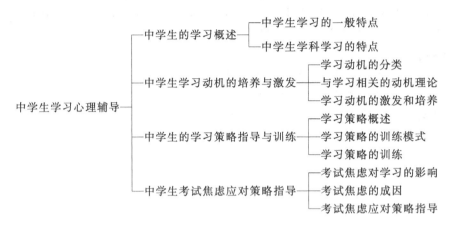

【学习目标】

- 能够说明中学生学习的一般特点和学科学习的特点。
- 用动机理论解释学生的学习动力。
- 熟记中学生学习策略训练技术。
- 能够分析学生考试焦虑的成因、鉴别考试焦虑的症状，并能够进行应对策略指导。

　　学生的学习是学校教育的重要活动之一，也是学生做好人生准备的基本途径之一，一直为人们所关注。古今中外的思想家、教育家和心理学家都十分重视对学习问题的思考与研究。中国古代就对学与思、知与行、博与精、故与新的辩证关系进行了精辟的论述，而且提出了立志、博学、审问、慎思、明辨、时习、笃行的比较完整的教与学的过程。西方关于学习问题的探讨同样十分活跃。百年以来，西方教育心理学界从不同角度探讨了学习问题，形成了一些重要的学习理论，发现学生的学习受到许多内外条件的制约，是一项复杂的系统工程，因此对学生的学习心理辅导格外重要。

　　学习心理辅导，指的是教育者根据自己对学习概念、学习过程和学习规律的理解，针对影响学生学习的因素，有目的、有计划、有步骤地教会学生如何学习的过程。在以学科课程为中心的学习活动中，教育者主要是解决学生愿不愿学、会不会学的这两大问题。本章主要探讨中学生的学习特点，中学生的学习动机、学习策略和情绪对学习影响等问题，并提出具体的相应促进中学生学习的策略。

第一节　中学生的学习概述

一、中学生学习的一般特点

　　学生的学习是在特定的学校教育情境中进行的，而学校教育是一个按既定的教育目标改变学生的外显行为和内在倾向的过程。因此，学生的学习一方面具有人类学习的共性，另一方面也具有其本身的特点。

中学阶段正是个体处于 12～18 岁的青年初期，伴随着身体的快速发育，社会实践经验的日益积累，中学阶段的学生正处于从不成熟向逐渐成熟的过渡阶段。处于此阶段的中学生在学习上具有以下特点❶。

（一）学习目的性强

中学生的自我意识逐渐增强，理想、信念、人生观逐步形成，有了较清晰的学习动机与学习目的，表现为将眼前的学习与将来升学或就业联系在一起。正是存在着明确的目的性，也使得中学生在平时学习过程中表现出明显的选择性。与升学或就业有关的学科会认真学习。

（二）思维独立性强

中学生生理逐渐成熟，尤其是大脑和神经系统发育完善，基本接近成人的水平，为学生的学习提供了良好的生理基础。在长期的学习过程中也积累了丰富的知识、经验。发展心理学研究表明，中学生的思维中抽象逻辑思维已经逐渐占据优势，辩证逻辑思维也开始发展起来。所以他们的思维明显不同于小学生，逻辑思维能力强，善于抓住事物的本质与内在联系，能独立思考与成功解决问题。

（三）学习自觉性高

由于中学生有着明确的学习目的，逻辑思维水平的提高，能够认识到学习的本质，理解学习与自我发展、与将来就业和升学的关系和生活质量的提高的关系，对蕴含在知识中的人生哲理、社会常识、科学知识、道德伦理等知识的理解程度加深，加之意志品质的发展，学习的自觉性、主动性明显高于小学生。能主动地开展学习活动，表现为自觉制订学习计划，寻找适合自己的学习策略，排除各种学习干扰。

（四）学习波动性大

中学生的生理上已经成熟，但他们的情感尚未成熟，表现在：①容易恋爱，从而分散学习精力；②当遭遇学习挫折，陷入学习困境时，不能有效调节自己的消极情绪，而长时期的紧张、焦虑会干扰正常的学习。

中学生追求着独立和自主，努力在情感上与父母、教师等成人社会分离，他们的喜怒哀乐等情绪情感较少与父母、教师等成人表达；特别重视自己在同伴群体中的地位，关注异性群体的态度，对异性交往充满好奇和矛盾；他们希望学习方面的努力和成功，又害怕在学习中的不成功表现影响自己的群体中的形象，将更多的注意力投放在同伴群体的关系和评价中；在学习中遇到挫折和困境，独立调节能力较弱，又担心被同伴所嘲笑，常常产生过多的紧张、焦虑等情绪，进而影响学习。加之处于青春期的学生，情绪波动比较大，学习活动常常比较感性化、情绪化，导致学习的状态、效率、成绩波动也比较大。

二、中学生学科学习的特点

中学生的学科学习在内容、难度、组织上也不同于小学阶段，主要表现为以下几点。

（一）学习的内容增加、学习的难度变大

在学习内容上，除了小学所学的学科以外，中学还增加了物理、化学、政治、生物、历史、地理、信息技术等课程的学习。每门学科内容的量都很大，且趋向专门化和系统化。如数学，小学是学算术，初中开始学习代数和几何。

中学阶段的学科新旧知识联系密切，知识抽象概括性很强。中学的许多学科知识是经过不断提炼、浓缩而成，抽象概括水平要比小学阶段高得多。它对学生空间想象力、抽象逻辑

---

❶ 龚正行著. 中学生学习方法指导. 北京：华夏出版社，2002：12-14.

思维能力提出更高的要求。如生物学中的"遗传的物质基础"、"遗传的三大规律";化学的元素周期律等,不少中学生认为太枯燥、太难懂。中学生阶段的学习难度大还表现在学习进度快,如果不能及时跟上往往会出现"消化不良"或"欠债"现象,影响以后的学习。

(二)学习的综合性、系统性强

在中学阶段,尤其是高中,各学科之间的联系性、综合性更强。如果某一学科没学好,会影响到其他几门相关的学科学习,尤其是语文和数学对各科的影响最大。中学学科的综合性还表现在问题解决。学生需要综合运用各门学科的知识去理解与解决一个学习问题。例如,学习 DNA 的结构要用到化学中氢键的知识,解决物理的"斜抛物体的运动"问题要用到数学中的三角函数知识。

高中阶段的学习是初中学习的深入。例如,没有学过初中的动物学、植物学、生理卫生学,会给高中生物学习带来困难。部分学生到了高中后,学习成绩会出现严重下滑,就是因为初中的知识没有扎实掌握。

(三)学习更独立自主

小学阶段的学生不仅在学习中有老师的帮助,就是在生活中也是处处被老师"扶着走",而中学阶段,老师不可能再天天盯着孩子,而是大胆地放手让学生自己去学。学习中的不少环节几乎要中学生自己独立完成。例如,预习、记笔记、复习等。老师对中学生的学习也不再像小学阶段那样严格,那样具体,往往是中学生自己去安排学习与休息时间,制订自己的学习计划,因此中学阶段要注重培养中学生学习的独立性、自主性。

(四)学习的要求高

基于上述中学阶段的学科学习特点,中学生要想取得很高的学习成就,要求具有较强的学习能力,如,观察能力、记忆能力、思维能力等。中学阶段的学生如果不在平时的学习过程中发展自己的能力,就会出现各种学习困难。

第二节 中学生学习动机的培养与激发

学生是学习的主体,学习活动是在学生内在的学习动力推动下实现的,学习动机是推动学生学习的内部动因,国内外学者非常重视学习动机的激发和培养,从不同角度对学习动机做了不同的研究和分析。

一、学习动机的分类

对学习动机进行分类,是为了进一步加深对学习动机的理解,提高激发和培养的实效性。根据不同的分类标准,可以把学习动机分为以下几类。

(一)内部动机和外部动机

根据学习动机的来源,可将其分为内部动机和外部动机。

内在学习动机是指由个体内在的学习需要而引发的学习动机。该学习动机源于对知识的需要和兴趣,学习的目的在于获得某种知识。对于具有内在学习动机的人来说,学习活动本身就能使其获得满足,而无需外力的推动。强烈的求知欲、兴趣、爱好等都是这种内在学习动机产生的动力。比如,著名数学家陈景润视数学研究为生命,不管在什么境遇下,只要能够研究心爱的数学,就感觉力量倍增,生活充实而有价值。其学习动力明显地来自于内部。

外在学习动机是指来自于学习者的外部环境,由某种诱因引发的学习动机。在这种情况下，学习者学习的目的不是为了获得知识本身，而是为了获得奖赏、地位与尊重，或是为了避免某种惩罚。一旦外界压力或诱因消失，学习者的学习动力也会随之降低甚至消失。

内在学习动机和外在学习动机对学习者学习行为所产生的作用大不相同。一般来说，内在学习动机作用有力而持久，而外在学习动机则效应微弱而短暂。但是，外在学习动机和内在学习动机对人的行为起到持久的推动作用。比如，学习者一开始学习外语是为了应付大大小小的考试，而对外语本身不感兴趣。但是，随着学习活动的深入，外语水平不断提高，学习的收获和成功的喜悦使学习者产生了积极的情绪体验，随着这种情绪体验的不断扩展，学习者渐渐对外语学习由被动变为主动，对外语的态度由排斥到接纳和喜爱。这样，学习者学习外语的动机就由外在动机转变为内在动机。因此，教育者要强化学习者的学习行为，一方面要尽可能地通过各种途径激发其内在学习动机，如培养好奇心、激发求知欲、树立学习信念等；另一方面还要设置情境，使学习者感受到一定的外界诱因，并帮助学习者把外界诱因转变为学习的动力，把外在学习动机转变为内在学习动机，把学习本身当做自己的内在需要。这样，才能对学习者的学习行为产生深远而持久的推动作用。

（二）社会性学习动机和个体性学习动机

根据动机的指向性，可将其分为社会性学习动机和个体性学习动机。

社会性学习动机是指建立在个体所领悟的社会需要基础上的，学习目标指向于社会的学习动力状态。在社会性学习动机支配下，个体的学习不是为了获得某种个人利益，而是为了整个社会和国家的发展。例如：周恩来同志在青少年时代就立志"为中华民族的崛起而读书"，马克思在中学毕业作文中也把学习、职业选择与整个人类的解放事业联系在一起，表现了伟人高尚的学习动机和思想境界。

个体性学习动机是建立在个体需要基础上，目标指向于个体发展的学习动力状态。例如：为自己在社会竞争中取胜而努力学习；为将来自己获得更高的社会地位、更优越的生活条件而学习等。个体受发展水平的限制，学习动机往往是个体性的，很少把个人的学习活动与社会发展结合在一起。但是，随着年龄的增长和心理发展水平的提高，个体的社会性不断增强，因而有可能形成社会性学习动机。学校教育和德育的目的在于帮助学生树立社会理想，将个人的发展和理想与社会发展和理想有机地结合在一起，使个体性学习动机可以转化为社会性学习动机。

（三）间接远景性学习动机和直接近景性学习动机

根据学习动机起作用的久暂和概括水平，可以把学习动机分为间接远景性学习动机和直接近景性学习动机。

间接远景性学习动机是指由于了解学习的社会意义、学习活动的结果和价值而引起的具有一定概括水平的内部动力状态，是社会需求在学生学习上的反映。这种学习动机具有更多的社会性和理智色彩，和个人志向、世界观联系密切，因此具有远景性，不易为情境中的偶然因素所改变，能在较长时间内起定向作用。

直接近景性学习动机是指由学习活动本身或学科内容所具有的吸引性而引起的内部动力状态。例如：为了解决物理学中的有趣问题，为了与同学竞争看谁解题更加快速，为了回答老师的提问等而积极地投入学习过程中，这类动机具体而有实效，但作用时间短，效果不持久。

在教学中，教师要将两种学习动机结合起来加以培养，才能让学生的学习积极、有效和持久。

二、与学习相关的动机理论

学习动机是指由学习需要引起的，激发、推动学生进行学习活动，并达到一定学习目标的内部心理倾向动力。它对学习活动起着发起、维持、促进的功能，它制约着学生的学习方向、学习进程与学习效果[1]。关于学习动机结构，不同的研究者从不同的角度划分了结构类型，如布鲁纳把学习动机分为内在动机与外在动机两种；前苏联心理学家曾把学习动机分两类：直接的或称局部的、狭义的学习动机；间接的、广泛的与社会要求相联系的学习动机[2]。奥苏贝尔曾从影响学生取得学业成就的角度将学习动机区分为认识内驱力、自我提高的内驱力与附属内驱力[3]。Kornald 等的研究也发现[4]，动机并不具有跨文化的普遍性。而且"在全部条件下的分析可能掩盖了由于条件不同而产生的因素结构方面的有些有趣而重要的差别"，因此不同学习阶段的学生的学习动机结构可能大不相同。目前比较认同的动机理论主要有：驱力理论、成就动机理论与归因理论。

(一) 驱力理论

驱力（或内驱力）是指人内部的某种不平衡状态所产生的旨在恢复稳态的一种内在推动力。如，对口渴促使个体到处寻找水源，而进水需要得到满足，则停止这一行为。与学习有关的内驱力有：认知内驱力、自我提高内驱力与附属内驱力。

认知内驱力是一种掌握知识、技能和阐明、解决学习问题的需要。即一种指向学习任务的动机，求知的欲望。这种内驱力既与学习的目的性有关，也与认知兴趣有关。对学习感兴趣或求知欲强烈的人常常会废寝忘食、孜孜不倦地去学习，并从中获得很大的满足。由于认知内驱力不是指向各种外在奖励，而是指向学习任务本身（为了获得知识），满足这种动机的奖励（实际获得知识）是由学习本身提供的，因而在学习中具有稳定性、持久性等作用。

有些学生学习是为了获得其他学生的尊重，或在班级中获得较高的地位。这种学习往往是由自我提高内驱力引发。自我提高内驱力是指个体因自己的能力或成就赢得相应地位的需要而引起的内驱力。这种需要是由人的基本需要——自尊和自我提高的需要所派生出来的，因此它并非直接指向学习任务本身，而是把学习成就看作赢得一定地位和自尊心的根源。自我提高内驱力虽然可以促使学生把自己的行为指向当时学业上可能达到的成就，但是它不同于认知内驱力，是一种外部动机。

附属内驱力是指个体为了获得自己所附属的长者（如教师、家长）的赞许或认可，取得应有的赏识的欲望。它既不是指向学习任务本身，也不是指向赢得一定的地位和自尊的满足，而是为了要从长者那里获得赞许和认可。研究表明，具有高度附属感的学生，一旦得到长者的肯定或表扬，就会进一步努力学习，取得良好的成绩。反之，如果他们的某些努力暂时得不到师长的赞许，有时就会丧失信心，甚至学习积极性下降。

上述三种内驱力在学生身上普遍存在，但在动机结构中所占的比重，一般随年龄、性别、人格结构、社会地位、文化背景、家庭等因素的变化而变化。在儿童早期，附属内驱力最为突出，随着年龄的增长，附属内驱力逐步减弱，认知内驱力逐步增强。

(二) 成就动机理论

麦克勒伦受默里的成就需要的影响，对企业家的行为与成就需要的关系进行研究，发现成就动机高的个体在解决问题时毅力更强，在任务完成时更容易获得满足感；在任务失败时

---

[1] Nicholls. J. G. Quality and equality in intellectual development: The role of motivation in education. American Psychologist, 1979, Vol34, 1071-1084.

[2] Biggs. J. B. & Moose. P. J. The process of Learning. New Yor Rerticehall, 1993.

[3] 邵瑞珍等译. 教育心理学. 上海：上海教育出版社，1985：211-217.

[4] Kornald, M. L., Econsber, L, H, & Emminghans, W. B. Cross-Cultural research motivation and it's contribution to a general theory, In H. C. Tridis & W. Lonner (eds.), Handhook of cross-cultural Psychology, Vol. 3. (233-321). Boston: Allyn & Bacon, 1980.

更勇于承担责任；更多地将失败归因为努力而不是任务太难或运气不佳，从而会倍加努力，直至成功。

阿特金森对麦克勒伦的理论进行了提升与扩充。他认为个人的成就动机存在两类：力求成功的需要与避免失败的需要。每个人都存在这两种需要，同时他通过研究发现避免失败的个体更倾向于选择非常容易或非常难的任务，而力求成功的个体更倾向于选择中等难度的任务。

（三）归因理论

归因理论是一种解释人的行为成功与失败原因的动机理论。心理学家维纳根据内外源、可控性与稳定性把归因分成八类。见表9-1。

表9-1 归因分类表格

项目	内部		外部	
	稳定	不稳定	稳定	不稳定
不可控	聪慧、能力	心境、疲劳	任务难度	运气
可控	持久努力	一时努力	他人偏见	他人帮助

归因理论认为个人对成败原因的分析会影响之后的行为。如果个体把失败归结为稳定（如能力）和不可控制（如工作难度）的原因，那么他今后不会改变现状，不会坚持。如果个体把失败归结为不稳定和可控制的原因（如努力程度），那么他就有可能在失败的情况下坚持努力。教师应当引导学生正确地分析学业成功与失败的原因。

三、学习动机的激发和培养

通过对各种动机理论的分析，明了了激发学习动机的内容。根据前面章节中陈述的各种心理学理论，可以具体提出若干学习动机培养与激发的策略。

（一）及时反馈与适当评价

反馈在于让学生及时了解自己的学习结果，可以加强其进一步学习的动机。教师运用反馈时应注意：①对学生学习结果的反馈应及时。②反馈的内容应包括学生对教师课堂提问的回答、课内外作业和各种考试结果的反馈。③反馈应使学生知道什么是正确反应，这比知道什么是错误反应更重要。④应随时让学生了解距离自己定的学习标准还有多远。⑤对学习成绩不理想的学生，不能单纯看其分数的高低，还应从各个学习环节上发现其可取之处，并给予表扬与鼓励，以增强其自信心和上进心。

为了充分发挥反馈的促进作用，还应对学生的学习态度和主动性等方面做出适当的评价。美国心理学家佩奇[1]曾以74个班的2000多名中学生的教师评价进行研究，发现教师对学生的学习结果除给以分数或等级外，适当增加具有针对性的评语，是相当有益的。具体来讲，顺应评语（即根据学生作业中出现的具体情况给以校正或相应的好评）具有最大的强化作用，学生学习成绩提高最快；特殊评语（如甲等评以"优异，保持下去"，乙等评以"良好，继续进步"等）的激励作用虽次于顺应评语，但差距不大；只评等级，无评语，对学生学习几乎没有什么激励作用。

（二）运用适当的强化方式

在行为形成和改变的过程中，强化方式的不同，对于学生的学习动机的激发与培养也有着不同的效果。按时间可将强化方式分为：立即强化与延缓强化。前者指个体出现正确反应

---

[1] 朱宝荣主编. 应用心理学教程. 北京：清华大学出版社，2004：12.

后，立即给予奖赏，其效果较佳；后者指正确反应出现后，过一段时间再给奖赏，其效果较差。按即时性可将强化方式分为：连续强化与部分强化。前者指只要个体表现出正确反应，均给予强化，这种强化方式不仅不经济，而且一旦取消强化，其学到的行为会很快消退。后者是指只选择在部分正确反应之后，给予强化。如果部分强化是适度的，那么可以达到与连续强化同样的学习效果。

（三）科学使用奖励与惩罚

奖励分为物质奖励与精神奖励，前者如奖金、奖品，后者主要是表扬、奖状等。有研究表明，当人们进行某种活动的内因性动机的稳定性较差时，需要用外部强化来维持，而且活动者的年龄越小这种倾向性就越明显。奖励会显著提高学生的学习动机水平，奖励一旦被取消，其对学习动机的增强作用仍会保持相当长的一段时间。在运用奖励时应注意以下几个问题：①确保所有学生，包括学习不良的学生，都能获得奖励；②与学生讨论奖励方式，找寻最适合学生的奖励；③要拥有种类繁多的奖励方式；④当学生有着积极的学习行为时，应给予意外的奖励；⑤精神奖励逐渐代替物质奖励。

惩罚主要是通过施予个体厌恶的刺激或移去期望的刺激达到减少或抑制不良的行为。尽管惩罚对学习有一定的促进作用，但在使用时必须小心谨慎。使用过于频繁，可能会激起学生极高的焦虑水平，这不仅会影响其学习效率，而且还会波及其他方面，如导致学生对整个知识领域的厌恶、对学习的自暴自弃等。在实施惩罚时要注意以下几点：①努力构建使用负惩罚的情境，即当学生出现一个不适宜行为时，不给予原有的奖励，以减少学生不适宜行为的出现概率；②在惩罚的使用上要保持一致；③惩罚学生的学习行为，而不要指责学生个人的品质；④对学生的消极学习行为要适当的使用惩罚。

（四）合理开展学习竞赛活动

竞赛是激发学生学习动机和提高学生学习成绩的一种有效手段。通过竞赛活动，学生的成就动机会更加强烈，学习兴趣和学习毅力也会有所增强。

为了保证竞赛对动机的激发与培养产生积极作用，避免不良后果，应注意以下几点。①竞赛内容应多样化。②竞赛可分为个体间、团体间和自我三种形式。在这三种形式中，应以团体间竞赛为主。③进行个体间竞赛时，要使每个学生都具有同等获胜的机会。④竞赛活动要适量。竞赛本身在一定程度上会增加学生的情绪紧张度，产生一定心理压力。因此，竞赛不应过于频繁，竞赛试题也不宜过难。⑤在竞赛过程中，要注意对学生进行思想教育工作，避免错误认识竞赛。⑥在竞赛的同时强调合作的重要性。

（五）对学业成败进行正确归因

根据归因理论，学生应把学习的成败归因为可控制的内部的因素——努力。因此在学习动机的激发上，首先应培养学生树立"只有努力才有可能成功，不努力注定要失败"的信念。同时，应预防学生将失败归于稳定且不可控的因素（如能力），因为这种归因方式会严重挫伤学生的学习积极性和自信心。

其次，改变学生的错误归因模式。根据国内的研究及国外文献的介绍，以下三种归因训练方法的效果比较好：①团体发展法。以维纳等人有关成就动机的归因理论为依据组织学生集体进行学习的讨论。该方法比较适合中学生，在于他们已初步具备了讨论问题的能力，自我评价能力也达到了一定水平。②强化矫正法。这种方法是以舍里格曼有关学习无力感的理论为依据。用这种方法进行归因训练的效果可以迁移到日常行为中去，但需要定期进行。它的作用没有团体发展法那样持久。③观察学习法。这种方法是以班杜拉等人的观察学习理论为依据。

（六）让学生多多体验成功

心理学研究表明，如果学生在学习中获得成功的体验，增强自我效能感，以成就为动机的学生一心想获得成功,他们坚持学习的时间会更长些,即便遇到挫折,也往往会归结于自己还不够努力;当失败时,他们会加倍努力,直到成功为止。因此,在学校里,成就动机强的学生一般会取得较好的成绩。实际上,成功哺育了对更成功的向往,这种向往又哺育了成功。

研究结果表明,成功体验对动机的激发作用大于失败体验,成功体验会激发学习动机,失败体验会降低甚至会失去学习动机,进而把动机转向他们感兴趣的其他事情上去(如体育活动等)。尤其对那些学习成绩较差的学生来说,进一步的失败会导致学习动机的下降,而一次或多次的成功则会成为学习动机的"激活剂"。

第三节 中学生的学习策略指导与训练

学业成就高的学生不仅是独立自主的个体,还是高效率的个体,相反学业成就低的学生学习动机低、学习期望值低,无恰当的、适宜的学习策略。因此,学习策略对学生的学业失败也有着非常重要的影响。

一、学习策略概述

(一)学习策略的含义

目前教育心理学界对学习策略的界定还没有达到共识。心理学家从不同研究角度提出各自的看法或观点。总体来说,学习策略的界定存在三种代表性的观点。①方法说。学习策略是具体的学习活动、方法或步骤。②控制说。学习策略是内隐的学习规则,它对学习活动进行调节和控制。③统一说。学习策略是信息加工的方法、技能与对信息加工进行调控的统一体。即,凡是有助于提高学习质量、学习效率的程序、规则、方法、技巧及调控方式均属学习策略范畴。目前,研究者更多认同"统一说"观点。

(二)学习策略的分类

关于学习策略的类型,心理学家依据不同的标准,提出了多种分类。其中心理学家迈克尔(1990)认为学生在所有的学科学习过程中都会运用到的策略主要有三大类:认知策略、学习资源管理策略与元认知策略。

1. 认知策略

认知策略是指改进个体各信息加工阶段的策略。主要包括注意策略、编码策略、提取策略、问题解决策略等。其中编码策略涉及知识理解与记忆过程中的策略问题。其功能在于对感受器接收到的信息加以选择,并将有效信息输入工作记忆(短时记忆)进行加工,建立新知识内部以及新旧知识的联系,丰富自己的知识体系(长时记忆)。最重要的编码策略有:①复述策略,如重复、抄写、作记录、划线等;②精加工策略,如想象、口述、总结、做笔记、类比、答疑等;③组织策略,如组块、选择要点、分类、描述、列提纲、画地图等。

2. 学习资源管理策略

学习资源管理策略主要指帮助学习者管理可用的环境和资源的策略。它主要包括:①时间管理策略,如建立时间表、设置目标等;②学习环境管理策略,如寻找固定的、安静的、有组织的地方;③努力管理策略,如将自己的学习结果归因于努力、调整心境、自我谈话、坚持不懈、自我强化等;④他人支持的策略,如寻求教师帮助、同伴支持、使用同伴/小组学习、获得个别指导等。

3. 元认知策略

元认知策略是指对个体的认知过程进行计划、监控与调节的策略。主要包括:①计划策略，如设置目标、浏览、设疑等。②监控策略，如自我调查、集中注意、监视领会等。③调节策略，如调整阅读速度、重新阅读、复查、使用应试策略等。

对于中学生而言，三种策略必不可少。作为一个学生来说，只拥有基本策略与资源管理策略，缺乏元认知策略也不会导致学习上的成功，相反，没有可供选择的策略性知识，那么元认知策略则缺乏计划、监控、调节的对象。基本的学习策略、资源管理策略和元认知策略是相互联系、相互作用、相辅相成的。

二、学习策略的训练模式

"授人鱼，不如授人以渔"，这说明古人早已认识到方法和策略的重要。教育心理学更是将其作为重要的领域来加以研究。怎样才能把学习策略有效地传授给学生，促使其掌握有效的学习方法和技巧，提高学习质量。研究者对三种学习策略的训练模式进行了研究探索。

（一）通用学习策略训练模式

通用学习策略训练模式是单独开设学习策略课，训练学生学习的一般方法和技巧，内容不涉及任何特定知识。如训练适合任何课程的复述策略、精加工策略、组织策略。德波诺的学习思维训练、弗尔斯坦的工具强化训练、布卢姆的授予新手专家思维策略的训练等都属于这一模式。由于这类训练模式没有与特定知识结合在一起，它招致众多研究者的批评。认为这种训练模式，对学生知识领域的学习不太明显。目前研究者不主张使用该模式进行学习策略训练。

（二）学科学习策略训练模式

学科学习策略训练模式是结合特定学科内容传授特定学科学习的方法和技巧。如波利亚的专门培养数学思路的启发式训练，张庆林、刘电芝等人的应用题解题策略、几何思维策略训练教学，阅读理解训练等都属于这种类型。该类教学训练针对性强，但同样也受到一些研究者的批评，在于该模式由于学习策略与具体学科内容联系紧密，学生掌握的学习策略不具备广泛的迁移性。

（三）交叉式学习策略训练模式

交叉式学习策略训练模式试图克服前两种模式的不足，综其所长。一般采用先独立地教通用学习策略，包括学习策略的意义、具体操作程序，在此基础上，再与具体的学科内容结合起来，根据具体学习情境的差异，要求并提示学生把所学的策略运用于具体的知识学习中。这种训练模式吸取了以上两种策略训练模式的长处，克服了其缺陷，可以获得较好的训练效果，但该模式是一种理想的训练模式，在教学实际中给教师教学增加了难度，因此它是否符合现实教学情境，还需进一步进行实验研究。

三、学习策略的训练

学习策略的训练一方面改进学生的学习，提高学习质量，尤其是能促进或改进因学习策略掌握不好或智力发育迟滞学生的学习成效，在一定程度上减小他们学习的困难。另一方面更有效地促进教师的教。教师通过学习策略的教学，可减少教学和训练时间，达到减轻学生学业负担的目的。帕特逊认为，在学校中贯彻策略的教学训练，必须解决一系列问题，其中典型的问题有：①应当教哪些认知策略，应教给谁？②为了使教学有效，在策略教学中必须包括哪些成分？③在课堂教学中如何进行认知策略教学？④在认知策略训练之后，认知策略的使用是否保持和概括到其他类似的情境中？

学习策略包括不同的要素，不同的层次。学习策略的有效性和可训练程度，受到许多内外在条件的限制，教师不可能教给学生所有策略，因此，选择并确定适合不同学科内容、不同类型学生的学习策略是策略训练中首先要解决的重要问题。选择策略主要应遵循以下要求。

实用性与理论性相结合。在选择策略时，既要考虑这些策略的潜在作用及训练它们所需要付出的努力程度，又要能够用一定的理论说明它们为何起作用和怎样起作用。

具体性与一般性相结合。策略训练既要突出某类特殊策略，又要教给学生具有通用性的策略。一般说来，所选择的策略既可用于特殊的学习材料，又有较广泛的适用性。这类策略一举两得，不仅可促进特殊学科的学习，也具有广泛的迁移性。

有效性与可操作性相结合。训练所选择的策略必须是学习中的重要策略、常用策略，并能对这些策略的结构进行分析，能确定其心理成分及其联系与顺序，使策略训练的步骤能具体化、操作化。

(一) 学习策略训练技巧

(1) 采用灵活多样的教学方法。普瑞斯科等人在教学方面提出了几种方法：发现法、观察法、模仿法、有指导的参与法、专门授课法、直接解释法和预期交互法。教学方法的选择应根据策略的内容、不同的教学对象来确定。但无论采取何种教学方法，都应注意以下几点：①必须能激发学习策略的认识需要；②能提供学习策略的具体详尽步骤；③要依据每种策略选择较多的恰当事例说明其应用的多种可能性，使学生能形成概括化的认识。

(2) 策略教学次序安排要科学。安排策略教学的次序，既符合认识规律，同时也不断地为先前的应用创造了条件。科学的次序应是先易后难，先简单后复杂，即循序渐进；应先学基础的，应用范围较广的，后学较特殊的，应用范围较窄的。例如，在运用消元法、假设法等特殊解题策略解题时，通常也需先用简化法、图解法策略。

(3) 一次只教少量的常用策略。能提高人的学习、记忆和思维效率的策略是难以穷尽的，而教学时间有限，应选择常用的策略，且一次只能教少量策略，这样的教学效果才最好。

(4) 及时复述策略。前苏联心理学家加里培林把"有声语音"看作是外部物质活动向内部心理活动转化过程中一个必不可少的中间环节。及时复述策略的使用有助于学生的注意力集中于任务的重要特征及关键点上，有助于知识的编码和贮存。因此，教师在讲解学习策略后，应立即让不同层次的学生复述教师所讲策略，甚至在评讲作业时，也请学生评讲或纠正，促使学生所学策略内化。

(5) 学习策略的训练目标、内容应符合学生现有知识和能力状况。策略知识的教学也同一般知识教学一样，必须考虑学生的可接受性。研究表明，影响学习策略掌握的一个主要因素是材料的难度。如"学习人工合成配对词组，材料难度不仅决定了记忆策略的使用效率，也决定了记忆成绩的高低。"与专业知识密切相关的学科学习策略训练，更应考虑学生的原有知识基础。实践证实，训练所涉及的知识难度必须与学生原有知识难度相当，否则训练无效。如，参与学科思维训练的差生收效甚微，其重要原因就是训练方案中的例题和习题与差生的实际水平相差甚远。

(6) 训练不宜密集进行。大量策略训练的实践证实，不能在短时间内采用大量练习的突击办法。比较有效的方法是：①适当地延长策略训练的间隔时间，以使学习者充分的消化、理解。②在掌握了学习策略训练的当前内容之后，才继续进行下一阶段的训练。在学习新策略时，也要安排一些与学过的策略有某种联系的例题、习题，使学过的策略不断地得到运用和巩固。③每次训练只能围绕一个中心进行，切忌贪多。

(7) 重在掌握学习策略运用的条件。学习策略多种多样，即使同一信息加工阶段也存在着多种策略，如信息的编码阶段就有复述、精致、组织等策略。一般来说，不同策略适用不同内容和不同任务情境，只有当学习材料与特定的学习策略存在内在契合性时，策略的使用方才有效。那么，学生是如何根据不同的任务选择适宜的策略呢？研究表明，对标准任务的预期制约着策略的选择。如加涅和宾等人曾训练中学生区分两种标准任务，即填空和分类。在辨识训练之后，让学生学习一篇短文，结果表明，预期进行分类测验的被试作了特征组织的占59%，而预期进行填空测验的被试作出特征组织的仅占4%。此外，策略使用的条件与范围也是制约正确选择策略的重要因素。有实验研究已表明，在教学策略的同时，也教给策略的使用条件，训练十分有效。

（二）促使学习策略迁移的发生

学习策略能顺利从一个领域迁移到另一领域是衡量策略教学是否有效的重要标准。教师应通过以下方法促使迁移的发生。

（1）提供足够的练习与反馈。学习的调节与控制是否自动化、学习策略的使用是否熟练，是学习策略持续有效和迁移的重要条件。因此提供足够的策略练习使其达到自动化程度十分重要。反馈也是加速学习和迁移的条件之一。提供反馈，可促使学习者认知策略运用的有效性，增加其运用的自觉性；提供学习者学习失败的反馈，可使学习者意识到自己使用策略的缺陷，有利于及时的矫正。

（2）鼓励学生在不同情境中运用策略。鼓励学生在各种新情境中联系、运用学过的策略，尽可能创造各种条件与机会，激励他们去应用。

（3）引导学生评价训练的有效性。策略训练的研究表明，仅让学生记住策略的有关知识，并不能改进他们的策略。只有当学生有改进自己策略的强烈欲望，并明确地意识到训练的有效性，外在指导的策略才会内化为学生自己的策略，学生才会倾向于经常使用所学的学习策略，策略的迁移才可能发生。因此，在训练过程中，应经常引导学生评价训练的价值，增强运用策略的动机。正如有的心理学家所说："需要使儿童明白，优良的成绩常常是应用正确的策略的结果。"因此在策略训练过程中，应使学生懂得，通过采用有效的学习策略，他们也能成为有成效和成功的学习者。

（4）策略的专门教学与渗透学习相结合。学习策略的专门开设可突出策略的学习，避免日常教学丰富内容对策略学习的掩盖，且可使学生在较短的时间内获得较为系统的学习策略。但短时间的策略训练，又难以使学生达到熟练化、习惯化的运用目的。因此，在集中训练之后，策略的训练还要继续渗透到课堂教学中，坚持长期训练与运用，才能使训练效果得以长期保持与迁移。

（5）引导学生生成新的策略。策略教学的一个重要目的，就是使学生在策略学习过程中领悟到什么是策略、策略运用的有效性，能有意识地去发现策略、总结策略，从而生成适合自己的新策略。学生自己能生成新策略也标志他们真正地"学会了学习"。

学习策略训练虽然是一个新开拓的研究领域，尚存在很多未知等待研究者、教育者去探索，它具有十分诱人的发展前景。在不久的将来，随着学习策略理论的发展，教学实践经验的总结，创设一套符合我国特点的，并切合实际的学习策略教学体系及其操作内容是完全可能的。

第四节　中学生考试焦虑应对策略指导

考试焦虑症是在考试压力、升学及相关的压力下，个体因过分担心考试结果而引发的一种以焦虑为主要特征的复杂心理状态。考试焦虑症临床表现为情绪低落、脾气暴躁、懒言，同时伴有血压升高、心跳加快、汗液分泌过多、肌肉振颤等现象。我国学者应用考试焦虑测验表（TAT）对徐州市1297名中小学生进行的分层取样调查表明[1]，中、重度考试焦虑的发生率在小学六年级为23.21%；初三为24.82%；高三为24.56%，考试焦虑的发生率随着年级的升高而升高的趋势。

考试是检验学生学习结果，进行教学反馈和教学调节的重要环节，但是由于教育方面的失误、社会压力过大、学生自身的心理问题，许多学生对考试都会有紧张和焦虑的表现，个别学生还会在考场上因紧张过度而出冷汗，大小便失禁，甚至昏厥，还有的学生一旦知道考试在即，便无法进行正常的生活，食欲不振，甚至拒食。夜间睡不好觉，导致白天精神不振，注意力分散。因此有必要让中学生正确认识焦虑情绪，理解该情绪对于学习的影响，采取相应措施降低焦虑对学习的不利影响。

一、考试焦虑对学习的影响

焦虑是指某种实际的类似担忧的反应，是对当前或预计对自尊心有潜在威胁的任何情境具有的一种担忧的反应倾向。根据性质可将焦虑分为正常焦虑与过敏性焦虑。正常焦虑是客观情境对个体自尊心可能构成威胁而引起的。如学生的考试焦虑、大学生的择业焦虑等。正常焦虑并不是适当水平的焦虑，它同样也存在过高强度与过低强度等不同焦虑水平。过敏性焦虑不是因客观环境对自尊心构成威胁而引起的，而是由遭到严惩伤害的自尊心引起的。如不断经历考试失败的学生面对考场甚至听到"考试"时所引起的焦虑就是过敏性焦虑。过敏性焦虑干扰了个体的正常生活。

焦虑与学习的关系十分复杂，它对于学习是起促进作用还是抑制作用，取决于多种因素，如焦虑水平、学习材料的难易、学习者能力水平等。一般而言，焦虑水平与学习效率之间呈"倒U形"关系，见图9-1。

从图9-1中可知，中等水平的焦虑最有利于学习，其学习效率最高，相反，过高或过低水平的焦虑不利于学习，学习效率最低。

容易的学习材料，如机械学习或不太困难的学习，适度的焦虑起着促进作用，而复杂的学习材料，如个体遇到陌生的问题情境，焦虑则会起抑制作用。另外，学习难度对焦

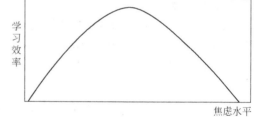

图9-1 焦虑水平与学习效率的示意图

虑也有影响，难度大的学习，焦虑水平低好，反之，难度小的学习，焦虑水平高好。随着学生能力水平的逐步提高，焦虑对学生学习的影响会日益失去消极的影响。

考试焦虑是指学生意识到考试情境对自己具有某种潜在威胁时，从而产生的紧张的内心体验。一般来说，考试对于学生的意义越重大，学生感到的威胁越大，越容易引起较高的焦虑水平。除此之外，学生考试焦虑的水平高低还受他们的认知评价、人格倾向、个人经历、考前准备、抱负水平、生理状况等多种因素的影响。

适度的考试焦虑会唤起大脑皮层的兴奋、集中注意力、活跃思维，但严重的考试焦虑会降低学生的认知能力，干扰学生正确地分析和判断，影响学习成绩，且对身心健康造成威胁。

1. 严重的考试焦虑会降低学习效率

过度的考试焦虑让学生在听到宣布考试时，就会感到紧张，产生担心忧虑等不良情绪。随着考试的临近，焦虑就越严重。不能集中精力学习，该记的内容记不住，需要理解的知识理解得不深、不透，需要解决的问题，思维混乱，不能进行正常的思维，学习效率极差。

---

[1] 赵后锋，李茜. 1297名中小学生考试焦虑调查分析. 中国民康医学，2007（23）.

2. 严重的考试焦虑会影响考试成绩

过度的考试焦虑会导致学生情绪紧张、答卷时不能集中注意力，甚至会反复出现一些与答题无关的事情，如考砸的严惩后果、老师的期待、家长的希望、同学的竞争等。这些都会干扰学生的认知过程，如，不能回忆、再认已有的概念、知识，或错误地回忆、再认，不能展开丰富的联想，不能有效进行思维，最终影响到他们的考试结果。

3. 严重的考试焦虑会形成恶性循环

过度的考试焦虑导致过低的考试结果，从而降低了他们的自尊心和自信心，形成一种"我不如人"的强烈自卑感，削弱学生的学习动机，干扰新知的学习，同时又加剧了考试焦虑。这种恶性循环的结果，使学生把失败人为地夸大，认为是不可逆转的、不可跨越的障碍，可能这种感受还会扩散到生活的其他方面，最终形成特质焦虑，干扰正常的生活。

二、考试焦虑的成因

如前所述，个体的焦虑水平是受多种因素影响的。学生的考试焦虑也是多种因素相互作用的结果，有外部的因素，也有内部的因素。

（一）外部因素

导致考试焦虑的外部因素很多，可以归纳为：社会环境、家庭环境和学校教育。

1. 社会环境

社会舆论、文化氛围、班级风气等都会对学生的抱负水平、态度产生作用，从而影响到考试焦虑水平。如，至今"高考会改变人的生活方向"的意识在人们头脑中根深蒂固，因此面对高考，学生的考试焦虑水平会变高。

2. 家庭环境

家长的教育方式和期望水平也会影响学生的考试焦虑水平。有的家长"望子成龙"心切，不顾学生的实际能力，期盼他们考上重点中学、重点大学。平时对学生的学习极为关注，看到考试不理想，轻则训斥，重则体罚，无形中也增加了学生的心理压力，加剧了考试焦虑。

3. 学校教育

学生的考试焦虑是在学校教育的直接影响下产生的。如果学校的学习环境和谐宽松，重在学生的素质全面发展，那么学生的考试焦虑水平会大大降低。但现实情况是，学校的一切都为学生的考试让路，各项活动都围着中考、高考指挥棒转，学生感到考试不断，疲惫不堪，这种状态也会使学生产生严重的考试焦虑。

（二）内部因素

导致考试焦虑的因素中，影响更加直接的是学生自身的因素，主要有学生的神经类型和身体素质、人格特质、认知评价、知识准备和应试技能等。

1. 神经类型和身体素质

神经类型的强弱、平衡性、灵活性会影响到个体的考试焦虑水平。研究发现，大约15%的焦虑性神经症患者的父母和同胞兄弟姐妹也是容易焦虑的；大约50%焦虑性神经症患者的孪生者有类似的症状[1]。一般而言，神经类型强而不稳定的学生，容易出现心理的不平衡和强烈的情绪反应，考试焦虑水平相对会高，神经类型弱而不稳定的学生，心理与情感脆弱，对刺激敏感性高，体验深刻，会对弱刺激产生较强的反应，会引起高水平的考试焦虑且不易消除。神经类型强而稳定的学生则可能产生较弱的反应，引起低水平的考试焦虑。身体健康的学生往往心情开朗、精力充沛、情绪稳定，能够正确对待考试，考试焦虑水平较

---

[1] 郑日昌，陈永胜. 考试焦虑的诊断与治疗[M]. 哈尔滨：黑龙江科学技术出版社，1990.

低；而身体虚弱的学生往往心情恶劣、抑郁消沉，面对考试很容易引起情绪波动，产生强烈的考试焦虑。

2. 人格特质

研究发现，内向的人较为被动、胆小、缺乏自信，过分关注自己在事件中的不适当的反应，更容易出现考试焦虑。具有"特质性焦虑"的学生也容易把本来没有危险的人和事视为对自己的严重威胁而惶惶不可终日，时常惊恐不安、紧张焦虑。

3. 认知评价

认知评价是造成应激源与个体反应之间的一项重要中间变量。学生面临考试，如果不能正确认识其性质，把考试与前途、理想、个人名誉等联系在一起，必将形成强烈的心理压力，产生心理防卫。而当学生对考试无把握，或对个人的能力低估时，便会形成强烈的考试焦虑。

4. 知识准备和应试技能

学生知识掌握的多少、牢固程度都会影响个体考试时的焦虑水平。如果学生知识丰富，全面掌握各科的知识与技能，就会充满信心地参加考试，焦虑水平相应会低。相反，学生基础薄弱，有关知识掌握得不扎实，对考试没有信心和把握，则容易产生较高水平的考试焦虑。应试技能也会影响考试焦虑。平时经常训练，掌握充足的应试技能的学生，考试焦虑水平低。相反，没有掌握应试技能的学生，在考场上极易出现慌乱。

三、考试焦虑应对策略指导

（一）教学中的考试焦虑调整策略

1. 创造和谐适度的学习气氛

安全、民主的学习环境是激发学生良好学习状态的基本条件，有经验的教师在课堂上都会努力创造和谐、适度的班级环境和学习氛围。教师要将学生从题海中解放出来，推广"愉快学习"，寓学于乐，这是预防学生考试焦虑的根本途径。

2. 调整期待水平，正确对待考试

过高的期待水平会给学生较大的心理压力。因此家长、老师、学生如果把学习目标定得过高，超过学生实际水平，也会使学生在考试期间过分忧虑。学生及学生家长应将考试作为展示和检验自己才能和知识的大好机会，只有这样，才会面对考试镇定自若。如果将考试视为赌注，必然考试时如临大敌，形成严重的考试焦虑。

3. 培养良好的个性品质

正确的人生观、明确的学习动机、积极的学习兴趣、开朗的性格、顽强的意志、良好的情绪状态都对期待水平、认知评价及学习活动本身起重要作用，也有利于克服考试焦虑。因此，家长、老师应注重发展学生良好的个性，培养非智力因素，这也是预防和减轻学生考试焦虑的一项措施。

4. 提高应试技能，做好应试准备

学生应试技能差，准备不充分，考试焦虑水平就高。因此要加强对中学生的考前指导，帮助他们提高应试技能，做好心理上、知识上、物品上的准备，对于防治考试焦虑有十分重要的意义。对应试过程中可能出现的焦虑状况，可采取一些有效的应对策略，例如，进入考场后学会耐心等待；答试卷前做一两分钟的深呼吸，使过度兴奋的心理得以平静；将考试时出现的心跳加快、手心出汗等应激现象看作正常的生理状态，并进行正向自我暗示；先浏览试卷，制定答题顺序和大致的答题时间表后再做试题；答题时要仔细审题，吃透题意，然后细心解题，不图快，力求一次成功。

（二）考试焦虑心理辅导策略

我国的考试焦虑应对策略主要沿袭西方心理学理论和技术，存在着不同的治疗流派。就治疗理论依据而言大体上可分为：情绪中心、认知中心和技能中心；就治疗方法来分，有行为治疗、认知治疗和整合治疗。

1. 考虑焦虑的情绪调整策略

（1）放松训练。放松训练的主要目的在于改变考试焦虑者在考试期间的情绪反应。放松训练因为其便于掌握和在大多数引起焦虑的评价情境中便于应用的特点，所以是一种被广泛应用的技术。放松训练也有不同的形式，常见主要有：深呼吸法、渐进性肌肉放松法、暗控制放松法和自我控制放松法。深呼吸法针对焦虑水平比较低的学生，建议他们在考试前、考试中缓慢吸气，直到感觉已经再也吸不进去一点气了，然后慢慢呼出，根据自己的状态可反复几次，效果更好。

（2）系统脱敏训练。系统脱敏又称交互抑制法。最初被用于控制身体过度反应和面对厌恶性刺激时所诱发的焦虑的想象。经典的行为治疗认为考试焦虑是一种产生于个体评价情境中厌恶性体验的经典性情绪反应。班主任可以依据该方法要求存在考试焦虑的学生在平时做作业时就规定时间，最终目的是让学生将作业看作考试，将考试看作作业。一般来说，系统脱敏认为对考试情境的焦虑反应通过具体的反条件化程序可以免于形成，适用于比较严重的考试焦虑的学生，需在心理老师的指导下进行。系统脱敏法的程序是逐渐加大刺激的程度，因此心理老师结合中小学生的考试，可设计出一系列的程序，逐渐增加刺激的强度。如：家庭作业→课堂作业→课堂测验→单元测验→期中、期末考试，乃至中考、高考等。当考试焦虑的学生面对某个刺激如课堂测验不会再引起焦虑反应时，心理教师便可向处于放松状态的学生呈现前一刺激略强一点的刺激，如单元测验。假如学生是初三的学生，通过系统脱敏，他多次面对假设中的中考也不再感到焦虑时，那么治疗目标也就达到了。

2. 考试焦虑的认知调整策略

（1）认知——注意训练。Mueller、Sarason 和 &Wine 的研究证明注意集中训练对克服考试焦虑有比较好的效果。认知—注意训练的基本假设是，训练高考试焦虑者致力于任务相关的刺激，减少自我报告的担忧和紧张，最终的目的是提高他们的认知成绩。

（2）认知重构治疗。这种治疗理论认为焦虑或情绪是不合逻辑、不合情理思维的结果。其两种最主要的形式是理性情绪疗法和系统合理重构法。教师可以依据理性情绪疗法帮助学生分析考试焦虑是否合理。首先要求学生寻找上述焦虑是否包含认知错误，如无事实根据的推论、以偏概全、夸大和缩小、情绪推理；接着让学生以事实、理性的常识和逻辑来驳倒错误的认识，即使是合理的焦虑，也要对它进行危害分析，如焦虑使人分心、使人紧张、会影响考场的正常发挥等。通过这一方法可以形成学生对考试焦虑合理的、积极的认识与态度。

（3）学习技能训练研究。研究表明学生缺乏考试技能是导致考试焦虑的一个重要原因，所以通过学习技能训练的方法来缓解和治疗考试焦虑是一种有效的指导策略[1]。近年来的研究表明，具有不良学习和考试技能的高考试焦虑者最可能从学习技能训练中获益[2]。学习技能训练在总体上来说是教给学生如何学习，特别是如何准备考试。例如，教师可以在考试之前对学生做适当的培训。告诉他们走进考场应该先稳定一下自己的情绪，然后打开试卷先浏览一下全部题目，做到心中有数；合理安排时间，答题时先易后难，难题先放过，有时间再细琢磨；对于难题，能走就走一步，不在卷面上留空白，争取把能拿的分数都拿到手……如果在考试时能够讲究答题技巧，致力于自己水平的充分发挥，紧张情绪就会被转移、淡化。

---

[1] 李文婷. 学生考试焦虑研究综述. 西安社会科学, 2010 (1): 169-171.
[2] 申彦丽, 朱丽君, 梁执群. 初中生考试焦虑影响因素与应对方式的关系. 中国健康心理学杂志, 2010 (12): 1465-1466.

第九章 中学生学习心理辅导

困　惑

1. 案例一

小罗正读高二下学期，他学习一直很用功，先是班级前几名，后来是年级前几名，最近一次重要的摸底考试，他发挥出色，获得年级第二名的好成绩。老师和家长为此好好勉励了他一番，但没想到几天后，小罗竟突发"怪症"，恐惧读书。

症状一　回家之后正常，上学就发作。小罗的"怪症"是以一种"钻牛角尖"的方式表现的，比如 $7x=14$，那么 $x=2$，这是简单的代数题。可是小罗会开始琢磨，为什么 x 要等于 2 呢？这原本是运算规则规定的事，而小罗却沉湎于不必要的冥思苦想中难以自拔。糟糕的是，这种强迫性的"自我提问"干扰他做作业、上课听讲，而且愈演愈烈，不断扩散。先是代数，后是几何、物理、英语，各科目相继受到"感染"，而小罗使出浑身解数都无法摆脱。两个星期后，小罗终于感到无法坚持下去了，于是向父母、老师说明了情况，要求在家休息几天。说来也怪，小罗在家看看电视睡睡觉，竟一切正常。两天后，他试着返校上课，谁知怪病又立刻复发，吓得小罗重新躲回了家……

症状二　常担心江郎才尽。经面谈发现，小罗有个弟弟，成绩也不错。小罗认为弟弟聪明，不太用功却有好成绩；而自己呢，则完全是靠勤奋在读书。所以，尽管他成绩节节上升，但担心自己会江郎才尽。

2. 案例二

刘同学，16 岁，初二学生。在父母和外人眼中，他是温顺听话的孩子，也是老师眼里的好学生。一次意外事件——被当作偷车贼，使得他身心遭受重创，但是他的父母虽为他感到不平、难过，却没有表露出来，相反却经常批评他不好好学习。刘同学与家庭关系变得异常脆弱，也失去了学习兴趣。他在日记里写道："我不知道妈妈以前是不是知道，我的小屋，我小屋里的床、桌子、电脑、我爱的书、我的小狗、我的梦幻西游，这就是我的一切，我的生命。这里面任何一个都比我的生命重要。我的父母亲是给我生命的最重要的人，我（却）不喜欢他们……"

3. 案例三

王同学自打进入高三后就添了个新烦恼——考试的时候总想上厕所小便。有的时候明明打算不去厕所，可进入考场后又七上八下，觉得自己还是需要去上厕所。这种情况已经明显地干扰了王同学的情绪，让她很苦恼。

中国古代的学习策略思想

从孔子、孟子、荀子到韩愈、朱熹，众多的教育家在他们的教育实践中总结、积累了大量学习策略，关于如何学习提出了独到见解。这是一份珍贵的历史遗产，值得我们去研究、继承和发扬。因此有必要对中国传统学习策略思想进行整理、归纳和总结,并结合国外的已有研究成果,不断充实我国的学习策略研究。

1. 一般认知策略

中国古代关于一般认知策略的论述主要集中在复习策略、学思结合策略、循序渐进策略三个方面。

(1) 复习策略。孔子认为"学而时习之,不亦说乎"(《论语·学而》),"温故而知新,可以为师矣"(《论语·为政》)。他强调有效的复习不单是简单的重复,而是新旧知识融会贯通,从而从旧知里获得新知。在此基础上朱熹进一步指出如何使用复习策略,"学贵时习,须是心心念念在上,无一事不学,无一时不学,无一处不学"(《续近思录》)。学习者在复习时必须要注意力集中,而且还要善于利用时间进行学习。

(2) 学思结合策略。孔子主张把学与思辩证地结合起来,提出"学而不思则罔,思而不学则殆"(《论语·为政》),学习者必须把学与思结合起来,使之相辅相成,相得益彰。学是学习的认知起点和基础,是对知识的感性把握。孟子说:"心之官则思,思则得之,不思则不得也。"(《孟子》)当然也不能只是思考而不学习,正如荀子说的"吾尝终日而思矣,不如须臾之所学也"(《荀子·劝学》)。子思在《中庸》中提出学习五过程:博学之,审问之,慎思之,明辨之,笃行之。朱熹指出读书要做到"熟读精思"(《朱子语类》)。韩愈认为"行成于思,毁于随"(《进学解》)。

(3) 循序渐进策略。循序渐进策略是指学习要依学习者自己的学习能力与学习任务,一步一步地积少成多,最终达到学习目标。荀子说"积土成山,风雨兴焉;积水成渊,蛟龙生焉;积善成德,而神明自得,圣心备焉。故不积跬步,无以至千里;不积小流,无以成江海"(《荀子·劝学》)。老子也十分重视此策略,"合抱之木,生于毫末;九层之台,起于累土;千里之行,始于足下"(《老子》)。朱熹认为"读书不可贪多,常使自家力量有余"(《朱子语类》)。这说明要使用循序渐进策略就要根据自己的能力量力而行。

2. 元认知策略

迈克卡等人把学习策略分为认知策略、元认知策略、资源管理策略三部分。这一策略的分法已得到大多数研究者的认可。我国古代典籍中关于自知、计划、反省策略的论述实际上就是从学习者对自己认知的认知,即元认知角度来进行阐述的,只是没有明确提出"元认知"这一术语,但这种元认知的思想可以说是深植于我国传统心理学思想之中。

(1) 自知策略。老子认为,"知人者智,自知者明"(《老子》)。学习者要想真正到达学习的较高境界"明",首先要知人,要学会认知外部事物。然而"智"的境界只是一个初级境界,要到达更高的境界"明",学习者就要学会认知自己,当然包括对自己认知的认知。韩非子在老子论述的基础上提出"知之难,不在见人,在自见。故曰:自见之谓明"(《韩非子·喻老》)。他认为认知的难不在于学习者对外部事物的认知而在于学习者对自己的认知,这种认知不但包括对自己认知的认知,还包括对自己情感、态度等各个方面的认知。

(2) 计划策略。孔子认为,"人无远虑,必有近忧"(《论语·卫灵公》)"虑"就是一种对将来的计划、筹划。如果学习者对自己的学习没有一个长远的计划和目标,那么他对现在的学习就会产生无所适从感,就会感到忧虑。《学记》认为,"凡事豫则立,不豫则废"(《礼记·学记》)。学习者要在学习中预防一些不良效果的发生,就必须有所"豫"。如何"豫"呢,这就涉及学习计划,学习者在计划时就要估计到在学习中可能发生的困难与障碍,并给出相应的对策,做好心理上和行为上的准备,正所谓"有备无患"。

（3）反省策略。我国古代学习策略心理学思想的一大特色就是强调反省策略。"见贤思齐焉；见不贤而内自省也"（《论语·里仁》）。见到比自己优秀的人，或不如自己的人都可以运用反省策略。孔子重视"吾日三省吾身"。荀子也认为"君子博学而日参省乎己，则知明而行无过矣"（《荀子·劝学》）。学习者要想使自己不断提高，就要经常反省，总结经验、教训，使自己在反省中不断发展。《学记》中的"学然后知不足"，"知不足，然后能自反也"（《礼记·学记》），明确指出学习中反省策略的使用时间。朱熹把反省策略分为两种，"谓省察于将发之际者，谓谨之于念虑之始萌也。谓省察于已发之后者，谓审之于言动已见之后也。念虑之萌，固不可以不谨；言行之著，亦安得而不察。"他认为在学习行动之前和之后都需要使用反省策略。

3. 资源管理策略

我国古代学习策略心理学思想认为资源管理策略是指对自我资源（如专心、恒心、勤奋）的管理和对他人资源（如他人的支持和帮助）的利用。与现代迈克卡等人提出的资源管理策略相比，我国古代学习策略较多强调自我资源的管理，较多强调内部因素，而对外部因素如时间、学习环境的管理策略并不十分重视，这与注重修身养性、注重自我的修养的中国传统文化是一致的。

（1）自我资源的管理。古代教育家们认为学习不是一件容易的事，必须下苦工夫，才能取得成功。因此，古代学习策略中十分强调自我资源的管理，强调在学习中自我的努力，主要包括专心、勤奋、恒心。

① 专心策略。专心就是指注意力要集中所学习的材料中，一心向学。"自古而今，未尝有两而能精者也"（《荀子》）。荀子说："并一而不二，则通乎神明，参乎天地。"（《荀子》）董仲舒从心理的角度，指出为什么学习者学习要专心。"目不能二视，耳不能二听，手不能二事，一手画方，一手画圆，莫能成"（《天道不仁》）。宋代理学家朱熹把专心策略用于读书，总结出了具体的读书专心策略："大抵读书唯虚心专意，循次渐进，为可得之"（《朱子语类》）。朱熹认为学习者要想取得良好的效果，就必须把专心策略与循序渐进策略整合起来，灵活运用。

② 恒心策略。恒心策略是指学习者在学习中具有坚持性，也可以说是坚持性策略。孟子认为"虽有天下易生之物，一日暴之，十日寒之，未有能生者也"（《孟子》）。学习不是一件容易的事，要取得良好的学习效果，就必须具有恒心才行。所以他说"有为者辟若掘井，掘井九轫而不及泉，犹为弃井也"（《孟子》）。荀子也认为恒心是学习者十分重要的学习策略。"学不可以已"（《劝学》）的经典论述已成为后世学习者的座右铭。学习不能停止，只有不断学习，具有恒心，才能学有所成。

③ 勤奋策略。勤奋策略主要是指在学习中要勤于学习，善于利用时间进行学习。可以说古代的勤奋策略包括了现代学习心理学中的时间管理策略、努力管理策略。子思认为，"人一能之，己百之，人十能之，己千之，果能此道矣，虽愚必明，虽柔必强"（《中庸》）。他认为学习者如果能够努力地管理和严格要求自己，那他一定会有较大的发展。葛洪在前人的基础上，进一步指出"不饱食以终日，不弃功于寸阴"（《抱朴子·外篇·勖学》），就是要善于利用时间，不浪费时间。韩愈指出"业精于勤，荒于嬉"，学习者在学习上要有所成就，就必须勤奋，善于利用时间。朱熹也认为勤奋是学习策略中一个十分重要的策略。"大抵为学，虽有聪明之资，必须做迟钝功夫，始得"（朱子语类）。

（2）他人支持策略。孔子早就提出学习者要善于向他人学习，"三人行，必有我师"就是向他人学习，寻求他人支持和帮助的表现。《礼记》认为"独学而无友,则孤陋而寡闻"（《礼记》）。荀子也认为学习者要想取得学习上的成功,必须善于利用外部事物。"假舆马者,非利足也,而致千里；假舟楫者,非能水也,而绝江河。君子生而非异也,善假于物也"（《劝学》）。学习者只有善于取得他人的支持和帮助、善于利用环境,才能充分发挥自己的潜能,不断发展。颜之推也提出"闭门读书,师心自是,稠人广坐,谬误差失多矣"（《颜氏家训》）。个人孤独地学习,断绝与别人交流经验,会使自己闭耳塞听,思想受局限。我国古代这种寻求他人支持的策略,与现代社会所倡导的合作学习策略有异曲同工之处。这种策略与社会建构主义的观点也颇为一致。因此我们必须使用他人支持策略,与他人合作,共同学习,不断深化我们对事物的认识和理解,积极地进行社会建构。

资料来源：秦安兰.中国古代学习策略心理思想探析.重庆职业技术学院学报,2007(5) P.59-60

【拓展性阅读】

[1] 钟启泉.差生的教育.上海：上海教育出版社,2003.
[2] 韦洪涛,艾振刚.学习心理学.南京：江苏人民出版社,2004.
[3] 李小文.学生自我发展之心理学研究.北京：教育科学出版社,2008.
[4] 戴玉红等.学习心理辅导手册.广州：广东教育出版社,2003.

【研究性课题】

1. 如何针对中学生的学习特点采取有针对性教育？
2. 试论中学生学习策略的训练。
3. 中学生的考试焦虑及其有效调节。

第十章 中学生的人际交往辅导

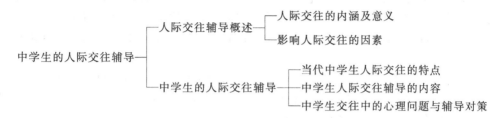

【学习目标】

- 能够说明人际交往的基本理论。
- 能够陈述当代中学生人际交往的发展特点与存在的问题。
- 熟记中学生人际交往辅导的基本策略。

中学生处于从幼稚的童年逐渐走向成熟的特殊发展阶段,是实现社会化和个性化的重要阶段,他们大多有着更加强烈的社会交往愿望,迫切需要获得社会认同,希望能够通过广泛的人际交往,确立自我,走向独立,成为合格的社会成员。同时,由于社会交往经验的缺乏,在人际交往方面常常显得幼稚,加之心理上过分的重视,所以培养中学生健康的交往意识,提高交往能力,积极的应对交往中的心理挫折是中学班级工作的重要内容。本章主要阐述人际交往的内涵和意义,分析中学生人际交往的影响因素,介绍当代中学生人际交往的特点和辅导内容,说明中学生人际交往中存在的心理问题和辅导对策。

第一节 人际交往辅导概述

一、人际交往的内涵及意义

(一)人际交往的内涵

社会是一个大群体,在这个群体中,个体不是孤立的存在,总是处于一定的系统与他人发生作用,建立一定的联系。这种在社会活动中,个体运用一定的符号系统与他人交流信息、沟通情感、建立一定关系的过程,就是人际交往。

人际交往实质上就是一个人际互动过程,它并不是简单的"信息运动",交往的双方都是积极的主体,交往双方都要求自己的伙伴有交往的积极性。作为信息发送者在发送信息时都有一定的动机和目的,信息内容和发送方式都和他本人的个性特点相联系。为了有效地影响对方,在向对方发送信息时,必须判断对方的情况,分析他的动机、目的以及对方应答的信息是什么。可见,信息的发送者是作为主体而存在的。同时,信息的接受者也是积极活动的主体,要通过自己的知识经验、价值观、态度的中介,决定自己如何反应。他既在确定如何改变交往对方行为的符号交流,也在确定如何组织相互之间的协同活动。因此,人际交往的双方都作为主体发生着相互作用,实现知识和经验、思想和见解、需要和愿望、理想和信念、感情和意志等的相互交流,达到彼此沟通,建立人际关系。

(二) 人际交往对中学生的意义

人是一种社会动物,通过交往而发生社会行为、共同完成社会劳动,同时也在交往中寻求保护、安慰和发展。交往使思想得到沟通,感情得到交流,行为得到支持。在某种意义上来讲,孤立的一个人也不能成为一个人,一个人若不和他人交往,就培养不出完整的真实的人性来。许多关于"感觉剥夺"、"环境剥夺"的研究和报道都表明,缺乏个体与他人等社会环境的交流,个体的发展将停留在自然人的阶段,而不能完成社会人的转变。不仅如此,个体与他人交往和作用的多寡及质量还影响个体社会化质量的高低。

人际交往是指个体与周围人之间的一种心理与行为的沟通过程。联合国教科文组织在《教育——财富蕴藏其中》中提到,交往能力、与他人共事的能力越来越重要[1]。从青少年人生发展的角度分析,人际交往有以下作用。

1. 可以促进中学生实现社会化进程

个体社会化,是指个体不断学习和掌握必要的知识、技能及特定的社会规范、准则,以获得社会有效成员资格的过程。个体的社会化必须在社会交往中得以进行实现。随着个体的成长,交往范围不断扩大,交往内容逐步深化,交往形式日趋多样。青少年的交往性质与交往水平,直接影响他们社会化的水平。

2. 人际交往可以促进中学生深化自我认识

古人云:"以铜为镜,可以正衣冠;以史为镜,可以知兴替;以人为镜,可以帮助认识自我"。人是以他人为镜、在与他人的比较中认识自己的。友伴交往能使人们从别人对自己的反映、态度和评价中发现自己的长处和短处,以此调整和改进自己的行为。

3. 可以促进中学生心理健康

人际交往的时间和空间越大,人的精神生活就越丰富,得到支持与帮助的机会就越多,越能保持心理平衡。特别是青少年学生,通过交往,获得友谊、支持、理解,得到的安慰,有助于降低挫折感,缓解内心冲突与苦闷,宣泄压抑与痛苦,减少孤独感与失落感;人际交往可以促进青少年开阔视野,有助于学业成功。《礼记》云:"独学而无友,则孤陋而寡闻"。

4. 可以帮助中学生建立良好的社会支持系统

人际交往以及由此而建立的友谊,是青少年多姿多彩人生的重要组成部分。有人把友谊看成是青春最美丽的花朵,认为没有友谊的青春是残缺的。友谊能促进青少年成长,帮助其独立。友谊中的相互接纳、彼此探索、情感交流,都有利于青少年成长。人际交往是联结个体、群体、社会的纽带和桥梁,在交往过程中所结成的丰富的社会关系在个人的全面发展中起着决定性的作用,交往不足或交往不当是青少年学生认知发展和社会化的主要障碍。

二、影响人际交往的因素

影响人际交往的因素较多,一般来说,主要有下列几个因素。

(一) 空间的接近

空间距离的接近,便于相互间的接触和了解,一般能促进相互关系的发展。观察发现,同一个班级的学生比不同班级的学生,其成为朋友的可能性要大得多;但同组的学生比不同

---

[1] 联合国教科文组织. 教育——财富蕴藏其中. 北京:教育科学出版社,1996:80.

一组的学生却没有这样的优势，相反的是，虽不同组，但邻近组里同一行的学生，比起虽然同组，但分别坐在组的首尾位置的学生，其成为朋友的可能性也要大得多。空间的接近只是影响人际交往的条件之一，当位置接近的双方彼此不满或感受到对方侵犯时，空间距离的接近会使双方的关系更趋紧张；而且有时空间位置近了，也可能会产生与班集体利益不一致的非正式群体，作为教师，应充分利用空间位置的接近所形成的有利条件，而避开空间位置的接近造成的不利影响。

（二）个人特点的相似

在交往的过程中，如果双方志趣相投、性格特点相似、态度观点一致或价值取向相同以及社会背景类似，彼此间就容易接近，从而相互吸引。因而在学生中，那些学习态度相近的，或兴趣爱好相同的，或家庭环境相似的，往往容易结成朋友。作为教师，应特别重视那些因在消极的因素上相似而形成的学生群体，因为这种群体有可能产生偏集体倾向。为此，可以通过开展丰富多彩、健康有益的班级活动来转移他们的兴趣，改变他们的价值观，通过有重点地做好部分学生的认识、转变工作，来降低这种群体的相似性，使他们能更好地融入整个班集体中。

（三）个人需要的互补

性格相似者固然会因其特性上的相近而发展密切的关系，有时性格特征不相同的人，也会因其需要上的互补而产生吸引力，并发展为良好的人际关系。这是因为团体成员之间的交往通常是以满足各自的某种需要为前提，如果双方性格的不同，正好满足了各自互补需要，那么就会形成良好的人际关系。因而在学生中，两个支配性强的人往往不易相处，而一个独立性较强的人可能和依赖性较强的人结为好友。作为教师，应该利用这种需要、性格、气质上的互补作用，创造条件，改善学生的人际关系。

（四）仪表形成的影响力

在最初的交往中，最先引起注意的往往是人的仪表。人的仪表包括个人的容貌、身高、姿态、衣着、风度等。行为科学家的研究表明，仪表端庄、衣着得体、举止文雅的人要比穿着怪异、不修边幅、行为粗鲁的人给人们留下的第一印象好。但随着交往的深入，学生间的相互认识会由"知面"进而深入为"知心"，此时仪表因素的作用会越来越小，学生间的吸引力逐渐由外部仪表特征转向内部道德品质和能力专长上去。作为教师，应帮助那些因仪表因素而导致人际交往发生困难的学生。针对因容貌、体态等先天因素而导致给人的第一印象不佳的学生，应鼓励他们增加自信心，依靠自己的人格魅力去赢得他人的好感；针对因衣着、风度等后天因素而给人第一印象不佳的学生，应指出其自身的不足之处，督促其纠正那些不当的穿着打扮和言谈举止，以改变自身给别人留下的不良印象、赢得别人对自己的真正意义上的尊重。

（五）品质与能力产生的影响力

一个诚实、善良、乐于助人的人，容易使人喜欢，一个有能力、有才华的人，容易使人钦佩；反之，一个虚伪、狡诈、损人利己的人，会使人讨厌，一个能力低劣、失误频繁的人，会使人蔑视。因此，一个人具有什么样的品质和能力，就必然会影响他与周围人们关系的密切程度。在一个班级中，那种学习能力强、成绩优秀而又毫不张狂、乐于帮助他人学习的学生，往往在同学中威信很高，人缘很好，而那种学习成绩突出，可是为人自私、狭隘，甚至防备别人超过自己的人，往往被同学所厌弃。由此看来，中学生在人际交往中既看重能力又更看重品质。作为教师，既要重视训练学生的能力、特长，更要重视培养学生良好的品质，通过培养学生的良好个性特征，来增强其人际吸引力。

第二节 中学生的人际交往辅导

一、当代中学生人际交往的特点

人际交往是个体社会需要的重要组成部分，在人际交往的过程中形成了各种人际关系。对于中学生来说，他们的人际关系可以分为：与同伴（异性同伴、同性同伴）的关系，与父母的关系、与教师的关系和与陌生成人的关系。国外许多研究都表明，人际关系的质量对儿童青少年的社会技能、自我意识、学业成就和心理健康有重要的影响[1]，良好的人际关系能够促进儿童青少年社会技能、自我意识的发展及学业成绩的提高[2]。因此，对中学生人际关系发展特点进行研究具有重要的理论和现实意义。

中学生处于生理心理迅速发展的时期[3]，其生理和心理的发展特点必然会在其人际交往中体现出来。国内外的研究表明，进入中学阶段，青少年的人际关系发生了明显的变化。他们对父母和教师的心理和情感依赖日益减少，而更依赖于与同伴建立良好的人际关系。但有的研究也指出，随着中学生日益成熟，他们与父母的关系逐渐改善，父母对中学生社会技能的发展及学业成就依然有很大的影响。

我国发展心理学家林崇德等人对从北京、河南、浙江、重庆、新疆五个地区的 20 所中学选取中学生被试 12200 人，运用自编的《人际关系测验》，对中学生进行有关人际关系中与异性同伴关系、与同性同伴关系、与父母关系、与教师关系、与陌生人关系五个方面的进行了研究分析[4]，表明当代中学生在人际交往方面表现出其与以往不同的特点，也相应的特别需要进行心理辅导与教育。

（一）交往中成人的指导难度增大

沃建中等人的研究表明[5]，当代中学生与同伴的交往保持了较高的水平，但是中学生与父母和教师的交往水平从初一到初二迅速下降，到了高中阶段与父母的关系有所改善，但与教师的关系一直保持在一个较低的水平上。从发展心理学的角度来说，初中生处于心理上的"断乳期"，生理上的迅速成熟使他们产生了强烈的成人感，希望像成人那样对自己的事情做主。而父母和教师并没有尽快适应中学生迅速成熟的需要，依然把他们当作孩子，生活上和学习上对他们限制过多过细。从而使初中生觉得父母和教师不理解自己，进而不愿和父母及教师交流，并对父母和教师的意见表现出很大的反抗性，与父母和教师的关系也就明显的下降。对于高中生来说，其心理发展日趋稳定，多数学生基本上能与父母保持一种肯定和尊重的关系，反抗性成分逐渐减少，因而与父母的关系有所改善。Birch 等人的研究指出，良好的师生关系有利于儿童形成对学校积极的情感态度，积极参与班级、学校活动，与同学形成积极的情感关系，发展良好的个性品质和较高的社会适应能力，进而促进心理健康的发展。因而学校教育中教师与中学生的心理沟通难度加大，心理距离拉大，指导的心理策略要求提高。

---

[1] Rubin, K., Bukowski, W., & Parker, J. G. Peer interactions, relationships and groups. In W. Damon & N. Eisenberg (Eds.), Handbook of child psychology: Vol. 3. Social, Emotional and Personality development. New York: Wiley. 1998, 619-700.

[2] Coie, J.D, Dodge, K. A., & Kupersmit, J. Peer group Behavior and Social Status. In S. R. Aser & J. D. Coie (Eds), Peerrejection in childhood. New York: Cambridge University press, 1990.

[3] 林崇德主编. 发展心理学. 北京：人民教育出版社，1995.

[4] 沃建中，林崇德. 中学生人际关系发展特点的研究. 心理发展与教育，2001（03）：9-15.

（二）同伴影响的不确定性因素增加

当代中学生与异性同伴的关系要好于与同性同伴的关系。这一方面说明当代中学生生理成熟年龄提前，较早地对异性发生了兴趣，更渴望与异性交往；另一方面也反映出西方文化对当代中学生人际交往的影响加大，他们不再像过去那样压抑自己对异性的好感。沃建中等人的研究还发现，虽然初中女生与异性同伴的关系一直呈上升的趋势，但初一到初二男生与异性同伴的关系却明显下降。从发展心理学的角度看，这是由于男女生生理成熟上的时间差异所造成的。女生身体发育一般比男生早两年左右，对异性的好奇和兴趣使她们较早地萌发与性相联系的一些新的情绪情感体验，并进一步产生与异性在心理上接近的需要。而初一、初二的男生正处于生理迅速成熟的时期，他们虽然也对异性发生了兴趣，但在最初阶段，他们对异性的兴趣却是以一种相反的方式予以表达，或者在异性同学面前表露出一种漠不关心的态度，或者在言行中表现出对异性同学的轻视，或者以一种不友好的方式攻击异性，因此他们与异性的关系也下降。而到了初三，随着中学生心理日趋稳定与成熟，对异性的好感也以正面的方式加以表达，因此他们与异性的关系也有大幅度的攀升。

中学生与同伴群体关系的加强，对异性交往的向往和好奇，都给教育提出了新的课题，同伴群体的影响中偶然的、不确定的因素增多，他们更多的感性化的理解人际关系；个体在同伴群体中的地位被中学生看得异常的重要，教师不仅要指导中学生确立健康的人际交往观念，也要注意维护每个人在同伴群体中的自尊，同时要引导中学生学会如何与异性进行适当的交往。

（三）过多地关注自我感受会诱发中学生较多的交往障碍

初中生的独立意识、自我意识迅速发展，思维自我中心再度出现，过分的自我关注，而并不过多地关心别人，较少为别人考虑，这直接导致了他们的人际关系的质量明显下降，也常常不去考虑他人的感受，而一味地停留在内心的体验中，既渴望他人的接受和理解，又对他人的误解增加，加之自我中心式的心理体验，就会导致心理较多的障碍，随着年龄的增长，初中生心理上的波动渐趋平缓，身心发展渐趋平衡，开始重新审视自己和他人的关系，学会关心别人，从别人的角度去考虑问题，因此，到初三其人际关系水平表现出大幅度的攀升。到了高中阶段，中学生的心理基本成熟，人际交往的技巧也日益丰富，因此人际交往也保持在一个较高的水平上。

（四）中学生的人际交往存在着性别差异

当代中学生中，女生的人际关系要好于男生。从发展心理学的视角看，女生身体发育与性成熟一般比男生早一、两年左右，心理的成熟也早于男生，因而人际关系水平在初中阶段始终优于男生。另外，男女生的性格特点也是造成差异的主要原因之一。由于社会角色期望的不同，男生比女生要表现出更大的独立性和情感的内隐性，因此他们所表现出来的人际关系质量水平要低于女生。所以加强不同性别学生的分类指导也是中学生人际交往辅导的重要策略和内容。

（五）社会环境中偏重智育和竞争淹没了中学生的合作与交往

虽然当前我国正全面推行素质教育，但大部分地区和学校依然将分数、成绩作为衡量学生的主要标准，学校和教师更多地注重对学生学习的终结性评价—分数，而不是内在的学习过程和激发学生的内在动机。由于外在的压力学生往往感到焦虑和急躁。这种学习环境造成了学生之间的激烈竞争，而相互之间的合作与交往缺乏。社会、家庭问题也是困扰中学生人际交往的重要因素。当前，我国处于社会转型期，家长因就业压力和工作的竞争性增强，忙于自己的事业与工作，与孩子相处、沟通的时间有限，就是关心与交谈也基本上落在孩子的学业成绩上。这样使得孩子不愿与家长多沟通，容易产生孤独、自闭的情绪。另外，由于现在大部分是独生子女，家长对他们过于溺爱，将所有的爱表达在什么事都不要管、什么事都不要做，只要把学习搞好就行，缺乏除学习之外的交流与沟通。

二、中学生人际交往辅导的内容

(一) 学会正确地认识他人

能正确地认识他人，这是优化人际关系的首要条件，也是必要的条件。为了优化学生的人际关系，教师应让学生了解这些人际偏见，并使其认识到各种人际偏见的特点、危害以及克服方法。这对于学生能正确地认识他人——同学、教师和父母，并与其建立和谐的人际关系，无疑是具有指导意义的。

在人际交往中常会出现的人际偏见主要包括以下几点：

1. 先入为主的第一印象

在人际交往中，人们往往注意开始接触到的细节，如对方的表情、姿态、外貌、仪表、举止、谈吐、服饰等方面，而对后来接触到的细节不太注意。这种由最初接触到的信息所形成的印象，就是第一印象，它对行为活动和评价的影响，也称首因效应。首因效应表明，第一印象比以后得到的信息对于事物整个印象产生的作用更强。这种第一印象因为其先入为主的原因，往往不易消除，天长日久，甚至会变成一种成见，从而影响到以后人际知觉的准确性。例如，不少学生会因为对某一同学第一印象好，而后对这个同学以后的一举一动都看得顺眼；相反则什么都看不顺眼。应该引导学生认识第一印象的片面性和主观性的负面倾向，在与人交往时，要尽量避免受第一印象的影响，以免对别人产生错误的评价。

2. 以点概面的光环效应

人们在观察他人时，由于被观察者的某一特征或品质在观察者看来显得非常突出，因而被观察者其他的特征或品质就被掩盖了，即从局部信息而形成一个完整的印象。心理学家桑代克认为，在对人的知觉中，观察者常从或好或坏的局部印象出发，扩散而得出或全部好或全部坏的整体印象，就像月晕一样，从一个中心点逐渐向外扩散成越来越大的圆圈。因此，光环效应又称之为晕轮效应。例如，有的学生因为学习成绩好，别人就会把这一特点加以扩张、弥漫，以致以点概面地认为他样样都好，同样有的学生因为成绩差，别人也会以点概面地认为他样样都不行。应该引导学生认识到光环效应与第一印象一样，都具有片面性与主观性的负面倾向，它往往会歪曲一个人的形象，导致不正确的评价，从而影响人际交往，以此来帮助学生克服因光环效应而对周围的人所形成的偏见、成见。

3. 只记现在不记过去的近因效应

近因效应是指最后的印象对人认知具有强烈的影响。在与人的长期交往中，最近了解的东西往往占据着优势，并掩盖了对他长期以来的一贯了解，这就是人际交往中常会出现的近因效应。应该引导学生正确地认识近因效应，了解近因效应的局限性与片面性的负面倾向。从而帮助学生自觉地去克服因为近因效应而产生的偏见。同时还应该引导学生正确对待别人因为近因效应而产生的误解，一方面不必对突然遇到的误解和疏远感到大感不解和无法接受，另一方面也要针对产生误解的"近因"作好解释说明工作，以帮助别人克服这种偏见，以重新恢复良好的人际关系。

4. 以己度人的自我投射

自我投射就是指内在心理的外在化，即以己度人，把自己的情感、意志、欲望等特征投射到他人身上，强加于人。结果往往对他人的情感、意向作出错误评价，造成人际障碍。例如有的学生认为自己感兴趣的话题，别人也一定感兴趣，于是缠着别人说个不停。这是情感投射，即把自己的好恶投射到别人身上，认为别人与自己的情感是一致的，对别人进行自我同化。这种自我情感投射的结果，必然是引起别人的厌烦，形成人际交往的障碍。人际知觉中出现的上述种种偏见，都会影响人们对他人的准确认知，常常成为心理融洽的障碍。因此，作为教师就要一方面培养学生实事求是的思想作风，另一方面要训练和引导学生学会在心理上与别人换位，真正提高学生在人际交往中的认知水平，做到准确地感知人，正确地评价人，为优化学生的人际关系奠定基础。

（二）学会让他人喜欢自己

能够正确地认识他人，这只是建立和谐的人际关系的一个必要条件，要想优化人际关系，还必须掌握一些让他人喜欢自己的窍门。因此，教师在对学生所进行的人际交往辅导中，还必须辅导学生掌握与人交往的原则和技巧。

（三）掌握与人交往的原则

在人际交往中，那些具有正直诚实、热情谦和、豁达大度、宽宏大量、能克制忍让、能设身处地为他人着想等优良品质的人，往往能得到周围人们的尊重和喜爱，其人际关系也较为融洽；而那些虚伪多疑、孤傲冷漠、心胸狭隘、斤斤计较、事事要强，处处以自我为中心的人，则往往被周围的人们所厌弃，其人际关系也一定很不融洽。由此看来，那些在与人交往中起着积极作用的优良品质，同时也应该是与人交往中应该遵循的原则。从中学生在与人交往中的实际情况来看，在与人交往的诸多原则中，中学生最需要掌握大度忍让、礼貌待人等交往原则。

1. 大度忍让

大度就是心胸开阔。忍让就是克制自己。在现实生活中，人们不可能总是顺心如意，可能会被别人触犯，也可能要做违心的事情，与不喜欢的人交往。中学生正处在血气方刚、争强好胜的年龄阶段，心理上的不成熟就带来了情绪上的易激动和好争斗，往往一件小事，一个小摩擦，一次小冲突，就会激化学生之间的矛盾。作为班主任，应加强对学生个性修养的养成教育。培养他们大度忍让的个性品质。在非原则性的矛盾冲突发生后，即便是自己有理，也不能得理不饶人，如果把心平气和地说理看成是逆来顺受，是无能的表现；若是在矛盾冲突中自己是无理的一方的话，那更应该礼让在先，多陪不是，甚至在对方大动肝火时也能克制忍让，以感化对方，缓解矛盾。

要培养学生大度忍让的个性品质，首先，要把学生塑造成胸怀大志的人。其次要注重养成学生的自制能力。从大的方面讲，要让学生把自己每一个理想都持之以恒地付诸实践，决不半途而废，以此增加自己的自制力；从小的方面讲，要让学生在每件小事上都能够克制住自己，只要意识到是不该做的事，无论它具有怎样的诱惑力，都不为其所动，"勿以恶小而为之，勿以善小而不为"，通过在小事上的训练，来养成自制的能力。

2. 礼貌待人

礼貌待人，是人际交往中最有效的"人际润滑剂"。但是就目前中学生的实际状况来看，能重视并真正做到以礼待人的，并不普遍。教师都会有这样的经验：那些人际关系较差的学生其待人接物上往往也不够礼貌，他们或是表情冷漠，一副拒人以千里之外的样子，或是言语生硬，一张口便是使人听而生畏的口气；或是行为粗鲁，总是做出一些有伤别人自尊的举动。由此可见，教师首先要教育学生重视礼貌待人。让学生认识到：自己以礼待人，使周围的人充分感受到你那份真挚和蔼与尊重之情，你必然也会得到别人相应的感情上的回报，于是你的人际关系便出现了良性循环；反之，以冷淡生硬的态度对待周围的人，你必然会被别人冷淡，并导致自己的自尊心受挫，因而又以更为冷漠强硬的态度去为人处世，于是你的人际关系便出现了恶性循环。

（四）学习与人交往的技巧

在指导学生掌握与人交往原则的基础之上，还应该进一步指导学生掌握一些与人交往的方法和技巧。

1. 介绍言语交往中的聆听的技巧

仔细观察学生后不难发现，那些善于聆听别人谈话的学生，其人际关系往往较好，反之则人际关系就较差。这是因为倾听本身，就是对对方交谈的一种肯定和欣赏。当周围的人们意识到某个人对他们的谈话能够耐心倾听时，就会很自然地接近这个人，这就可以建立一种广泛的和融洽的人际关系了。

指导学生在听人谈话时，要注意以下两方面。

（1）必须给谈话者应有的尊重。不要看书看报、哈欠不断，更不要剔牙、掏鼻孔、挖耳朵、脱鞋子等。因为这些举动都在向对方传递这样一个信息：我讨厌听你谈话。如果实在不想谈这个话题，甚至想结束这次谈话，也应该在不伤害对方的前提下，将自己的意思巧妙地暗示给对方，其具体的方法在下面谈话的技巧中详细介绍。

（2）要对谈话的内容要有反应。如果在聆听中能够对对方所谈的内容作出积极的反应来，会增加对方的谈兴，有助于交谈的气氛，从而强化聆听的效果。其具体做法为：在倾听时，要和对方经常交流目光，经常赞许性地点头，或会意地微笑，还可以用"哦"、"原来是这么回事"等话语，或有意识地重复对方某句自己看来很重要、很有意思的话语，以此表明自己在专注地聆听，鼓励对方再往下说。

2. 介绍言语交往中的谈话的技巧

对方的话题是自己不感兴趣的，会导致自己不愿聆听。这一心理过程反过来就提醒我们，必须告诉学生：你在交谈中既是倾听者，也是说话者，作为倾听者所厌恶的说话者的毛病，在作为说话者时就应该尽量避免之，也就是说，在说话时不能仅凭自己的兴趣爱好，还应该考虑对方的需求。因此，必须提醒学生，在谈话时也要注意两个问题：一是说话时要记住，对话是一种相互间的响应；二是交谈时要做到，转换话题要不着痕迹。

对话应该是一个相互应答的过程。这就要求说话者在交谈时既要对对方的话题作出应答，又要让对方能对自己的话题作出应答。为了让对话真正成为一种相互间的响应，还应该避免一些不正确的对话方式，如：打断别人的话头，扰乱别人的思路；由于自己注意力分散而迫使别人重复说他说过的话；对他人的提问漫不经心，所答非所问；妄下断语，假充内行；注意与主题不相干的细节，使人厌烦；强行将别人感兴趣的话题转移到自己感兴趣的话题上等。转换话题时要不留痕迹，这是针对交谈中有转换话题的需要提出的。

3. 介绍非言语交往的技巧

非言语交往，是指不依赖语言本身所进行的人际交流。它包括目光接触、体势示意、距离示意等交流方式。在人际交往中，非言语的交往很少独立地担当沟通信息的任务，它往往起着配合、辅助和加强言语的作用。非言语的交往在人际交往中起着极其重要的作用：它不仅能表现出言语交往中所要表达的思想和感情，更能表现出言语交往中企图掩盖的思想和感情。所以有人说，只有非言语的交往才能准确地反映出话语的真正思想和感情，这话是很有道理的。教师可以从目光、体势和距离这三个方面，对中学生的非言语交往进行技巧上的指导。

（1）目光接触技巧。目光接触，是非言语交往中最能传达内心情感的交往途径，这种交往存在着人们共同遵循的某些"自然规则"。例如：①频频的目光对视，是一种亲切感情的交往，因而亲人之间或情侣之间可以运用，而异性的同学之间就不宜运用，否则会给别人造成"别有企图"的印象。②直愣愣地盯着对方，如果相互熟识，那是在表达自己的惊诧；如果相互不熟,那是在表达自己的拒绝,所以在不太熟识的交往对象面前,不宜死盯着对方看。③上下不停地打量人,是一种轻蔑和挑衅的表示,所以在人际交往中,应尽量不要用好奇的目光打量对方或凝视对方,以免引起对方的误解。④在两人的交谈中,听讲者应看着对方,以示关注说话者,一般脸朝听话者方向,却不宜迎视对方目光,否则会引起对方的局促不安,一般在说完最后的一句话时,才宜将目光移向对方眼睛,以示自己已经说完,请对方表明看法,或接着自己的话题往下说;而如果是几个人一起交谈,说话者除了将目光投向自己的直接对话者外,还应该将目光不时地投向其他人,以表示"我很重视你的存在"。

(2) 体势示意技巧。体势示意,是指人们在人际交往中,通过自己身体的姿势来表达内心的思想感情。在与周围人交往时,一定要控制住自己体势的"度"。既不可过度地绷紧自己,以致对方误以为你是在排斥拒绝他;也不可过度地放松自己,以致对方误以为你缺乏修养。这两种体势所导致的后果是一致的,就是降低了你的人际关系水平。正确的体势应该是,学会适度的放松,以一种自然的、开放式的神态去与人交往。

(3) 距离示意技巧。心理学家指出,人人都有一种保护自己的个人空间的需要,但这并非表示拒绝与他人交往。由此可见,在人际交往中,随意闯入对方的个人空间是失礼的,这将破坏双方的人际交往;但如果尊重了对方的个人心理空间,那也就意味着尊重了对方的尊严感,这将有利于双方的人际交往。那么,人际交往中与对方保持多大的距离方为合适呢?心理学专家的研究告诉我们。双方的距离可以显示出如下意思:①若距离对方15~44厘米之间,即可以挽臂执手,或促膝谈心的距离,那就是在示意对方——我们是贴心朋友,可以无话不谈。所以在异性的同学之间忌讳这样的距离,否则会引起异性同学的误解,其至导致冲突。②若距离对方44~122厘米之间,即可以互相握手,或仅有一臂之隔的距离,那就是在示意对方——我们可以友好交谈;同时也示意周围的朋友和熟人——你们都可以自由地进入这个空间。所以这个距离具有较大的开放性,一般的个人交往都在这个距离内。③若距离对方120~170厘米,即一臂开外,但还能用平常的声调交谈的距离,那就是在示意对方——我们并非亲密或熟悉的朋友,现在和你仅仅是礼节性的交往。所以在同班同学交往中,应尽量少用这样的距离,否则它会引起别人的误解,认为你是在拒绝与自己交往。

三、中学生交往中的心理问题与辅导对策
(一) 中学生人际交往中的心理问题
1. 封闭心理引起交往障碍

具有封闭心理的同学主要有两种:①害怕别人计算自己,而把自己封闭起来,不敢与人交往;②学习时间太紧,无暇与人交往,颇有点"两耳不闻窗外事,一心只读圣贤书"的味道。这种心理严重者对任何人都不信任,怀有很深的戒备心理,从此也就隔绝了人际交往。

2. 自卑心理引起交往障碍

有这类心理的学生往往觉得自己事事不如别人,对自己的言谈举止和能力没有信心,在交往中害怕其他同学不理自己,不敢主动积极地与其他同学交往,特别是有异性在场时,表现笨嘴笨舌,面红耳赤,有的不敢正视,这些恐惧心理使他们生活暗淡、不愉快,给他们带来一系列不良的心理反应,于是就对人做假,贬低别人,抬高自己,以消除自己的不安,从而拉大了自己与周围同学的距离,人际关系变得疏远。

3. 自傲心理引起交往障碍

自信心是青少年成长和成才不可缺少的一种心理品质,但过分自信,那就是傲慢自负了。"谦受益,满招损",实际上自卑、自负都是不能正确认识自己的结果,对自己评价过低,只看到缺点而看不到优点,产生自卑心理,对自己评价过高,只看到优点而看不到缺

点，产生自负心理。

4. 多疑心理引起交往障碍

在交往过程中，自我牵连倾向太重，长期处于"疑神疑鬼"的情绪生活中，对他人的言行过分敏感，多疑、不信任，往往陷入痛苦和焦虑之中。如果别人在一起说话时对自己投来了不经意的一瞥，他会认为别人在说自己的什么坏话；如果有人开了极平常的善意的玩笑，他也会信以为真，怀疑别人早就对自己有意见了。由于多疑而不相信别人，人为地局限了交往面，失去了中学生本应享受的一份欢乐，同时，还挫伤了别人的感情。

5. 嫉妒心理引起交往障碍

嫉妒是对人伤害最大、最严重的一种情感障碍表现。嫉妒是痛苦的制造者，是一种十分狭隘而又危险的情感状态；它不仅严重影响人际关系，而且强烈的嫉妒心可以吞噬人的理智和灵魂，在嫉妒心的驱使下，有人采取造谣、中伤甚至更极端的做法，来达到心理平衡，最终害人害己。青少年学生必须正确评价自己，从病态的自尊心和嫉妒感中解放出来，密切交往，从而让对方的优势对自己有所帮助。

6. 自我中心引起交往障碍

自我中心在交往中是一种严重的心理障碍。有些中学生把自己的真实思想、情感等统统掩盖起来，试图与世隔绝。严重者对任何人都不信任，怀有很深的戒备，因而隔绝了人际交往。有些中学生为人处世往往以自己的需要和兴趣为中心，只关心自己的利益得失，而不考虑别人的兴趣和利益，完全从自己的角度，从自己的经验去认识和解决问题，似乎自己的认识和态度就是他人的认识和态度，盲目地坚持自己的意见。

(二) 中学生人际交往辅导的策略

1. 提供丰富的交流和表达机会，锻炼人际交往的技巧

教师应寓教育于活动之中，要设计形式多样、内容丰富的活动方式与平台，诸如，游戏、表演、讨论等，让学生有机会表达个人的思想，对感兴趣的话题积极地参与讨论，学会用恰当的语言与人沟通与表达。表达可以减缓心理压力，增强自我发展的信心，也会在表达中不断地提升自己的反思能力，了解自己的思想与情感是否适合于交流的对象。

2. 利用课堂教学等多种途径培养学生倾听的能力和耐心

人际交往成功的一个重要因素就是学会倾听。良好的倾听习惯和能力不但是人们获取知识的主要途径之一，也是人们进行人际交往的必备素质。在课堂中，师生之间、生生之间要进行沟通、交流，师生对话、生生交流都要进行大量的发言，这就要求学生要认真倾听老师、同伴的讲话，要尊重别人，做到有始有终，不随意打断别人的讲述。对认真倾听的学生给予表扬，对部分倾听习惯差的学生给予引导。在倾听中理解他人，培养自己的对他人的共情能力。倾听也是一个社会学习的机会，会使自己在倾听中更多突破自我中心的局限性。

3. 指导学生学会接纳和赏识

美国心理学家詹姆斯有句名言："人性最深刻的原则，就是希望别人对自己加以赏识。"马克·吐温也说过："只凭一句赞美的话，我就可以活上两个月。"赏识自己可以增强自信，赏识他人可以融洽关系。可以说，赏识是人际交往中的"助推器"和"润滑剂"。让学生学会赏识自己，欣赏他人，有助于增强学生在人际交往中的信心，有助于提高学生的人际交往素养。而学生赏识能力的培养，师生平时课堂教学中的评议非常关键。教师抓住课堂生成的契机，通过询问个体、群体，让学生评议，引导学生正确地看待自己、看待他人。在此过程中，学生学会了悦纳自己、赏识他人，在别人的赞美中获得自信，在赞美他人中获得快乐。

4. 引导学生学会换位思考

尊重与共情是人际交往的基本法则。教师要通过多样的教育途径，引导学生学会换位的

第十章 中学生的人际交往辅导

站在他人的视角去理解他人。如，对父母，要学会从父母的生活与成长境遇中理解父母的成功与局限性，理解父母对于子女的爱与教育行为，理解他们的艰辛和期盼；对于任课教师和学校的所有工作人员，要引导他们理解其工作的动意，理解他们备课、作业批改、课堂教学等工作中的压力和劳累，将其个性特点与教学内容能够有效地加以区分，使中学生能够接纳他们的个性、接受他们的知识教育、积极而正向地面对他们的引导和教学；对于同伴，要理解各位同学的家庭教育与成长历程，理解他们的智力发展和个性特点，接纳他们的友善行为，鉴别和拒绝不良的行为方式；对于社会要理解国家和社会发展水平与发展多样性的问题，一方面培养多元文化观念，接纳各种不同文化的不同生活方式与价值观念，学会与来自不同文化的社会成员进行友好的交往，另一方面，也要防止受到其他文化不良价值观念和生活方式的影响。

中学生人际交往障碍相关案例

（1）不能合理地认识到交往对象的需要，过分以自我为中心，不能理解他人，产生自卑、自大、嫉妒、敌对等不良心态。

王娜（化名），女，高中生。她的家庭经济条件较好，但本人学习成绩不太理想，家长为了让其能够静心学习，把她转到县城一所寄宿的重点中学，学校学风很好，但多数同学来自于乡村，生活上较朴素。她来了之后，刚开始时经常给同学带些食物，还给一些贫困同学以经济上的帮助，获得大家的好感。但时间不长，她的娇小姐脾气就来了，对同学颐指气使，像在家里一样随意发号施令。对学校的各种条件挑三拣四，还经常嘲笑同学们的穿着过于寒酸。久而久之，同学们从不理她发展到和她当面争吵。她感到很委屈，说同学们不理解她、欺负她。可以看出，这位学生主要的问题在于从小娇生惯养，只知有己，不知有人；对己宽，对人严；不理解同学们的合理需要，不尊重别人，很容易造成人际关系紧张，甚至激化矛盾。

（2）对人际交往具有顽固的非理性认识与不合理信念，不能合理地处理人际关系。

张梅（化名），女，高中二年级，上高中后开始集体住宿。她出生于一个工人家庭，父母很早就离异，父亲再婚，她一直和母亲一起生活。她母亲非常憎恨她的继母，总是当着她的面说她的继母是狐狸精。因此她很小就很痛恨长得好看的女人，尤其不喜欢那种说话嗲声嗲气，长得漂亮，爱和男生打交道的女生。她们宿舍恰好就有这样一个女生，长得小巧可爱，说话清脆精致，别的同学都很喜欢她，可张梅就是看她不顺眼。刚开始没有什么特别的矛盾，就是心里不喜欢她，很少理她。有一次，张梅自己在宿舍，等大家回来时，那个女同学突然大声说她的一百元钱不见了，大家都帮她找。张梅心里很不高兴，没有动。她认为那个女生故意找她的麻烦。只有她在宿舍，这不明显是说她偷窃吗？她还看到那个女生用眼老看她，感到很不是滋味，最终和那个女生大声吵起来，同学们劝她也不听。同学们对她很有意见，就疏远了她。她觉得是那个女生在背后捣鬼，而且那个女生后来在自己的衣服里找到了钱。从此，她看到这个女生就讨厌，经常找她的麻烦。她见到一本书上说"凡是漂亮的女生没好东西"，她认为这话对极了。

此案例的问题在于，张梅虽然住校了，不在母亲身边，但母亲的影响很大。母亲由于生活经历形成的一些不合理信念灌输给了她，在她的心中形成了一些根深蒂固的不合理信念，而这些不合理信念又指导了她的人际交往，从而与他人产生人际冲突，使她在团体中被拒绝、被孤立，产生了心理痛苦。矫正她的不合理信念是解决她的人际障碍的主要途径。

（3）认识偏激极端，轻易不赞同他人意见，很难与人沟通交流，常为一些无谓琐事与人发生争吵；在与人交往中，情绪忽冷忽热，复杂多变，让他人无所适从。

赵军（化名），男，高中三年级，住校。他来咨询时说他几乎没有什么朋友，没有人理解他、关心他，甚至他生病时同学们都不怎么理他，他感到很痛苦。在访谈中，同学们都说他特别难于相处，脾气很大。刚才还说得好好的，不知哪一句话说得不对，他马上就翻脸，还特别喜欢和别人抬杠，别人说什么他都嗤之以鼻，因此同学们都不愿意和他交往。进一步的咨询也验证了他的同学们的意见。

赵军的个性缺点非常明显，情绪变化无常。因此，他的人际关系障碍主要是因为自己的个性缺点，尤其情绪忽冷忽热，复杂多变，让他人无所适从。解决的办法是着重改善他的人格特征。

（4）缺乏与人交往沟通的能力，不会交往，不善于处理人际矛盾。

顾明（化名），男，初中一年级。来咨询时家长述说他不愿意见人，与别人说话时声音很小，尤其是和老师说话时，都听不见他说什么。原来，他是一个独生子，从小由爷爷奶奶照看，没有上过幼儿园，缺少与年龄相仿同伴的交往。家里人给他买了一大堆玩具，他总是自己玩。上学后父母总是早早接送，在学校里很少同学们玩，和同龄玩伴交往机会很少。到了初中，由于缺乏锻炼，他不知道怎么表达自己的想法，有几次他说错了话，同学们都笑他，他就更不愿意说了。上课也不愿意举手回答问题，总是低下头，生怕老师叫他；即使站起来，他的声音也很小，老师也就很少找他回答问题了。以致后来这种情况越来越厉害，家长、教师都感到问题严重，这才来心理咨询。

这是更为典型的人际交往障碍。一般情况下很少有这么严重，主要是不善于交往，不会交往，不知道如何与他人很好地沟通。严重的人际交往会受到挫折，甚至还会引发心理疾病。顾明的情况就是从小缺乏人际间必需的交流，以至于形成恶性循环，在经受了人际交往的挫折后退缩，发展到不能和人进行正常交往的地步。

资料来源：封文波，韩文. 如何矫正中学生的交往障碍. 河北教育，2004（4），10-11.

【拓展性阅读】

［1］ 韦洪涛，艾振刚，张轶. 班级工作与心理辅导［M］. 上海：华东理工大学出版社，2001.
［2］ 沃建中，林崇德，马红中，李峰. 中学生人际关系发展特点的研究［J］. 心理发展与教育，2001（3）：15.
［3］ 蒋克就. 高中生人际交往发展特点研究［J］. 广西教育学院学报，2004（5）：46-48.
［4］ 李梅，卢家楣. 不同人际关系群体情绪调节方式的比较［J］. 心理学报，2005，37（4）：517-523.
［5］ 谢蓓芳，方永年，林永清，谢舫. 高中学生人际关系的调查［J］. 中国行为医学科学，2005，14（5）：448-450.
［6］ 刘进. 高中生人际交往特点［J］. 教育研究，1993，4：22-25.
［7］ 郑全全，俞国良. 人际关系心理学［J］. 北京：人民教育出版社，2004.
［8］ 张大均. 教育心理学［M］. 北京：人民教育出版社，2004：503-510.

【研究性课题】

1. 分析当代中学生人际交往的基本特点。
2. 试分析中学生人际交往问题的成因。
3. 对"资料卡2"中的某个案例进行分析并提出辅导的对策。

第十一章 中学生的生活辅导

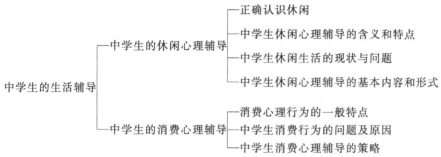

【学习目标】

- 能够说明中学生休闲生活的现状和存在的问题。
- 针对中学生休闲生活中存在的问题，能设计一个合理的辅导方案。
- 能够解释中学生消费行为存在的问题与成因。

"学会生活"就是要获得在复杂的社会环境中生存与发展的能力。例如：会与家庭成员和睦相处，会在集体里学习、劳动与交往，会在成人社会里生产、创造、享用等等。让学生学会生活、学会做人已成为当前教育的一项重要内容。中学生正处于人生的关键时期，经常会出现理想与现实，物质与精神，学习与休闲等方面的矛盾冲突。作为班主任帮助学生处理好上述问题，可以培养学生健康的生活乐趣、乐观的生活态度、良好的生活习惯与正确的职业选择价值趋向。同时对他们发展个性、增强才干、提高学习效率也具有有力的迁移作用。为此，本章就休闲生活辅导、消费心理辅导等展开讨论。

第一节 中学生的休闲心理辅导

一、正确认识休闲

（一）休闲的含义

休闲是人类社会发展的产物，是时代进步的标志。从休闲研究的历史来看，在不同时代、不同文化背景中，人们对休闲的理解也不尽相同。

在古希腊文明时期，人们对休闲的认识主要从哲学社会学的角度来理解，强调休闲的精神价值和意义，但在那个时代，休闲只是贵族的专利，而对于广大的奴隶，休闲不过是遥不可及的奢侈品。凡勃伦在其《有闲阶级论》一书中认为休闲是一种社会机制，是人的生活方式和行为方式，强调随着社会文明的不断进步，休闲对于普通阶层的生存意义[1]。存在主义社会学家认为，休闲就是"在一定情况下的决定、行动、过程以及创造"，强调休闲的自由与自主。马克思主义的休闲观。"休闲"一是指"用于娱乐和休息的余暇时间"；二是指"发

---

[1] 刘锋，施祖麟. 休闲经济的发展及组织管理研究 [J]. 中国发展，2002（2）：47-49.

展智力，在精神上掌握自由的时间"❶。把生产力的发展、自由时间的增加和个人的发展三者紧密联系起来，进一步揭示了休闲时间在个人和社会发展中的作用。

可以看出，休闲是指个人在完成工作、学习和生活自我服务之后，由个体自由支配时间的一种状态。休闲是一种活动，也是一种生活方式；是人权的一部分，也是社会制度的重要环节。休闲的目的在于自我调整、自我教化和自我发展，追求人生崇高的境界。休闲是无条件的、自由的娱乐。例如：为健身而爬山、游泳、打球，为调节紧张的心态而旅游、散步，学生课下为了放松心情的游戏和玩耍等。休闲也不应涉及金钱报酬，只是单纯为了娱乐、健身、养心。休闲使人恢复精神与活力，更有精力投入工作。

（二）休闲与工作的区别

1. 活动的时间不同

人们的时间分为：必要时间、约束时间、自由时间。如果按一天计算，人的必要时间是指人类生存所必需的时间，如，饮食、睡眠、盥洗、化妆、沐浴等，约为 10 小时；约束时间，指个人因经济与社会的需求，在生活中必须花费的时间，如，有报酬的工作、求学者的读书、家庭主妇的家务料理以及相关的交通等时间，约为 8 小时；自由时间，指人们除日常生活作息之外，可自由支配运用的剩余时间，俗称休闲，约为 6 小时。人不可能总是工作，要维持生命、更要利用休闲时间放松自我、恢复体力与精力，提升生存的质量。

2. 压力是否存在

那种有社会压力的活动，如，伐木、种地、操作机床、读书等一般为工作，而那些摆脱了压力、自由自在的活动称为休闲，如，唱歌、看戏、荡秋千等则为休闲。

3. 目的不同

人的工作是为了维持生存、获得报酬、得到社会承认等。但是休闲本身是为放松自我、调整心态、提升生存质量。休闲是活动本身就是目的的活动，除此之外的目的并不突出或并不主要，是个体在活动中自由的自我充实、自我发展、自我表达的活动。

但是有时相同的活动由于目的不同会有不同的含义。同是打篮球、下棋等，对有竞争压力和社会责任的选手而言，就是工作，而对一般人而言，就是休闲。有的活动由于活动主体参与的心态、压力的大小、责任与个人生活享受共存，往往成为半休闲活动。如，有的人热爱自己的工作和学习，在其中有较大的兴趣，淡化了责任与压力，强化了个人在其中的生存质量提升、精神享受、个人的身心得到了放松，也可变为半休闲活动。如，有的人喜欢音乐，在演出现场纵情的演唱；又如，有的学生将维护个人卫生作为一种乐趣，在床铺整理时想到自己的生活空间美观、整洁时内心非常喜悦，就是一种半休闲的活动。很多成功人士，就是善于将工作、学习变成乐趣，在其中身心得到一定的休息，生活与工作质量都得到极大的提升。而很多教师成功的重要的原因，就在于引导学生将学习变成半休闲的、有乐趣的活动。如，魏书生就让自己的学生从"一谈学习是一种享受"开始，几十次地做这个主题的作文，直到毕业，要写九十篇这样的作文，学生在他的引导和带动下，逐渐地体验到了学习的快乐，不仅学习状态与成绩理想，其内在的精神生活质量也得到真正的提高。

著名哲学家亚里士多德指出："唯独在闲暇时间才有幸福可言，恰当地利用闲暇是一生做自由人的基础。"美国学者凡勃伦在1899年发表的名著《有闲阶级论》中提出："休闲已成为一种社会建制，成为一种生活方式和行为方式。"当今，科学发展水平提高、社会发展速度加快、信息繁杂且来源广泛，这些因素提高了人们的生活质量，也使得人们的社会压力

---

❶ 马克思恩格斯全集：第26卷 [M]. 北京：人民出版社，1972：281-282.

增大,更让人们在解决了温饱问题之后,有了更大的心理追求和精神生活的要求。有人甚至认为在"后温饱时代",人们可能会陷入一个精神迷茫的心理危机中。诸多的迹象表明,现代人更加需要通过高质量的休闲来复原自我、提高生存的质量。

二、中学生休闲心理辅导的含义和特点

(一)中学生心理休闲辅导的含义

休闲辅导并非现代社会发展的产物,它的起源可以追溯到古代。早在2300年前,古希腊哲学家亚里士多德就曾对休闲做过系统的研究,认为"休闲是一切事物环绕的中心"、"为了休闲而进行的教育才是崇高的、真正的教育。"在我国古代《学记》中也有精辟的论述:"大学之教也,时教必有正业,退息必有居学"(居学就是相对正业而言的,指在家休息时的学习,即闲暇课程),而教育的主要内容,如"六经"(诗、书、礼、易、春秋、乐)和"六艺"(礼、乐、射、御、书、数)都极具休闲意味。这说明在古代社会,教育与休闲是一体的。可是近代以来,尤其是产业革命以后,教育开始以工作为中心,休闲被从教育中驱逐出去,那时新教伦理宣扬的"至善"即是尽可能地多挣钱,因此,人们对休闲怀有负罪感。由于人本主义思潮的兴起,偶尔也有学者强调休闲教育,但总的来说,在整个工业社会时期休闲教育都没有受到重视。

20世纪初美国教育家杜威就提出,要把休闲内容作为教学手段和教学技巧纳入教学过程之中,把休闲教育当作是"最为严肃的教育任务"。因为,"富于娱乐性的闲暇不仅在当时有益于身体健康,更重要的是它对性情的陶冶可能有长期的作用。为此,教育的任务就是帮助人们为享受娱乐性的休闲而做好充分的准备。"研究娱乐休闲的美国学者查尔斯·布赖特比尔以休闲活动的参与为基础,建立了他的休闲教育概念——"休闲教育"意味着应当尽早地让人参与家庭、学校和社区中的休闲活动,帮助他们培养休闲技巧和休闲鉴赏力,以使人们越来越多的自由时间得到充分的利用。同时美国的休闲教育家曼迪和奥德姆认为,休闲教育是一场使人能够通过休闲来改善自己生活质量的全面运动;是一个使人明确自己休闲价值观和休闲目的的过程;是一种使人们能够在休闲中提高自己生活质量的方法;是一种通过扩大人们的选择范围,使他们获得令人满意的高质量的休闲体验的活动;是一种贯穿于从幼儿园以前到退休以后的终身教育;是一种为了帮助人们自主地确定休闲在生活中的位置,并从休闲的角度认识自己而进行的教育❶。休闲教育中最重要的是必须促进人们在休闲中的自我决断意识和自我决断能力,其最终目标是提高闲暇生活质量。

关于休闲辅导的概念问题,目前国际上还没有完全一致的观点。美国休闲教育家曼蒂的观点具有比较广泛的代表性,他认为:"休闲教育是提升个人生活质量的整体活动,是促进个人提升休闲的价值、态度和目的的过程;休闲教育增进个人在休闲过程中自觉、自促的能力,帮助个人决定休闲在个体生活中的地位,增进个人对自我的认识;建立个人需求、价值、技能与休闲的关系并体会休闲经验,协助个人评价休闲行为与个人生活与目标关系的过程;休闲教育还是激发个人潜能以提高生活质量的最佳途径❷"。休闲教育的内容很广泛,有的表现为智力、玩的能力、对美的欣赏能力、价值观判断能力、心理承受能力、社会交往能力等。所以休闲辅导是为培养学生善于运用休闲时间,从事丰富多彩的休闲活动,体验休闲心境及培养自我行动力,促进身心健康和提升复原能力的一种辅导教育活动。休闲辅导的最终目的在于通过教育,通过一种思考及自愿学习的过程提升学习者的休闲品质与生活品质

---

❶ J. Mmmdy & L. Odum. leisure education-Theory and Policy. New York,NY:1979:2-4.
❷ J·曼蒂,L·奥杜姆. 叶京译. 闲暇教育理论与实践[M]. 北京:春秋出版社,1982:28.

使之获得自由参与及自我内在的满足。

1918年，美国"全国教育协会中等教育改造委员会"在《中学教育的基本原理》中，就确定了休闲辅导作为学校教育的目标之一，它是"休闲时间的善用，教育应使个人从其休闲生活中获得身心休息和愉悦，并充实其精神生活，发展其人格"。可见，休闲辅导的最终目标是与学校教育目标一致的。

休闲心理辅导是指针对中学生休闲心理发展特点，开展系统的休闲心理辅导教育活动，帮助中学生确立正确的休闲观念和态度，获得必备的休闲知识和技能，以及学会选择安排有益的休闲活动方式，从而使自己获得充实而丰富的休闲生活，发展自己的才能与个性的辅导教育过程。据此，可以从以下方面来理解。

1. 正确的休闲观念与态度

要意识到休闲是生活的重要组成部分，明确个人休闲的意义、权利和责任；理解休闲与学习的辩证关系；了解自己的爱好、志趣或偏向，认识到自己有权利、有能力和有机会去支配、利用自己的休闲时间。

2. 休闲知识与技能

了解社会上各种闲暇活动的方式、过程和发展趋向等，能欣赏、评判休闲生活的不同模式；掌握休闲生活所必备的各种知识与技能；根据自己的闲暇知识或技能，去设计、计划各类有意义的休闲活动。

3. 休闲行为选择

要了解自己的休闲行为所产生的后果，及对他人和社会所带来的影响；注重个人需求与社会价值取向的一致；能从自己的兴趣、愿望和特长出发，选择具有独特个性或风格的休闲活动。

(二) 中学生休闲辅导的基本特点

1. 非功利性

休闲辅导不止是追求有用，更是追求幸福的教育。它重视个人在休闲生活中的乐趣感受，是一种近乎无所谓而为的闲情逸致，是追求一种浑然忘我的、与他人分享的、与自由同在的开阔胸襟和幸福感受；是一种自由自在的享受。在休闲活动中，常有历险的紧张和获胜的兴奋，亦可以体验自我实现的喜悦与满足感。

2. 自主性

休闲辅导贵在人的自觉，由于休闲是个人自己自由支配时间，自由行事，可以从事有益的休闲活动，如健身、欣赏音乐等；也可以从事有害的休闲活动，如赌博、迷恋游戏机等。这就要求个人自我选择、自我负责。自律自己的活动，既有益于自己，又有益于社会；而不能放纵自己，无视个人对自己、对他人和对社会所负有的责任。

3. 生活性

休闲辅导强调学习生活比学习工作更重要，现代教育的宗旨在于学习如何生活、充实人生、发挥生命的价值，而不仅仅是专业知识与技能的训练。休闲辅导所重视的不是物质方面的享受，而是精神生活的内涵，使个人经由自我教育，更能懂得享受生活。

4. 内隐性

休闲辅导是潜移默化地进行人格熏陶。它没有特定的场所，大自然就是进行休闲辅导的课堂；休闲辅导没有固定模式的课程教材，也没有严格意义上的教师。万物苍生都可以作为休闲辅导的教材，它是要个人在休闲活动中，与自然、与他人互助而学习有关待人处事的态度、信念、价值和情感，是一种隐性的人生经验。

5. 社会交往性

中学生的休闲活动大多在朋辈群体中进行的，休闲可以让中学生获得更多的主体间互动，广泛地进行社会交往，广泛接触社会，提高社会交往能力。

三、中学生休闲生活的现状与问题

（一）中学生休闲生活的现状

五天工作制实行后，我国中学生在校授课时间减少至190天，闲暇时间为170天，几乎占年天数的47%。这个数据已与发达国家学生在校授课时间接近，美国为180天，英国为200天，法国为180~200天。目前，我国学生占有的闲暇时间已接近世界主要发达国家的水平，但真正意义上的闲暇时间却需要系统地培养和提升。不过，随着素质教育理念的确立，教育体制的改革，学生拥有必要的闲暇时间会得到保障。但到时也有可能出现这种情况，即学生拥有了许多闲暇时间，却不知如何支配，"闲而无聊"甚至"闲则生非"。因此，做好学生的休闲生活辅导，训练他们处理休闲生活的能力，应是教育界当务之急的问题。

五天工作制，学生有了更多的休闲时间，究竟学生是如何利用的，有学者曾对1110名中学生的课余时间利用情况作过调查，结果见表11-1、表11-2、表11-3❶。

表11-1 中学生每星期自学和辅导用时

占用时间原因	占回答者的百分数	占用时间/小时			
		<2	2~4	4~6	6~7
家长辅导	2.2	60.7	21.5	14.6	3.2
家长留的作业	12.3	47.6	31.7	11.7	9.0
家庭教师辅导	2.1	7.1	60.7	25.0	7.1
家庭教师留的作业	2.1	24.0	36.0	8.0	32.0
完成自己安排的学习任务	61.2	38.2	33.6	13.7	14.5
课外辅导作业	24.5	22.0	14.0	60.8	3.2

表11-2 中学生每天在家干家务和娱乐活动用时

占用时间原因	占回答者总数的百分数			
	<0.5小时	0.5~1小时	1~2小时	>2小时
娱乐	22.0	42.0	29.6	6.4
家务	55.3	36.4	7.0	1.3

表11-3 中学生每天看电视节目用时

用时	<1小时	1~2小时	2~3小时	>3小时
占回答者总数的百分数	56.7	35.6	5.9	1.8

从以上3表可以看出，中学生的生活比较紧张，学习负担较重，几乎无暇可闲。随着再一次减轻中小学生过重的学业负担令的发布，当前，已有很多学校严格执行课程计划，不再加班加点，把休闲时间还给了学生，但随之而来又出现了新的问题。

（二）中学生休闲生活存在的问题

当代中学生一方面抱怨学习压力大，缺少休闲时间，另一方面又没有很好地学会利用自

---

❶ 吕勇，阴国恩. 关于中学生时间利用情况的调查研究. 天津师大学报，1996（6）：29-32.

己的休闲时间,据一项对中小学生的调查表明,有34.5%的学生向往过一个"有意义的周末",但却感到"无事可干";有10.6%的中学生觉得周末"空虚无聊",许多学生将上网、逛街、聊天、发短信等作为自己的主要休闲方式。某县教育局对全县初二年级学生双休日活动跟踪调查表明:一半以上的学生感到双休日无事可做,25%的学生热衷于打牌、聚会、打电子游戏机等。这些表明有相当部分的学生既缺少休闲的知识,又缺少休闲的技能。因此,教育工作者不能不注意加强闲暇教育,帮助学生确立积极的休闲方式。否则,不良的休闲活动便会乘虚而入,影响学生的身心健康。

有学者认为❶中学生的休闲时间主要是双休日和寒暑假。由于学校、家庭、社会对如何丰富和美化中学生的休闲生活,科学地利用休闲时间缺乏应有的指导和帮助,因此,当前中生的休闲生活存在一些误区。

1. 休闲生活单调、松散、随意性强

休闲生活与学校教育相比,它是一种非正规活动。学生在什么时间、什么地点、实施什么活动、朝哪个方向发展,成为什么样的人,主要取决于自己的意志。绝大多数中学生平时几乎没有考虑过自己的休闲生活,未做过科学的安排,他们不知道如何利用闲暇时间做一些有价值的事。尤其是一些自制力差的学生,休息一天小玩,休息两天大玩,星期一发觉作业尚未完成,缺少应有的紧张度和自觉性。加之一些家庭因素,致使部分孩子处于一种"放羊"状态。看热闹、打扑克、进网吧,无选择地沉溺于电视、录像、聊天、电子游戏,休闲活动松散、随意。而那部分想过充实休闲生活的中学生由于家庭教育总体水平偏低,社会教育功能不健全,只能在钢筋混凝土结构的单元房中温习功课,闲暇生活等于正常的学习生活,休闲形式单调。

2. 休闲生活层次偏低

绝大多数的中学生休闲停留在摆脱单调、消磨时间的层次上。他们的休闲活动集中在上网聊天,玩电脑游戏,打扑克等方面。据调查,现在上网吧的大中学生约占90%,其中未成年人约占70%,成年人约占20%;另据调查,在被调查的3000名大中学生中,曾光顾色情网站的占46%,热衷聊天室的占76%,选择玩游戏的占35%,只有不到20%的学生上网是搜集信息。

3. 休闲生活缺乏必需的技能

中学生休闲层次偏低、休闲质量不高与休闲技能有关。许多休闲活动,要求有一定的技能、鉴赏力。马克思说:"对于没有音乐感的耳朵来说,最美的音乐也是无意义的。"❷中学生的综合素质,尤其是人文、才艺素质,着实不敢恭维。据有关资料显示,为数不少的中学生不懂得、没有能力欣赏音乐、舞蹈等高层次文化。因此,即便中学生对高雅、健康的休闲方式有兴趣,但因为缺乏相应的休闲技能,最终也不可能实现高层次的休闲。

四、中学生休闲心理辅导的基本内容和形式

休闲辅导是一项综合系统工程,学校、社会、家庭应形成整体合力,既保证中学生在闲暇时间得到充分休息,又积极创造条件,指导他们参加有益活动,促进他们身心健康发展。为此,可从以下方面来进行辅导。

(一)指导中学生认识休闲的功能

对于正在成长中的中学生来说,要从以下几个方面认识休闲的功能。

---

❶ 何亚娟. 中学生休闲教育探析. 成都大学学报(教育科学版),2007(11):79-81.
❷ 刘海春. 论马克思的人本思想与休闲教育目标[J] 自然辩证研究,2005(12):9.

1. 松弛身心

松弛身心是最早提出休闲合理化的一个原因。最早也是最简单的休闲定义就是"松弛"。通过休闲能松弛身心，平衡劳逸，丰富人生，创造新的生机。学习、工作之余，单纯休息是必要的，但不一定能获得真正的身心松弛。因为休息固然停止了学习与工作，但与学习、工作有关的问题，仍然留在脑子里，挥之不去，继续耗费心力。而积极的休闲可使注意中心转移，把原有的意念推出思想领域之外，使紧张情绪得到宣泄和松弛。没有束缚、没有压力、自由自在地休闲为心理留出了豁达的时空，灵感佳作、创造发明往往也会在这时产生。

2. 满足个人需要和兴趣

社会分工决定了人在不同的岗位上工作，学生在校学习的课程仍然是由学校统一规定的。但由于种种主客观原因，一个人从事的学习和工作任务并不完全符合自己的兴趣，可能也不能充分表现一个人的能力和才华。有时学习和工作也不一定能满足人的心理需要。如学习、工作时间了一段时期，没有取得相应的成绩，使人感到没有成就感；学习中困难重重，经常遭受挫折，使人产生自卑感。而休闲则随时可由个人的需要、兴趣、爱好等个性特点和个人所处的环境来决定，有着重新定位的作用。它使人随时可以寻找一个适应自己需要、适合自己特点的休闲方式，补偿在学习和工作中得不到满足的要求。进行休闲活动，能使人产生喜悦、兴奋、自豪、成就、个人价值等感情特征，增强积极的自我形象，产生自我满足感和幸福感。

3. 扩展个体的知识和生活经验

一个人通常都是在某种特殊的领域、环境中学习与工作，所接触的人和事，相对比较固定和狭窄。休闲活动可使个体接触素昧平生的人、事、物、环境，扩展人们的生活知识和经验，使人见多识广，丰富个人生活的底蕴。

4. 增进个人身心发展

个人的活动经验，可以带动其自身发展，但活动并不限于学习和工作。休闲活动，可以使原来没有获得运用的身心组织和功能得以运作，包括身体机能，情绪调适，甚至人际交往等。人们在休闲活动中可以发展自己的才能，弥补平时的角色挫折，也能使压抑沉闷、愤恨不满的情绪、甚至破坏性的冲动力量以艺术化和升华的方式表达出来，还可以防止可能产生的偏激心理和行为。

(二) 指导中学生学会选择休闲活动

现在不少学生往往在学校和家长不正确的管束下，已经不会休闲、不会玩乐、不会游戏了。很多学生认为休息日最舒服的就是睡懒觉。也有的城市学生认为自己休闲不好是因为长在城市，而有的农村学生则认为自己休闲不好是因为生长在农村。其实，休闲的质量虽与环境有关，但主要还取决于自身对休闲的认识、态度和能力。

前苏联教育家苏霍姆林斯基在他的个性教育的实践中非常重视对学生的休闲辅导。他说："从童年就积极培养休闲的习惯，是教育方针的重要原则之一。"他要求学生选择能增加精神力量、充实精神生活、获得精神财富的那种休闲活动。积极的休闲可以交替进行各种活动，如参加能满足审美需要的体力劳动，欣赏大自然的美，阅读文艺作品等。他不主张学生的休闲消磨在无目的的、纯消遣的闲扯、看电视、跳舞等活动上。他要求学生的休闲也能充满生动的、能触动思想、情感、理智、审美的感受。

休闲活动可以从各种不同角度进行分类，从内容上大体可分为娱乐、体育、交往、审美、求知五大类。有些学生不会休闲，在休闲时间感到单调无聊，这往往和个人需要贫乏、需要的层次低和缺乏休闲活动的能力有关。人是为满足自己的需要而从事各种活动的。个人需要的贫乏和丰富、凝固和超越，除受到社会条件制约外，还决定于个人能力的大小。学校为使学生学会生活、学会休闲，必须注意在各种课程和活动中培养学生相应的休闲能力，丰富学生从事各类有意义的休闲活动的手段。

学生目前的休闲空间一般还局限在家庭和学校。最初都是回到家里休闲，后来随着校园文化的开展，学生也在学校休闲。例如，上海某学校在多年的休闲辅导实践中探索了一些成功的经验。其经验之一就是，发挥学生社团作用，成立了8个休闲俱乐部：球迷俱乐部、歌迷俱乐部、棋迷俱乐部、戏迷俱乐部、影迷俱乐部、书迷俱乐部、旅游俱乐部、美食家俱乐部。让学生自己开展各类有益的休闲活动，活跃文化生活。

从休闲辅导的角度来看，仅依赖家庭和学校还远远不够，必须重视社区的休闲功能开发，开辟休闲活动基地。学校可充分利用电影院、图书馆、博物馆、少年宫、文化馆、体育场馆、少科站、俱乐部等校外阵地，进行共建活动，开辟学生休闲基地，拓展学生休闲活动的场所。

教育心理学表明，积极的休闲生活有助于学生身心健康，发展个性，陶冶情操；而消极的休闲生活会对中学生起腐蚀作用。为此，班主任应发挥教育的主导作用，指导学生选择丰富多彩、充满知识、富有个性及文明的休闲生活。

（三）指导中学生懂得休闲的伦理

休闲具有两重性的特征。中学生心理发展还不够成熟，虽然向学生提出休闲的每一分钟都应用来获取精神财富，但最终他们选择的休闲活动未必都能有这样的教育功能。辅导学生懂得休闲伦理，积极方面是提升学生休闲生活的品质，消极方面是在防止休闲生活中公害性的蔓延。

休闲伦理和其他社会伦理一样，首先强调人性对自身的占有，包括在休闲时也要按照"人的方式"生活，涤除非人性的污垢。中学生在休闲中，应把感情的欲望和理性的追求结合起来，既反对纵欲主义，又反对禁欲主义，使休闲生活文明化。

休闲生活虽然是自由自主的，但它不是脱离社会的，它是社会生活的一部分。在休闲活动时经常和别人或社会发生直接或间接的联系，因此，在对学生进行休闲辅导时，必须要求学生注意：一是审美情趣要高尚，务必要警惕一些低级趣味对本人的诱惑、困扰和腐蚀；二是要遵守国家法令、集体公约和社会公德，不损害他人的利益，同时也要尊重别人的兴趣爱好。

（四）构建学校、家庭和社会的休闲教育网络

休闲教育是学校、家庭、社会的协同教育，缺一不可，学校、家庭、社会应形成合力，齐抓共管。

1. 学校要指导和提供给学生高质量的休闲活动

学校可开设休闲活动基地，包括数学游艺、简报、英语情景对话、图形折贴、灯谜、电脑、书法、乒乓球等活动室，组建科技、艺术、体育、读书等各类兴趣小组和进行科目活动，举办文化节、科技节、读书会、报告会及各种知识讲座，让学生在高雅、健康、有趣、有益的自由时间中参加各种活动，教师也可针对学生关心的互联网、卡通画、卡拉OK、流行歌曲、电子游戏等设计一些讨论活动，以此让学生明白科技进步和文化交流对人们文化生活的影响，从而帮助学生选择健康的休闲娱乐方式。学校还可加强家长、职工的闲暇教育指导，把有价值地利用时间作为整个教育过程的目标。

2. 家庭要营造孩子休闲的良好氛围

一方面，家长要身体力行，杜绝不健康、不文明的休闲行为，努力创造良好的家庭文化氛围；另一方面，家长要强化休闲教育意识，正确认识孩子"学"与"玩"的关系。重视孩

子休闲观念和休闲方式的指导,帮助孩子树立正确的休闲态度,把应该由孩子自由支配的时间还给孩子,及时发现并抓住孩子的兴趣、爱好、特长和闪光点,给予针对性的指导。家长还要引导孩子自觉锻炼身体,做力所能及的家务劳动和公益活动,提高他们自理、自立、自律的能力。

3. 社会要加强文化市场管理,净化社会文化环境

社会各个相关机构要积极发展文学艺术、新闻出版、广播影视等事业,多出精品,坚决抵制腐朽文化。坚持以科学的理论武装人,以正确的舆论引导人,以高尚的精神塑造人,以优秀的作品鼓舞人。各级部门要充分发挥社会活动场所的育人功能,青少年宫、儿童活动中心、科技馆、博物馆、纪念馆、烈士陵园、古迹遗址、图书馆、文化馆、体育馆、电影院、游乐场、公园、旅游景点等应提供条件,给学生创造一个有去处、有玩处、有书读、有事干,各取所需,自由参加,在愉悦中获益的社会氛围,吸引更多的中学生积极参与那些艺术性、鉴赏性、体育性、娱乐性和知识性的活动。积极借鉴国外社区成功发展模式,充分加强社区建设,进一步发挥社区在闲暇时间中丰富人民大众文化精神生活的作用。

第二节 中学生的消费心理辅导

当今的青少年一代开始有独立消费行为的时间越来越早,在中学时代已经有了经常性的独立消费行为,并且他们对家庭消费也具有越来越大的影响力。消费作为一种社会行为,一方面,它贴近人们的生活;另一方面,它对生产、分配具有反作用。对于中学生这样一个独立性和依赖性并存的特殊群体,树立正确的消费观,将在很大程度上影响着他们的健康成长。

一、消费心理行为的一般特点

个体通过消费获得生理上和心理上的满足,消费是人们生活的重要组成部分,通常也被人们当做人生幸福的重要组成部分。但是人们的消费行为与在消费中表现出来的心理现象却不尽相同,产生的心理影响也千差万别。总括起来,主要特点包括目的性、自觉性、复杂性、发展性。

(一) 目的性

消费心理与行为的目的性表现为消费者以满足自己的需要、实现消费动机、得到期望的消费体验为目的。消费者购买食品,或出于饥饿的原因、或出于对新口味食品的好奇心、或出于他人的说服与广告宣传等,消费者购买食品的目的是为了平衡自己的饥饿感、或满足自己对于新口味食品的好奇心、或证实他人的说法与广告宣传内容等。

(二) 自觉性

与生活中其他行为相比,消费行为最明显的区别是它具有很强的自觉性,任何消费行为的进行是在人们自觉地支付了相应数量的货币之后才能实现的。由于消费行为的实现必须支付货币,任何消费行为的目的性也就变得非常明确。在消费需要与动机的推动下,消费者会自觉地搜集商品信息,作出购买的决定,自觉自愿地支付货币。受个人经济能力的支配和约束,消费行为一般是在个人经济能力许可的范围内进行。不管消费者本人形成了多么美好的消费愿望,有多么强烈的消费需要,实现或满足这些愿望都必须在消费者具备了相应的经济条件下才能进行。消费需要或消费愿望的被约束性,使得人们会自觉地以个人经济条件作为前提,控制那些难于实现的愿望。

(三) 复杂多样性

每一个人的消费需要和动机各不相同,同样一件商品,有人购买是出于价格方面的原

因，有人是出于商品形象方面的原因，有人是出于商品质量方面的原因等。在消费兴趣方面，人们存在不同的差异。面对日益丰富的营销环境，人们的表现和反应也不一样，有人会表现出理性的消费态度，量入为出；有人表现狂热的消费态度，追求时尚。这些都是消费者心理行为的复杂多样性的表现。

（四）关联性

当消费者满足一种消费需要、实现一种消费动机的时候，为了得到更加满意的消费效果而对另一些商品产生消费需要和消费动机。比如女学生的服饰消费，买了衣服，还要购买配套的背包，还可能要购买配套的鞋子和挂饰。中学生的个人经济来源不够独立的情况下，消费中需要更多的消费节制心理，以保障在必要的和健康的前提下进行消费。

（五）发展变化性

消费行为总是不断发展变化的。伴随着科技进步、生活水平的提高、各种文化生活的濡染、广告宣传的影响、其他人（特别是同伴群体）的影响而发生变化；也会伴随着个人需要（或欲望）的无止境发展、个人生理心理状况的变化、消费者当前的心态而发生变化。

二、中学生消费行为的问题及原因

《光明日报》1998年1月31日报道中小学生中有买零食，吃零食习惯的占67%，过春节收压岁钱占90%，同学间互送生日礼物，互赴生日宴会的占70%，家庭有游戏机、学习机等高级电子玩具的占26%。据调查，除生活、学习必需品以外的年消费额小学生人均800元以上，家庭经济条件好的学生每人均3000元以上，有的高达6000元以上。调查发现，学生手中的钱大部分用于吃喝玩乐，用于学习和购买学习用品的不足5%。在消费方式上出现了超前消费、畸形消费、借贷消费和非法消费等不良势头和某些偏差。2004年有人对湖北省宜昌市10所中学的121名中学生调查表明，中学生消费总的趋势是：消费观念多样化，消费手段成人化，消费水平超前化。调查显示，中学生每月日常消费在600元左右，有的高达千余元。他们在支配生活以外的零用钱时，不到30%的钱用来购买学习参考书及学习用品，70%多的钱花在吃喝玩乐上。26.4%的学生经常出入网吧，14.8%的学生经常请客吃饭；有88人有MP3，占72.7%，其价格一般在700元至800元；在品牌、价格中，第一考虑品牌的中学生竟达48.8%，他们追求时尚的热点，比萨、麦当劳、肯德基、迪士高是他们经常出入的场所。

的确，随着改革开放和市场经济的发展，家庭生活水平的提高，学生的零花钱也逐渐增多，消费已成为他们生活中的一部分。因此，学校教育必须帮助学生学会合理消费，树立合理的消费观念与建立健康的生活方式。

（一）当代中学生的消费心理存在的主要问题

1. 猎奇与摆阔心理

中学生在消费活动中往往会被一些新产品和新食品以及一些五光十色的玩具、小玩意、图片、图书、服饰所吸引，总会不知不觉地"掏口袋"，对以前没参加过的一些商业性的促销和娱乐性活动也总想去尝试一下。中学生在消费中受到广告宣传、同伴群体影响、社会时尚潮流的裹挟，会产生摆阔心理，跟着名牌走，装出一副"贵族学子"的姿态，吃高级食品，喝高级饮料，穿名牌服装，戴昂贵首饰，逛精品商店，追逐豪华气派。部分学生还宣称自己遵循着"四项基本原则"，即非名贵品基本不用、非畅销书基本不看、非高档店基本不进、非名牌衣基本不穿。在校园里，像这样盲目追求酷的学生虽不占多数，但也并非凤毛麟角。虽然他们的消费来源依赖于家庭，但他们却有强烈的消费自主要求。学生的消费思想没有完全成熟，如果缺乏适当的消费心理指导，就会出现消费的盲目性。

2. 从众和攀比心理

中学生消费具有从众心理，感觉和想法往往会受群体的影响而改变。相当多的学生看到其他同学在买、在玩，害怕自己显得太寒酸、太落伍了，显得太不合群了，就盲目地依从他人的态度，攀比与炫耀，把高消费当做现实社会优越感和虚荣心理的手段。别人喝饮料，自己当然不能喝白开水，别人穿"佐丹奴"，自己干脆来套"金利来"。别的同学庆贺生日，开"Party"，自己则举办宴会。别的同学互赠礼品，表情达意，自己当然不甘落后，迎头赶上。有人称中学生的消费是"饮食消费：跟着广告走；服装消费：跟着名牌走；娱乐消费：跟着新潮走；人情消费：跟着大人走；娱乐消费：跟着新潮走；人情消费：跟着大人学。"这些反映出一些学生不懂得量入而出，受虚荣心的驱使极易形成无休止的攀比心理。

3. 求异与炫耀心理

炫耀心理实际上是一种超越自我客观价值的自我虚构，表现在生活消费领域，就是对物质生活的追求超越了自己的经济承受能力、超出了自己所在群体的基本消费水平。学生中有许多以拥有各类名牌作为炫耀的现象，用富裕的物质生活来充实美化自己的形象，以求得自尊的满足和心理的平衡。这种现象的扩散，会在一定范围内形成重物质消费的风气。"人生在世，吃喝玩乐"虽不是大部分学生奉行的人生哲学，但拿着父母赚的钱为我吃点、玩点，用掉一些无所谓的思想大有人在。中学生消费的这种心理状态的存在，使某种时尚满足了一时审美的心理需要之后，又必然会产生新的需要，渴望消费又有新要求，追求不切实际的奢侈、气派，追求一种脱离经济社会发展以及个人承受能力的消费，把对消费品的占有、享乐作为弥补精神空虚的手段。

4. 宣泄与解压心理

处于成长阶段的中学生，面对纷繁复杂的世界，由于心理尚未成熟，难免会出现心理失衡或心理障碍，诸如成绩不理想或是遭同学误解，无法消除人际冲突等，都会引起焦虑、空虚等情绪。此时，有的学生进网吧上网聊天，在网上寻找安慰；有的学生吸烟解闷，借酒浇愁，进歌舞厅求解脱。他们通过这些不正常消费来宣泄心中的失意、愤意、烦躁。调查抽烟动机时，38%的学生回答是"解愁松压"。

（二）中学生不良消费心理产生的原因

1. 社会不良风气的濡染

改革开放以后青少年学生的消费意识、消费观念深受西方价值观的冲击，中华民族勤俭节约的传统生活准则已经被很多青少年学生所摒弃，这在客观上对年轻青少年学生追求高消费、超前消费等观念的形成起到推波助澜的作用。社会上享乐主义、拜金主义、奢侈浪费等不良社会风气对人生观、价值观尚未定型的中学生产生负面影响，使得他们在价值取向上偏向金钱、追求享受。同时在市场经济条件下，人们在积极的鼓励消费，商品的营销策略中，一个共有的策略就是引导消费者不断地追求时尚，淘汰旧有的商品，只有消费者"喜新厌旧"，商家才有利益可言，这种商品经济运行的机制，诱发了人们对新潮商品的不断追逐，加之以财富论英雄的社会潮流的影响，使消费主义的思潮在社会上逐步蔓延开来，消费水平高就意味着社会价值高、社会地位高，这种只看重了消费而忽略生产对消费的决定作用，表现出很强的购物欲，但脱离了社会经济发展和个人收入的现实水平，而且是无休止地相互攀比，甚至追求奢靡。

2. 家长对子女消费行为的迁就

目前，整个社会正处于由温饱向小康阶段过度的社会转型时期，曾经经历过贫困和物质匮乏的家长们格外关注孩子的身体发育和物质享受。不少家长只要孩子学习好，宁愿自己节衣缩食，却给孩子设计了"吃的讲营养，穿的要漂亮，玩的要高档，用的讲排场"的理想模式。这种以超前消费为特色的生活方式，鼓励了孩子们的不良消费行为。上海的一份调查报告显示：八所中小学 140 名学生的零花钱在三年内上升了 61%，远远超过社会经济增长和家庭收入的增加幅度。现在的独生子女都是家庭的"重点保护对象"，许多家长对孩子在消费行为中的无理要求要么迁就放纵，要么束手无策，导致了孩子形成"以自我为中心"的生活方式，步入了畸形消费的误区。

3. 学校消费教育的缺失

学生的消费观念和消费行为在一定程度上受社会风气和家庭环境的影响，但对学生身心发展起主导作用的学校教育，无疑也是极其重要的因素。目前学校消费教育存在以下缺失：学校忽视消费教育，把消费教育等同于节约教育，把消费教育等同于花钱教育。

4. 中学生个体缺少劳动与基本生活体验

当代的学校、家庭和社会过多地强调升学，注重学生的智力发展，学校的劳动教育几乎处于可有可无的状态；家长也对孩子的生活无微不至的照顾，替代了和剥夺了孩子对生活的基本体验，有些孩子连洗袜子、叠被子等简单的劳动都无法参与，他们不知道劳动的艰辛，不理解家长的劳苦，更无法感受因劳动带给自己的自我效能感的强化；加之社会中过多的宣传财富的价值、鼓励消费，以及贫困者的边缘状态的负面影响，青少年学生多以财富（手机、电子产品、服饰等）证明自己的身份和地位，导致不良消费观念和行为不断滋生和蔓延。许多学生不顾家长的收入水平，一味的"按需消费"，甚至为了满足消费的欲望，采取一些不良的手段，有的甚至触犯法律。而生于富裕家庭的学生——"富二代"，劳动体验的被剥夺的更加彻底，他们迷失于靠金钱来找寻人生价值的怪圈中，知识、劳动与道德被贬值，精神世界空虚，用消费来获得精神世界的满足。世界许多发达国家都看到了"富二代"现象的弊端，并运用法律限制"富二代"行为的产生。

三、中学生消费心理辅导的策略

从中学生的种种消费及其影响因素中，可以看出，引导中学生走出畸形消费的误区，形成健康、科学、文明的消费观念和消费方式，无疑具有重要的意义。因此，作为教育工作者，要把中学生培养成为跨世纪的建设者和接班人，必须适应社会主义市场经济形势，从学生的特点出发，坚持正面教育，科学引导，使学生正确认识和对待金钱，懂得消费，合理消费。

有关资料表明，目前瑞典的中小学开设了专门的消费辅导课程。其具体内容包括：什么是广告，什么是消费者的权利，购买物品时应注意什么，怎样合理安排家庭开支等。瑞典政府在中小学生消费辅导方面投入了相当的人力和物力。他们认为，提高消费者的素质对于保证市场经济的正常运行具有重要意义，这不仅使学生从小学会合理安排个人开支，养成良好习惯；更重要的是帮助他们了解市场，以便今后走上社会，能够在时常经济活动中站稳脚跟。结合我国实际，我们认为对学生进行消费辅导，可采取以下策略。

（一）教育学生学会维权

中学生正处于身心发展时期，消费观还不成熟，消费知识缺乏，消费权益容易受到侵犯。教师要向学生讲授消费者享有安全权、知情权、自主选择权等，讲授《中华人民共和国消费者权益保护法》，《中华人民共和国产品质量法》等，教会学生在自身利益受到侵害时，用法律来维护自己的合法权益。每个消费者都有自己的消费观，这种消费观一方面使消费者选购到自己所需要的商品，使其消费行为合理，另一方面也反映出消费者所了解的自己的权利和义务。这也是公民民主意识的一个重要方面。有人认为日本商品质量所以高的原因之一，是因为它拥有世界上最挑剔的消费者。因此在消费辅导中，也应强化学生的消费者的权益和责任的意识。

1. 引导学生了解消费者的权利

了解了消费者的权利，有利于学生在消费时，自觉维护自己的权利，规避不必要的风险。目前我国消费者享有的主要权利有：①消费者在购买、使用商品和接受服务时，享有人身和财产安全不受损害的权利；②消费者享有了解其购买和使用商品、所接受的服务的初始情况的权利；③消费者享有自主选择商品或服务的权利，有权进行比较、鉴别和挑选；④消费者享有公平交易的权利，有权拒绝经营者的强制交易行为；⑤消费者因购买、使用商品或接受服务受到人身、财产损害时，享有依法获取赔偿的权利；⑥消费者享有对商品和服务以及保护消费者权益工作进行监督的权利。

2. 教育学生知晓消费者的义务

权利和义务是一致的、平等的，消费者既然享有一定的权利，就应承担一定的社会责任。消费者应尽的主要义务如下：①消费者应自觉遵守国家的法律、法规和政策。②消费者在选购商品时应爱护商品。在接受服务时应尊重服务人员。消费者应遵守生产经营场所的秩序，爱护设施，不得损害生产、经营者的合法权利。③消费者应爱护公共消费资料和消费场所，不污染环境。④消费者在实施消费行为时，有不损害其他消费者权益的义务。⑤消费者因其合法权益受侵害而投诉、起诉时，应如实反映情况，及时提供有关证据资料等，并协助有关部门查处损害消费者权益的行为。⑥消费者应承担因自身过错而造成的损害。

3. 向学生介绍与中学生相关的消费的常识

教师在适当场合也应向学生介绍一些消费的一般常识。一方面辅导学生了解商品的种类、价格，学会如何识别伪劣商品、发现伪劣商品，商品有质量问题时如何处理、如何保护自己的消费权益。另一方面帮助学生学会如何选购商品，尤其是与自己日常生活、学习密切相关的消费品，如文化用品、玩具、生活用品、食品等。

（二）培养中学生的理财能力

理财能力的培养是对中学生消费意识的进行积极的、正向的培养的最佳策略。学校理财教育，是指学校根据学生身心发展水平，系统组织实施的旨在培养学生正确的物质金钱观，使学生掌握理财基本常识、理财基本技能的教育。在现代生活中，理财能力是人重要的生存能力，是每个社会成员必须具备的基本素质，它直接关系到一个人的发展和一生的幸福。家长，您应关心孩子的理财。发达国家十分重视对孩子进行理财教育。在美国，教育者把理财教育看做是"从3岁开始实现的幸福人生计划"。他们将理财融入整个教育过程。由于我国传统文化和传统经济等方面的原因，我国公民的理财意识薄弱、理财技能缺失，这成为阻碍我国经济整体快速增长的重要原因之一。国外，特别是美国、日本、瑞典和丹麦等国家，重视对孩子从小进行理财教育。理财教育主要通过学校教育、家庭教育和社会教育三条途径相结合来开展，学校会开设一些相关课程，社会中有专门为孩子开设的银行，家庭方面的理财教育方式更是多样。目前，我国一些经济发展较快的城市也开始推出理财教育课程。但是，就总体来看，中国的理财教育还远远不够。学校开展理财教育，需要关注以下两个问题。

1. 正确确定学校理财教育的目标与内容

学校理财教育的目标，第一是使学生形成正确的物质金钱观，理解金钱、财富的本质，具有初步的理财意识。第二是掌握一些理财方面的常识，为以后的经济生活打下基础。第三是具有初步的个人理财技能，养成良好的理财习惯。理财教育的内容包括：物质金钱观的教育、理财知识的传授和理财技能的培养。

2. 选择合适的学校理财教育的开展方式

物质金钱观的培养,要渗透在整个学校教育中;理财知识的传授,可以通过设立专门课程或者在特定课程中设立专门章节来实施;理财技能的培养,可以采用灵活多样的方式,如第二课堂、兴趣小组、情景诊断、模拟游戏和社会实践等。

(三) 培养节俭的优良品质

节俭是中华民族的传统美德。古代的墨子把节俭看做是治国治民的法宝,认为节俭则"民富国强"。荀子进一步认为,追求美味佳肴、华丽服饰、舒适享受是人之常情,而人们虽有牛羊鸡狗却不敢每日食用,有余钱却不敢骑马乘车、浑身绫罗,"非不欲也,几不长虑顾后,而恐无以继之故也"(《荀子·荣辱》)。就是说人们并不是不想消费,而是要从长计议、居安思危。日本学者认为,日本的成功在于学习西方的技术和将儒家理论日本化,其中特别是儒家的节俭观。正是由于把节俭作为一种信仰,一种道德规范,一种国民素质,所以要教育学生正确认识我国的国情,使他们清楚地意识到:我国现阶段生产力水平还很低,经济还十分落后,社会主义现代化建设需要一代一代人的艰苦奋斗才能实现,经济尚未独立的学生更应继承和发扬中华民族的节俭传统,反对浪费、合理消费。

提倡节俭教育不是禁止学生独立消费,而是要教育学生懂得消费"有数"、"有度"。所谓"有数",就是对学生消费的引导,要让他们知道什么该买、什么不该买,什么才是对他们真正最有价值的东西。让学生学会先思考再花钱,并逐渐养成习惯。要注意物质消费与精神消费相结合。可与家长配合,让学生一日当家,一周当家,记收支账。所谓"有度",就是对于学生消费的控制,主要体现在消费的数量上。成由勤俭,败由奢。要教育家长不要过分宠爱孩子,要培养他们艰苦朴素、自强自立的品格。

(四) 提倡健康的精神消费

精神消费也称文化消费,是高层次的消费。它直接影响人的思想品质和精神面貌,体现了个人对人生价值的追求。精神消费往往是由求知、审美、娱乐、交往和成就等动机促成,也可以由一些求新求异、从众仿效动机所促成。精神消费和物质消费在效果上相比具有持久性、共享性和差异性的特点。物质消费随着物品的消耗殆尽,对人的作用效果也就终止;而精神消费的效果往往随着消费过程的终止还会持续下去,有时甚至影响人的一生。物质产品属性决定了消费作用效果的同一性,不同的人消费同一物质产品,其作用效果大致相同。但不同的人消费同一精神产品,其效果就会存在较大差异。如同一班级学生阅读同一本书、看同一部电影、听同一首曲子,感觉可能大相径庭。产生如此差异的原因主要是消费者的社会阅历、文化水平以及社会地位、心境、爱好和兴趣等多方面的差异。精神消费大致有娱乐性和发展性两大类。娱乐性精神消费主要在娱乐休闲;发展性精神消费则能开发人的智力、陶冶人的情操、提高人的素质、体现文明健康的生活方式的功用。为此,学生的精神消费辅导主要抓住"高尚",引导学生提高鉴赏能力和精神消费水平,多享受高品位的发展性精神消费。

(五) 创设情境,让学生在生活体验中学会理性消费

创设"困苦"情境,使学生"劳其筋骨,苦其心志",这是许多国家采取的教育策略。在日本,随着调整发展,生活条件日益优越,青少年一代体验艰苦生活,磨炼意志的机会也相应减少了。为了防止青少年一代因此而追求奢侈、怕吃苦,日本中小学界几乎每年都要定期举办"田间学校"、"孤岛学校"、"森林学校"等,组织中小学生到田间、海岛或森林去"留学",不仅让学生了解农村生活,更重要的是让他们在广阔的天地里经风雨、见世面,磨炼他们吃苦耐劳的意志,培养他们勤劳俭朴的品质。在日本,这种活动开展比较广泛,不仅得到政府的支持和资助,而且企业界、社会团体也纷纷赞助,家长们更是主动送孩子去接受

磨炼。相比之下，我国在这方面的教育远不如日本。因此，在借鉴日本经验的基础上，应适当地组织中学生进行多种形式的"困苦"实践活动，并要完善有关制度、加强管理、注重实效。

总之，消费教育是社会主义市场经济为学校、教师提出的新课题，新任务。学校教育必须迅速转变观念，更新教育内容，并与社会、家庭教育形成合力，在全面提高学生素质的同时，培养他们的消费观念和消费能力，提高他们适应市场经济自下而上、竞争和发展的能力。

以色列学校休闲教育课程目标

休闲教育项目是以色列学校教育系统中的一个专门结构，贯穿幼儿园到十二年级，项目的出发点是发展和培养学生明智地使用休闲时间。

一、长期目标的内涵解析

整个休闲教育的长期目标是：帮助个体、家庭、团体和社会，明智地使用休闲时间，获得令人满意的生活质量。这个出发点并不试图为所有人建立一个一致的、强制性的项目。

二、具体目标

1. 在知识、理解力和觉察力领域的目标

(1) 个体应该拓展关于明智地使用休闲时间的行为模式的知识。

(2) 个体应该理解并意识到休闲在社会中的重要性、范围及地位。

(3) 个体应该表现和熟悉多样的休闲活动。

(4) 个体应该熟悉不同艺术领域中的创造性的表达方式，并学会欣赏这种表达方式。

(5) 个体应该发展自己理解各种创造性的表达方式的能力。

(6) 个体应该熟悉文化遗产。

(7) 个体应该识别不同文化、不同团体、不同信仰、不同风格的不同部门有着不同的多样的休闲行为模式。

(8) 个体应该了解有害于个体和社会的休闲活动的危险性，了解哪些活动具有的危险性是要完全加以避免的，了解一些活动由于过度或以错误的方式进行而带来的危险性。

2. 在行为、习惯和技能上的目标

(1) 个体应该体验多种休闲活动，在达到每种休闲活动内部平衡的同时，要把握不同风格的活动之间的平衡。

(2) 个体应该为了达到个人的喜悦，对休闲行为感到满意，设立目标和质量追求。

(3) 儿童和青少年应该体验多种休闲活动，这种休闲活动在形成他们未来喜好的基础的同时，还要适合他们当前的条件。

(4) 个体应该体验促进健康的休息和放松技巧。

(5) 个体应该体验一种活动，在休闲时间中，它能帮助个体成长，有助于文化和社会的明智地使用时间的潜力的活动。

(6) 个体应该在团体中，体验志愿性的活动。

(7) 个体应该帮助弱势群体。
(8) 个体应该在与他的能力与水平相当的多种艺术领域发展创造力。
(9) 个体应该体验这样的休闲活动,通过群体合作和不同角色的扮演,譬如领导、随从和群体的一员的方式,有助于他的社会发展。
(10) 个体应该熟悉这样的休闲活动,它们能提升他在家庭中现在和未来的作用,能改善家庭作为一单元的生活质量。
(11) 个体应该体验多种令人愉快的、与地理环境条件相适合的自然活动。同时,注意不去破坏自然。
(12) 个体应该体验多种户外活动,加深他与居民、国家、出生地等的联系。
(13) 个体应该在多种体能运动中获得技能。与自己的能力和爱好相适合,是令人愉快的,促进健康的。
(14) 由于一些限制,个体应该在与他们的需要和能力相适应的前提下,进行强化和培养休闲活动。
(15) 个体应该获得这样的技能,明智地消费大众传媒,尤其是电视。
(16) 个体应该有为了快乐和增长知识的休闲阅读的习惯。
(17) 个体应该养成对文化的长进和视野开拓方面有益处的休闲活动的习惯。

3. 情感和价值态度取向的目标

(1) 基于对个体和社会不同的价值取向的考虑,个体对休闲活动应该有所偏好。
(2) 个体应该希望有助于社会和文化的发展。
(3) 个体应该为学习本身培养一种积极的态度。
(4) 个体应该对他的国家和财富的发展作出一种积极的态度。
(5) 个体应该对他的财富和遗产有一种积极的态度。
(6) 个体应该学会欣赏多种创造性的表达并学会如何表达他们的感受。

资料来源:黄文琴.以色列学校休闲教育课程目标评析.外国中小学教育,2006(1):31-33.

国外理财教育

一、理财教育的分阶段目标

理财教育在中小学的不同阶段有不同的要求,如美国分阶段的理财教育目标:3岁能够辨认硬币和纸币;4岁知道每枚硬币是多少美分,认识到他们无法把商品买光,因此必须作出选择;5岁时知道基本硬币的等价物,知道钱是怎么来的;6岁能够找到数目不大的钱,能够数大量硬币;7岁能看价格标签;8岁知道通过做额外工作赚钱,知道把钱存在储蓄账户里;9岁能够制订简单的一周开销计划,购物时知道比较价格;10岁懂得每周节约一点钱,以备大笔开销时用;11岁时知道从电视广告中发现事实;12岁时能够制订并执行两周开支计划，懂得正确使用银行业务中的术语；12岁后直至高中毕业阶段，则鼓励孩子去从事一些购买股票、债券等投资活动和利用业余时间打工赚钱，从而为以后的社会人生做好充分准备。

二、理财教育的内容

理财教育的内容是与目标联系在一起的，主要涉及三个层次的内容。

首先是物质金钱观教育。主要包括引导孩子接触金钱，认识金钱，了解金钱从哪里来，懂得钱的用途和局限，并掌握一些初步的消费常识。其次是理财知识的传授包括经济、金融、消费等方面的知识和个人、家庭理财常识再次是理财技能的教育，主要包括钱币识别能力，合理使用金钱能力，赚钱、储蓄能力以及基本投资技能教育等。通过这些方面的教育，同时可以发展学生表达、谈判及思维等方面的综合能力。

三、国外理财教育的实施原则

1. 早期教育原则

国外儿童教育专家认为：孩子越早接触钱并学会理财，长大就越会赚钱，关键是家长及学校如何教会孩子花钱、理财。因此，在国外，人们注重让孩子在很小的时候就意识到钱与物品之间的关系，引导孩子认识钱、接触钱。如美国少儿理财教育从3岁即开始，被称为"三岁开始实现的幸福人生计划"。

2. 循序渐进、由具体到抽象的原则

国外理财教育一般随着儿童年龄的增长，伴随其智力和理解问题能力的发展而逐渐深入和系统化。儿童在刚认识钱的时候，只让他们知道用钱可以换来自己想要的东西；稍大一些就开始引导他们了解钱是怎么来的、应该怎么花；中小学阶段开始学习基本的理财常识，如储蓄、预算、制定一周或一月开支计划等。对孩子的理财教育是随着他们的心理发展规律由具体到抽象，循序渐进的。

3. 实践的原则

这也是国外进行理财教育非常重要的一条原则。在国外，人们不仅鼓励孩子劳动赚钱，如美、英、日本、丹麦等国的家长都会支持孩子打工赚取零花钱，甚至学费，而且还给孩子提供模拟成人生活开支的训练，如让年龄大一些的青少年为自己的电话费和汽油费以及一部分家庭开支付账，以此来使孩子在实践中锻炼理财能力。

四、国外理财教育实施的途径及方法

国外理财教育主要通过三个途径来实施：家庭教育、学教育和社会教育。

家庭对孩子的理财教育方法具体表现在：①让孩子参加劳动，使其明白金钱来之不易。如虽然英国家庭普遍较富，他们的平均收入比中国要多几十倍，但英国每年有50万报童；对于稍大一点的中学生，家长则鼓励其打工赚取自的零花钱或生活费。②通过实际操作，指导孩子合理地花钱，养成节约用钱的意识。如纽约市的一位心理医生琳达，她曾带着的儿子埃里克逛了三家商店，目的是为了给孩子买一台物美价廉的小汽车。在寻找物美价廉的商品过程中，孩子学会了节俭。③教育孩子正确对待金钱。美国的钢铁大王卡耐基就曾对其子女说："金钱不能换来感情。如果我特别大方，给你们很多钱，那你们只能记得我的钱，记不住我这个人。你们应该牢记，最打动人心的是感情，不是金钱。"

学校是国外理财教育实施的重要场所。中小学主要通过系统开设理财知识课程的方法来实施。如在瑞典，小学教材中就纳入了理财教育的内容；英国政府将理财教育纳入中小学生的必修课;日本的中小学校普遍进行认识金钱的知识教育,要求学生正视金钱的价值,进行如何明智合理地使用金钱,以及正确实惠地预算消费计划等基本观念、基础知识和计算方法的教育;在美国中小学校对学生开设的关于财务知识的课程中,有传授关于个人财务开支计划、企业投资、股票生意等的知识。美国小学还常设模拟金钱的社会流程游戏,申报从事家务劳动所得报酬的零钱项目等。

社会方面对学生的理财教育,首先是提供宽松的环境和舞台,通过信息媒介对青少年施加影响。其次,社会上一些金融机构也发挥了对中小学生进行理财教育的作用。比如,在英国,儿童储蓄账户越来越流行,大多数银行都为16岁以下的孩子开设了特别账户,有三分之一的英国儿童将他们的零用钱和打工收入存入银行和储蓄借贷的金融机构。再如美国丹佛专门为青少年开设了一家银行,目前,该银行已吸收储户2万多个,账户户主年龄不能超过22岁,银行顾客的平均年龄却才9岁,但是,他们都受到严肃认真地对待。

资料来源:郭清娟.国外理财教育对我国的启示.教学与管理,2008(11):62-64.

【拓展性阅读】

[1] [美]杰弗瑞·戈比.田松,等.你生命中的休闲[M].昆明:云南人民出版社,2000.
[2] [美]周华薇.美国人的少儿理财教育[M].北京:中国法制出版社,1999.
[3] [美]杰弗瑞·戈比.张春波,马惠娣,等.教育大辞典[Z].上海:上海教育出版社,1990.
[4] 杰弗瑞·戈比著.张春波等译.21世纪的休闲与休闲服务[M].昆明:云南人民出版社,2000.
[5] 马惠娣.21世纪与休闲经济、休闲产业、休闲文化.自然辩证法研究,2001(1):48-52.
[6] 尹羊.金钱教育在美国[M].北京:新世界出版社,2002.
[7] 王瑛.加强对中小学生的金钱观教育[J].教育科学研究,1998(1).
[8] 关颖.理财教育——3岁开始实现的幸福人生计划[J].少年儿童研究,2000(1).
[9] 陈核来.加强学生理财教育的探讨[J].株洲师范高等专科学校学报,2000(1).
[10] 高顺文.金钱教育:不容忽视的早期社会化课程[J].当代青年研究,2002(2).
[11] B. Douglas & Bermheim Daniel M. Garrett. Education and Saving: The Long-Term Effects of School Financial Curriculum Mandates. The National Science Foundation Grant Number SBR 94-009043 and SBR 98-11321.
[12] 岑国桢编著.中小学生的心理与辅导.南宁:广西人民出版社,2002.

【研究性课题】

1. 简述自己对中学生的休闲心理辅导的认识和教育设计。
2. 试分析中学生消费心理发展的特点与成因。
3. 请设计一个中学生消费心理辅导的总体计划。

第十二章　中学生的职业生涯心理辅导

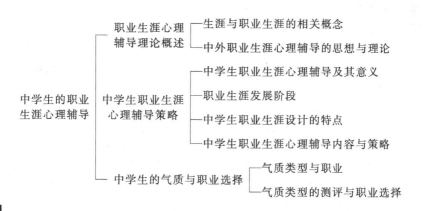

【学习目标】

- 能够陈述职业生涯规划的基本理论。
- 能够说明中学生职业生涯心理辅导的意义。
- 初步学会对中学生进行职业生涯心理辅导的辅导策略。
- 能够说明气质类型与职业选择的关系。

人的一生总要准备着有效的参加社会生活，其中最为基本的是能够找到自己喜爱的职业，并为之做好知识、技能、心理素质等多方面的准备。中学正是完成基本素质训练准备进入专业学习与职业选择的关键期。但是，因为各种原因，中学生在即将走向社会和升入大学的过程中，常常对自己未来的职业缺少规划和理性的选择，据调查研究发现，无论是升入高等学校学习的学生，还是毕业后进入工作岗位的学生，常常迷惘自己究竟从事什么工作是最好的。所以，在学校教育工作中，就非常有必要对学生进行升学和择业辅导，帮助学生树立正确的职业观，促使他们了解社会职业，进而引导他们按照社会需要和自己的特点为将来的升学和职业选择，在思想上、学习上和心理上做好准备。本章对中学生的职业心理辅导的理论、目标、方法及中学生的职业生涯规划等问题做全面的介绍。

第一节　职业生涯心理辅导理论概述

今天中学生面临的是一个不断变迁的社会环境与不确定的就业环境，每个教育者都应意识到社会系统、经济系统、教育系统是相互依存的，中学生在其中的选择与发展受到许多因素的制约，但最根本的是高度发展的科学技术与文化环境，所以受到良好的教育成了一个重要的问题。"美国管理联合会的研究表明，在1999年，有38%的求职者文化水平不够，并且他们申请的工作，要求他们具备多种工作技能，这些是由美国管理联合会调查工作场所的测试得来的"。但是在1997年美国只有23%的求职者遭遇此种情形。即使求职者准备充分，面对瞬息万变的市场，也要发奋图强和不断学习，才能解决求职过程中面临的各种问题。国际劳动组织在2000年报告中指出，在终生学习问题上，"如果知识、技能和学习能力得不到更新，个人的能力——适应新环境的能力，不是完全丧失就是相应降低。终生学习问题是涉及生存的大问题"。所以对中学生进行就业辅导，会涉及让他们了解社会、了解自己、积极地学习知识与技能、确立终生学习或接受教育的观念，学会应对不断变化的社会环境对自己的挑战。

一、生涯与职业生涯的相关概念

（一）生涯和角色

1. 生涯的含义

关于"生涯"的定义较多，美国生涯理论研究者舒伯的观点认为，"生涯"是生活中各种事件的演进方向和历程，它统合了个人一生中各种职业和生活角色，由此表现出个人独特的自我发展形态[1]。

但目前为大多数所接受的定义，是"生涯"作为一个人终其一生所扮演角色的整个过程，它由三个层面构成：①时间，即个人的年龄或生命的过程；②经历，即每个人一生所扮演各种不同的角色；③投入程度，即个人所扮演的各种角色的投入程度。

对于生涯，至少可以从两种角度去理解：一是从生物学的角度看，它是单向的，出生——成长——衰老——死亡，具有不可逆性。人在生涯的生物属性面前，常常有时不我待的紧迫感，个体能做的是顺应生物节律，在有限的空间内进行保健，以期延缓衰老。二是从社会学的角度看，在有限的生物周期内，个体可以有选择地参与社会活动，这就使得生涯具有多样性、开放性。

人生是在生物属性的限定与社会属性的开放双重条件下展开的。生涯的生物属性比较确定，无力改变。需要关注的是生涯的社会属性，关注如何扮演多姿多彩的角色给自己的生涯涂抹上丰富而独特的色彩。

总之，"生涯"涵盖了人的整个一生的发展历程。职业在每个人的生涯里处于极为重要的地位。人的职业角色提供了他扮演其他社会角色的经济基础，甚至决定着其社会角色的生存空间和生活形态。因此"生涯"又是强调个人生命中所经历的一系列职业生活角色的总和，即"职业生涯"。

2. 角色

何谓角色？角色是处于一定社会地位的个体，依据社会客观期望，借助自己的主观努力，适应社会环境所表现出来的行为模式。角色并不只是简单的外在形式上的认定，更多的在于行为模式的认同与贯彻。例如，生了孩子的女性，都可以称为母亲，但母亲的角色绝非只是生孩子，更多的在于孩子的哺育；背着书本上学的都可以称为学生，但学生的角色绝非只是上学，更多的在于努力学习。正因如此，每个人对角色行为模式的理解不同、投入程度不同、能力不同，衍生的行为模式也不同，同样的角色有着不同的演绎版本，在角色内所能达到的成就高度也不同。如果所有的行为、成就与社会对角色的期待完全一致，人们便认定角色的扮演者称职，甚至成功；否则，就是不称职或失败。

一个人往往具有多种身份，当个体以某一种身份出现，与不同的人形成的关系不尽相同，角色也自然不同。由某一个身份引发的种种角色，可以称为"角色丛"，多种身份可以形成多个角色丛，合成："角色库"，它包含了特定人物的全部角色丛。人生不同角色的出现、消退、组合、扮演构成了生涯。

3. 不同角色在生涯中的安排

角色与角色之间有互利的一面，但也有冲突，特别是时间、精力的配置冲突。在种种冲

---

[1] 林泽炎，李春苗. 职工职业生涯设计与管理［M］. 广州：广东经济出版社，2002.

突面前，人们会对各种角色付出的精力以及实施的时间顺序作一个规划。舒伯的人生彩虹虽然涉及职业生涯，但此处的职业生涯是广义的，可以视为整个生涯。舒伯认为，人生的整体发展是由时间、领域和投入程度决定的，即职业生涯包括时间、领域和投入程度三个层面。第一，时间层面。职业生涯的时间层面，按人的年龄和生命历程划分为成长、探索、确立、维持和衰退五个阶段。第二，领域层面。职业生涯的领域层面，指一个人终身所扮演的各种不同角色，例如儿童（子女）、学生、休闲者、公民、工作者、夫妻、家长、父母和退休者九种角色。第三，深度层面。指一个人在扮演每一个角色时所投入的程度（生涯图中用阴影表示）。三个层面的关系如图12-1所示。

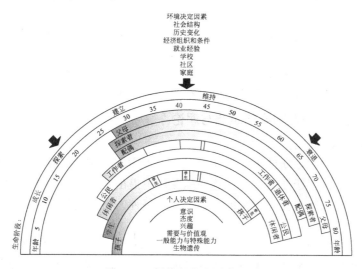

图 12-1　舒伯职业生涯彩虹图

上述的生涯彩虹图说明了人生各个角色的投入程度随着时间维度的变化而发生的一般性变化。它提供了一个框架，提供了一个思考机会，看看自身对职业、家庭及自我三方面的关注程度，特别是职业角色给予了什么样的定位。每个人可以有不同的思考结果，从而画出不同的彩虹图。

职业角色对生涯其他角色的影响是巨大的。一方面，职业角色往往提供着其他角色的经济来源，甚至可能决定其他角色的空间，人生很多需求的实现依赖于职业生涯的发展状况。另一方面，职业角色占据重要的时间比例，决定着生涯的时间结构。从总量上讲，20～60岁，人生重要阶段中可利用时段的70%以上都在职业活动中；从时间配置上讲，其他角色的活动时间往往要服从于职业角色。

正是由于不同类型的职业角色提供的支撑作用及需要的付出大不相同，因此，首先要澄清自己的人生价值观，想想这辈子什么东西最值得追求，调配各种角色的分量比重，在此基础上进行职业生涯的定位与规划。

(二) 职业生涯发展阶段

职业生涯设计是由早期职业辅导运动发展而来，职业辅导起源于美国20世纪中叶，舒伯发展了金斯伯格等人的理论，提出个人生涯发展阶段理论，标志着职业辅导转变为生涯辅导。1971年美国联邦教育署署长Marland博士正式提出以"生涯教育"概念为标志的美国生涯教育运动。他提出"所有的教育都是生涯教育"。后来，布里奇特A·赖特撰著《成功的职业生涯规划》一书，正式提出了职业生涯规划这一概念。

职业生涯就是指一个人一生中所有和工作职业相联系的行为与活动，以及相关的态度、价值观、愿望等的连续性经历的过程。

美国职业心理专家施恩则把职业生涯分成：外职业生涯与内职业生涯。外职业生涯是指从事职业时的工作单位、工作地点、工作内容、工作职务、工作环境、工资待遇等因素的组合及其变化过程。内职业生涯是指从事一项职业时所具备的知识、观念、心理素质、能力、内心感受等因素的组合及其变化过程。一个人一生中三分之二的时间是在职业生涯中、一个人自我价值的体现也是在职业生涯中。职业生涯至少包含了四个方面的涵义。

（1）职业生涯主要由行为活动与态度、价值两方面构成。

（2）职业生涯是一种过程，是一生中所有与职业相关的连续活动或经历。

（3）职业生涯受多方面因素影响，如社会客观环境、教育成长环境、个人发展需求等。

（4）职业生涯是一个动态概念。不仅表示工作时间的长短，也包括了职业发展、变更的经历和过程。

中学生作为准社会人，如何规划自己的职业生涯，也即规划自己的一生，将决定着未来个人的生活方式、社会地位、经济效益以及个人价值的实现。

二、中外职业生涯心理辅导的思想与理论

（一）特质因素理论

特质因素理论又称帕森斯的人职匹配理论，是最早的职业辅导理论，1909年美国波士顿大学教授弗兰克·帕森斯在其遗著《选择职业》中提出了人与职业相匹配是职业选择焦点的观点，他认为，个人都有自己独特的人格模式，每种人格模式的个人都有与其相适应的职业类型。

所谓"特质"，就是指个人的人格特征，包括能力倾向、兴趣、价值观和人格等，这些都可以通过心理测量工具来加以评量。所谓"因素"，则是指在工作上要取得成功所必须具备的条件或资格，这可以通过对工作的分析而了解。

选择职业的三大要素或步骤：第一步是评价求职者的生理和心理特点。通过心理测量及其他测评手段，获得有关求职者的身体状况、能力倾向、兴趣爱好、气质与性格等方面的个人资料，并通过会谈、调查等方法获得有关求职者的家庭背景、学业成绩、工作经历等情况，并对这些资料进行评价。第二步是分析各种职业对人的要求（因素），并向求职者提供有关的职业信息。包括：职业的性质、工资待遇、工作条件以及晋升的可能性；求职的最低条件，诸如学历要求、所需的专业训练、身体要求、年龄、各种能力以及其他心理特点的要求；为准备就业而设置的教育课程计划，以及提供这种训练的教育机构、学习年限、入学资格和费用等；就业机会。第三步是人职匹配。指导人员在了解求职者的特性和职业的各项指标的基础上，帮助求职者进行比较分析，以便选择一种适合其个人特点又有可能得到并能在职业上取得成功的职业。

帕森斯将人职匹配分为两种类型：即因素匹配和特质匹配。因素匹配，如需要有专门技术和专业知识的职业与掌握该种技能和专业知识的择业者相匹配；或脏、累、苦劳动条件很差的职业，需要有吃苦耐劳、体格健壮的劳动者与之匹配。特性匹配，如易动感情、不守常规、个性强、理想主义等人格特性的人，宜于从事审美性、自我情感表达的艺术创作类型的职业。

特质因素强调个人的所具有的特性与职业所需要的素质与技能（因素）之间的协调和匹配。为了对个体的特性进行深入详细的了解与掌握，特质因素论十分重视人才测评的作用，可以说，特质因素论进行职业指导是以对人的特性的测评为基本前提。它首先提出了在职业决策中进行人职匹配的思想。故这一理论奠定了人才测评理论的理论基础，推动了人才测评

在职业选拔与指导中的运用和发展。

Chartrand 和 Bertok 修正的物质因素理论，提出认知—互动观。将求职者的认知、人格和人际关系纳入对求职者的评估系统中，要求考虑其兴趣、能力、价值观等。

（二）霍兰德的人格-职业匹配理论

人格-职业匹配理论是美国约翰·霍普金斯大学心理学教授，美国著名的职业指导专家约翰·霍兰德于1959年提出的。这一理论首先根据劳动者的心理素质和择业倾向，将劳动者划分为6种基本类型，相应的职业和人格也划分为6种类型，现实型、研究型、艺术型、社会型、企业型和常规型，如图12-2所示。认为6种类型反映了对职业经历的总取向。霍兰德的职业选择理论，实质在于劳动者与职业相互适应。霍兰德认为，同一类型的劳动和与职业互相结合，便是达到适应状态，结果，劳动者找到适宜的职业岗位，其才能与积极性会得以很好发挥。

图12-2 霍兰德职业兴趣理论中的六种人格类型的模式图

霍兰德提出了四个假设：

（1）大多数人的人格可以分为现实型、研究型、艺术型、社会型、企业型和常规型六种类型，这些是在个人与环境的相互作用中形成的。

（2）人们所生活的职业环境也同样可以划分为上述六种类型。各种职业环境大致由同一种人格类型的人占据。

（3）人们寻求的是能够充分施展自己的能力，充分表现、发展自己价值观的职业环境。

（4）个人的行为是由个人的人格和其所处的环境相互作用决定的。

在上述假设之下，霍兰德提出人格类型模式和职业类型模式应互相配合，六种人格类型与职业的匹配关系见表12-1；否则，人们难以在职业活动中获得自己需要的机会和奖励。

表12-1 六种人格类型与职业的匹配关系

类型	劳动者	职业
现实型	①愿意使用工具从事操作性工作 ②动手能力强，做事手脚灵活，动作协调 ③不善言辞，不善交际	主要是指各类工程技术工作、农业工作。通常需要一定体力，需要运用工具或操作机器 主要职业：工程师、技术员；机械操作、维修、安装工人、矿工、木工、电工、鞋匠等；司机，测绘员，描图员；农民、牧民、渔民等
研究型	①抽象思维能力强，求知欲强，肯动脑，善思考，不愿动手 ②喜欢独立的和富有创造性的工作 ③知识渊博，有学识才能，不善于领导他人	主要是指科学研究和科学实验工作 主要职业：自然科学和社会科学方面的研究人员、专家；化学、冶金、电子、无线电、电视、飞机等方面的工程师、技术人员；飞机驾驶员、计算机操作员等
艺术型	①喜欢以各种艺术形式的创作来表现自己的才能，实现自身的价值 ②具有特殊艺术才能和个性 ③乐于创造新颖的、与众不同的艺术成果，渴望表现自己的个性	主要是指各类艺术创作工作 主要职业：音乐、舞蹈、戏剧等方面的演员、艺术家编导、教师；文学、艺术方面的评论员；广播节目的主持人、编辑、作者；绘画、书法、摄影家；艺术、家具、珠宝、房屋装饰等行业的设计师等
社会型	①喜欢从事为他人服务和教育他人的工作 ②喜欢参与解决人们共同关心的社会问题，渴望发挥自己的社会作用 ③比较看重社会义务和社会道德	主要是指各种直接为他人服务的工作，如医疗服务、教育服务、生活服务等 主要职业：教师、保育员、行政人员；医护人员；衣食住行服务行业的经理、管理人员和服务人员；福利人员等
企业型	①精力充沛、自信、善交际，具有领导才能 ②喜欢竞争，敢冒风险 ③喜爱权力、地位和物质财富	主要是指那些组织与影响他人共同完成组织目标的工作 主要职业：经理企业家、政府官员、商人、行业部门和单位的领导者、管理者等
常规型	①喜欢按计划办事，习惯接受他人指挥和领导，自己不谋求领导职务 ②不喜欢冒险和竞争 ③工作踏实，忠诚可靠，遵守纪律	主要是指各类与文件档案、图书资料、统计报表之类相关的各类科室工作 主要职业：会计、出纳、统计人员；打字员；办公室人员；秘书和文书；图书管理员；旅游、外贸职员；保管员、邮递员、审计人员、人事职员等

霍兰德职业兴趣理论中所指的六种人格类型分别具有以下特征。

1. 现实型

其基本的人格倾向是：喜欢以物、机械、动物、工作等为对象，从事有规则的、明确的、有序的、系统的活动。因此，这类人偏好的是以机械和物为对象的技能性和技术性职业。为了胜任，需要具备与机械、电气技术等有关的能力。他们的性格往往是顺应、具体、朴实的，社交能力则比较缺乏。

2. 研究型

其基本的人格倾向是：分析型的、智慧的、有探究心的和内省的，喜欢根据观察而对物理的、生物的、文化的现象进行抽象的、创造性的研究活动。因此，这类人偏好的是智力的、抽象的、分析的、独立的、带有研究性质的职业活动，诸如科学家、医生、工程师等。

这个六边形的模型中还蕴涵着一个更深层次的结构，即一个两维坐标（见图12-3）。

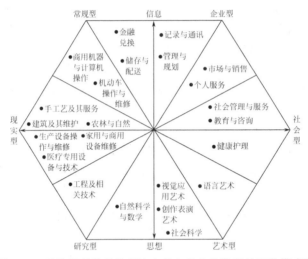

图12-3 霍兰德职业兴趣理论中的六种人格类型的两维模式图

3. 艺术型

其基本的人格倾向是：具有想象、冲动、直觉、无秩序、情绪化、理想化、有创意、不重实际等特点，他们喜欢艺术性的职业环境，也具备语言、美术、音乐、演艺等方面的艺术能力，擅长以形态和语言来创作艺术作品，而对事务性的工作则难以胜任。文学创作、音乐、美术、演艺等职业特别适合于他们。

4. 社会型

其基本的人格倾向是：合作、友善、助人、负责任、圆滑、善于社交言谈、善解人意等。他们喜欢社会交往，关心社会问题，具有教育能力和善意与人相处等人际关系方面的能力，适合这一类人的典型的职业有教师、公务员、咨询员、社会工作者等以与人接触为中心的社会服务型的工作。

5. 企业型

其基本的人格倾向是：喜欢冒险、精力充沛、善于社交、自信心强。他们强烈关注目标的追求，喜欢从事为获得利益而操纵、驱动他人的活动。由于具备优秀的主导性和对人说服、接触的能力，这一类型的人特别适合从事领导工作或企业经营管理的职业。

6. 常规型

其基本的人格倾向是：顺从、谨慎、保守、实际、稳重、有效率、善于自我控制。

他们喜欢从事记录、整理档案资料、操作办公机械、处理数据资料等有系统、有条理的活动，具备文书、算术等能力，适合他们从事的典型职业包括事务员、会计师、银行职员等。

当然，人格类型与职业类型的对应关系并不是绝对的，因为大多数人尽管可以找到自己所主要归属的那种人格类型，但是也有其他相近的人格类型。换言之，人的适应性比较宽泛，不同类型之间也存在某种相关性。

（三）心理动力及心理需求论

1963年，美国心理学家鲍丁、纳奇曼、施加等人提出。该理论以精神分析理论为基础，吸取了特质－因素论和心理咨询理论的一些概念和技术，对职业团体进行了大量的研究，强调个人内在动力和需要等动机因素，在个人职业选择过程中的重要性。

鲍丁等人认为职业选择是个体综合快乐原则与现实原则的结果。个人在人格与冲动的引导下，通过升华作用，选择可以满足其需要与冲动的职业。职业指导的重点应着重"自我功能"的增强。若心理问题获得解决，则包括职业选择在内的日常生活问题将可顺利完成而不需再加指导。而影响个体职业选择的动力来源则是个人早期经验所形成的适应体系、需要等人格结构。它们影响个人的能力、兴趣及态度的发展，进而左右其日后的职业选择与行为有效性。个人生命的前六年决定着他未来的需要模式，而这种需要模式的发展受制于家庭环境，成年后的职业选择就取决于早期形成的需要。如果缺少职业信息，职业期望可能因此受到挫折，在工作中会显示出一种婴儿期冲动的升华。若个人有自由选择的机会，则必将选择能以自我喜欢的方式寻求满足其需要而又可免于焦虑的职业。

鲍丁等人通过分析会计员、作家、心理学家、物理学家、工程师等职业，创造出了一个"需要－满足"模式。这个模式可以清楚地分辨不同职业所能满足的需要、涉及的心理机制及其操作与表现方式。心理动力论者认为，社会上所有职业都能归入代表心理分析需要的、分属以下范围的职业群：养育的、操作的、感觉的、探究的、流动的、抑制的、显示的、有节奏的运动等，并认为这一理论除了对那些由于文化水平和经济因素而无法自由选择的人之外，可以适用于其他所有的人。

（四）需要论

美国美国临床心理学家罗恩根据其从事临床心理学的经验和对各类杰出人物的研究，综合精神分析理论和马斯洛的"需要层次论"，提出了职业选择的"需要理论"。

认为一个人早期所受的养育方式，制约个体需要的发展方向，进而影响其追求职业的类型，影响个体在所选择的领域中可能达到的水平。职业选择就是满足个人心理需要的过程，职业指导就是帮助一个识别自己的需要，发展满足需要的技术，消除需要中的障碍。

早期经验对个体需要发展的影响表现为：①如果个体需要得到满足，则不会变成无意识的动力来源；②如果个体高层次（爱、审美、尊重和自我实现）的需要未能获得满足，则此类需要将永远被消除，不再发展；③如果低层次（生理、安全等）的需要未获满足，则成为主要的驱动力；④如果延迟其需要满足，则这些需要将成为无意识的驱动力。罗恩认为父母，尤其是父亲对待子女的态度，将极大地影响个体成年后的职业选择。

需要论强调个人的心理需要与职业选择的关系，因此，在对学生进行职业指导时，教师必须了解学生的心理需求，了解其心理需求满足的情况，然后进行适当的指导。了解的方法可以通过谈话、问卷，也可以通过《家庭关系量表》、《亲子关系问卷》等进行。

需要论从动态的观点，将个人经验和家庭环境考虑在职业生涯指导中，兼顾了个体内外因素的影响，考虑到个体的不同层次的需要，但是，这一理论显然比较笼统，缺少确切的研究和分析，没有发展出操作性比较强的指导方法。

（五）荣格的心理类型理论

荣格认为，行为的差异源于人们天生的不同心智活动方式的倾向。当人们按这些倾向行事，就发展出了他们的行为模式。荣格的心理类型理论界定了八种不同的正常行为模式或类型，并对类型的发展作了解释。荣格发现，当人们进行心智活动时，他们必定处于以下两种心理活动中的某一种：获取信息——感知；组织信息，得出结论——判断。他又定义了人们在感知时的两种对立的方式：感觉和直觉，以及人们在做判断时所用的两种对立的方式，即思维和情感。

同时荣格也观察到，对于有些人外部世界的人物经验和活动更能激起他们的能量，而对于另一些人内在世界的观点记忆和情感更能激起他们的能量。荣格把这两种能量倾向称为外倾和内倾。虽然这四种心智活动过程——感觉、直觉、思维和情感都具有各自的特性，但每一种又依据能量的内外倾向而呈现两种不同的特点。荣格把这两种倾向同四种心智过程结合起来，用以描述人们所使用的八种心智活动模型。

实际上，这八种心智过程每个人都会用到，但荣格确信人们拥有与生俱来的不同偏好。这一先天的对于某一功能的偏好使得个体培养出同这一功能特征有关的行为习惯和人格模式。荣格把个人最偏好的功能称为主导功能。主导功能的使用和发展的差异导致了人们最基本的区别。主导功能与在同其他心智功能的动态作用中所产生的可预测的行为模式构成了心理类型。

20世纪60年代梅尔和布来格母女俩以荣格的心理学说为基础发展出了十六种人格理论，并于1962年出版了"梅尔——布来格类型指标"，作为测量人格类型的工具。近年来，该理论已被生涯规划和辅导工作者广泛运用于协助个案以区分人格类型，并据以找出与其人格类型相适配的职业选项。

心理类型理论主要是将人的性格类型区分为四组维度，每组两个向度，据此就划分出了十六种相异的性格类型。首先介绍一下该理论提出的性格类型的四组维度。

（1）外向（E）——内向（I）。外向指的是人们觉察和判断的焦点多集中于外在世界或他人，较为关注周遭所发生的事件或人物。内向则指人们的觉察和判断，均以其对自身内在世界的兴趣为基础，较为关注自身的想法和观点。

（2）感官（S）——直观（N）。感官是指应用视觉和听觉等感官历程，如嗅闻、品尝、碰触等来处理资料。直观则指运用潜意识层面来处理资料，较富有抽象的想象力与创造力。

（3）思考（T）——感觉（F）。思考是指能客观地分析所观察到的事件或想法。感觉则指主观的反映，通常与个人的价值有关。

（4）觉察（P）——判断（J）。觉察是指人们用以收集周围世界中事件、人物或想法等信息的方法。判断则指人们根据觉察所得的信息来做出决定的方式。根据以上的四组维度，加以排列组合不难得到十六种性格类型。每个人通过专门的问卷、测试，可以获得有关自身性格类型的信息，了解自身的性格特点，从而选择适合自己性格类型的职业，这就是该理论的主要思想。

第二节 中学生职业生涯心理辅导策略

一、中学生职业生涯心理辅导及其意义

职业生涯设计就是对个人一生职业发展道路的设想和规划。开展职业生涯设计的目的就

是协助个人达到和实现个人目标，帮助个人真正了解自己，知道自己以后职业发展方向，并在评估内外环境优劣、限制等基础上，设计出合理可行的、适合自己的职业生涯发展规划。哈佛大学曾对一群智力、学历、环境等客观条件都差不多的年轻人，做过一个长达30年的跟踪调查[1]，调查内容为目标对人生的影响，调查情况见表12-2。

表12-2　美国哈佛大学大学生学业规划调查（30年期限跟踪）

学生分类	学业规划简述	学生比例(%)	30年后结果
第一类	没有做学业规划	27	社会底层
第二类	学业规划模糊	60	社会中下层
第三类	有短期学业规划	10	白领阶层
第四类	长期学业规划清晰	3	精英阶层

30年后，这些调查对象的生活状况如下：3%的有清晰且长远目标的人，30年来几乎都不曾更改过自己的人生目标，并向实现目标做着不懈的努力。30年后，他们几乎都成了社会各界顶尖的成功人士，他们中不乏白手创业者、行业领袖、社会精英。10%的有清晰短期目标者，大都生活在社会的中上层。他们的共同特征是：那些短期目标不断得以实现，生活水平稳步上升，成为各行各业不可或缺的专业人士，如医生、律师、工程师、高级主管等。60%的目标模糊的人，几乎都生活在社会的中下层面，能安稳地工作与生活，但都没有什么特别的成绩。余下27%的那些没有目标的人，几乎都生活在社会的最底层，生活状况很不如意，经常处于失业状态，靠社会救济，并且时常抱怨他人、社会、世界。调查者因此得出结论：目标对人生有巨大的导向性作用。成功，在一开始仅仅是一种选择，你选择什么样的目标，就会有什么样的人生。

职业生涯设计是一项系统工程，主要取决于两个方面：一是社会发展的客观需要，特别是社会职业的现实要求；二是中学生自身的实际情况。职业生涯设计不是社会或学校强加在个人身上的实施方案，而是个人在内心动力的驱使下，结合社会职业的要求和社会发展利益，依据现实条件和机会所制定的个人化的实施方案。

（一）适应社会发展的客观需要

适应社会发展，它包含以下几层意思：一是要从社会发展的角度来设计职业生涯；二是要能够了解社会职业变化的方向和趋势，以便适应急速变化的社会，从而在飞速发展的社会里更好更快地成长；三是社会发展的需要决定着个人生涯发展的目标和方向。

（二）促进中学生获得学业成功

人生在世，都想成就一番事业，然而现实生活中并非人人都能如愿。如何才能获得事业的成功呢？职业生涯设计可以为中学生明确人生目标，以积极的态度对待学习，特别是与自己职业理想相关联的知识与信息的获得。同时职业生涯规划可以帮助中学生认识自我，及早地规划好自己的职业生涯，不断开发自己的潜能，创造成功的人生；客观地分析环境，体察变化的条件和因素，并帮助其克服因环境变化而导致的心理失衡；树立明确的发展目标，朝着职业目标方向努力，才能有创造条件，并使自我的行为和态度观念符合自己制定的目标；加速自我完善，职业生涯规划可以帮助主动地与社会相适应，在人生态度、情感方式、思维方式、行为模式、价值取向和知识能力结构诸多方面完成向现代文明素质的转化，从而走向成功。

---

[1] 温多红，姚苗苗. 大学生学业规划的国际借鉴及目标有效性分析. 黑龙江高教研究，2007（10）：76-78.

（三）确立终身学习的意识

关心未来的学习能力和发展的可能性，是终身教育体系的重要特点，而职业生涯的发展特点即是要实现未来社会所需求的人的发展目标，并围绕学会学习、学会做事、学会合作、学会发展四个方面目标努力。

（1）学会学习。学习是个体为了提高生活质量，实现人的价值追求的途径。人们在这一学习的过程中，既重视书本知识的学习和积累，更重视现实生活能力的发展；既重视接受性学习，更重视独立的、创造性性格的养成；既关心目前的学习状况，更关心把知识和行为联系起来的能力的形成。

（2）学会做事。学会做事是职业生涯设计中，个体适应社会各种岗位工作能力的发展目标。由于知识和信息对生产系统的支配作用日趋增加，传统的职业资格概念将逐渐被个人的能力概念所取代。因此，要求个体在人生的各种社会经历的范围内学会做事，学会应付各种问题，并发展各种能力。

（3）学会合作。学会合作是职业生涯设计中，个体合作精神的发展目标。由于合作是人类和平共处，实现共同发展目标的心理基础和行为活动能力。因此，齐心协力、相互配合、相互促进、相互帮助。相互支持、相互补充、相互影响。相互依赖、真诚合作、和谐相处，相容、相通、谅解、支持、宽容、沟通、友好、融洽……就成了未来社会职业生活中人类合群性特征的具体表现。合作，可以互相补偿的方式促使个体和组织的需要、利益、兴趣得到最大的满足。

（4）学会发展。无论是个体还是组织要使职业生涯获得成功，就必须充分重视发掘个体的发展潜能，强调和尊重人的个性，在提高人的各项能力和素质的基础上，使人能够把握各种有利个体发展的机会，并时刻准备能够肩负起时代和历史赋予的责任和义务，迈向卓越的人生。

二、职业生涯发展阶段

舒伯根据自己"生涯发展型态研究"的结果，参照布勒的分类，将生涯发展阶段划分为成长、探索、建立、维持与衰退五个阶段。

1. 成长阶段

0～14岁，该阶段儿童开始发展自我概念，开始以各种方式表达自己的需要，经过对现实世界的不断尝试，修饰自己的角色，主要发展任务是发展自我形象，发展对世界的正确态度，并了解工作的意义。

这个阶段共分为三个时期：一是幻想期（4～10岁），它以"需要"为主要考虑因素，在这个时期幻想中的角色扮演很重要；二是兴趣期（11～12岁），它以"喜好"为主要考虑因素，喜好是个体抱负与活动的主要决定因素；三是能力期（13～14岁），它以"能力"为主要考虑因素，能力逐渐具有重要作用。

2. 探索阶段

15～24岁，该阶段的青少年，通过学校的活动、社团休闲活动、打零工等机会，对自我能力及角色、职业作了一些探索，因此选择职业时有较大弹性。主要发展任务是使职业偏好逐渐具体化、特定化并实现职业偏好。

这阶段共包括三个时期：一是试探期（15～17岁），考虑需要、兴趣、能力及机会，作暂时的决定，并在幻想、讨论、课业及工作中加以尝试；二是过渡期（18～21岁），进入就业市场或专业训练，更重视现实，并力图实现自我观念，将一般性的选择转为特定的选择；三是试验并稍作承诺期（22～24岁），生涯初步确定并试验其成为长期职业生活的可能性，若不适合则可能再经历上述各时期以确定方向。

3. 建立阶段

25~44岁，由于经过上一阶段的尝试，不适合者会谋求变迁或作其他探索，因此该阶段较能确定在整个事业生涯中属于自己的"位子"，并在31~40岁，开始考虑如何保住这个"位子"，并固定下来。主要发展的任务是统整、稳固并求上进。

4. 维持阶段

45~65岁，个体仍希望继续维持属于他的工作"位子"，同时会面对新的人员的挑战。主要发展的任务是维持既有成就与地位。

5. 衰退阶段

65岁以上，由于生理及心理机能日渐衰退，个体不得不面对现实，从积极参与到隐退。主要任务是注重发展新的角色，寻求不同方式以替代和满足需求。

1976~1979年间，舒伯在英国进行了为期四年的跨文化研究，之后他提出了一个更为广阔的新观念——生活广度、生活空间的生涯发展观，并将生涯发展阶段与角色彼此间交互影响的状况，描绘出一个多重角色生涯发展的综合图形。这个生活广度、生活空间的生涯发展图形，舒伯将它命名为"一生生涯的彩虹图"，如图12-1所示。

（1）横贯一生的彩虹——生活广度。在一生生涯的彩虹图中，横向层面代表的是横跨一生的生活广度。彩虹的外层显示人生主要的发展阶段和大致估算的年龄：成长期（约相当于儿童期），探索期（约相当于青春期），建立期（约相当于成人前期），维持期（约相当于中年期）以及衰退期（约相当于老年期）。在这五个主要的人生发展阶段内，各个阶段还有小的阶段，各个时期年龄划分有相当大的弹性。应依据个体不同的情况而定。

（2）纵贯上下的彩虹——生活空间。在一生生涯的彩虹图中，纵向层面代表的是纵贯上下的生活空间，是由一组职位和角色所组成。舒伯认为人在一生当中必须扮演九种主要的角色，依序是：儿童、学生、休闲者、公民、工作者、夫妻、家长、父母和退休者。

三、中学生职业生涯设计的特点

按照国外一些学者的职业生涯理论的观点，从中学生所处的年龄段来看，中学生正处于职业生涯的职业生涯的萌芽期和探索期，他们主要是要考虑需要、兴趣、能力、气质和发展可能，中学生的生涯心理辅导主要的特点表现为以下几点。

1. 侧重于自我认知

一个人的职业适应范围或者说他能够胜任哪些职业，这与个人的身心特点、知识、素质、能力密切相关。中学生职业生涯设计是建立在自我认知的基础上，使中学生的职业选择和职业生涯发展有了赖以遵循的蓝图。

2. 目标的不稳定性

中学生职业发展目标的确立常常受到多方面因素的影响和制约，同时，中学生的身心尚不够成熟，还在不断发展中，其人生观、价值观、情感、意志、个性、兴趣爱好等也在逐步地形成和培养过程中，具有较大的不稳定性，可塑性较强。因此，在确立自己的职业发展目标和方向的时候，难免朝三暮四，摇摆不定。

3. 职业目标的宏观性

正是由于中学生的身心不成熟性，对职业生涯处于探索阶段，加之社会就业环境的不确定性，使得他们常常只能做宏观目标的确定，而不太容易将职业目标确定的过于具体。所以中学生的职业心理辅导中，要侧重于职业理想和职业意识的教育，推动中学生在学习、成长和探索中逐渐的了解自我，确定人生目标和职业理想。

四、中学生职业生涯心理辅导内容与策略

(一) 中学生职业生涯心理辅导内容

1. 确立目标

确定目标可以成为追求成功的驱动力，俗话说："志不立，天下无可成之事"。"志向是事业成功的基本前提，没有志向，事业成功也就无从谈起；没有目标，如同驶入大海的孤舟，四海茫茫，不知该走向何方"。立志是人生的起跑点，反映着一个人的理想、胸怀、情趣和价值观，影响着一个人的奋斗目标及成就的大小。

2. 自我评估

"人贵有自知之明"。自我评估的目的是认识自己、了解自己。只有认识了自己，才能对自己的职业做出正确的选择，才能选定适合自己发展的职业生涯路线，才能对自己的职业生涯目标做出最佳选择。自我评估包括自己的性格、兴趣、特长、学识、技能、思维、道德水准以及社会中的自我等。就大学生而言，自我评估主要是通过"职业三倾向"评价表现出来，也就是职业体力倾向、职业能力倾向和职业个性倾向。这是中学生进行自我评估的主要内容。

(1) 职业体力倾向。职业体力倾向是通过对择业者的身体素质的评价、分析，判断出其所适应的职业倾向。一般包括如下几个方面的内容：①力气；②身体动作的敏捷性和平衡性；③下肢或腰背的协调性；④手臂的灵活性和协调性；⑤言语器官及视听器官的结构与功能状况；⑥整体协调控制。

(2) 职业能力倾向。能力是直接影响人们顺利完成活动的个性心理特征。能力分为一般能力与特殊能力。在我国，对能力的评价，主要是自我体验；由他人作评价，主要是"听其言、观其行"。用这样的方法所使用的能力因素指标，主要是较为直接的诸如理论思维能力、逻辑推理能力、动手操作能力、创造能力、语言文字表达能力、社会交往能力、组织管理能力等。近年通过引进或介绍，也逐渐使用测验的方法，开发出了适应我国使用的测验工具，如《BEC职业能力测验（Ⅰ型）》和《BEC职业能力测验（Ⅱ型）》等。通过测验来完成对人的职业能力的评价。

(3) 职业个性倾向。要想在职业生活中充分地施展自己的个性特点，实现自己的个性要求，获得尽可能大的自由度、满意度和适应感，那么在择业之前，就该了解自己所属的个性类型及其职业适应性，实现人职的匹配。如，职业需要、职业兴趣、职业态度、职业性格。这其中，一个人的职业兴趣和职业性格起着主要作用。

怎样才能客观地认识自我呢，一般可以通过如下的方式进行。

(1) 自我现实分析。首先，要正确地认识自我，有效地把握自我，对自己的人生态度、兴趣和成功的理想有充分的认识。其次，要正确地对知识、能力、个性、特长等方面进行分析，确定自己最适合的职业。再次，要考虑社会的需要。个人期望只有与社会需求有效结合才是最合理的选择。具体来讲，就是要把国家经济发展、政治形势、就业政策导向、行业发展前景、职业性质、岗位要求等客观要求与个人主观愿望有机地统一起来，处理好二者的关系，才能使自己成为社会所需要的人才。

(2) 运用测评手段。心理测验是一种力求客观的测量手段，它的特点是能够在较短的时间里测出一个人的某方面特点，并且这一特点是在与群体的比较中得出的。通过测量，个人能够在短期内获得对自己较为客观的描述和评价。通过评估，分析自我的特点，再结合职业的要求，帮助自我进行职业选择，这也是通常意义上的"人职匹配"。要注意的是，通过测验所得出的结果，只是一种参照性的结果，并不是绝对的，这只是帮助进行自我分析的方法

之一。

(3) 他人的评价或与他人比较。首先，依据他人对自己的态度评价自己。个人对自己的评价往往是以其他人的评价为参照，人们在相互交往中，不断深化对自己的认识。如可以问问家长、老师、同学、朋友对自己的评价和态度是怎样的。其次，通过与自己条件相似的人比较来评价自己。如可以和自己的大学同学比较概括自己的特点。要注意的是，要能够准确理解和分析他人对自己的态度和说法。

(4) 通过专家咨询认识自我。到就业指导中心、专业咨询机构进行咨询，是一种有效而快捷的方式。一般来说，咨询人员会利用他的学识、经验以及科学的咨询技术给个人提供帮助，在咨询过程中个人可以获得大量的知识和信息资料，获得对问题的重新认识。更重要的是，通过专家咨询，会提高自己的决策能力。

3. 环境评估

只有对这些环境因素充分了解，才能做到在复杂的环境中趋利避害，使职业生涯设计具有实际可行的意义。环境评估主要有如下几个方面。

(1) 国家、社会、时代等宏观环境评估。认识和把握国家社会经济文化的发展、时代变迁的客观规律，从而使个人的职业生涯设计与社会发展和时代变迁的"大势"合拍。因此对宏观环境的分析和评估要养成关心时事的习惯，无论读什么专业，准备今后从事什么职业，都应该懂一点政治、学一点经济、读一点文化，了解国家、社会、时代的当今形势和未来趋势，而更重要的是要学会观察和分析社会现象，树立科学的世界观和方法论，使自己在复杂的宏观环境中站得高、望得远。

(2) 学校、家庭等微观环境评估。家庭、学校环境则是因人而异的。不同的家庭背景、家庭结构、教养方式和家庭生活条件对个人职业生涯的影响是不言而喻的；不同的学校，乃至不同的老师，对学生的职业目标及其心理、态度和行为方式会产生不同的影响。要发现和认识自己成长轨迹过程中家庭、学校等环境对自己有什么影响，分析哪些是可以改变的，哪些是可以利用的优势条件，哪些是要克服的不利条件等。

4. 职业的选择

据统计，在选错职业的人当中，有80%以上的人在事业上是失败者。因此职业选择的正确与否，直接关系到人生事业的成功与失败。在选择职业的过程中要考虑性格与职业的匹配，兴趣与职业的匹配，特长与职业的匹配，内外环境与职业的相适应。良好的职业选择是以自己的最佳才能、最优性格、最大兴趣、最有利的环境等信息为依据进行的。职业的选择一般有短期目标、中期目标、长期目标之分。

5. 职业生涯策略

职业生涯策略是指为实现职业生涯目标的行动计划，一般都是具体的、可行性较强的。在确定具体的职业选择目标后，行动成了关键环节。没有达成目标的行动，目标就难以实现，也就谈不上事业的成功。这里所指的行动主要是指落实目标的具体措施，主要包括教育、培训、实践等方面的措施。例如，在职业素质方面，计划学习哪些知识，掌握哪些技能，开发哪些潜能等。

6. 评估与反馈

俗话说："计划不如变化快。"尤其在现代职业领域，只有变化是永恒的主题。影响职业生涯设计的因素诸多。有的变化因素是可以预测的，而有些则难以预料。人是善变的，环境也是多变的。成功的职业生涯设计需要时时审视内外环境的变化，不断对自己的设计进行评估和修订并调整自己的前进步伐。

(二) 中学生职业生涯心理辅导策略

乔治·萧伯纳有过这样一段名言："人们试图找到梦想中的乐园，最终，当他们无法找到时，一些人就开始亲自创造了它，此时是征服世界的时候。"职业对大多数人来说，都是生活的重要组成部分。但是，职业既不像家庭那样成为我们出生后固有的独特的社会结构，也不像货架上的商品，可以随意挑选。它更像一位朋友或一位合作伙伴一样。既存在，又不一定在眼前；与其结识不乏机缘，但更需要自我的设计和自我的奋斗。

1. 指导中学生客观地认识自我

在进行职业生涯心理辅导中，首要的前提是让中学生客观地了解自我，发现自己的优势与不足。首先是明确自己的能力大小，给自己打打分，看看自己的优势和劣势，即进行自我分析。通过对自己的分析，旨在深入了解自身，根据过去的经验选择、推断未来可能的工作方向与机会，从而解决"我能干什么"的问题。只有从自身实际出发、顺应社会潮流，有的放矢，才能马到成功。要明确自己的优势在哪里，多探索多问自己，诸如：我学到了什么？我曾经做过什么？我最成功的是什么？我最喜欢的是什么？等。

同时也要引导中学生主要在两个方面了解自己的弱势，其一是性格的弱点。人无法避免与生俱来的弱点，必须正视，并尽量减少其对自己的影响。譬如，一个独立性强的人会很难与他人默契合作。而一个优柔寡断的人绝对难以担当组织管理者的重任。卡耐基曾说："人性的弱点并不可怕，关键要有正确的认识，认真对待，尽量寻找弥补、克服的方法，使自我趋于完善。"因此要注意安下心来，多跟他人交流，尤其是与自己相熟的如父母、同学、朋友等交谈。看看别人眼中的你是什么样子，与你的预想是否一致，找出其中的偏差，这将有助于自我完善。其二是经验与经历中所欠缺的方面。"人无完人，金无足赤"，由于自我经历的不同，环境的局限，每个人都无法避免一些经验上的欠缺，有欠缺并不可怕，怕的是自己还没有认识到或认识到而一味地不懂装懂。正确的态度是：认真对待，善于发现，并努力克服和提高。

2. 指导中学生学会进行社会分析

(1) 社会分析。在探索阶段的中学生要了解社会对自己热爱和所选职业的要求、发展状况、发展趋势，对这些社会发展大趋势问题的认识，有助于自我把握职业社会需求、使自己的职业选择紧跟时代脚步。

(2) 成长空间分析。要对自己所在的生活环境进行成长可能的分析，研究如何才能提高自我，实现职业理想。

3. 指导中学生明确职业选择方向

通过以上自我分析认识，要明确自己该选择什么职业方向，即解决"我选择干什么"的问题，这是个人职业生涯规划的核心。职业方向直接决定着一个人的职业发展，职业方向的选择应按照职业生涯规划的四项基本原则，结合自身实际来确定，即择己所爱、择己所长、择世所需和择己所利的原则。职业生涯目标的确定，是个人理想的具体化和可操作化。是指可预想到的、有一定实现可能的最长远目标。按照马斯洛的需求层次理论，人一般具有生理需求（基本生活资料需求，包括吃、穿、住、行、用）、安全需求（人身安全、健康保护）、社交需求（社会归属意识、友谊、爱情）、尊重需求（自尊、荣誉、地位）、自我实现需求（自我发展与实现）五种依次从低层次到高层次的需求。职业目标的选择并无定式可言，关键是要依据自身实际，适合于自身发展。值得注意的是伴随现代科技与社会进步，个人要随时注意修订职业目标，尽量使自己职业的选择与社会的需求相适应，一定要跟上时代发展的脚步，适应社会需求，才不至于被淘汰出局。

4. 指导中学生学会规划未来

职业道路选择与自我提升发展计划。根据职业方向选择一个对自己有利的职业和得以实现自我价值的专业，是每个人的良好愿望，也是实现自我的基础，但这一步的迈出要相当慎重。规划中主要要注意：加强学习、实践锻炼和与人交流。在校期间，主动参与学生活动，接触各色人群，"不耻下问"，有针对性地锻炼自己能力欠缺的方面。

第三节　中学生的气质与职业选择

气质是人的高级神经活动类型特点在一个人行为方式上所表现出的典型、稳定的心理特点，这些特点通常通过人的知觉速度、思维的灵活性、注意集中时间的长短、情绪和意志过程的强弱等方面表现出来，并且也通过一个人是倾向于外部事物，还是倾向于内部，即经常体验自己的情绪和思想等方面表现出来。

气质有四种基本类型：胆汁质、多血质、黏液质、抑郁质。在就业心理指导中，了解学生的气质类型具有十分重要的意义。这是因为，不同的职业有不同的气质要求。

一、气质类型与职业

（一）胆汁质与职业选择

胆汁质的人感受性低而耐受性高，不随意反应强，外倾性明显，情绪兴奋性高，抑制能力差，反应速度快而不灵活，他们精力充沛、态度直率，能以极大的热情投入工作，但易暴躁，在精力殆尽时便失去信心。他们喜欢热闹，喜欢不断有新活动高潮出现。对他们来说，工作不断变换、环境不断转移不成为压力，故适宜于从事导游、推销员、节目主持人、演讲者、外事接待人员、演员、监督员等工作。

（二）多血质与职业选择

多血质的人不随意反应强，具有较大的可塑性和外倾性，情绪兴奋性高且外部表现明显，反应速度快且灵活。他们情绪丰富、工作能力较强，容易适应新环境，但注意力不稳定，兴趣易转移，故适宜于从事外交、管理、驾驶员、纺织工人、服务人员、医生、律师、运动员、新闻记者、演员、检票员、军官、士兵、侦探、警察等。

（三）黏液质与职业选择

黏液质的人感受性低而耐受性高，不随意反应和情绪兴奋性均低，内倾明显，外部表现少，反应速度慢而且有稳定性，遇事不易动感情，不会感情用事。此种人适宜从事理性判断比较强，做事沉稳执着的工作，如，外科医生、法官、管理人员、出纳员、话务员、保育员、播音员、会计、调解员等职业。

（四）抑郁质与职业选择

抑郁质的人感受性高而耐受性低，不随意反应性低，严重内倾，情绪兴奋性高而体验深，反应速度慢，具有刻板性和不灵活性的特点。此种人工作耐受能力差，易疲劳，情感细腻，做事审慎，观察敏锐，故宜从事打字、校对、排版、登录员、检查员、化验员、雕刻、刺绣、保管员、机要秘书等职业。许多艺术家、文学家、骚人墨客大都属于这种气质类型的，他们能够感受一般人感受不到的生活细节、人的感情，更能从人的内心世界去理解人。

当然，气质类型与职业选择的关系也是相对的，许多职业，例如教师和作家，各种不同气质的人都可以从事，且都可以取得很高的成就。此外，典型的属于某一气质类型的人也不是很普遍的，许多人往往属于两种或多咱气质特征的中间型或混合型，这便为选择职业开拓了更为广阔的途径。对于学生的气质类型，可用张拓基等研制的气质调查表测查，然后再根据测查结果进行适当的职业指导。

二、气质类型的测评与职业选择

虽然气质类型既无优劣之分，也不影响和决定人在社会活动中的作用和成就高低，但解释人的气质特点，则可以在工作、学习实践中有效地利用的条件，避其所短，用其所长，最大限度地调动一切积极因素，有针对性地开展工作。进行气质类型的测试与自我气质类型的评估，对于中学生更加客观的了解自己的气质类型是一个极好的途径，本章后面的资料卡中提供了一个目前比较公认的气质类型测评量表，教师可以指导学生进行规范的测试和评估。但是中学生气质类型与职业发展并非线性对应的，还有其他的因素，知识的储备、行为习惯的训练、个人兴趣爱好、性格特点、能力水平等多种因素影响着职业的选择，加之中学生的气质类型是可以被塑造的，每一种气质类型其本身既有优点，也会有其不足，只有综合的、全面的加以分析，并根据社会需求确定自己的职业发展取向是比较科学的。但是，如果自己的气质类型与职业不相匹配，会使个体在职业生涯中有更多的不适应，带来更多的内部困难。教师要引导中学生分析气质类型的固有特点和后天环境造成的掩盖性特征，也要让学生了解在十几年的成长中，自己的气质在教育和环境影响发生的变化和保留的原有神经类型的动力特征，以更加理性的做出职业规划和选择。发挥个性的优势，实现人职匹配是职业生涯心理指导的关键所在。

职业规划专家呼吁：中学生亟须职业生涯规划

新华网北京 2007 年 11 月 12 日电（记者刘浦泉）"我们自己走了不少弯路，不能让孩子再走弯路。"国内第一个将职业规划带入中学课堂的北京人大附中专职职业规划师、北京前方导航教育公司首席专家吴志兰 11 日在北京举办的一次讲座上呼吁，中学生亟须职业生涯规划。

所谓中学生职业生涯规划，就是让中学生尽早认识自我、认识职业、认识教育与职业的关系、学会职业决策，从小根据自己感兴趣的职业目标，从知识、技能和综合素质方面锻炼自己的职业竞争力。

据吴志兰介绍，我国高等学校职业指导发展很快，但中学职业规划意识仍十分模糊。国家相关部门对中小学生职业规划研究已开展多年，但从来没有正式进入过课堂。对北京人大附中近1000名学生调查显示，中小学生以及家长对职业规划的需求非常强烈，96%的学生已经有明确的职业倾向，但他们仍然必须应付不断加码的升学考试压力。

"一个观念的转变，可以改变孩子的一生。"吴志兰说，如果孩子能在中小学期间就对自己的兴趣、爱好、个性、能力有所了解，知道自己以后将从事什么职业，并对这一职业和涉及专业进行一些探索和研究，那么，他们在选择专业和职业的时候就不会盲目，在职业生涯发展道路上就会少走很多弯路，而不是等大学毕业后还不知道自己究竟要做什么。

吴志兰介绍，美国孩子从 6 岁就开始有了职业意识的开发，职业生涯发展指导贯穿小学、中学和大学，孩子从小学开始就在为自己长大后要从事的职业做知识、技能、综合素质上的准备,并为提高综合素质而参加各种各样的志愿者活动、职业体验、兼职工作。

然而,我国中学生虽然都有自己的人生理想,但意识到如何实践自己人生理想的学生只是极少数,"好好学习,考个好大学"仍是唯一出路。一项对在校大学生的调查显示,70%的大学生对自己所学专业不满意,一些大学校园内为此出现了专业"跳槽"现象,还有一些大学生甚至毕业时也不知道自己将来要从事什么职业。

"职业规划要趁早,人生设计在童年。"吴志兰指出,学习的目的不是为了考大学,也不是为了一纸文凭,而是为了今后有一个自己喜欢的、一提起就两眼放光的工作。要实现自己的职业理想,就应从中学开始思考自己的兴趣爱好和将来愿意从事的职业,提前了解相关职业需要的知识、技能和综合素质,强化相关职业知识和技能的学习,并积极参与相关社会职业实践活动,提高相关职业需要的从业能力。

针对有些家长盲目左右孩子职业选择的问题,吴志兰指出,家长不要低估孩子的能力。孩子的未来让孩子自己选择,尊重孩子的兴趣和个人爱好,家长要做的不是替孩子决策,也不是将孩子抱着不放手,而是为孩子提供一些精神上的支持和信息上的帮助,让孩子去追寻自己想要的生活。

气质调查表

本测验60道题目,可帮助你确定自己的气质类型。回答这些题目时,应实事求是,怎样想的、怎样做的就怎样填写。看清题目后,请赋分。你认为最符合自己情况的记2分;比较符合的记1分;介于符合与不符合之间的记0分;比较不符合的记-1分;完全不符合记-2分。

1. 做事力求稳妥,不做无把握的事。
2. 遇到可气的事就怒不可遏,想把心里话说出来才痛快。
3. 宁可一个人干事,不愿很多人在一起。
4. 到一个新环境很快就能适应。
5. 厌恶那些强烈的刺激,如尖叫、噪声、危险镜头等。
6. 和人争吵时,总先发制人,喜欢挑衅。
7. 喜欢安静的环境。
8. 善于和人交往。
9. 羡慕那些善于克制自己感情的人。
10. 生活有规律,很少违反作息时间。
11. 在多数情况下情绪是乐观的。
12. 碰到陌生人觉得很拘束。

13. 遇到令人气愤的事，能很好地自我克制。
14. 做事总是有旺盛的精力。
15. 遇到问题常常举棋不定，优柔寡断。
16. 在人群中从不觉得过分拘束。
17. 情绪高昂时，觉得干什么都有趣；情绪低落时，又觉得干什么都没意思。
18. 当注意力集中于一事物时，别的事物就难使我分心。
19. 理解问题总比别人快。
20. 碰到危险情况时，常有一种极度恐怖感。
21. 对学习、工作、事业怀有很高的热情。
22. 能够长时间做枯燥、单调的工作。
23. 符合兴趣的事，干起来劲头十足，否则就不想干。
24. 一点小事就能引起情绪波动。
25. 讨厌做那种需要耐心、细致的工作。
26. 与人交往不卑不亢。
27. 喜欢参加热烈的活动。
28. 爱看感情细腻、描写人物内心活动的文学作品。
29. 工作学习时间长了，常感到厌倦。
30. 不喜欢长时间谈论一个话题，愿意实际动手干。
31. 宁愿侃侃而谈，不愿窃窃私语。
32. 别人说我总是闷闷不乐。
33. 理解问题时常比别人慢些。
34. 疲倦时只要短暂的休息就能精神抖擞，重新投入工作。
35. 心里有事，宁愿自己想，不愿说出来。
36. 认准一个目标就希望尽快实现，不达目的，誓不罢休。
37. 同样学习、工作一段时间后，常比别人更疲倦。
38. 做事有些莽撞，常常不考虑后果。
39. 别人讲授新知识、技术时，总希望他讲慢些，多重复几遍。
40. 能够很快忘记那些不愉快的事情。
41. 做作业或完成一件工作总比别人花费的时间多。
42. 喜欢运动量大的剧烈活动，或参加各种文体活动。
43. 不能很快地把注意力从一件事转移到另一件事上去。
44. 接受一个任务后，就希望把它迅速解决。
45. 认为墨守成规比冒风险强些。
46. 能够同时注意几件事物。
47. 当我烦闷的时候，别人很难使我高兴起来。
48. 爱看情节起伏跌宕、激动人心的小说。
49. 对工作抱认真谨慎、始终如一的态度。
50. 和周围人们的关系总是相处不好。
51. 喜欢复习学过的知识，重复做已经掌握的工作。

52. 希望做变化大、花样多的工作。
53. 小时候会背的诗歌，我似乎比别人记得清楚。
54. 别人说我"出语伤人"，可我并不觉得这样。
55. 在学习生活中，常因反应慢而落后。
56. 反应敏捷，大脑机智。
57. 喜欢有条理而不甚麻烦的工作。
58. 兴奋的事情常使我失眠。
59. 别人讲新概念，我常常听不懂，但是弄懂以后就很难忘记。
60. 假如工作枯燥无味，马上就会情绪低落。

确定气质类型的具体方法是：

(1) 将每题得分填入下表相应"得分"栏内。
(2) 计算每种气质类型的总分数。

胆汁质	题号	2	6	9	14	17	21	27	31	36	38	42	48	50	54	58	总分
	得分																
多血质	题号	4	8	11	16	19	23	25	29	34	40	44	46	52	56	60	总分
	得分																
黏液质	题号	1	7	10	13	18	22	26	30	33	39	43	45	49	55	57	总分
	得分																
抑郁质	题号	3	5	12	15	20	24	28	32	35	37	41	47	51	53	59	总分
	得分																

如果某气质类型的得分明显高于其他三种，均高出4分以上，则可定为该种气质类型。此外，如果该气质类型得分超过20分，则为典型型。如果该得分在10~20分之间，为一般型。若两种气质得分相近，差异小于3分，又明显高于其他两种达4分以上，可判定为两种类型的混合型；同样，如果三种气质得分均高于第四种，而且很接近，则为三种气质的混合型。

【拓展性阅读】

[1] 胡德辉. 中学生心理健康与辅导. 北京：科学普及出版社，2000.
[2] 教育部全国高等学校学生住处咨询与就业指导中心. 你将来做什么（了解职业选择未来）. 北京：科学普及出版社，2003.
[3] 刘嵋. 心理健康教育与辅导教程. 北京：机械工业出版社，2008.
[4] 林泽炎，李春苗. 职工职业生涯设计与管理 [M]. 广州：广东经济出版社，2002.

【研究性课题】

1. 论述任何才能做到"人职匹配"。
2. 论述中学生的能力与职业选择的关系。
3. 论述中学生的气质类型与职业选择的关系。

附录1　教育部关于进一步加强中小学班主任工作的意见

2006年6月4日教基〔2006〕13号

为深入贯彻落实《中共中央国务院关于进一步加强和改进未成年人思想道德建设的若干意见》，充分发挥中小学班主任教师在学校教育工作中的骨干作用，促进学生德智体美全面发展，现就进一步加强中小学班主任工作提出如下意见。

一、充分认识加强中小学班主任工作的重要意义

中小学班主任是中小学教师队伍的重要组成部分，是班级工作的组织者、班集体建设的指导者、中小学生健康成长的引领者，是中小学思想道德教育的骨干，是沟通家长和社区的桥梁，是实施素质教育的重要力量。中小学班主任工作是学校教育中极其重要的育人工作，既是一门科学、也是一门艺术。在普遍要求全体教师都要努力承担育人工作的情况下，班主任的责任更重，要求更高。做班主任和授课一样都是中小学的主业，班主任队伍建设与任课教师队伍建设同等重要。加强中小学班主任工作，对于贯彻党的教育方针，全面推进素质教育，把加强和改进未成年人思想道德建设的各项任务落在实处，具有十分重要的意义。

长期以来，各地教育行政部门和中小学校重视班主任队伍建设，发挥班主任独特的教育作用，积累了丰富的经验，形成了有效的工作机制。广大中小学班主任兢兢业业、教书育人、无私奉献，做了大量教育和管理工作，为促进中小学生的健康成长做出了重要贡献。但是必须看到，中小学班主任工作面临许多新问题、新挑战。经济社会的深刻变化、教育改革的不断深化、中小学生成长的新情况新特点，对中小学班主任工作提出了更高的要求，迫切需要制定更加有效的政策，保障和鼓励中小学教师愿意做班主任，努力做好班主任工作；迫切需要采取更加有力的措施，保障和鼓励班主任有更多的时间和精力了解学生、分析学生学习生活成长情况，以真挚的爱心和科学的方法教育、引导、帮助学生成长进步。

二、进一步明确中小学班主任的工作职责

中小学班主任与学生接触较多，沟通便利，影响深刻，肩负着育人的重要职责。

要做好中小学生的教育引导工作。认真落实学校德育工作的要求，积极主动地与其他任课教师一道，利用各种机会开展思想道德教育，引导学生明辨是非、善恶、美丑，从身边的小事做起，逐步树立社会主义荣辱观、确立远大志向、增强爱国情感、明确学习目的、端正生活态度、养成良好的行为习惯。

要做好班级的管理工作。加强班级的日常管理，维护班级良好的教学和生活秩序。坚持正面教育为主，对学生的点滴进步及时给予表扬鼓励，对有缺点错误的学生要晓之以理、动之以情，进行耐心诚恳的批评教育。做好学生的综合素质评价工作，科学公正地评价学生的操行，向学校提出奖惩建议。努力营造互助友爱、民主和谐、健康向上的集体氛围，形成有特色的充满活力的班级和团（队）文化。加强安全教育，增强学生的自护意识和能力。

要组织好班集体活动。指导班委会、少先队中队、团支部开展工作，担任好少先队中队辅导员，组织开展丰富多彩的团队活动；积极组织开展班集体的社会实践活动、课外兴趣小组、社团活动和各种文体活动，充分发挥学生的积极性和主动性，培养学生的组织纪律观念和集体荣誉感。

要关注每一位学生的全面发展。教育学生明确学习目的，端正学习态度，掌握正确学习方法，养成良好学习习惯，增强创新意识和学习能力。了解和熟悉每一位学生的特点和潜能，善于分析和把握每一位学生的思想、学习、身体、心理的发展状况，科学、综合地看待学生的全面发展，及时发现并妥善处理可能出现不良后果的问题。注意倾听学生的声音，关注他们的烦恼，满足他们的合理需求，有针对性地进行教育和引导，为每一位学生的全面发展创造公平的发展机会。

班主任是学校教育第一线的骨干力量，是学校教育工作最基层的组织者和协调者。履行好班主任的职责，必须树立正确的教育理念，遵循中小学生身心发展的规律，运用科学的教育方法，善于利用各种教育资源。班主任老师不仅应该努力协调好各任课教师，做好班级的管理和建设工作、学生的教育和引导工作，积极支持少先队、共青团、班委会开展班级活动，还应该成为沟通学校、家庭、社会的纽带，及时了解学生在家庭和社区的表现，引导家长和社区配合学校共同做好学生的教育工作。

三、认真做好中小学班主任的选聘和培训工作

做好班主任的选聘和培训，是加强班主任工作的基础。班主任岗位是具有较高素质和人格要求的重要专业性岗位，应由取得教师资格、思想道德素质好、业务水平高、身心健康、乐于奉献的教师担任。每个班必须配备班主任。中小学班主任一般应由学校从任课教师中选聘，聘期由学校确定。

中小学班主任要忠诚党的教育事业，热爱学生，善于做学生的思想工作，具有符合素质教育要求的教育观和较强的教育教学和组织能力，掌握教育学、心理学的基本知识和方法，熟悉相关法律法规；品德高尚，为人师表，具有团结协作精神和较强的人际沟通能力。

各级教育行政部门应将中小学班主任培训纳入教师全员培训计划，学校也应制订班主任培训计划，有组织地开展岗前和岗位培训，定期交流班主任工作经验，组织班主任进行社会考察，提高班主任的政治素质、业务素质、心理素质和工作及研究能力。教师教育机构要承担班主任的培训任务。教育硕士学位教育中应开设中小学班主任工作方面研修，并优先招收在职优秀班主任。班主任培训所需经费在教师培训专项经费中列支。班主任教师应把班主任工作作为主业，敬业爱岗，不断提高工作水平，力求工作实效。广大中小学教师要把担任班主任工作作为教书育人应尽的职责，积极主动承担这一光荣任务。

四、切实为中小学班主任工作提供保障

制订和完善促进班主任工作的政策措施，是加强班主任工作的基本保障。各地教育行政部门和中小学校要从基础教育全面贯彻落实树立科学发展观的战略高度，从全面推进素质教育的全局高度，落实"学校教育、育人为本，德智体美、德育为先"的要求，关心班主任教师的学习、工作和生活，促进他们的成长发展，充分发挥他们的作用。

要提高中小学班主任的地位和待遇。班主任工作是中小学教育中特殊重要的岗位，中小学校要在教师中营造以从事班主任工作为荣的氛围。要将班主任工作记入工作量，并提高班主任工作量的权重。各地要根据实际，努力改善班主任的待遇，完善津贴发放办法。要适当安排班主任的教学任务，使他们既能上好课又能做好班主任工作。

要完善班主任的奖励制度。各地教育行政部门和中小学校要将优秀班主任的表彰奖励纳入教师、教育工作者的表彰奖励体系之中，定期表彰优秀班主任。要树立一批班主任先进典型，宣传他们的先进事迹，充分肯定他们在学校教育中的贡献。中小学校应积极推荐优秀班主任加入党组织，优秀班主任应列入学校党政后备干部培养范围。在努力完善班主任奖励制度的同时，要加强对重视班主任工作学校的典型经验宣传，通过宣传和奖励，鼓励广大中小

学校普遍重视和加强班主任队伍建设，充分发挥班主任在学校教育工作中的重要作用，使班主任工作成为广大学校教师踊跃担当的光荣而重要的岗位。

要加强班主任队伍的管理。学校领导要经常研究班主任工作，了解班主任的工作表现，规范班主任的行为。学校应建立班主任工作档案，定期考核班主任工作，考核结果作为班主任和教师聘任、奖励、职务晋升的重要依据。对不能履行班主任职责的，应调离班主任岗位。

要为班主任开展工作创造必要的条件。各地教育行政部门和中小学校应当为班主任开展工作提供支持，制定相关政策和制度，切实维护班主任教师的合法权益，减轻他们过重的精神压力和工作压力，保障他们的身心健康。要及时了解他们在工作和生活中遇到的困难和问题，为他们排忧解难。

高等院校应该在思想政治教育专业中招收有班主任工作经历的老师，开设专门课程，为学生毕业以后从事班主任工作提供必要的理论和技能的训练。各级各类教育科研机构应该加强班主任工作的理论研究，列入重点科研课题，组织专家、提供经费、保障条件，积极探索班主任工作的规律，不断丰富新时期班主任工作的理念和思路。

各地教育行政部门可根据本意见，结合实际，会同有关部门制订加强中小学班主任工作的具体实施意见或细则。

附录2　教育部关于加强中小学心理健康教育的若干意见

1999年8月13日教育部印发的教基［1999］13号文件

20世纪80年代以来，一些省、市在中小学中开展心理健康教育，促进了学生心理素质的提高，取得了良好的效果。中小学开展心理健康教育，既是学生自身健康成长的需要，也是社会发展对人的素质要求的需要。《中共中央国务院关于深化教育改革全面推进素质教育的决定》明确指出，要"加强学生的心理健康教育，培养学生坚韧不拔的意志、艰苦奋斗的精神，增强青少年适应社会生活的能力"。为全面贯彻落实党中央、国务院最近召开的全教会精神和《决定》精神，进一步加强中小学心理健康教育，现提出以下几点意见。

一、充分认识加强中小学心理健康教育的重要性

当今世界科学技术飞速发展，国际竞争日趋激烈，我们要实现中华民族的伟大复兴，就必须努力培养同现代化要求相适应的数以亿计高素质的劳动者和数以千万计的专门人才。良好的心理素质是人的全面素质中的重要组成部分，是未来人才素质中的一项十分重要的内容。当代中小学生是跨世纪的一代。他们正处在身心发展的重要时期，大多是独生子女，随着生理、心理的发育和发展，竞争压力的增长，社会阅历的扩展及思维方式的变化，在学习、生活、人际交往和自我意识等方面可能会遇到或产生各种心理问题。有些问题如不能及时解决，将会对学生的健康成长产生不良的影响，严重的会使学生出现行为障碍或人格缺陷。他们的健康成长，不仅需要有一个和谐宽松的良好环境，而且需要帮助他们掌握调控自我、发展自我的方法与能力。

中小学心理健康教育是根据中小学生生理、心理发展特点，运用有关心理教育方法和手段，培养学生良好的心理素质，促进学生身心全面和谐发展和素质全面提高的教育活动；是素质教育的重要组成部分；是实施《面向21世纪教育振兴行动计划》，落实《跨世纪素质教育工程》，培养跨世纪高质量人才的重要环节。因此，对中小学生及时有效地进行心理健康教育是现代教育的必然要求，也是广大教育工作者所面临的一项紧迫任务。各级教育部门的领导和学校校长、教师、家长要充分认识加强中小学心理健康教育的重要性，要以积极认真的态度对待这项教育工作。

二、开展心理健康教育的基本原则

中小学心理健康教育，是一项科学性、实践性很强的教育工作，应遵循以下一些基本原则。

1. 根据学生心理发展特点和身心发展的规律，有针对性地实施教育。
2. 面向全体学生，通过普遍开展教育活动，使学生对心理健康教育有积极的认识，使心理素质逐步得到提高。
3. 关注个别差异，根据不同学生的不同需要开展多种形式的教育和辅导，提高他们的心理健康水平。
4. 以学生为主体，充分启发和调动学生的积极性。要把教师在心理健康教育中的科学辅导与学生对心理健康教育的主动参与有机结合起来。

三、心理健康教育的主要任务和实施途径

中小学心理健康教育的主要任务，一是对全体学生开展心理健康教育，使学生不断正确

认识自我，增强调控自我、承受挫折、适应环境的能力；培养学生健全的人格和良好的个性心理品质。二是对少数有心理困扰或心理障碍的学生，给予科学有效的心理咨询和辅导，使他们尽快摆脱障碍，调节自我，提高心理健康水平，增强发展自我的能力。

实施心理健康教育可通过以下一些途径。

1. 全面渗透在学校教育的全过程中。在学科教学、各项教育活动、班主任工作中，都应注重对学生心理健康的教育，这是心理健康教育的主要途径。

2. 除与原有思想品德课、思想政治课及青春期教育等相关教学内容有机结合进行外，还可利用活动课、班团队活动，举办心理健康教育的专题讲座。对小学生也可通过组织有关促进心理健康教育内容的游戏、娱乐等活动，帮助学生掌握一般的心理保健知识和方法，培养良好的心理素质。

3. 开展心理咨询和心理辅导。对个别存在心理问题或出现心理障碍的学生及时进行认真、耐心、科学的心理辅导，帮助学生解除心理障碍。

4. 建立学校和家庭心理健康教育沟通的渠道，优化家庭教育环境。引导和帮助学生家长树立正确的教育观，以良好的行为、正确的方式去影响和教育子女。

心理健康教育要讲求实效，把形式和内容有机地结合起来。具体方式和所需时间，各地可从实际出发，自行安排。

四、心理健康教育的师资队伍和条件保障

搞好师资队伍的建设，提高广大教师的心理健康水平，是保障心理健康教育正常、健康开展的重要条件。要积极开展对从事心理健康教育教师的专业培训。要把对心理健康教育教师的培训列入当地和学校师资培训计划。通过培训，使从事心理健康教育的教师提高对心理健康教育重要性的认识，掌握进行心理健康教育所具备的知识和能力。通过培训取得证书的教师，还要有从事专职心理咨询（辅导）教师资格认证。对专业知识和实际能力达不到要求的，绝不能随意安排做专职心理咨询教师。未配备合格心理咨询教师的学校，暂不开展心理健康教育。

学校要逐步建立在校长的领导下，以思想品德课和思想政治课教师、班主任和团队（专职共青团、少先队）干部为主体，专兼职心理辅导教师为骨干，全体教师共同参与的心理健康教育工作体制。学校对每个教师都应提出重视对学生进行心理健康教育的要求，使教师树立关心学生心理健康的意识。要创设和构建一个心理健康教育的良好环境，学校的每一位教师都应成为学生的良师益友。

各级教育行政部门和学校要积极为心理健康教育创造必要的条件，大中城市具备条件的中学要逐步建立和完善心理咨询室（或心理辅导室），加强心理健康教育的辅导，同时要加强心理健康教育的研究与科学管理。特别要注重心理健康教育课题研究，研究心理健康教育与德育、与人的全面发展和与各类学科教育的关系。

五、心理健康教育的组织领导

各级教育行政部门和学校要把中小学心理健康教育，作为深化教育改革，全面推进素质教育的一项重要工作。要制定心理健康教育的实施计划，研究和落实心理健康教育的办法和途径，积极稳妥地推进心理健康教育的开展。

中小学心理健康教育工作，由省、自治区、直辖市教育行政部门的德育处或基（普）教处负责。各级教育行政部门都应有专人负责或分管中小学心理健康教育工作。各级教研部门要积极配合、支持搞好心理健康教育。

已经开展中小学心理健康教育的地方和学校，要在认真总结经验的基础上，进一步推进

心理健康教育的开展和深入；目前还未开展教育的地方，要积极创造条件，从2000年秋季开学起，大中城市有条件的中小学要逐步开展心理健康教育。小城镇及农村的中小学也要从实际出发，逐步创造条件开展心理健康教育。

教育部将制定中小学心理健康教育指导纲要，设立中小学心理健康教育咨询委员会，委托部分地区和高校开展心理健康教育课题的全面研究与实验，以加强对心理健康教育的指导。

六、当前开展心理健康教育需要注意的几个问题

1. 心理健康教育尽管在一些地区已进行了十多年的研究与实验，也取得了很好的经验，但发展很不平衡。目前就全国而言，这项工作还是刚刚起步，相当多的学校从思想认识、师资水平到必要的条件还难以适应开展心理健康教育的要求。因此，各地既要积极创造条件，又要实事求是，从实际出发，有计划、有步骤地逐步开展这项教育。可在先行试点、总结经验的基础上逐步推开，不能一哄而起。

2. 心理健康教育与德育工作有密切的联系，但不能用德育工作来代替，也不能取代德育工作。不能把学生的心理问题简单归结为思想品德问题。要注意防止心理健康教育医学化和学科化的倾向。不能把心理健康教育搞成心理学知识的传授和心理学理论的教育。除了教师辅导参考用书外，不要编印学生用教材，更不能要求学生统一购买教材。

3. 在中小学心理健康教育过程中，要谨慎使用测试量表或其他测试手段，不能强迫学生接受心理测量。所用量表和测试手段一定要科学，不能简单靠量表测试结果下结论。对心理测试的结果、学生的心理问题要严格保密。

附录3 中小学心理健康教育指导纲要

教基〔2002〕14号

良好的心理素质是人的全面素质中的重要组成部分。心理健康教育是提高中小学生心理素质的教育,是实施素质教育的重要内容。中小学生正处在身心发展的重要时期,随着生理、心理的发育和发展、社会阅历的扩展及思维方式的变化,特别是面对社会竞争的压力,他们在学习、生活、人际交往、升学就业和自我意识等方面,会遇到各种各样的心理困惑或问题。因此,在中小学开展心理健康教育,是学生健康成长的需要,是推进素质教育的必然要求。为了深入贯彻《公民道德建设实施纲要》和《国务院关于基础教育改革与发展的决定》及《中共中央办公厅国务院办公厅关于适应新形势进一步加强和改进中小学德育工作的意见》,进一步指导和规范中小学心理健康教育工作,在总结实验区工作经验的基础上,特制定本纲要。

一、心理健康教育的指导思想和基本原则

1. 开展中小学心理健康教育工作,必须坚持以马列主义、毛泽东思想、邓小平理论、"三个代表"重要思想为指导,贯彻党的教育方针,落实《公民道德建设实施纲要》和《国务院关于基础教育改革与发展的决定》及《中共中央办公厅国务院办公厅关于适应新形势进一步加强和改进中小学德育工作的意见》,坚持育人为本,根据中小学生生理、心理发展特点和规律,运用心理健康教育的理论和方法,培养中小学生良好的心理素质,促进他们身心全面和谐发展。

2. 开展中小学心理健康教育,要立足教育,重在指导,遵循学生身心发展规律,保证心理健康教育的实践性与实效性。为此,必须坚持以下基本原则:根据学生心理发展特点和身心发展规律,有针对性地实施教育;面向全体学生,通过普遍开展教育活动,使学生对心理健康教育有积极的认识,使心理素质逐步得到提高;关注个别差异,根据不同学生的不同需要开展多种形式的教育和辅导,提高他们的心理健康水平;尊重学生,以学生为主体,充分启发和调动学生的积极性。积极做到心理健康教育的科学性与针对性相结合;面向全体学生与关注个别差异相结合;尊重、理解与真诚同感相结合;预防、矫治和发展相结合;教师的科学辅导与学生的主动参与相结合;助人与自助相结合。

二、心理健康教育的目标与任务

1. 心理健康教育的总目标是:提高全体学生的心理素质,充分开发他们的潜能,培养学生乐观、向上的心理品质,促进学生人格的健全发展。

心理健康教育的具体目标是:使学生不断正确认识自我,增强调控自我、承受挫折、适应环境的能力;培养学生健全的人格和良好的个性心理品质;对少数有心理困扰或心理障碍的学生,给予科学有效的心理咨询和辅导,使他们尽快摆脱障碍,调节自我,提高心理健康水平,增强自我教育能力。

2. 心理健康教育的主要任务是全面推进素质教育,增强学校德育工作的针对性、实效性和主动性,帮助学生树立在出现心理行为问题时的求助意识,促进学生形成健康的心理素质,维护学生的心理健康,减少和避免对他们心理健康的各种不利影响;培养身心健康,具

有创新精神和实践能力，有理想、有道德、有文化、有纪律的一代新人。

按照"积极推进、实事求是、分区规划、分类指导"的工作原则，不同地区应根据本地实际，积极做好心理健康教育的工作。

——大中城市和经济发达地区，要普遍开展心理健康教育工作。教师要在具有较全面的心理学理论知识和进行心理辅导的专门技能以及提高自身良好的个性心理品质上有显著提高。

——有条件的城镇中小学和农村中小学，要从实际出发，有计划、有步骤地开展心理健康教育工作。要抓好心理健康教育骨干教师队伍建设，同时在总结经验的基础上加强区域性心理健康教育的整体推进工作。

——暂不具备条件的农村和边远地区，要从实际出发，制定出中小学地区性的心理健康教育的发展规划；重点抓好一批心理健康教育的试点学校，积极开展心理健康教育教师的培训工作；逐步推进心理健康教育工作。

三、心理健康教育的主要内容

1. 心理健康教育的主要内容包括：普及心理健康基本知识，树立心理健康意识，了解简单的心理调节方法，认识心理异常现象，以及初步掌握心理保健常识，其重点是学会学习、人际交往、升学择业以及生活和社会适应等方面的常识。

2. 城镇中小学和农村中小学的心理健康教育，必须从不同地区的实际和学生身心发展特点出发，做到循序渐进，设置分阶段的具体教育内容。

小学低年级主要包括：帮助学生适应新的环境、新的集体、新的学习生活与感受学习知识的乐趣；乐与老师、同学交往，在谦让、友善的交往中体验友情。

小学中、高年级主要包括：帮助学生在学习生活中品尝解决困难的快乐，调整学习心态，提高学习兴趣与自信心，正确对待自己的学习成绩，克服厌学心理，体验学习成功的乐趣，培养面临毕业升学的进取态度；培养集体意识，在班级活动中，善于与更多的同学交往，健全开朗、合群、乐学、自立的健康人格，培养自主自动参与活动的能力。

初中年级主要包括：帮助学生适应中学的学习环境和学习要求，培养正确的学习观念，发展其学习能力，改善学习方法；把握升学选择的方向；了解自己，学会克服青春期的烦恼，逐步学会调节和控制自己的情绪，抑制自己的冲动行为；加强自我认识，客观地评价自己，积极与同学、老师和家长进行有效的沟通；逐步适应生活和社会的各种变化，培养对挫折的耐受能力。

高中年级主要包括：帮助学生具有适应高中学习环境的能力，发展创造性思维，充分开发学习的潜能，在克服困难取得成绩的学习生活中获得情感体验；在了解自己的能力、特长、兴趣和社会就业条件的基础上，确立自己的职业志向，进行职业的选择和准备；正确认识自己的人际关系的状况，正确对待和异性伙伴的交往，建立对他人的积极情感反应和体验。提高承受挫折和应对挫折的能力，形成良好的意志品质。

四、心理健康教育的途径和方法

1. 开展心理健康教育的途径和方法可以多种多样，不同学校应根据自身的实际情况灵活选择、使用，注意发挥各种方式和途径的综合作用，增强心理健康教育的效果。心理健康教育的形式在小学可以以游戏和活动为主，营造乐学、合群的良好氛围；初中以活动和体验为主，在做好心理品质教育的同时，要突出品格修养的教育；高中以体验和调适为主，并提倡课内与课外、教育与指导、咨询与服务的紧密配合。

2. 开设心理健康选修课、活动课或专题讲座。包括心理训练、问题辨析、情境设计、角色扮演、游戏辅导、心理知识讲座等,旨在普及心理健康科学常识,帮助学生掌握一般的心理保健知识,培养良好的心理素质。要注意防止心理健康教育学科化的倾向。

3. 个别咨询与辅导。开设心理咨询室(或心理辅导室)进行个别辅导是教师和学生通过一对一的沟通方式,对学生在学习和生活中出现的问题给予直接的指导,排解心理困扰,并对有关的心理行为问题进行诊断、矫治的有效途径。对于极个别有严重心理疾病的学生,能够及时识别并转介到医学心理诊治部门。

4. 要把心理健康教育贯穿在学校教育教学活动之中。要创设符合心理健康教育所要求的物质环境、人际环境、心理环境。寻找心理健康教育的契机,注重发挥教师在教育教学中人格魅力和为人师表的作用,建立起民主、平等、相互尊重的新型师生关系。班级、团队活动和班主任工作要渗透心理健康教育。

5. 积极开通学校与家庭同步实施心理健康教育的渠道。学校要指导家长转变教子观念,了解和掌握心理健康教育的方法,注重自身良好心理素质的养成,营造家庭心理健康教育的环境,以家长的理想、追求、品格和行为影响孩子。

五、心理健康教育的组织实施

1. 加强对中小学心理健康教育工作的领导和管理。心理健康教育工作是学校教育工作的重要组成部分,各级教育行政部门和学校,要切实加强对心理健康教育工作的领导,积极支持开展中小学心理健康教育工作,帮助解决工作中的困难和问题。要通过多种途径和方式,根据本地、本校教育教学实际,保证心理健康教育时间,课时可在地方课程或学校课程时间中安排。各地教育行政部门要把心理健康教育工作纳入到对学校督导评估之中,加强对教师和咨询人员的管理,建立相应的规章制度。

2. 加强师资队伍建设是搞好心理健康教育工作的关键。学校要逐步建立在校长领导下,以班主任和专兼职心理辅导教师为骨干,全体教师共同参与的心理健康教育工作体制。专职人员的编制可从学校总编制中统筹解决。统筹安排中小学专职心理辅导教师专业技术职务评聘工作。根据学校实际情况,可聘请一定数量的兼职教师或心理咨询人员。

要重视教师心理健康教育工作。各级教育行政部门和学校要把教师心理健康教育作为教师职业道德教育的一个方面,为教师学习心理健康教育知识提供必要的条件。要关心教师的工作、学习和生活,从实际出发,采取切实可行的措施,减轻教师的精神紧张和心理压力,使他们学会心理调适,增强应对能力,有效地提高心理健康水平。

3. 要积极开展心理健康教育的教师培训。教育部将组织有关专家编写教师培训用书,并有计划、分期分批地培训骨干教师。高等学校的心理学专业和教育学专业要积极为中小学输送合格的心理健康教育教师。师范院校要开设与心理健康教育有关的课程,以帮助师范学生和中小学教师掌握心理健康教育的基础知识和技能。各级教育行政部门要积极组织对从事心理健康教育教师的专业培训,把对心理健康教育教师的培训列入当地和学校师资培训计划以及在职教师继续教育的培训系列。培训包括理论知识学习、操作技能训练、案例分析和实践锻炼等内容。通过培训提高专、兼职心理健康教育教师的基本理论、专业知识和操作技能水平。

4. 加强心理健康教育的教研活动和课题研究。学校在进行心理健康教育时,要从学生实际出发,强调集体备课,统一做好安排。要以学生成长过程中遇到的各种问题和需要为主线,通过教研活动,明确心理健康教育的重点、难点,掌握科学的教育方法,提高心理健康教育的质量。坚持理论与实践相结合,通过带课题培训与合作研究等方式,推广优秀科研成果。

5. 各种心理健康教育自助读本或相关教育材料的编写、审查和选用要根据本指导纲要的统一要求进行。自2002年秋季开学起，凡进入中小学的自助读本或相关教育材料必须按有关规定，经教育部或省级教育行政部门组织专家审定后方可使用。

6. 各地在组织实施过程中，要注意心理健康教育与德育工作的密切联系，既不能用德育工作来代替心理健康教育，也不能以心理健康教育取代德育工作。不能把学生的心理问题简单归结为思想品德问题。同时，各地应根据中央和教育部的文件精神，对此项工作统一规范称为"心理健康教育"。

7. 心理咨询是一项科学性、专业性很强的工作，也是心理健康教育的一条重要渠道。大中城市具备条件的中小学校要逐步建立和完善心理咨询室（或心理辅导室），配置专职人员。对心理咨询或辅导人员要提出明确要求。严格遵循保密原则，谨慎使用心理测试量表或其他测试手段，不能强迫学生接受心理测试，禁止使用影响学生心理健康的仪器，如测谎仪、CT脑电仪等。

8. 各地教育行政部门和学校既要积极创造条件，又要从实际出发，有计划、有步骤地开展心理健康教育工作。既要充分利用社会心理健康教育的资源，又要注意防止心理健康教育医学化和学科化的倾向。不能把心理健康教育搞成心理学知识的传授和心理学理论的教育，也不能把心理健康教育看成是中小学各学科课程的综合或思想品德课的重复，更不许考试。

9. 加强心理健康教育的课题研究与科学管理，特别要注重心理健康教育与德育、与人的全面发展关系的研究。各级教育行政部门对此项工作要给予大力指导，积极支持科研部门广泛开展科学研究活动，保证心理健康教育工作科学、健康地发展。

附录4　中小学班主任工作规定

第一章　总　则

第一条　为进一步推进未成年人思想道德建设，加强中小学班主任工作，充分发挥班主任在教育学生中的重要作用，制定本规定。

第二条　班主任是中小学日常思想道德教育和学生管理工作的主要实施者，是中小学生健康成长的引领者，班主任要努力成为中小学生的人生导师。

班主任是中小学的重要岗位，从事班主任工作是中小学教师的重要职责。教师担任班主任期间应将班主任工作作为主业。

第三条　加强班主任队伍建设是坚持育人为本、德育为先的重要体现。政府有关部门和学校应为班主任开展工作创造有利条件，保障其享有的待遇与权利。

第二章　配备与选聘

第四条　中小学每个班级应当配备一名班主任。

第五条　班主任由学校从班级任课教师中选聘。聘期由学校确定，担任一个班级的班主任时间一般应连续1学年以上。

第六条　教师初次担任班主任应接受岗前培训，符合选聘条件后学校方可聘用。

第七条　选聘班主任应当在教师任职条件的基础上突出考查以下条件：

（一）作风正派，心理健康，为人师表；

（二）热爱学生，善于与学生、学生家长及其他任课教师沟通；

（三）爱岗敬业，具有较强的教育引导和组织管理能力。

第三章　职责与任务

第八条　全面了解班级内每一个学生，深入分析学生思想、心理、学习、生活状况。关心爱护全体学生，平等对待每一个学生，尊重学生人格。采取多种方式与学生沟通，有针对性地进行思想道德教育，促进学生德智体美全面发展。

第九条　认真做好班级的日常管理工作，维护班级良好秩序，培养学生的规则意识、责任意识和集体荣誉感，营造民主和谐、团结互助、健康向上的集体氛围。指导班委会和团队工作。

第十条　组织、指导开展班会、团队会（日）、文体娱乐、社会实践、春（秋）游等形式多样的班级活动，注重调动学生的积极性和主动性，并做好安全防护工作。

第十一条　组织做好学生的综合素质评价工作，指导学生认真记载成长记录，实事求是地评定学生操行，向学校提出奖惩建议。

第十二条　经常与任课教师和其他教职员工沟通，主动与学生家长、学生所在社区联系，努力形成教育合力。

第四章　待遇与权利

第十三条　学校在教育管理工作中应充分发挥班主任的骨干作用，注重听取班主任意见。

第十四条 班主任工作量按当地教师标准课时工作量的一半计入教师基本工作量。各地要合理安排班主任的课时工作量，确保班主任做好班级管理工作。

第十五条 班主任津贴纳入绩效工资管理。在绩效工资分配中要向班主任倾斜。对于班主任承担超课时工作量的，以超课时补贴发放班主任津贴。

第十六条 班主任在日常教育教学管理中，有采取适当方式对学生进行批评教育的权利。

第五章 培养与培训

第十七条 教育行政部门和学校应制订班主任培养培训规划，有组织地开展班主任岗位培训。

第十八条 教师教育机构应承担班主任培训任务，教育硕士专业学位教育中应设立中小学班主任工作培养方向。

第六章 考核与奖惩

第十九条 教育行政部门建立科学的班主任工作评价体系和奖惩制度。对长期从事班主任工作或在班主任岗位上做出突出贡献的教师定期予以表彰奖励。选拔学校管理干部应优先考虑长期从事班主任工作的优秀班主任。

第二十条 学校建立班主任工作档案，定期组织对班主任的考核工作。考核结果作为教师聘任、奖励和职务晋升的重要依据。对不能履行班主任职责的，应调离班主任岗位。

第七章 附 则

第二十一条 各地可根据本规定，结合当地实际情况，制定中小学班主任工作的具体实施办法。

第二十二条 本规定自发布之日起施行。

参 考 文 献

[1] 韦洪涛,张轶,艾振刚. 班级工作与心理辅导 [M]. 上海：华东理工大学出版社,2001.
[2] 吴式颖. 外国教育史教程 [M]. 北京：人民教育出版社,1999.
[3] 刘国莉. 联邦德国班主任的权利和义务. 外国中小学教育,1992 (1)：38-39.
[4] 谢维和. 班级：社会组织还是初级 [M],1998 (11)：19-24.
[5] 鲁杰,吴康宁. 教育社会学 [M]. 北京：人民教育出版社,2001.
[6] 杨昌勇,郑准. 教育社会学 [M]. 北京：人民教育出版社,2005.
[7] 李钰. 减小规模：班级？学校？——美国小班化改革与小学校化改革之争. 上海教育科研 [J],2003 (6)：27-29.
[8] 韦洪涛,艾振刚主编. 学习心理学 [M]. 南京：江苏教育出版社,2003.
[9] 王立华,李增兰. 我国中小学班主任工作的历史考察与当代发展. 当代教育科学（济南）[J],2007 (5,6)：74-77.
[10] 黄正平. 专业化视野中的中学班主任 [M]. 长春：东北师范大学出版社,2005.
[11] 黄正平. 班主任专业化：应然取向和现实诉求. 人民教育,2006 (10)：19-21.
[12] 中国教育年鉴 1949—1981 [M]. 北京：中国大百科全书出版社,1984：727-731.
[13] 联合国教科文组织教育丛书：学会生存——教育世界的今天与明天. 北京：教育科学出版社,1996：192-198.
[14] 万勇译. 关于教师地位的建议 [J]. 全球教育展望,1984 (4)：1-5.
[15] 教育部师范教育司编. 教师专业化的理论与实践 [M]. 北京：人民教育出版社,2001.
[16] 杨连山. 班主任专业化刍议 [J]. 天津教育,2003 (12)：32-34.
[17] 蒋春雷. 班主任心理健康问题研究 [J]. 教学与管理,2009 (11).
[18] [美] 雷夫·艾斯奎斯. 第 56 号教室的奇迹. 卞娜娜译. 北京：中国城市出版社,2009.
[19] 原玉勇,原玉英等. 简论魏书生、孙维刚教育教学思想和实践的共同点. 北京教育（普教版）,2001 (4).
[20] 郑云洲. 班主任工作的理念和实务 [M]. 广州：暨南大学出版社,2008.
[21] 李潇,刘世清著. 基于班级QQ群的讨论式学习活动设计. 中国教育信息化：基础教育,2007 (9).
[22] 胡麟祥. 新课程期待充满活力的班集体——现代班集体建设系列讲话之一 [J]. 中国德育,2007.
[23] 胡麟祥. 班集体的涵义、结构及教育功能——现代班集体建设系列讲话之二 [J]. 中国德育,2007.
[24] 徐爱民. 班集体建设中高中生自我管理模式的研究 [D]. 南京：南京师范大学出版社,2005.
[25] 谌启标. 班级管理与班主任工作 [M]. 福州：福建教育出版社,2007.
[26] 郑立平. 在成长中享受班主任特有的幸福 [J]. 班主任之友,2009 (08)：9-13.
[27] 王建富,夏永华. 自我教育,自我发展——初中生良好行为习惯养成教育 [J]. 班主任之友,2002 (08)：12-14.
[28] 沙春杰. 解放班主任 [J]. 班主任,2004 (12)：45-46.
[29] 柯森,王凯. 学生评价：一种基于新课程改革的探讨 [J]. 当代教育论坛,2004 (08).
[30] 王景英. 学会对学生评价是中小学教师的基本功 [J]. 中小学教师培训,2004 (05)：26-29.
[31] 王敏,王后雄. 高中化学新课程课堂内质性学生评价途径的设计 [J]. 现代中小学教育,2009 (3)：37-39.
[32] 张向众. 美国的学生评价改革趋向：学生本位评价 [J]. 外国中小学教育,2006 (06)：15-19.
[33] 魏书生著. 班主任工作漫谈——献给青年班主任 [M]. 漓江：漓江出版社,2008：214-224.
[34] 田恒平. 班主任理论与实务 [M]. 北京：首都师范大学出版社,2007.
[35] 谌启标. 班级管理与班主任工作 [M]. 福州：福建教育出版社,2007.
[36] Thomas Zirpoli. 学生行为管理 [M]. 北京：中国轻工业出版社,2004.
[37] 姚本先. 心理学 [M]. 北京：高等教育出版社,2005 (03).
[38] 叶奕乾. 普通心理学 [M]. 上海：华东师范大学出版社,2004.
[39] 彭聃龄. 普通心理学 [M]. 北京：北京师范大学出版社,2004.
[40] 刘儒德. 学习心理学 [M]. 北京：高等教育出版社,2010.
[41] 王红姣,卢家楣. 中学生自我控制能力问卷的编制及其调查 [J]. 心理科学,2004 (06)：1477-1482.
[42] 沃建中. 中学生人际关系发展特点的研究 [J]. 心理发展与教育,2002 (03)：9-15.
[43] 李霞. 中学生性别角色的发展及其与家庭教育方式的相关研究 [硕士学位论文]. 苏州大学,2010.
[44] 刘金城等. 中学生素质教育阅读丛书：面对青春期 [M]. 北京：中国和平出版社,1997.
[45] 李幼穗. 儿童社会性发展及其培养 [M]. 上海：华东师范大学出版社,2004.
[46] 俞国良. 社会性发展心理学 [M]. 合肥：安徽教育出版社,2004.
[47] 劳伦斯·斯腾伯格. 青春期——青少年的心理发展和健康成长 [M]. 上海：上海社会科学院出版社,2007.
[48] 林崇德. 发展心理学 [M]. 杭州：浙江教育出版社,2002.
[49] 桑标. 当代儿童发展心理学 [M]. 上海：上海教育出版社,2003.

[50] 邹峰. 谈中学生观察力的培养 [J]. 语文教学通讯, 1995 (03): 20-21.
[51] 贾风芹. 中学生自我概念发展特点的研究 [硕士论文]. 苏州大学, 2000.
[52] 贾伟廉. 健康心理学 [M]. 北京: 人民卫生出版社, 1998.
[53] 康钊. 对心理健康标准的现代诠释 [J]. 现代教育科学, 2006 (5): 54-56.
[54] 肖水源. 从心理障碍到心理健康 [J]. 中国心理卫生杂志, 2007 (7): 435.
[55] 江光荣. 关于心理健康标准研究的理论分析 [J]. 教育研究与实验, 1996 (03): 49-54.
[56] 林崇德. 积极而科学地开展心理健康教育. 北京师范大学学报 (社会科学版), 2003 (1): 31-37.
[57] 陈传锋. 恢复高考30余年来中学生学习状况的历史回顾. 心理科学, 2009, 32 (4): 989-991.
[58] 潘晓群, 史祖民, 袁宝君. 江苏省中学生消极情绪及其相关因素分析, 中国学校卫生, 2006 (12): 1067-1069.
[59] 王希永. 北京中学生心理健康状况调查 [J]. 青年研究, 1999 (9).
[60] 杨忠健. 一位台湾班主任心理咨询的生动案例 [J]. 班主任, 2005 (09): 33-34.
[61] 俞劼. 班主任心理辅导基础 [M]. 北京: 教育科学出版社, 2007.
[62] 徐光兴. 学校心理学—心理辅导与咨询 [M]. 上海: 华东师范大学出版社, 2000.
[63] 吴增强. 现代学校心理辅导 [M]. 上海: 上海科学技术文献出版社, 1998.
[64] 丛立新. 中学心理健康教育 [M]. 北京: 人民教育出版社, 1999.
[65] 肖水源. 从心理障碍到心理健康 [J]. 中国心理卫生杂志, 2007 (7): 435.
[66] 贾伟廉. 健康心理学 [M]. 北京: 人民卫生出版社, 1998.
[67] 郑日昌等. 当代心理咨询与治疗体系. 北京: 高等教育出版社, 2006.
[68] 贾晓波. 学校心理辅导实用教程. 天津: 天津教育出版社, 2002.
[69] 胡永萍. 学校心理健康教育. 广州: 中山大学出版社, 2005.
[70] 刘勇. 团体心理辅导与训练. 广州: 中山大学出版社, 2007.
[71] 江光荣. 班级社会生态环境研究. 武汉: 华中师范大学出版社, 2002: 282-283.
[72] 樊富珉. 团体心理咨询. 北京: 高等教育出版社, 2005.
[73] 钟志农. 心理辅导活动课操作实务. 宁波: 宁波出版社, 2007: 63-117.
[74] 陈丽云, 樊富珉. 身心灵全人健康模式—中国文化与团体心理辅导. 北京: 中国轻工业出版社, 2009.
[75] 孙炳海, 孙昕怡. 朋辈心理咨询模式述评 [J]. 思想·理论·教育, 2003 (9): 65-68.
[76] 龚正行. 中学生学习方法指导. 北京: 华夏出版社, 2002.
[77] 邵瑞珍等译. 教育心理学 [M]. 上海: 上海教育出版社, 1985: 211-217.
[78] 朱宝荣. 应用心理学教程 [M]. 北京: 清华大学出版社, 2004: 12.
[79] 赵后锋, 李茜. 1297名中小学生考试焦虑调查分析. 中国民康医学, 2007 (23).
[80] 郑日昌, 陈永胜. 考试焦虑的诊断与治疗 [M]. 哈尔滨: 黑龙江科学技术出版社, 1990.
[81] 秦安兰. 中国古代学习策略心理思想探析. 重庆职业技术学院学报, 2007 (5): 59-60.
[82] 钟启泉编著. 差生心理与教育 (修订版). 上海: 上海教育出版社, 2003.
[83] 皮连生主编. 学与教的心理学 [M]. 上海: 华东师范大学出版社, 1997.
[84] 龚正行著. 中学生学习方法指导 [M]. 北京: 华夏出版社, 2002.
[85] [美] J. 布罗菲著. 激发学习动机. 陆怡如译. 上海: 华东师范大学出版社, 2005.
[86] 李小文. 学生自我发展之心理学研究 [M]. 北京: 教育科学出版社, 2008.
[87] 戴玉红等. 学习心理辅导手册 [M]. 广州: 广东教育出版社, 2003.
[88] 联合国教科文组织. 教育——财富蕴藏其中 [M]. 北京: 教育科学出版社, 1996.
[89] 沃建中, 林崇德. 中学生人际关系发展特点的研究. 心理发展与教育, 2001 (03).
[90] 封文波, 韩文. 如何矫正中学生的交往障碍. 河北教育, 2004 (4): 10-11.
[91] 蒋克就. 高中生人际交往发展特点研究 [J]. 广西教育学院学报, 2004 (5): 46-48.
[92] 李梅, 卢家楣. 不同人际关系群体情绪调节方式的比较 [J]. 心理学报, 2005, 37 (4): 517-523.
[93] 谢蓓芳, 方永年, 林永清, 谢舫. 高中学生人际关系的调查 [J]. 中国行为医学科学, 2005, 5 (14, 5): 448-450.
[94] 刘进. 高中生人际交往特点 [J]. 教育研究, 1993, 4: 22-25.
[95] 郑全全, 俞国良. 人际关系心理学 [M]. 北京: 人民教育出版社, 2004.
[96] 张大均. 教育心理学 [M]. 北京: 人民教育出版社, 2004: 503-510.
[97] 刘锋, 施祖麟. 休闲经济的发展及组织管理研究 [J]. 中国发展, 2002 (2): 47-49.
[98] 马克思恩格斯全集: 第26卷 [M]. 北京: 人民出版社, 1972: 281-282.
[99] [英] J·曼蒂, L·奥杜姆. 闲暇教育理论与实践 [M]. 叶京译. 北京: 春秋出版社, 1982.
[100] 吕勇, 阴国恩. 关于中学生时间利用情况的调查研究. 天津师大学报, 1996 (6): 29-32.

[101] 何亚娟. 中学生休闲教育探析. 成都大学学报（教育科学版），2007（11）：79-81.
[102] 刘海春. 论马克思的人本思想与休闲教育目标 [J]. 自然辩证研究，2005（12）：9.
[103] 周小舟. 中学生消费中的不良现象调查及其对策探讨. 青少年研究，2005（1）：14-16.
[104] 郭清娟. 国外理财教育对我国的启示. 教学与管理，2008（11）：62-64.
[105] [美] 杰弗瑞·戈比. 田松. 你生命中的休闲 [M]. 昆明：云南人民出版社，2000.
[106] [美] 周华薇. 美国人的少儿理财教育 [M]. 北京：中国法制出版社，1999.
[107] 教育大辞典 [Z]. 上海：上海教育出版社，1990.
[108] [美] 杰弗瑞·戈比. 21世纪的休闲与休闲服务 [M]. 张春波，马惠娣. 昆明：云南人民出版社，2000.
[109] 尹羊. 金钱教育在美国 [M]. 北京：新世界出版社，2002.
[110] 王瑛. 加强对中小学生的金钱观教育 [J]. 教育科学研究，1998（1）.
[111] 关颖. 理财教育——3岁开始实现的幸福人生计划 [J]. 少年儿童研究，2000（1）.
[112] 陈核来. 加强学生理财教育的探讨 [J]. 株洲师范高等专科学校学报，2000（1）.
[113] 高顺文. 金钱教育：不容忽视的早期社会化课程 [J]. 当代青年研究，2002（2）.
[114] 林泽炎，李春苗. 职工职业生涯设计与管理 [M]. 广州：广东经济出版社，2002.
[115] 温多红，姚苗苗. 大学生学业规划的国际借鉴及目标有效性分析. 黑龙江高教研究，2007（10）：76-78.
[116] 教育部全国高等学校学生住处咨询与就业指导中心. 你将来做什么（了解职业选择未来）. 北京：科学普及出版社，2003.
[117] [美] Nadene Peterson，Roberto Cortez Gonzalez 著. 职业咨询心理学——工作在人们生活中的作用（第二版）. 时勘等译. 北京：中国轻工出版社，2007.
[118] [美] 杰拉尔德·柯瑞著. 团体咨询的理论与实践 [M]. 刘锋等译. 上海：上海社会科学院出版社，2006.
[119] [美] Irvin D. Yalom 著. 团体心理治疗 [M]. 李鸣等译. 北京：中国轻工业出版社，2005.